KB054237

신新 한국어 교육 정책론

저자 조항록

 한글파크

서문

국외와 국내에서 체계적으로 한국어 교육이 실시된 지 각각 140여 년, 60여 년이 지나는 동안 한국어 교육은 눈부시게 발전하였다. 이제 아프리카와 중남미의 일부 국가를 제외한다면 한국어 교육을 실시하지 않는 국가를 찾기가 쉽지 않을 만큼 한국어 교육 현장은 전세계 곳곳으로 넓어졌고 학습자 수는 하루가 다르게 늘고 있다. 전세계 외국어 학습 플랫폼인 듀오 링고의 최신 통계에서 한국어 학습자 수가 중국어 학습자를 앞질러 전세계 언어 중 7위를 기록하고 있는 점은 현 시점 한국어 교육의 발전을 증명해 주는 하나의 예이다.

이렇게 한국어 교육이 발전하는 과정에서 나타난 특징 중의 하나는 한국어 교육의 국가사회적 기능의 확대이다. 그리고 이는 자연스럽게 국가의 적극적인 참여를 이끌어내었다.

오랜 기간 한국어는 개인적 영역이든 사회적 영역이든 한국어로 의사소통하거나 직무를 수행하고자 하는 이가 배우는 언어이었고 재외동포 후손이 민족정체성을 유지하기 위해서 배우는 언어였다. 이와 관련하여 필자는 이 책에서 한국어 교육의 도구적 기능과 민족교육적 기능이라고 칭하고 있다.

이렇게 도구적 기능과 민족교육적 기능을 수행하던 한국어 교육은 이제 세계시민교육적 기능과 사회통합적 기능도 수행하고 있다. 국제화 시대에 국경을 넘어서 전세계를 무대로 활동하고자 하는 이에게 요구되는 하나의 자질로 한국어 능력이 중시되고, 급속히 증가한 한국 내 이민자의 한국 사회 통합에 필수불가결한 요소로 한국어 능력이 대두되었기 때문이다.

오랜 기간 한국어 교육은 민간 중심이고, 소규모이고, 개인의 열정이나 교육기관의 역량의 범위 내에서 발전을 추구해 왔지만 이제 법, 제도의 뒷받침을 받고 다양한 정책적 지원을 받으면서 현장 요구에 대응할 수 있는 역량을 갖추어 가고 있다. 이는 자연스럽게 한국어교육학계에도 한국어교육정책론이라는 학문적 논의 영역을 탄생시키는 결과를 가져왔다.

이 책은 이러한 배경에서 집필되었다. 이 책에서는 지나온 한국어 교육의 역사를 되짚어보고 현시점 한국어 교육의 실제를 살펴봄으로써 미래 전망을 시도해 보고 한국어 교육 관련 법, 제도, 정책을 논하여 한국어 교육의 방향성 설정에 보탬이 되도록 하는 한편 정부의 한국어 교육 정책 수립에 도움을 주고자 한다. 이러한 집필 목적을 갖는 이 책은 아래와 같이 구성되어 있다.

제1장은 한국어 교육 정책론과 관련한 기본적인 논의로서 한국어 교육 정책의 관점에서 한국어 교육 발전을 일별하고 한국어 교육 정책의 연구 방법을 제시한다.

제2장은 한국어 교육 정책 논의를 위한 배경 논의로서 한국어 교육

의 역사와 현장을 살펴보고 현시점 한국어의 국제적 위상을 살펴본다. 특히 한국어 교육의 역사와 현장 논의는 현시점 한국어 교육을 체계적이고 통시적으로 점검하는 관점을 제기해 준다는 점에서 정확하고 꼼꼼하게 정리할 필요가 있는데 마침 이전에 이를 정리한 글이 있어서 이 책에 싣기로 하였다.

제3장과 제4장은 한국 정부의 한국어 교육 정책을 논하는 장으로서 정책 환경, 정책의 역사적 전개, 법, 제도, 정책 사례 등을 다루고 있다. 특히 한국어 교육 정책이 외적 환경의 영향을 크게 받는 만큼 정책 환경과 정책 결정, 정책 산물 사이의 관계를 우선 살펴보았다. 그리고 한국어 교육 정책의 역사적 흐름과 주요 내용을 정리한 후 법, 제도, 정책을 논하였다. 다만 한국어 교육과 관련한 법, 제도, 정책이 독립적인 영역에서 실행된 예가 그리 많지 않아 이러한 논의의 대부분은 정부 내 다양한 정책 영역과의 관련성 하에서 진행할 수밖에 없었다는 한계를 갖는다.

이러한 내용으로 구성된 이 책은 저자가 그동안 학술지에 게재한 여러 글을 활용하기도 하였으며 이 책의 구성에 맞추어 새로이 집필하기도 하였음을 밝힌다. 다만 이전에 게재한 글의 경우 필요하다고 판단되는 내용들은 최대한 이 책의 집필 시점에 맞추어 수정 보완하였음을 밝힌다.

앞에서도 언급하였지만 이제 한국어 교육의 국가사회적 기능의 확대는 한국어 교육 정책 논의의 중요성을 키워왔다. 한국어 교육 정책 논의가 갖는 특성상 한국어 교육학계와 인접 학문 분야의 전문가, 정부 관료, 한국어 교육 현장 전문가 등이 두루 참여한다면 더 나은 성과를 기대할 수 있다. 한국어 교육 정책 논의의 발전을 위하여 좀 더 많은 이의 관심과 참여를 기대한다.

사회과학을 전공한 필자가 1985년에 한국어 교육계에 입문하여 한국어 교육을 평생의 업으로 삼으면서 미력이나마 힘을 보태는 과정에서 한국어 교육 정책은 유난히 애착이 가는 분야이었음을 밝히고 싶다. 그만큼 애정을 쏟아온 한국어 교육 정책과 관련하여 졸저를 발간하는 마음이 뿌듯함을 숨기고 싶지 않다. 이 책의 출판을 흔쾌히 맡아 주신 한글파크의 엄태상 대표님에게 감사를 드리고 편집을 맡아주신 권이준 편집장님에게도 감사를 드린다. 마지막으로 유난히 바빴던 한국어 교육 인생에서 늘 이해하고 곁에서 힘을 불어넣어준 아내와 딸, 아들에게 이 책을 선사하고 싶다.

2023년 8월
저자 조항록

목차

제1장 한국어 교육 정책론 서설

제2장 한국어 교육 현장의 이해

제 3 장   한국 정부의 한국어 교육 정책1: 정책 일반과 법·제도

제 4 장   한국 정부의 한국어 교육 정책2: 정책 사례

제 **1** 장
한국어 교육 정책론 서설

Ⅰ. 한국어 교육 발전과 한국어 교육 정책

1. 한국어 교육의 태동과 발전

〈1〉

국내에서 체계적으로 한국어 교육이 실시된 것은 1959년 4월 1일에 연세대학교 한국어학당이 설립되면서부터이다. 물론 그 이전에도 한국 내에서 한국어 교육이 실시되지 않았던 것은 아니나 일제 시대 일본인이 주체가 되거나 1950년대에 미국 선교사 단체 내부에서 소규모로 실시되었던 것으로서 공식적인 역사로 보기에는 한계가 있다.

이렇게 1950년내 후반에 태동한 한국어 교육은 1960년대와 1970년대를 지나는 동안 그리 발전하지 못하였다. 가장 큰 이유는 한국어 학습 수요가 늘지 않았기 때문이다. 1980년대에 들어서 여러 요인으로 한국어 교육은 빠르게 발전하기 시작하였다. 그 이전까지 국내의 한국어 교육 기관은 대학 내 2곳, 선교사와 외교관을 대상으로 하는 사설 교육기관 2곳에 지나지 않았으나 1986년부터는 거의 매년 한국어 교육 기관이 한 곳씩 설립되는 등 전에 없는 발전을 보였다. 그리고 1990년대에 들어서면서 국가 법 테두리 안에 한국어의 국외 보급(정확하게는 당시에 '국어의 국외 보급'이라는 표현을 사용하였음)을 명시하기도 하였다.

이렇게 본다면 한국 내에서 한국어 교육의 역사는 60여 년이지만 활발하게 실시되어 온 기간은 40년이 채 되지 않는다. 어찌 보면 그리 길지 않은 기간인데 그동안 눈부신 발전을 하여 2023년 현재 한국 내 대부분의 4년제 대학이 한국어 교육 프로그램을 운영하고 있으며 이민자를 대상으로 하는 사회통합프로그램을 실시하는 기관도 378곳에 달한다.

한국어 학습자도 초기에는 선교사, 외교관, 주재원, 언론인, 한국학 교수, 정보 분야 군인 등 한국어를 필수적으로 사용해야 하는 전문 직군 종사자로 한정되었지만 지금은 그 비중이 크게 줄어든 반면에 유학생, 한류 애호가, 결혼 이민자, 이주 노동자, 다문화가정 자녀 등이 주를 이룬다.

이에 따라 한국어 교육도 일반 목적 한국어 교육에 특수 목적 한국어 교육이 추가되고 교육 프로그램 유형 역시 정규 과정과 비정규 과정이 병행되고 있다. 여기에 문화체육관광부, 교육부, 법무부, 여성가족부, 고용노동부와 관련이 있는 법 규정(법률, 시행령, 규정)에 한국어 교육 관련 내용이 포함되어 있다.

국외의 경우에도 일부 국가에서 오래 전에 한국어 교육이 태동하였지만 대체로 1980년대 중반에 이르러서야 도약이 나타났다. 뿐만 아니라 그동안 한국어 교육을 실시하지 않았던 많은 국가에서도 1980년대 중반 이후 새로이 한국어 교육을 실시하기 시작하였다.

한국어 교육의 태동을 의미하는 전근대 시기의 한국어 교육은 한국과 지리적으로 인접한 중국과 일본에서 찾을 수 있다. 언제 최초로 시작되었는지에 대한 논의는 근거 자료의 해석에 따라 달라지나 중국은 송나라 시기, 일본은 에도 막부 시기로 보고 있다.[1] 이에 비하여 근대적 의미의 한국어 교육 실시는 분명한 근거를 바탕으로 하는데 동양에서는 1880년에 일본의 동경외국어학교에서, 서양에서는 1897년에 러시아의 페테르스부르그왕립대학에서 최초로 시작된 것으로 알려진다. 이후 1930년대에 미국과 핀란드에서 한국어 교육이 시작 되었고 제2차세계대전 이후 1950년대를 거치는 동안 중국, 서유럽 일부 국가, 동유럽 일부 국가에서 한국어 교육을 실시하였다.[2] 그러나 한국과 지리적으로 가깝고 상호 교류의 수준이 상대적으로 컸던 남아시

---

1 한국어 교육의 기원에 대해서는 깊이 연구된 사례를 찾기 어렵다. 지금까지 나온 몇몇 논의를 종합할 때 고려 시대인 12세기에 중국에서 펴낸 고려어 자료집(계림유사)과 조선시대인 18세기에 일본에서 통역사를 위해 교재(교린수지)를 근거로 한다면 중국과 일본에서 전근대 시기에 한국어 교육이 실시된 것으로 볼 수 있다.

2 국제 사회에 한국이 그리 알려지지 않았던 1950년대에 유럽 곳곳에서 한국어 교육이 실시된 것은 냉전이라는 국제 환경과 관련이 있다. 미국을 중심으로 하는 자본주의 세계와 소련을 중심으로 하는 공산주의 세계로 양분된 상황에서 각각 진영 내 협력의 차원에서 한국어(또는 북한의 조선어) 사용 인력이 필요했기 때문이다.

아를 비롯하여 중앙아시아, 중남미, 중동, 아프리카 등 국외의 대부분의 지역에서는 1980년대 중반과 1990년대 초반에 이르러서야 한국어 교육이 실시되기 시작하였다. 이렇게 볼 때 국외에서 본격적으로 한국어 교육이 발전한 역사도 채 40년이 되지 않는다.

이와 같이 1980년대 중반은 국내와 국외에서 한국어 교육이 급속하게 발전하기 시작한 시기이다. 이 시기 한국어 교육의 발전은 단지 위에서 살펴본 교육기관의 증가만을 의미하지 않는다. 조항록(2005)에서 논하는 한국어 교육 발전 지표[3]에 비추어 봐도 1980년대 중반은 한국어 교육 발전의 분수령이 되기에 충분하다.

우선 거시지표의 측면에서 교육기관의 증가는 발전을 나타내는 주요 지표이다. 1980년대 중반부터 한국어 교육 실시 국가가 늘고 교육기관이 증가함에 따라 학습자 수도 자연스럽게 증가하였다.

다음으로 한국어 교육의 국가사회적 기능을 볼 때 도구적 기능과 민족교육적 기능에서 세계시민교육적 기능, 사회통합적 기능이 추가되었음을 쉽게 알 수 있다. 한류 애호가를 대상으로 하는 한국어 교육은 도구적 기능과 함께 세계시민교육적 성격을 갖는 것이고 2000년대 이후, 정확하게는 2008년 이후 한국 내 이민자에 대한 한국어 교육은 도구적 기능과 함께 사회통합적 기능을 함께 갖는다.[4]

1980년대 중반 이후 한국어 교육계 내부의 역량 증가는 교재, 교사, 교수법 등 교육 전문성을 요구하는 다양한 영역에서 지속적으로 발전해 왔다. 비록 여기에 그 근거를 일일이 제시하지 못하지만 1980년대 중반 이후 현장에서 급증한 한국어 교육 수요를 한국어 교육계가 대응하면서 오늘에 이르고 있음을 볼 때 내적 역량도 발전

3 　여기에서는 한국어 교육 발전 논의를 위한 기준으로서 ①한국어 교육 관련 거시 지표, ② 한국어 교육의 국가 사회적 기능, ③ 한국어 교육계의 내적 역량, ④ 제도화의 수준, ⑤ 발전 모델의 출현 등을 제시하였다.

4 　여기에서 말하는 도구적 기능이란 학습자 차원의 기능으로서 한국인과의 의사소통, 학업의 수행, 직장에서의 업무 수행 등 다양한 목적을 이루도록 하는 기능을 의미하며 민족교육적 기능이란 재외동포와 관련이 있는 것으로서 한민족의 얼과 정체성을 키우는 기능을 의미한다. 그리고 세계시민교육적 기능이란 글로벌 시대에 자국을 넘어 전세계를 무대로 활동하는 데에 필요한 태도, 품성, 자질, 지식, 기술 등을 키우거나 갖추도록 하는 교육으로서의 기능을 의미하고 사회통합적 기능이란 한국 내 이민자와 관련이 있는 것으로서 기존의 한국 국민과 함께 삶을 영위하고 사회를 발전시켜 나가는 데에 요구되는 태도와 자질 등을 키워가는 것을 의미한다.

해 왔음을 가늠할 수 있다.

한국어 교육 발전을 의미하는 또 하나의 기준인 제도화 역시 여러 측면에서 확인이 되는데 1985년 국제한국어교육학회의 창립을 비롯하여 다양한 학술 단체의 결성은 이전에 있었던 개인 또는 기관 차원의 발전 노력을 교육계 차원으로 확대하였다. 또한 1990년대 이후 정부의 한국어 교육 참여가 공식화되어 정책적 지원이 이루어지기 시작하였는데 대표적인 예가 1995년에 개정된 문화예술진흥법과 동법 시행령에 한국어의 국외 보급 관련 내용이 명문화 된 것이다. 이는 곧 한국어 교육을 국가 정책의 영역으로 공식화하는 의미를 갖는다.

이 시기 국내외에서 한국어 교육이 빠르게 발전한 배경으로는 여러 요인이 있는데 한국의 경제발전과 국제적 위상의 제고, 아시안 게임과 서울올림픽의 성공적 개최를 통한 국제 사회에서 한국의 이미지 제고, 1962년에 제정된 해외이주법에 따른 재외동포 사회의 형성과 재외동포 후손의 증가, 구 공산권 국가와의 관계 개선 등이 주된 배경이다. 여기에 냉전의 종식과 국제화의 급속한 진전, 정보화 시대의 진전, 소프트 파워의 시대의 도래라는 인류사적 변화는 한국어 교육의 도약을 가져오는 시대 배경으로 작용하였다.

〈2〉

1980년대 중반 이후 한 차례 도약한 국내외의 한국어 교육은 1990년대 후반에 잠시 주춤하는데 일부 지역에서 한국어 교육에 대한 낙관적 전망으로 공급 과잉이 나타난 반면에 수요 증가가 주춤한 것에 기인한다. 여기에 한국이 IMF 관리체제에 들어감으로써 수요의 증가가 아닌 감소 현상까지 나타났으며 국내와 국외에서 한국어 교육의 축소 현상이 일시적으로나마 나타나게 되었다. 그러나 이러한 현상이 모든 지역에서 공통적으로 나타난 것은 아니었다. 일부 지역은 지속적으로 교육 규모가 커지고 일부 지역은 현상유지 상태이기도 하고 일부 지역에서는 일시적으로나마 감소하는 지역적 재편 현상으로 보는 것이 적절하다.

그러나 한국어 교육 발전의 주춤 기간은 그리 길지 않았다. 2000년대에 들어서면서 한국어 교육은 다양한 요인이 복합적으로 작용하면서 전에 없이 빠른 발전의 모습을 보였다. 한국 내에서는 이민자가 증가하면서 사회통합 정책 차원에서 한국어 교육이 폭넓게 실시되고 국외에서는 한국의 역할 증대, 한류의 확산, 한국으로의 유학 증가, 외국인고용허가제 한국어능력시험(EPS-TOPIK)의 실시 등으로 한국어 사용 가치가 증대된 점이 가장 대표적이다. 여기에 1990년대 후반에 시작된 한국어 국외 보급 정책 또한 시간이 지나면서 효과를 내기 시작하여 한국어 교육의 발전을 뒷받침한 것으로 보인다.

이와 같이 지속적으로 한국어 교육의 지평이 넓어진 가운데 2023년 현재 국내외의 한국어 교육은 과거의 어느 때보다도 규모가 크고 다양한 것으로 보인다. 그리고 이러한 발전 양상은 당분간은 지속될 것으로 전망된다. 다만 중국 등 일부 지역에서 한국어 학습자 수가 감소하는 징후가 나타나고 있음은 주의깊게 살펴볼 대목이다.[5]

2. 한국어 교육 발전 과정에서 나타난 특징과 한계

〈1〉

앞에서 살펴본 바와 같이 한국어 교육은 비록 태동은 오래 되었지만 국내외에서 빠른 발전의 과정에 들어선 것은 1980년대 중반이다. 이후 지금에 이르기까지 약 40년이 지나는 동안 괄목할 만한 발전을 이루어낸 것을 부인할 사람은 없을 듯하다. 그러나 한국어 교육이 태동 이후 오랜 기간 매우 더디게 발전한 과정이나 80년대 중반 이후 매우 빠르게 발전한 과정을 자세히 살펴보면 몇몇 특징을 발견하게 된다.

이러한 특징의 대부분은 한국어 교육이 공교육으로 자리 잡을 수 없는 특수한 배경을 갖고 있다거나 자생적으로 자기 확장하기보다는 외적 요인의 영향을 받을 수밖에 없다는 특징에 기인한다. 그동안의 한국어 교육 발전 과정에서 나타난 특징을 정리하면 다음과 같다.

---

5   2000년대 이후 현시점에 이르기까지의 한국어 교육 발전 양상, 배경, 특징 등은 이 책의 주요 내용을 이루는 것으로 뒤에서 상술하기로 한다.

첫째, 민간이 주도하고 정부가 뒤따랐다. 한국어 교육의 태동과 발전 과정에서 정부의 참여는 매우 늦게 나타난다. 한국의 모든 교육은 헌법에서 정하고 있는 교육 기본권의 실현이라는 측면에서 국민 대상의 국민 교육이 중심이었던 만큼 외국인을 대상으로 하는 한국어 교육에 국가가 참여할 근거가 없었기 때문이다. 1990년대 문화부가 설립되고 문화 정책 차원에서 한국어의 국외 보급이 문화예술진흥법과 동법 시행령에 포함되면서 마침내 한국어 교육은 국가 정책 범위 안에 포함이 되었다고 볼 수 있다.

둘째, 수요가 공급을 유발하는 양상으로 발전해 왔다. 일반적으로 국민 교육은 교육과정의 개발, 교재의 개발, 교사의 육성, 학교와 같은 물리적 공간과 시설 등을 확충한 상태에서 학생을 모집하여 교육을 실시한다. 그러나 한국어 교육은 국가의 교육 범주에 속하지 않았던 만큼 교육 실시를 위한 기반 구축이 현실적으로 이루어지지 않았다. 한국어 학습 수요가 존재하는 상태에서 민간이 주체가 되어 교육 공급이 이루어지는데 그 규모나 기반은 작고 불충분하였다고 볼 수 있다.

셋째, 한국어 교육은 역사적으로 대학 내 교육과 재외동포 사회의 한글학교 교육을 두 개 의 축으로 하여 발전하였다. 그러나 시간이 지나면서 일반 사회 교육과 중고등학교 교육과 같이 위-아래로의 확산이 이루어지고 현지인 중심의 교육으로 변화되어 왔다. 즉 국내에서는 대학 내 부설 기관인 한국어 교육기관이 중심이 되었지만 이민자가 늘면서 사회 교육으로 확산되었고 국외에서는 주요 국가의 주요 대학과 한글학교에서 이루어지다가 한류 확산 등으로 일반인 학습자를 대상으로 하는 사회 교육으로 확산되는 양상을 보였다.

넷째, 한국어 교육은 엘리트 교육에서 일반 대중교육으로 확산 되는 과정을 거쳐 왔다. 앞에서 언급한 대학 내 교육은 한국어를 사용하여 직무를 수행하거나 향후 수행하고자 하는 전문 직군 종사자가 주 대상이었다. 즉 엘리트 교육의 성격을 갖는 것이었다. 그러나 시간이 지나면서 대학 내 한국어 교육기관에도 다양한 배경을 가진 학습자가 증가하고 대학 밖에서는 다양한 유형의 한국어 교육기관이 신설되어 사회인을 대상으로 하는 한국어 교육이 실시됨으로써 대중 교육의 성격을 갖게 되었다.

다섯째, 일반 목적의 교육[6], 민족교육 목적의 교육[7]에서 학문 목적, 직업 목적 등 특수 목적 교육으로의 확대가 이루어졌다. 특히 한국 내 외국인 유학생이 증가하고, 국외 대학에서 한국 관련 전공이 개설되면서 학문 목적 한국어의 중요성이 커졌고 노동자를 대상으로 한 작업장 한국어, 한국계 기업 종사자를 위한 직무 수행 목적의 한국어의 중요성이 커져왔다.

마지막으로 한국어 교육은 공교육 밖에서 주로 실시되었으나 최근 들어 공교육으로의 편입도 부분적으로 이루어지고 있다. 일반적으로 '교육=국민 교육'이라는 등식이 오랫동안 성립되어 왔으나 최근에 국내에서는 중도입국자녀의 증가, 국외에서는 중고등학교에서의 한국어 과목 채택 등이 증가하면서 공교육적 성격도 빠르게 커지고 있다.

⟨2⟩

한국어 교육 60년을 되돌아볼 때 발전 과정에서 나타난 한계도 확인하게 되는데 역시 조항록(2005)에서 제시한 발전 지표에 비추어 볼 때 다음과 같다.

첫째, 거시지표의 측면에서 오랜 기간 한국어 교육은 대학 부설 한국어 교육기관 중심으로 발전해 오면서 사설 학원의 증가 등이 제한되는 등 다양성을 확보하지 못하였다. 이는 국내외 경우 사설 교육기관이 외국인 학습자의 한국 입국을 위한 사증 취득 지원 요건을 갖지 못하고 국외에서는 한국어 학습자의 학습 구매력(수강료 지불 능력)에 한계가 있어서 나타난 현상이다. 결국 한국어 학습자의 학습 기회는 대학 및 중등학교, 한국 정부 지원의 세종학당, 현지 교민 사회의 한글학교 등으로 한정되는 양상을 보이고 있다. 예외적으로 일본 내의 적지 않은 사설 학원에 한국어 강좌가 개설되고 외국인고용허가제 실시 대상 국가에서 고용허가제한국어능력시험 대비 학

---

6 앞에서 언급한 전문 직군 종사자를 주 대상으로 하는 한국어 교육에 적용된 교육과정은 일반 목적 한국어 교육 과정이었다. 즉 특정 학습자를 대상으로 개발된 한국어 교육과정이 아니었지만 학습자의 중심이 전문 직군 종 사자가 주를 이룬 시기가 있었음을 의미한다.

7 국외 한국인 집단 거주 지역에 있는 한글학교에서 실시한 한국어 교육을 의미한 것으로서 한글학교는 한국어 교육이 도약하기 전인 1980년대 중반까지 현지의 일부 대학과 함께 한국어 교육의 양대 축을 이루어왔다.

원이 운영되고 있는데 전자의 경우 학습자의 경제적 능력이 뒷받침되고 후자의 경우 한국에 가기 위해서는 한국어 능력이 필수적이기 때문에 가능한 일이다.

둘째, 국가사회적 기능의 측면에서 한국어 교육은 사회 수요 맞춤형 인재 양성 기능을 충분히 수행하지 못하였다. 즉 사회에서 요구하는 한국어 능력과 교육기관이 배출하는 학습자의 한국어 능력 사이에는 실제적으로 거리가 있는 경우가 많았다. 전문 직군 종사자 및 학문 목적 학습자에게 일반 목적 한국어 교육과정을 적용할 수밖에 없었던 한계가 있었고 한국 내 이민자에 대해서도 초기에는 일반 목적 한국어 교육이 실시되었던 점이 대표적이다. 그리고 현시점에도 한류 애호가를 대상으로 하는 한국어 교육 등에서 세계시민교육적 기능을 충분히 수행하는지에 대한 자성도 요구된다.

셋째, 제도화의 측면에서 한국어 교육 발전을 가속화하고 효율화할 수 있는 법, 제도의 확충이 충분히 이루어지지 않았다. 독립법이 없으며 기존 법, 제도와의 충돌이 있을 때 한국어 교육은 이를 극복하지 못한 사례도 찾을 수 있다. 국어기본법의 제정 시에 한국어교원자격제도 운용의 근거는 마련되었지만 육성-인증-임용-처우와 같은 교원 제도의 연관 단계에 대한 국가적 차원의 지원 내지는 관리는 제한적일 수밖에 없었다. 민간 영역에서 볼 때에도 1990년대 중반 이후 급속하게 요구된 한국 내 이민자에 대한 교육에서 민간과 정부 사이의 협력 체계는 확보되지 못하였다.

넷째, 내적 역량의 측면에서 한국어 교육은 현장 변화의 특성에 적절하게 대응하지 못한 사례가 있다. 대표적으로 1980년대 중반부터 1990년대 중반까지 재외동포 후손에 대한 교육이 성공적이었다고 평가하기 어려우며, 2005년부터 2015년 사이 중국인 학습자의 급증에 맞춘 효율적인 교육이 실시되었다고 보기 어려우며, 2015년 이후 지금에 이르기까지 베트남인 학습자에 대한 한국어 교육에서 학습자 중심성을 확보하고 효율적으로 교육이 실시되는 것으로 보기가 어렵다.[8] 뿐만 아니라 현시점 한국어 교육의 가장 큰 기능으로 부각되고 있는 세계시민교육적 기능을 수행하기에 충분한 역량 결집이 이루어지고 있는지를 확인하기 어렵다.

다섯째, 발전 모델의 측면에서 한국어 교육은 외부 환경 종속성이 강하다는 한계를 보이고 있다. 대학 내 한국어 교육기관은 대학 내에서의 근본적인 위상(부속기관 내지는 부설기관)의 문제로 자율적인 발전 모델을 구축하는 데에 어려움이 있었으며, 대학 밖의 경우에는 수요예측의 불안정성 및 법적 한계(체류 자격 부여 불가)로 발전에 필요한 자원의 동원(투자 등)이 쉽지 않았다. 정부 지원의 한국어 교육의 경우에도 한국어 교육이 국민 교육의 테두리 밖에 있었기 때문에 발전 모델의 구축에 한계가 나타나기도 하였다.

여기에서 지적하는 한국어 교육 발전 과정에서 나타난 한계는 앞으로 한국 정부와 한국어 교육계가 냉정하게 살펴볼 필요가 있다. 한국어 교육은 다분히 수요 의존적이고 환경 의존적 성격이 강하다는 점을 보면 이러한 한계를 어떻게 극복해야 할지를 고민해야 한다. 다시 말해 국민을 대상으로 하는 초중등교육이나 고등 교육은 기본적인 수요가 늘 확보되어 있다. 비록 시기에 따라 약간의 증감이 있을지라도 수요 예측이 가능하고 정형화되고 체계화된 교육 실시 체계가 작동된다. 이에 비하여 한국어 교육은 기존의 한국어 교육 수요를 유지하고 더 나아가 더 많은 수요를 창출하기 위한 노력이 뒷받침되어야 발전을 기대할 수 있다. 이렇게 볼 때 위에서 지적한 한계를 하나하나 극복해야 함은 물론 비슷한 문제가 반복되지 않도록 하는 노력이 절실히 요구된다.

---

8 이러한 사례에 대한 세부적인 논의는 별도로 진행할 필요가 있다. 여기에서 그동안 나타난 한국어 교육의 한계로 지적한 세 가지의 개요는 아래와 같다.
첫째, 1980년대 중반부터 국내로 밀려든 재외동포 후손에 대한 한국어 교육은 국내 한국어 교육 현장의 규모를 크게 확대하였으나 10년도 가지 못하고 재외동포 대상 한국어 교육 프로그램은 규모가 크게 줄었다. 당시 한국어 교육계는 재외동포 후손(특히 청소년) 대상 한국어 교육 실시 경험이 없는 상태에서 만족도가 높지 않았던 것으로 알려졌다.
둘째, 2000년대 초의 중국인 학습자 대상 한국어 교육은 갑자기 밀려들어 압도적으로 제일 규모가 큰 학습자 집단이 되었음에도 불구하고 중국인 학습자에 특화된 교육 자료, 교수 방법의 개발 없이 기존의 영어권, 일본어권 학습자 대상의 자료 등이 그대로 사용되었다.
셋째, 현시점에도 해당이 되는 쟁점으로 국내 한국어 연수생의 약 70퍼센트(2023년 5월 기준으로 전체 한국어 연수생 64,772명 중 베트남 국적이 41,407명임)가 베트남 학습자임에도 베트남 특화된 교육 자료, 교수 방법 개발은 찾아보기 어렵다.

3. 한국어 교육 정책의 발전과 한계

⟨1⟩

이러한 한국어 교육의 발전 과정에서 한국어 교육 정책은 어떤 변화를 거쳐 왔으며 그 특징은 어떠한가? 지금까지의 한국어 교육 정책에서 나타난 특징을 정리하면 아래와 같다.

우선 한국어 교육과 직간접적인 관련성을 갖는 정부 부서는 1950년대 문교부로부터 시작하여 현시점 교육부+문화체육관광부+외교부+고용노동부+법무부+여성가족부+행정안전부 등으로 크게 확대되어 있다. 이와 함께 정부 내 몇몇 위원회에서 한국어 교육은 주요 의제로 다루어지고 있다. 또한 한국어 교육과 직간접적으로 관련이 있는 법, 규정은 1977년 '재외국민의 교육 지원 등에 관한 규정'으로부터 시작하여 현시점 '재외국민의 교육 지원 등에 관한 법률', '국어기본법', '외국인 근로자의 고용 등에 관한 법률', '재한 외국인 처우기본법', '다문화가족지원법', '출입국관리법'으로 크게 확대되었다. 여기에 최근에는 한국 내 중도입국자녀의 한국어 교육이 쟁점화되면서 공교육을 규정하는 초중등교육 관련 법규정에도 한국어 교육 관련 내용이 포함되고 외국인 유학생의 한국어 능력 중요성이 대두되면서 고등교육법에는 한국어능력시험 관련 조항이 신설되기도 하였다.

한국어 교육 발전에 영향을 주는 정부 정책과 예산의 배정은 한글학교 지원 확대, 한국어교원자격제도의 실시, 스터디 코리아 2023과 같은 유학생 유치 정책, 세종학당 추진 확대, 한국어능력시험 실시 확대, 국외 대학의 한국학 및 한국어 교육 지원 확대, 해외 초중고 한국어 과목 채택 지원 사업 확대, 사회통합프로그램의 운영 확대 등과 같이 지속적으로 강화되고 넓어지고 있다. 또한 정책 추진 방식에서 국립국어원을 통한 교육 전문성 향상 노력, 법무부의 사회통합프로그램을 중심으로 하는 이민자 대상 한국어 교육 실시 체계의 통합, 세종학당재단을 통한 국외 한국어 교육 브랜드 통합 시도 등 정부 내 부서 사이의 협업의 예가 나타나고 있다.

그동안 한국어 교육계의 노력과 정부 정책에 힘입어 한국어 교육은 국가사회적 기능이 확대되고 위상도 높아져 왔는데 우선 2002년 교과교육학으로 한국어교육학이 정립되어 학문으로서의 독립성을 인정 받았으며, 국내외의 초중고에서 한국어 교육이 실시됨으로써 이제 공교육 밖에서 공교육 안으로의 편입이 진행되고 있음을 주목할 수 있다. 그리고 정책 현장에서는 결혼이민자의 입국 사증 요건으로서 한국어 능력 인증 제도의 실시, 한국 내 학교 입학 및 졸업 시 한국어 능력 요건 포함, 국적·영주권 취득 및 체류 자격 변경 시 한국어 능력 필수 요건 제시, 외국인의 한국어교원·한국 의사 자격증 취득 시 한국어 능력 입증 등 다양한 분야에서 한국어 능력을 필수 요건으로 제시하고 있는 점은 한국어 능력이 개인적 차원의 학습자 이익 실현을 넘어 국가적 사회적 차원에서의 공적 기능이 확대되고 있음을 의미한다.

⟨2⟩

이와 같이 정부의 한국어 교육 정책의 추진 성과는 시간이 지나면서 크게 나타나고 있음은 분명하다. 그러나 한국어 교육 정책 추진 과정 및 현시점 위상을 살펴볼 때 아래와 같은 한계를 지적하지 않을 수 없다.

첫째, 한글학교 지원, 세종학당 추진, 한국어능력시험 실시 확대 등을 재외한다면 한국어 교육은 정부 정책의 독자적인 영역으로 정립되지 못하고 여타 정책의 부수적인 정책으로서의 위상에 머무르고 있다.

둘째, 1950년대 일본에서의 우리말 교육 실시, 1997년 한국어능력시험(KPT, 지금의 TOPIK) 실시, 1998년 한국어세계화추진위원회의 활동, 2006년 국제결혼여성과 혼혈아에 대한 범정부 차원의 대책 수립, 최근의 한글학교 지원 확대 등에서 볼 수 있듯이 한국어 교육은 당시의 정치적 배경 내지는 정치적 요인의 영향을 받기도 하였다. 최근에는 한국 내 체류 외국인에 대한 정책의 차원에서 사회통합프로그램 추진 강화, 한국어 교육기관 입학생에 대한 사증 발급 기준 변화 등과 같이 행정부 내 여타 정책의 영향을 받기도 한다.

셋째, 헌법에서 정하고 있는 교육기본권에 입각하여 '교육=국민교육'으로 등식화되어 있는 상황에서, 국민이 아닌 자를 대상으로 하는 한국어 교육은 그 본질이 '교육'임에도 불구하고 오랜 기간 동안 교육 관련 법령, 제도 안에 포함될 수 없었다. 냉전 종식 후 대두된 국제화의 물결에 따라 '국어의 국외 보급'으로 확산되기 시작함으로써 '교육'과 '보급'의 혼재 내지는 상충 현상을 보이고 있다.

넷째, 한국어 교육에 대한 정부 내 관심의 수준에 따라 경우에 따라 한국어 교육은 혼선 내지는 중복이 나타나는 등 정책 추진 체계와 정책 집행 과정에서 효율성이 떨어지기도 하였다.

마지막으로 한국어 교육과 관련한 민간 전문가의 활용, 민간 영역에 대한 정부의 지원 등이 확대되어 오기는 하였으나 교육은 국민 교육에, 보급은 국외 보급에 치중하는 과정에서 '국내 한국어 교육에 대한 정부의 정책적 지원'은 엄연한 한계를 보이고 있다.[9]

이와 같은 한국어 교육 정책의 한계는 시간이 지나면서 조금씩 해결되어 나가리라 기대한다. 한국어 교육의 국가 사회적 기능이 확대되면서 개별 부서의 정책 범위를 초월하는 경우가 많아지고 있어 정부 내 협력과 조정의 예가 조금씩 나타나고 있다. 뿐만 아니라 최근에는 외국과의 정상회담, 교육 당국 사이의 교육 협력에서 한국어 교육이 의제로 채택되는 등 한국어 교육의 위상이 높아지고 있다. 이는 국가 정책으로서의 한국어 교육 정책의 위상이 높아지는 것을 의미하며 정부 내에서의 효율적인 정책 추진을 기대하도록 한다.

4. 한국어 교육 정책의 관점에서 보는 한국어 교육의 미래

〈1〉
이러한 한국어 교육 정책의 변화 속에서 향후 한국어 교육 발전을 어떻게 전망할 수 있을 것인가?

---

9   국내 한국어 교육에 대한 정부 정책의 지원 또는 규제는 교육부가 주관하는 교육국제화역량인증제 이외에는 찾아보기 어렵다. 그러나 교육국제화역량인증제는 궁극적으로 사증 발급과 연계하는 목적을 갖는 것으로서 교육과정, 학사, 교원 등등 교육의 제반 영역은 정부의 법규정 체계 밖에 놓여 있음이 분명하다. 국내 한국어 교육 현장이 크게 넓어진 상황에서 이러한 현실에 대한 냉정한 인식이 필요한 시점이다. 특히 최근에 저출산 고령화 사회의 심화에 대응하여 외국인 유학생 유치를 확대하고 이들의 정주화 지원의 필요성이 제기되는 과정에서 대학과 지자체 간의 협력 중요성이 대두되는데 향후 대학 내 한국어 교육기관에 대한 지원 방안이 나올지 주목된다.

우선 기본적으로 시간이 지나면서 한국어 교육 관련 법, 제도가 확충되고 다양한 정책이 실시됨은 물론 투입하는 자원의 규모가 커지면서 한국어 교육은 더욱 발전하리라고 본다. 현시점 한국어 교육과 관련한 환경의 변화는 개별 교육기관 내지는 한국어 교육계만의 역량으로는 해결하기 힘든 성격이고 수준이다. 예를 들어 국외에서 한류 확산에 따른 한국어 학습자의 증가에 대한 교육 기회 제공은 국내외 한국어 교육기관이 자체적으로 충족하기 힘들다. 한류 기반 학습자들의 한국어 학습 동기나 교육 구매력을 볼 때, 일정 수준 이익을 목표로 하거나 소속 구성원에 한정하여 교육을 실시하는 기존 교육기관이 참여하기에는 한계가 있다. 세종학당과 같은 정부 지원의 공익적 교육 기관이 필요한데 현재 한국 정부는 이러한 현장 요구에 대응하는 정책을 실시함으로써 한국어 교육 발전을 가능하게 하고 있다.[10] 마찬가지로 전세계 한글학교에서의 한국어 교육 역시 정부의 지속적인 지원 강화로 성과가 점점 커지는 것으로 알려지고 있다. 운영비 지원을 확대하는가 하면 교사 재교육 기회를 제공하고 학습자의 학습 동기 강화를 위한 노력도 병행되기 때문이다. 이 역시 민간이 참여하기에는 한계가 있는 영역이다.

다음으로 국제화가 가속화되고 있고 한국의 대외 관계가 강화되는 상황에서 정부의 외교 정책 범주에 한국어 교육이 포함되고, 한국 내 이주민을 대상으로 하는 정부 정책에서 한국어 교육 지원의 필요성이 점점 커지고 있다. 이는 국내외 한국어 교육계에 긍정적인 기대를 갖도록 한다. 최근 남아시아 일부 국가에서의 한국어 교육 현장의 확대(중등교육)나 국내에서의 한국어 교육 현장의 확대가 이에 속하는데 이러한 현상은 앞으로도 지속되리라 본다.

한편 국제화시대 재외동포의 존재에 대한 인식의 변화, 재외국민에 대한 참정권 허용 등 재외동포에 대한 정부 정책이 강화되는 상황에서 민족교육으로서의 한국어 교육 현장은 지속적으로 발전할 것으로 예상된다. 이와 함께 재외동포 자녀가 진학하는 현지 국가의 중등 교육에서 한국어 교육 실시 기회가 넓어질 것으로 보인다. 이

---

10 이와 대비되는 국외 환경 변화로 외국인고용허가제 한국어능력시험(EPS-TOPIK) 실시에 따른 교육 현장의 확대를 들 수 있는데 이는 공익적 교육 기관의 참여 없이 현장 확대가 이루어지고 있다. 교육 수요자가 자신의 이익을 실현하기 위하여 스스로 구매력을 갖춘 상태에서 한국어 학습에 참여하기 때문이다.

는 결국 한국어 교육의 아래로의 확대를 가능하게 하여 한국어 교육 발전을 견인하게 될 것이다.

마지막으로 정부 내 부서 사이의 협업을 통한 한국어 교육 전문성의 제고나 인프라 구축이 가속화되고 정부 주관의 한국어 교육에 민간 참여가 활발해지는 상황은 한국어 교육의 체계성과 효율성을 높일 것이다.

〈2〉

그러나 한국어 교육의 발전을 위한 논의는 정부 정책만으로는 엄연한 한계가 있다. 한국어 교육 현장의 대부분이 민간 영역에 속하고 교육의 공급과 수요는 민간 자율에 따르기 때문이다. 이렇게 볼 때 향후 한국어 교육의 발전을 논하기 위해서는 한국어 교육 수요 예측, 교육 공급자인 한국어교육계의 전략과 역량, 정부의 정책적 지원 등이 총체적으로 다루어져야 할 것이다. 그동안의 한국어 교육 발전 과정, 한국어 교육 정책의 발전 과정을 종합하여 한국어 교육의 미래를 예측하고 몇몇 제언을 덧붙이면 다음과 같다.

첫째, 국내 한국어 교육은 이주민의 지속적 증가, 특히 정주 외국인이 증가하고 이에 대한 정부 정책이 포용과 통합으로 전환되면서 이주민 대상 한국어 교육 현장이 지속적으로 확대되고 체계화될 것이다. 특히 한국 내 저출산 고령화 상황이 심화되면서 정부의 이민정책 기조가 바뀔 경우 이주민 대상의 한국어 교육의 규모와 중요성은 더욱 커지리라고 본다. 이와 함께 스터디 코리아 3.0(가칭. 스터디 코리아 2023의 후속 정책)의 적극 추진과 국내 대학의 외국인 유학생 적극 유치 정책으로 유학생 대상 한국어 교육도 확대의 요인을 갖고 있다. 그러나 국내 유학생 유입의 주요 국가였던 중국에서 여러 요인의 변화로 한국으로의 유학생 유입이 제한적인 점은 확대만을 기대할 수 없도록 한다. 베트남이 중국 유학생의 감소를 대체하는 국가로 자리 잡았으나 어느 시점에 한국으로의 유입에 한계가 나타날 수 있음에 주목할 필요가 있다. 문제는 향후 언젠가 다가올 베트남 유학생의 감소를 대체할 국가가 나올 것이냐 하는 점이다. 이렇게 볼 때 국내 한국어 교육은 이주민 대상의 교육 현장은 지속적으로 확대되고 체계화가 이루어지겠지만 유학생 대상 한국어 교육은 변동의 가능성이 존재함을 주목할 필요가 있다. 비록 외국인 근로자의 대학 입학 허용 등과 같은 변수가 나타날 수 있지만 이들이 한국어 학습자군으로 편입될 수 있을지는 미지수이다.

둘째, 국외 한국어 교육은 전반적으로 전세계로의 확대 현상이 지속되지만 일부 국가에서는 축소될 가능성도 있다. 이미 한국어 교육은 중국, 일본, 북미, 남아시아, 중앙아시아, 몽골, 유럽 일부, 대양주 중심에서 유럽 전역, 중동, 중남미, 북부 아프리카로까지 확대되었다. 이런 상황에서 향후에도 외연에서는 확대 상황이 나타날 것으로 보이나 기존에 한국어 교육이 활발했던 일부 지역에서는 축소 현상이 나타날 것으로 보인다. 2000년대 초반 유럽과 호주에서 일시적으로 축소하였던 시기가 있었던 것처럼 국외에서의 한국어 교육은 늘 부침의 가능성이 있다. 현시점 중국 내 한국어 교육 관련 여러 지표가 축소를 나타내고 있으며 일본 내 사설 학원에서의 한국어 교육도 전에 비하면 줄어든 양상을 보이고 있는 점은 이를 의미한다.

셋째, 국제화가 지속되고 한국의 국제적 역할이 커짐에 따라 한국어의 사용 가치가 지속적으로 커지고 있는 점은 한국어 교육의 발전을 기대하도록 한다. 여기에 정부의 직간접적인 한국어 교육 지원 정책이 강화되는 상황에서 한국어 교육의 전망을 밝게 한다. 외국 중등학교 제2외국어 채택 사업의 가속화, 세종학당 추진 사업의 강회, 한글학교 교육 지원 강화 등으로 한국어 교육은 '대학과 한글학교 중심'에서 '일반 사회교육', '중등학교 교육'으로 확대되는 등 상하급 학교 간 연계가 지속될 것으로 기대된다.

넷째, 한국어 학습자 변인의 다양화와 학습자 요구의 다양화가 급속히 진행되는 상황에서 한국어교육계의 역량 강화가 요구된다. 그동안 한국어교육계 내적 역량이 지속적으로 강화되어 온 점은 한국어 교육 발전을 기대하도록 만드는 요인이다. 그러나 아직도 국내외의 한국어 학습자 변인을 볼 때 내적 동기가 그리 크지 않은 집단이 많고 학습 지속성이 확보되지 않은 집단이 많다. 이들은 엄밀한 의미에서 잠재적 학습자 집단으로서의 성격을 갖는다. 이들을 실재적 학습자 집단으로 전환시키는 데에 한국어 교육계가 기여해야 한다. 한국어 학습자에게 '어렵고 재미없는' 한국어가 아닌 '쉽고 재미있는' 한국어로 인식되도록 하는 노력이 요구된다.

다섯째, 국내외의 일부 제도상의 제약은 한국어 교육의 지속적 발전을 저해하는 요인이 되고 있다. 국내의 경우 국어기본법에 따른 한국어교원이 초중등학교에서 한국어를 가르칠 수 있도록 하는 제도가 미비하고 중국, 몽골, 베트남 등 한국어 교육이 활발한 국가의 중등 교육에서 한국어가 통용 외국어 내지는 제2외국어로 정립되지 않은 제도적 한계는 시급히 극복해야 할 과제이다.

　마지막으로 한국어 교육을 점검하고 발전을 도모할 수 있는 정부 내 조정 기구가 마련된다면 한국어 교육은 좀 더 빠르게 발전할 것이다. 전에 비하여 한국어 교육 정책이 효율성과 정당성을 확보한 것으로 보이지만 냉정하게 볼 때 개선의 여지 역시 적지 않다. 특히 한국어 교육 실시 대상의 대부분이 외국인인 상황에서 정책 집행의 효율성에 대한 감시 시스템이나 견제 시스템은 거의 갖춰져 있지 않은 것으로 보인다. 정부 내 조정 기구는 한국어 교육을 위하여 투입하는 정부 자원과 역량을 효율화할 것이고 국내외 한국어 교육의 지속 발전을 위한 대안 마련을 가능하게 할 것이다.

〈3〉

　이상에서 살펴보았듯이 한국어 교육 정책의 관점에서 한국어 교육의 미래를 전망할 때 낙관적인 전망도 가능하지만 적지 않은 과제가 놓여 있음도 확인하게 된다. 정부의 정책은 이러한 과제를 해결하는 데에 중추적인 역할을 한다는 점에서 한국어 교육 정책의 중요성을 실감한다. 전세계 7,000개가 넘는 모든 언어를 대상으로 하여 주요 지표를 추적하여 발표하는 Ethnologue 2023년판에서 한국어는 모어 화자 수에서 14위, 사용자 수에서 23위의 언어이다. 모어 화자의 순위에 비하여 사용자 순위가 떨어지는 점은 한국어의 세계적 확산 측면에서 아직도 갈 길이 멀다는 것을 의미한다. 그러나 전세계 외국어 학습 애플리케이션인 듀오링고(Duolingo)의 최근 조사에서 한국어 학습 수요는 전세계 언어 중 7위를 기록하고 있다. 영어, 스페인어, 프랑스어, 독일어, 일본어, 이탈리아어 다음으로 한국어이다. 중국어와 러시아어를 능가한 것으로 나타난다. 한국어 교육의 발전을 엿보게 하는 통계이다. 한국어 교육 정책의 뒷받침으로 한국어 교육의 지속적인 발전을 기대해 본다.

참고문헌

조항록(2005), 국내 한국어 교육의 역사와 현황 – 발달사적 접근과 미래 대안의 제시 – , 한국어 국외보급 정책 수립을 위한 대토론회 기조발제문. 한국어세계화재단.

조항록(2008), 한국어 교육 환경의 변화와 발전을 위한 과제, 한국어교육 제19권 1호. 국제한국어교육학회.

조항록(2010), 한국어교육정책론, 한국문화사.

조항록, 이미혜, 주성일(2013), 한국어 교육 현황 점검 및 교육 지원 전략 연구, 문화체육관광부 정책연구보고서.

조항록, 홍의표(2017), 한국어능력시험(TOPIK) 확산 및 발전 방안 연구, 교육부 정책연구보고서.

조항록(2017), 다문화사회와 한국어교육, 한글파크.

Ⅱ. 한국어 교육 정책의 연구 동향 [1]

1. 들어가기

오랜 기간 민간 중심으로 발전해 오던 국내외의 한국어 교육 현장에 정부의 참여와 역할이 급속히 확대되면서 한국어 교육 정책의 실제적 가치가 커졌다. 즉 한국어 교육이 정부의 정책 영역의 범위에 편입되어 한국어 교육과 관련한 법, 제도, 정책이 대두되었다. 이는 한국어 교육이 공교육이 아니라는 이유로 법, 제도의 테두리 밖에 놓여 있던 과거의 상황과는 매우 대조적이다.

한국에서 교육과 관련한 법과 정책은 헌법에서 정하고 있는 교육 기본권의 실현 차원에서 제정되고 실시된다. 이 때 교육의 대상을 국민으로 설정하기 때문에 외국인을 대상으로 하는 한국어 교육은 법 테두리 밖에 놓이게 되었다. 이에 따라 한국어 교육은 오랜 기간 동안 문화 예술과 관련한 법 또는 재외국민 교육과 관련한 법에 근거하여 국가의 참여가 있었을 뿐이다. 그러나 이제는 정부 내 다양한 부서가 참여하고 이를 뒷받침하는 법, 제도가 빠르게 구축되고 다양한 정책이 산출되고 있다. 이는 곧 한국어 교육이 민간 영역을 넘어 국가와 사회의 다양한 기능을 수행하는 국가 정책 영역으로 자리 잡았음을 의미하는 것으로서 한국어 교육 정책 논의의 중요성을 제기하는 요인이다.

이 글에서는 국제한국어교육학회가 발간한 〈한국어교육〉 창간호(1989년 발간)로

---

1 이 글은 〈한국어교육〉 제14권 4호(2015년 12월)에 게재한 "한국어교육 정책과 문화교육의 연구 동향 분석" 중 한국어 교육 정책 부분만을 발췌하여 재구성한 것임을 밝힌다.

부터 제26권 1호(2015년 3월 발간)까지 게재된 논문 중에서 한국어 교육 정책과 관련한 논문을 살펴봄으로써 지난 30여 년 동안 한국어 교육 정책 연구가 어떻게 발전되어 왔는지를 알아보고자 한다.

2. 한국어 교육 정책 연구의 동향 분석을 위한 분석 기준

〈한국어교육〉에 게재된 한국어 교육 정책과 관련한 논문을 바탕으로 하여 이 분야 연구 동향을 논하기 위해서는 분석 기준을 정하는 것이 선행되어야 한다. 연구 동향을 논할 때의 분석 기준은 여러 가지가 있을 것이나 일반적으로 연구의 하위 분야, 연구의 유형, 연구자 변인 등을 정하고 대상 연구 결과물에 대한 양적 또는 질적 분석을 시도한다. 한국어 교육계에서 연구 동향을 분석한 대표적인 논저로 알려진 강승혜(2003)에서도 분야별 분류 방식을 적용하였고 최근의 연구인 한재영(2013)에서도 분야별 접근 방법을 택하였다. 본고에서도 이러한 방식에 준하여 분야별 접근 방식을 채택하고자 한다.

그러나 분야별 연구 동향 분석 방식을 택한다 해도 또 하나의 논점이 남는다. 해당 분야의 하위 영역을 설정하는 일이다. 시간이 지나면서 외국어로서의 한국어교육학이 체계화를 이루어 왔지만 사실 아직도 학문적 정체성의 규명이나 하위 영역의 설정 논의가 충분하지 않다. 본고에서 논하는 한국어 교육 정책에 대한 하위 분야 설정을 위한 논의를 찾기가 쉽지 않다. 한국어 교육과 관련하여 기존의 연구 성과에 대하여 분류틀을 설정하고 정리한 강승혜(2003)와 한재영(2013)에서 한국어 교육 정책은 중분류의 한 분야로 설정되었을 뿐 세부 하위 분류는 제시하지 않았다. 강승혜(2003)는 한국어 교육 연구 동향을 분석하면서 대분류로 한국어 교육 일반, 한국어 교육 내용, 한국어 교수·학습, 한국어 교재 등 모두 10개 영역을 제시하였는데[2] 한

---

2 강승혜(2003)에서 제시하고 있는 연구 영역은 본문에 제시한 4개 영역 이외에 학습자 요인, 오류분석, 한국어 능력 평가, 웹기반/컴퓨터, 학습자 사전개발, 교사교육 등이 있다.

국어 교육 정책은 한국어 언어 정책이라는 이름으로 하여 한국어 교육 일반의 하위 영역으로 분류되어 있을 뿐 그 이하의 하위 분류는 찾을 수 없다.[3] 최근의 한국어 교육 연구 성과물을 수집하여 분류한 한재영(2013) 역시 정책은 북한·표준화·방언 등과 함께 하나의 범주(IX-01)에 포함하였을 뿐[4] 정책의 하위 영역 분류는 시도하지 않았다.

이러한 연구 동향 분석 연구뿐만 아니라 개별 주제 연구에서도 한국어 교육 정책의 하위 분야 설정 시도는 본격적으로 이루어지지 않았다. 우선 개별 주제 연구를 살펴볼 때 이병규(2008)에서 한국어 교육 정책의 하위 영역 분류와 관련한 논의를 찾을 수 있다. 국외 한국어 교육 정책론 탐색이 제목인 이병규(2008)에서는 국외 한국어 교육 정책 현상, 국외 한국어 교육 정책의 필요성 및 변천, 국외 한국어 교육 정책 목적과 이념, 국외 한국어 교육 정책의 부문별 내용 등을 다루고 있는데 바로 국외 한국어 교육 정책의 부문별 내용에서 하위 분야 분류와 관련한 시사점을 찾을 수 있다. 여기에서는 국외 한국어 교육 정책의 하위 부문으로 국외 한국어 교육 정책 기관, 국외 한국어 교육 정책 법령, 한국어 교육 정책 지원 공공기관, 국외 한국어 교육 콘텐츠 개발·보급 지원 정책 등으로 분류하고 있다.

한편 한국어 교육정책과 관련한 학술 단행본 역시 하위 분야 분류를 적극 시도한 것으로는 보이지 않는다. 한국어 교육 정책과 관련한 유일한 학술 저서인 조항록(2010)은 제1장 한국어교육의 역사적 전개와 학문적 정체성, 제2장 한국어교육 현장의 이해, 제3장 한국어교육 정책의 주요 쟁점, 제4장 한국어교육 정책 관련 시론 등으로 나누어 논의를 진행하였을 뿐 더 이상의 하위 분야 분류는 시도하지 않았다.

이렇게 볼 때 한국어 교육 정책 관련 하위 분야 분류는 거의 시도되지 않은 것으로 볼 수 있다. 이러한 상황에서 본고에서는 분류의 틀로서 아래의 기준을 정하고자

---

3 이 논의에서 눈에 띄는 것은 한국어 교육 현황을 별도의 하위 분야로 설정하여 한국어 교육 일반에 포함하고 있는 점이다. 이는 한국어교육학이 갖는 특성을 고려한 것으로 한국어 교육 정책의 범주에서 다루어질 수 있는 주제로 본다.

4 한재영(2013)에서는 10,370편의 연구 성과물을 모두 대분류 10, 소분류 35로 하여 정리하였다. 그러나 대분류 명을 제시하지 않음으로써 대분류와 소분류 사이의 상하위 관계를 명확히 설정하지 않은 한계가 드러난다.

한다.

첫째, 부분적으로나마 관련이 있는 기존 논의에서 분류한 하위 영역을 가능한 한 포함한다. 다만 기존 논의에서 제시한 하위 영역 중 통합할 필요가 있는 것은 통합하고, 같은 층위에서 별도 분류한 영역 중 하위 영역으로 포함할 필요성이 있는 것은 포함한다. 이는 모두 한국어 교육 정책과 관련이 있는 것으로 이병규(2008)의 논의 중 한국어 교육 정책 기관, 국외 한국어 교육 정책 법령, 한국어 교육 정책 지원 공공기관을 법/제도라는 영역에 모두 포함하여 다루고자 한다. 또한 강승혜(2003)에서 한국어 교육 일반이라는 대범주 안의 하위 분야로 분류한 한국어 교육 현황을 한국어 교육 정책의 하위 영역으로 포함하고자 한다. 한국어 교육 현황은 일반적인 교수−학습에 대한 논의의 성격보다는 정책 논의를 위한 기초 논의로서의 성격이 다분하다고 보이기 때문이다. 즉 한국어 교육이 갖는 학문적 특성과 국가사회적 기능을 고려할 때 한국어 교육 현황은 정책 영역에서 다루어지기에 충분한 근거를 갖는다고 본다.

둘째, 한국어교육학의 학문적 정체성 논의에서 쉽게 볼 수 있는 것으로 기존의 연구 성과물을 바탕으로 한 귀납적 접근을 부분적으로 적용한다. 다시 말해 기존의 연구 성과물의 분석 과정에서 다수 존재하는 연구 분야가 본고의 주제와 관련이 있을 경우 하위 분야로 설정한다. 이 역시 한국어 교육 정책과 관련이 있는 것으로 한국어 교육 역사, 한국어 교육 현황 등이 그 예이다. 이는 한국어교육학이 현장 중심의 응용 학문이라는 점에서 그동안 중점적으로 다루어진 분야는 학술적 가치가 있는 것이며 이러한 연구가 다수 존재한다는 것은 한국어교육학의 하위 분야로서 설정될 근거를 갖는 것으로 볼 수 있기 때문이다.

마지막으로 본 연구자의 주관적 관점도 어느 정도 적용하고자 한다. 한국어 교육 정책의 하위 영역에 대한 본격적인 논의가 부재한 상태에서 본 연구의 진행을 위하여 본 연구자의 관점에 의존하지 않을 수가 없다. 그러나 본 연구자의 관점 역시 하위 분야 분류를 위한 적극적인 논의라기보다는 기존의 연구 동향을 분석, 정리하기 위한 절차적 수준의 의미만을 가질 것이다.

이러한 기준에 의하여 본 연구자는 한국어 교육 정책의 연구 동향을 분석하기 위한 하위 분야 분류를 아래와 같이 제시하고자 한다.

[표 1] 한국어 교육 정책 연구 동향 분석을 위한 하위 분야의 설정

하위 분야	주요 내용	설정의 근거
한국어교육정책론 총론	○한국어 교육 정책에 대한 총괄적인 논의 ○한국어 교육 정책에 대한 이론적 접근 논의(연구의 범위, 하위 분류 등)	한국어교육학의 하위 분야로서 한국어교육 정책론을 설정하기 위한 개념화 논의와 연구 방법론, 하위 분야 설정 논의가 필요함
한국어 교육 역사	○국내외 한국어 교육의 역사	한국어 교육은 단지 학습자의 한국어 능력을 키운다는 교육적 기능에 그치지 않고 국외 보급을 통한 국가 이익의 실현, 재외동포에 대한 민족 교육의 실현, 이민자에 대한 사회통합의 실현 등 국가사회적 기능이 큰 만큼 정부의 정책 범주에 포함됨. 현시점 정책의 개발과 미래 정책의 개발을 위하여 지난 역사를 살펴볼 필요가 있음
한국어 교육 현장	○한국어 교육 현황 ○한국어 교육 전문화, 효율화를 위한 방안 논의 ○한국어 교육 관련 민간 차원(학술단체 등)의 협력 논의	한국어 교육 정책이 1차적으로는 국가 또는 지자체 중심이 되어 자원을 투입하고 활용하여 한국어 교육의 성과를 높이고자 하는 행위(예: 교사 교육)를 본질로 하므로 한국어 교육 현장의 실태와 제반 쟁점에 대한 논의를 살펴볼 필요가 있음
한국어 교육 관련 법/제도	○한국어 교육 관련 법 ○한국어 교육 관련 제도	정책의 실행을 위해서는 법과 제도의 확충이 요구되는 상황에서 한국어 교육 정책과 관련한 법과 제도가 어떻게 갖추어져 있는지에 대한 논의가 필요함
한국어 교육 정책 사례	○한국어 교육과 관련한 구체적인 정책 사례(세종학당, 사회통합프로그램 등)	정책 연구에서 주로 시도하는 것으로서 정책으로 결정되어 실행된 정부와 지자체의 노력 중 대표적인 것들을 분석할 필요가 있음

3. 한국어 교육 정책 연구의 동향

3.1 하위 분야별 연구의 동향

3.1.1 한국어교육정책론 총론

한국어 교육 정책과 관련한 총론 논의는 모두 5편으로 분석 기간에 해당하는 전체 논문 750편 중 0.67%이고 한국어 교육 정책 관련 연구 52편 중 9.6%에 해당한다. 한국어 교육 정책과 관련한 총론 성격의 연구는 제19권 1호(2008년)에 최초로 게재되었다. 이 시기는 세종학당의 추진으로 대표되듯이 한국어의 국외 보급 정책이 활발해진 데다가 국내에서는 이민자의 급격한 증가로 인한 이민자의 한국 사회 적응 지원 정책의 실천적 대안으로 한국어 교육 실시가 시급한 과제로 대두되었던 시기이다. 실제로 한국어 교육 정책의 총론 논의의 시작으로 볼 수 있는 조항록(2008)에서는 당시의 한국어 교육 환경을 분석하고 이에 따른 정부의 한국어 교육 정책 방향에 대한 논의를 전개하고 있다. 최초 논문에 곧 이어서 한국어 교육 정책의 본질과 관련한 본격적인 논의라고 볼 수 있는 국외 한국어 교육 정책론 정립을 위한 탐색을 주제로 하는 논문(이병규; 2008)이 발표되었다. 이후 다문화 시대와 관련한 한국어 교육 정책 논의, 재외동포와 관련한 한국어 교육 정책 논의가 발표되었으며 한국어 교육 정책의 본질에 대한 논의도 발표되기에 이르렀다. 그러나 한국어 교육 정책과 관련한 총론적 논의는 21권 4호(2010)를 끝으로 더 이상 발표되지 않음으로써 논의의 심화가 이루어지지 않았다.

[표 2] 한국어교육정책론 관련 논문 현황

	하위 분야	학회지	제목	저자
정책	한국어교육정책론 총론 [5]	19–1호	한국어교육 환경의 변화와 발전을 위한 과제	조항록
		19–3호	국외 한국어교육 정책론 정립을 위한 탐색	이병규
		20–1호	다문화 시대와 언어정책	양명희
		21–2호	재외 동포에게 한국어가 갖는 의미	조태린
		21–4호	시장전체주의와 한국어교육의 정체성	장용수

3.1.2 한국어 교육 역사

한국어 교육 역사와 관련한 논의는 모두 7편으로 분석 기간에 해당하는 전체 논문 750편 중 0.93%이고 한국어 교육 정책 관련 연구 52편 중 13.5%에 해당한다. 한국어 교육의 역사와 관련한 최초의 논의는 제16권 1호(2005)에 게재되었는데 두 편이 동시에 발표되었다. 한편은 국외 한국어 교육 역사를 개관하는 논문으로서 한국어 교육의 역사의 시기 구분을 시도하고 각 시기에 지역별로 한국어 교육이 어떻게 발전되어 왔는지를 살펴보았다(조항록; 2005). 다른 한 편은 1930년대 구소련 원동 지역의 한국어 교육과 관련하여 초등학교 문법 교재의 내용을 중심으로 살펴보았다(이지영; 2005). 이후 한국어 교육 역사와 관련한 논문은 대부분이 식민지 시대와 해방 전후 국내에서 실시된 한국어 교육을 교과 내용 또는 교재 분석을 통하여 논한 것이었으며 한 편은 일본 내 조총련 산하의 조선학교 교과 내용을 분석한 논문이었다. 이렇게 볼 때 한국어 교육 역사에 대한 연구는 한편을 제외한다면 교재, 교과 내용에 대한 분석을 통한 당시 한국어 교육을 살펴본 것으로서 통시적이고 총체적으로 접근한 사례는 한 편에 그치는 것으로 볼 수 있다. 한국어 교육이 갖는 특성을 고려할 때 한국어 교육 역사에 대한 본격적인 연구가 절실히 요구된다고 볼 수 있다.

[표 3] 한국어 교육 역사 관련 논문 현황

	하위 분야	학회지	제목	저자
정책	한국어 교육 역사 [7]	16–1호	국외 한국어교육의 발달 과정과 특징 1	조항록
		16–1호	1930년대 구소련 원동지역 한인 초등학교 문법 교재 내용 분석	이지영
		21–3호	식민지 시기의 조선어와 일본어의 문법 대조를 통한 조선어교육에 관한 연구 –'조선문조선어강의록(경성 조선어연구회 간행)'이 '국선문대역법'을 중심으로 –	오대환
		22–1호	재일동포 총련 조선학교의 교과 내용 변천 – 국어과목을 중심으로–	송재목
		22–3호	해방 전 기독교 선교사를 위한 조선어교육에 관한 기록의 발굴	오대환
		23–3호	Korean for Beginners를 통해 본 해방 전의 조선어교육 –초판본(1925년)을 중심으로–	오대환
		24–4호	기독교 선교사를 위한 조선어교재 "일용조선어 (EVERY–DAY KOREAN)"에 관한 고찰	오대환

3.1.3 한국어 교육 현장

한국어 교육 현장과 관련한 논의는 모두 34편으로 분석 기간에 해당하는 전체 논문 750편 중 4.53%이고 한국어 교육 정책 관련 연구 52편 중 최대 비율인 65.4%에 해당한다.[5] 한국어 교육 현장과 관련한 논의의 절반에 해당하는 17편은 국내외 한국어 교육 현황을 논의의 중심으로 설정하였으며 나머지 절반은 북한의 한국어 교육,

---

5   한국어 교육 현장에 대한 논문의 선정은 위에서 제시한 바와 같이 한국어 교육 현황, 한국어 교육 전문화, 효율화를 위한 방안, 한국어 교육 관련 민간 차원(학술단체 등)의 협력 논의 등을 포함하는데 일부 교육과정, 교육자료, 교사 교육, 북한의 언어 교육 논의 중 정책 개발을 위한 배경 논의의 성격을 갖거나 정책 개발의 기초 자료로서의 성격이 강한 경우도 포함함으로써 상대적으로 많은 편수를 나타내고 있다. 즉 한국어 교육 전문화, 효율화를 위하여 국가 자원이 투입되었거나 투입을 고려한 논의를 모두 포함하고 있다.

한국어교육학의 학문적 정체성, 한국학과 한국어 교육, 한국어 교사 육성 및 처우, 국외에서의 한국어 사용 실태 등을 다루고 있다. 한국어 교육 현장과 관련한 최초의 논문은 Korean Language Education Vol.2(1990)에 게재된 한국어 교육 현황 관련 논문(John Y. Sohn; 1990)이었으며 이어서 나온 초기 논문에서 다룬 주제는 재외동포 자녀 한국어 교육과 북한의 언어 교육이 주를 이루었다는 특징을 보이고 있다. 1990년대 중반 이후 현장 관련 논문은 현황과 함께 현장의 주요 쟁점(이를테면 교사 육성 등)을 다루기 시작하였으며 최근 들어서는 신흥 한국어 교육 현장인 베트남의 한국어 교육이나 국내의 이민자를 대상으로 하는 현장 쟁점을 다루기도 하였다. 전체적으로 현장 관련 연구는 현황을 중심으로 하고 있으며 현장 쟁점의 해결을 위한 자원의 투입과 활용 등과 같은 정책 관련성이 높은 연구의 수가 그리 많지 않다는 한계를 나타내고 있다.

[표 4] 한국어 교육 현장 관련 논문 현황

	하위 분야	학회지	제목	저자
정책	교육 현장 [34]	2호	Korean Language Programs ; Korean Language Programs in the World	John Y. Sohn
		4호	Language Policies in North Korea	Eung Jin Baek
		4호	THE GOVERNANCE OF FOREIGN LANGUAGE EDUCATION : COMMON CONCERNS AND EXPERIENCE WITH KOREAN	Young Key Kim
		7호	해외 동포 자녀들에 대한 모국어 교육 실태 조사 연구	강정희
		8호	한국에서의 한국어 교사 연수 – 현황과 발전 방안	조항록
		9–1호	북한의 한국어교육 연구	김중섭 · 조현용

		9-1호	재독한글학교의 한국어교육 현황과 문제점 -베를린 한인학교를 중심으로-	Sonja Hauβler
정책	**교육 현장 [34]**	9-2호	사할린 지역의 한국어 환경에 대하여	민현식
		11-1호	우즈베키스탄 타슈켄트 한국교육원과 한글학교 현황	편집위원회
		12-2호	해외한국학 진흥 및 국제교류 활성화 방안 연구	한재영·윤희원
		13-2호	해외 한국어 교사 재연수 프로그램에 대한 요구 분석 논의	강현화
		14-2호	일본 대학교 대학원에서의 한국어교육	노마 히데키
		14-2호	국제 도시 부산에서의 한국어교육 실태와 발전 방안 연구	전은주
		15-2호	한국어교육의 계층적 체계화 시론	이삼형
		15-2호	한국어교육학의 정체성에 관한 연구	김중섭
		15-3호	중국 한국학의 흥기와 전망	이득춘
		16-1호	북한의 한국어교육 회화교재 분석 연구	이관식
		16-2호	도쿄대학의 한국어교육 및 연구	오고시 나오키
		18-1호	재외동포의 한국어 사용 실태 연구 방향에 대한 일고찰	김호정
		19-1호	한국어교사의 육성과 위상 제고 방안	최주열
		19-3호	한국어 교사의 처우 개선과 극복 과제	김영선
		19-3호	한국어교육기관 인력 평가 도구 개발 연구	강승혜
		20-2호	중앙아시아 3국의 한국어교육 -교육 현황과 특징을 중심으로-	한영균, 김수경

정책	교육 현장 [34]	20–3호	재영한글학교: 주요 쟁점들과 발전 방향	앤드류핀치
		21–1호	선교지 선교 목적 한국어교육의 현황과 과제	김동선, 김영주
		21–3호	교사 재교육 프로그램에 대한 한국어 교사들의 인식 조사	박지순, 최진희
		22–1호	한국어교육자 네트워크 구축 방안	조항록
		22–2호	한글학교 교사 교육의 방향 모색 –요구 분석을 중심으로–	안수정
		22–3호	한국어교육학 학술지의 현황과 분석	김용현
		23–1호	중국에서의 한국학 연구 발전 과정과 과제	임중섭, 임규섭
		23–1호	러시아 사할린 지역의 언어 환경과 한국어교육 문제 연구	조현용, 이상혁
		23–2호	한글학교 교육과정에 대한 연구 –동남아시아 지역을 중심으로–	안수정
		23–3호	베트남의 한국어교육 현황과 발전방향 제언	양지선, 박동희
		23–3호	여성결혼이민자 대상의 한국어교육에서 교육방송의 역할과 활용	이미혜

3.1.4 법과 제도

한국어 교육 관련 법과 제도에 관한 논문은 두 편으로서 분석 기간에 해당하는 전체 논문 750편 중 0.27%이고 한국어 교육 정책 관련 연구 52편 중 최저 비율인 3.8%에 해당한다. 한 편은 한국어 교육과 가장 밀접한 법으로 알려진 국어기본법과 한국어 교육을 다루고 있으며 다른 한 편은 한국어 교육과 관련한 평가 제도인 한국어능력시험(TOPIK)을 다루고 있다. 전자는 국어기본법이 시행된 2005년으로부터 그리 멀지 않은 2007년에 발표되었고 후자는 한국어능력시험이 개편되어 실시된 첫

해인 2014년에 발표되었다. 법과 제도 중에 한국어 교육을 비중 있게 규정한 것이 거의 없는 상황에서 법과 제도에 대한 연구는 활발하지 않을 수도 있으나 국가의 법과 제도 중에 한국어 교육 관련성이 높은 것들도 찾을 수 있다. 예를 들어 다문화가족지원법, 출입국관리법, 외국인근로자의 고용 등에 관한 법률, 국적법과 같은 외국인/이민자와 관련한 법 조문에 한국어 능력이 규정되어 있으며 사회통합프로그램이나 사증 발급 관련 규정/지침 등에 한국어 능력 관련 내용이 포함되어 있다.[6] 이런 상황에 비추어 볼 때 법과 제도와 관련한 한국어 교육 정책 논의는 상대적으로 매우 빈약한 상황임을 알 수 있다.

[표 5] 법과 제도 관련 논문 현황

	하위 분야	학회지	제목	저자
정책	법/제도 [2]	18-2호	국어기본법과 한국어교육	조항록
		25-1호	장애인을 위한 한국어능력시험(TOPIK) 운영 방법에 대한 연구 −시각장애인 응시자를 중심으로−	정승연, 황지유

3.1.6 정책 사례

한국어 교육 정책 사례와 관련한 논의는 모두 4편으로 분석 기간에 해당하는 전체 논문 750편 중 0.53%이고 한국어 교육 정책 관련 연구 52편 중 7.7%에 해당한다.[7] 한국어 교육 정책 사례에 대한 연구는 비교적 늦은 2004년에야 대두되었다. 호

---

6 이들 법, 제도 중에서 법무부 관련 법, 제도에서는 한국어 능력을 명시하기도 하지만 기본 소양이라는 이름으로 한국어 능력이 다루어지고 있음을 밝힌다. 조항록(2010)에서는 이민자를 대상으로 하는 법과 제도에서 한국어 능력이 어떻게 다루어지고 있는지를 다루고 있다.

7 한국어 교육 현장에 대한 논문의 선정은 위에서 제시한 바와 같이 한국어 교육 현황, 한국어 교육 전문화, 효율화를 위한 방안, 한국어 교육 관련 민간 차원(학술단체 등)의 협력 논의 등을 포함하는데 일부 교육과정, 교육자료, 교사교육, 북한의 언어 교육 논의 중 정책 개발을 위한 배경 논의의 성격을 갖거나 정책 개발의 기초 자료로서의 성격이 강한 경우도 포함함으로써 상대적으로 많은 편수를 나타내고 있다. 즉 한국어 교육 전문화, 효율화를 위하여 국가 자원이 투입되었거나 투입을 고려한 논의를 모두 포함하고 있다.

주 뉴사우스웨일즈주의 한국어 교육 정책을 다룬 논문과 재외동포 대상 한국어 교육 정책을 다룬 논문이 15권 2호(2004년)에 발표되었다. 그러나 이후 7년 동안 정책 사례에 대한 연구는 발표되지 않았으며 2011년과 2013년에 정책 사례와 관련한 연구가 발표되었는데 이들 논문은 국내의 이민자를 대상으로 하는 정책을 다룬 연구이다. 앞에서 언급하였듯이 한국어 교육 정책이 이민 정책, 제외동포 정책, 외국인 노동자 정책 등에 있어서 중요한 논의 분야로 설정될 가치가 충분하다. 이렇게 볼 때 정책 사례에 대한 연구는 현 시점까지는 빈약한 상황이나 향후 관련 연구가 증가할 가능성이 있다고 본다.

[표 6] 정책 사례 관련 논문 현황

	하위 분야	학회지	제목	저자
정책	정책 사례 [4]	15–2호	호주의 한국어교육정책의 현황과 문제점 –뉴사우스웨일스 주를 중심으로–	서혁
		15–2호	재외동포를 대상으로 하는 한국어교육정책의 실제와 과제	조항록
		22–2호	한국어교육 관련 다문화가족지원사업의 문제점과 개선 방안	박주영
		24–1호	다문화사회에서의 한국어교육 실제와 개선 방안 –주요 교육 실시 체계를 중심으로–	조항록

3.2 한국어 교육 정책 관련 연구 동향의 분석

앞에서 살펴본 바와 같이 한국어 교육 정책과 관련한 연구는 전체 연구의 양도 그리 많지 않을 뿐만 아니라 세부 연구 분야도 특정 분야에 치중되어 있음을 알 수 있다. 〈한국어교육〉의 창간호(1989년 발행) 이후 제26권 1호(2015년 3월 발행)까지 게재된 전체 논문 750편 가운데 한국어 교육 정책 관련 논문의 수는 52편으로서 전체 논문의 6.93%에 불과하다. 한국어 교육의 하위 분야를 몇 분야로 나눌지에 대한 논의가 정립되지 않은 상태에서 상대적으로 어떤 위상인지를 분명하게 논할 수는 없지만 적은 비율인 것만은 분명해 보인다. 여기에 아래의 표에서 보는 바와 같이 한국어 교육 정책 관련 연구 논문 52편 중 현황을 중심으로 하는 현장 관련 논문이 34편으로서 65.4%를 차지하는 데 비해 정책 사례 연구는 4편으로 7.7%에 불과하다. 이렇게 볼 때 한국어 교육 정책 연구가 한국어 교육계에서 활발하지 않음을 의미하는 것으로 볼 수 있다.

[표 7] 한국어 교육 정책 관련 논문의 세부 분야별 분포

	세부 분야	논문 편수	전체 논문 대비*	주제 논문 대비**
정책 [52 / 6.93%]	한국어교육정책론 총론	5	0.67%	9.6%
	한국어 교육 역사	7	0.93%	13.5%
	교육 현장	34	4.53%	13.5%
	법/제도	2	0.27%	3.8%
	정책 사례	4	0.53%	7.7%

* 전체 논문 편수: 750편
** 주제 논문 편수: 52편

그러나 한국어 교육 정책 관련 연구를 시기별로 살펴볼 때 의미 있는 점을 발견할 수 있다. 전체 연구 52편 중 2000년대 이전의 연구는 8편이고 모두가 현황, 현장 연구이었던 것에 비하여 2000년부터 2015년 사이의 연구는 24편으로 크게 증가하였고 세부 분야 역시 다양해지고 있다는 점이다. 이는 향후 한국어 교육 정책 연구의 발전 가능성을 의미하는 것으로 볼 수 있다.

4. 맺는 말

이상에서 〈한국어교육〉에 게재된 논문을 바탕으로 하여 한국어 교육 정책의 연구 동향을 살펴보았다. 분석 대상 학술지인 〈한국어교육〉 창간호(1989년 발행)부터 제26권 1호(2015년 3월) 사이에 게재된 전체 논문의 수는 750편인데 이 중에서 한국어 교육 정책을 다룬 논문은 52편으로 6.93%를 차지한다. 논문의 양에 있어서 이러한 수치가 어떤 의미를 갖는지를 가늠하기는 쉽지 않다. 즉 한국어 교육학의 하위 분야 설정이 분명하지 않은 상태에서 상대적으로 많고 적음을 논하는 것은 적절치 않다. 그러나 중요한 것은 이들 분야 연구가 시간이 지나면서 양적으로 확대되고 주제 영역에서 다양화의 과정을 거쳤다는 점이다. 그리고 인접 학문과의 협력도 의미 있게 받아들일 수 있다. 특히 주제 영역의 다양화는 의미가 큰데 대표적인 예로 한국어 교육 정책 연구가 초기의 현황 중심에서 시간이 지나면서 총론, 역사, 정책 사례, 법/제도 등으로 다양해진 것을 들 수 있다.

전체적으로 본고가 분석 기간으로 정한 1989년부터 2015년은 한국어 교육 역사에서 큰 발전을 이룬 시기로 규정된다. 1985년 중반 이후부터 시작된 큰 도약은 2000년대 들어서 국내외에서 더욱 급속한 발전으로 이어졌다. 이렇게 시간이 지나는 동안 한국어 교육 현장의 규모도 커지고 현장 종사자도 크게 늘었다. 이와 더불어 한국어 교육 연구자도 늘고 한국어 교육 관련 학술지의 발행도 크게 늘었다. 이러한 상황의 변화는 자연스럽게 한국어 교육 연구의 양적 증가를 가져오게 된다. 그러나 한국어 교육 연구 관련 논의에서 중요한 것은 이러한 양적 증가와 함께 한국어 교육 연구를 탄탄하게 하는 기초 연구가 어떻게 이루어지고 있는지, 한국어 교육 효율성을 높이기 위한 연구가 어떻게 진행되고 있는지, 한국어 교육 현장에서 제기되는 쟁점을 해결할 수 있는 대안 제시가 어떻게 나타나는지를 살펴보는 일이다. 이렇게 볼 때 본고가 진행한 한국어 교육 정책의 연구 동향 분석은 이 분야 연구의 방향성을 제시하는 데에 참고가 될 수 있을 것이다.

한국어 교육 정책 연구 동향을 살펴본 후 향후 연구 방향과 관련하여 제시하는 제언을 크게 두 가지로 정리한다. 하나는 기초 연구의 필요성이고 다른 하나는 인접 학문과의 협업의 필요성이다. 즉 대상 기간 동안의 연구 동향 분석을 통해 볼 때 한국어 교육 정책 관련 기초 연구가 부족하다는 점이 드러났다. 즉 한국어교육정책론의 개념, 본질, 연구 방법론과 관련한 연구는 많지 않았다. 이 분야 연구가 발전하기 위해서는 이와 같은 기초 연구가 좀 더 활발해져야 할 것이다. 다음으로 한국어 교육 정책은 인접 학문과의 협업을 통할 때 큰 성과를 기대할 수 있다. 한국어 교육 정책 연구는 기본적으로 정부 정책을 연구 대상으로 하기 때문에 한국어 교육계의 역량만으로는 한계가 있다. 그러나 인접 학문과의 협업의 사례를 찾기가 쉽지 않다. 정책학 등 협업의 가치가 큰 영역과의 연계를 시도할 필요가 있다.

참고문헌

강승혜(2003), 한국어교육의 학문적 정체성 정립을 위한 한국어교육 연구 동향분석, 한국어교육 제14권 1호, 국제한국어교육학회.

이병규(2008), 국외 한국어 교육 정책론 정립을 위한 탐색, 한국어교육 제19권 3호, 국제한국어교육학회.

한재영(2013), 한국어교육 연구의 현황, 신구문화사.

조항록(2005), 한국어 학습자를 대상으로 하는 문화교육의 새로운 방향, 한국어교육 제16권 2호. 국제한국어교육학회.

조항록(2010), 한국어교육정책론, 한국문화사.

Ⅲ. 한국어 교육 정책의 연구 방법 [1]

1. 들어가기

여기에서는 최근 한국어교육학계에서 종종 접하게 되는 한국어 교육 정책을 이론적인 측면과 실제적인 측면에서 살펴보고 한국어교육론의 하위 영역으로 한국어교육정책론을 어떻게 정립할 것인가를 논한다. 즉 한국어 교육 정책을 개념화하고 연구 방법을 논하고자 한다.

아직 한국어교육론조차 충분히 체계화되지 않았고 학문적 성격을 충분히 규명하지 않은 상태에서 하위 영역으로서의 한국어교육정책론을 논하는 것은 쉬운 일이 아니다. 그러나 오랜 기간 민간 중심으로 발전해 오던 국내외의 한국어 교육 현장에 정부의 참여와 역할이 급속히 확대되면서 한국어 교육 정책은 정부 정책에서 차지하는 위상이 높아지고 있으며 한국어 교육계의 관심 영역으로 자리 잡고 있다. 이에 따라 한국어 교육 정책과 관련한 논의도 점차 늘고 있다고는 하지만 대부분의 논의는 한국어 교육 현황 내지는 정부 정책의 내용에 초점이 놓여 있다. 즉 한국어 교육 정책의 개념, 하위 분야와 같은 이론화 단계에까지는 이르지 못하는 것으로 보인다.

한국어 교육 정책 논의의 배경이 되는 정부의 참여와 역할의 확대는 한국어 교육 현장의 변화로부터 비롯되었는데 현장 변화의 대표적인 예로 한국어 교육 규모가 커지고 국가 사회적 기능이 다양해졌다는 점을 들 수 있다.

---

1   이 글은 〈이중언어학〉 제 62권(2016년 3월)에 게재한 '한국어 교육 정책의 이론화를 위한 시론'을 이 책의 집필 의도에 맞추어 일부 수정하고 보완한 것임을 밝힌다.

우선 교육 규모의 변화의 측면에서 볼 때 한국어 교육은 이제 국내에서는 전 지역화가 급속히 이루어지고 국외에서는 전 세계화가 빠르게 진행되고 있다. 한국어를 가르치는 기관은 국내의 경우 대학교 중심에서 다양한 유형의 이민자 지원 시설로 확대되었고 국외의 경우 대학교와 한글학교 중심에서 고등학교와 일반 대중 교육시설로 급속하게 확대되었다. 이는 십수 년 전까지 국내외에서 주요 대학과 한글학교에서 한국어를 가르쳤던 것과는 대조적이다. 한국어 교육의 국가 사회적 기능 역시 이제는 순수한 의미의 교육적 기능[2]에 머무르지 않고 다양한 기능을 확대되었다. 재외동포에 대한 한국어 교육은 한민족으로서의 정체성 형성에 기여하게 되고 국내의 이민자를 대상으로 하는 한국어 교육은 한국 사회 통합, 노동 현장 적응 지원 기능을 한다. 그리고 세계 각지의 한류 기반 한국어 학습자에 대한 교육은 세계시민에게 요구되는 다양한 문화 향유 역량을 키우는 의미를 갖는다.

이러한 한국어 교육 현장의 확대와 국가 사회적 기능의 확대는 필연적으로 정부의 참여를 가져왔다. 종래 한국어 교육의 중심은 대학 부설의 한국어 교육 전문 교육기관과 같은 민간 교육기관이 중심이었는데 이들 교육기관에서의 한국어 교육은 교육 관련 법규의 테두리 밖에서 이루어져 왔다. 한국에서의 교육은 헌법이 정하고 있는 교육기본권의 실현 차원에서 관련 법규(유아교육법, 초등교육법, 중등교육법, 고등교육법, 평생 교육법 등)에 바탕을 둔다. 그러나 외국인을 대상으로 하는 한국어 교육은 이러한 법규의 적용 대상에 포함되지 않았다. 한국어 교육이 공교육 밖에 놓이게 되었던 근거가 바로 여기에 있었다. 이와 같은 근본적인 한계 상황에서 한국어 교육에 대한 국가 차원의 지원과 관리는 문화 예술 정책과 관련한 법 또는 재외국민 교육 관련 법규에 근거하여 최소한으로 이루어져 왔다. 그러나 한국어 교육 규모가 커지고 국가 사회적 기능이 다양해짐에 따라 국가의 다양한 법규 안에 한국어 교육 관련 조항이 포함되고 이에 근거한 제도와 정책이 뒤따르고 있다. 중복과 혼선이라는 말이 나올 정도로 정부 내 다양한 부서와 유관기관이 한국어 교육 관련 업무를 수

---

2   한국어 교육은 기본적으로 학습자의 한국어 의사소통 능력을 키워서 한국인과 의사소통하거나 한국 관련 영역에서의 직무를 수행하도록 하는 교육적 기능을 갖는다. 이는 한국어 교육을 통하여 얻게 되는 한국어 능력이 그들의 사회생활 영위에 하나의 도구로 사용된다는 점에서 도구적 기능이라고 명명할 수도 있다.

행하고 있다. 비록 한국어 교육과 관련한 독립 입법은 존재하지 않고 한국어 교육 관련 전담 부서가 설치되어 있지는 않지만 한국어 교육이 이제는 민간 영역을 넘어 국가 정책의 한 영역으로 자리 잡았음을 부인하는 사람은 없을 것이다.

이와 같이 한국어 교육이 갖는 국가 정책적 성격의 확대는 한국어 교육 정책 논의의 중요성을 제기한다. 그럼에도 불구하고 한국어 교육 정책을 논하는 연구자의 수도 많지 않고 논의의 양과 수준도 충분하지 않다. 지금까지의 논의는 현황 중심의 논의에 머무르거나 언어 정책의 관점, 국어 정책의 관점과 같은 기존 특정 학문의 관점에서 전개되고 있다는 한계가 있다.

이런 맥락에서 이 논의는 한국어 교육 정책과 관련한 기본적인 논의로서 개념화를 시도하고 다양한 관점에서 한국어 교육을 어떻게 접근할 것인가를 논하는 하나의 시론이다.[3] 최근 한국어 교육의 국가 사회적 기능이 확대되고 국가정책으로서의 위상이 높아지는 상황에서 한국어 교육 정책 논의가 활발해진다면 정부의 한국어 교육 정책 수립과 추진에 기여할 수 있고 학술 연구 분야로서의 한국어교육정책론의 정립에도 기여할 것이다.

2. 한국어 교육 정책 논의의 실제

한국어 교육 정책에 대한 논의를 어떻게 전개할 것인가에 대한 학계의 합의는 없다. 본고에서는 한국어 교육 정책을 국가가 중심이 되는 활동이라는 측면에서 정책의 목적과 기능, 정책 추진의 정당성, 정책 추진의 체계와 수단 등을 하나의 논점으로 삼고자 한다. 그리고 다른 하나는 한국어 교육 정책의 내용적 측면으로 교육 현장

---

3 여기에서 시론이라고 칭한 것은 한국어 교육 정책의 개념화와 학술적 접근 논의가 그리 많지 않은 상황에서 하나의 관점 제시 및 접근 방법 논의로서의 의미만을 갖기를 바라는 마음에서이다. 즉 여기에서의 논의는 본격적인 논의의 단초가 되기를 바라며 한국어 교육 정책과 관련한 학술적 논의는 앞으로 많은 이의 참여로 심화되어야 한다고 보기 때문이다.

의 쟁점 해결을 위한 국가 자원의 투입 및 활용이라는 측면에서 교육 효율성의 증대를 위한 국가의 노력을 하나의 논점으로 삼고자 한다. 전자를 편의상 거시적 측면에서의 한국어 교육 정책 논의로 칭하고 후자를 미시적 측면에서의 한국어 교육 정책 논의로 칭하고자 한다.

우선 한국어 교육 정책을 거시적 측면에서 볼 때 그 목적과 기능은 역시 다양하게 논의될 수 있다. 한국어 교육이 비록 대한민국 국민을 대상으로 하는 공교육적 성격은 약하지만 세계화 시대에 국가의 경계가 허물어지면서 세계시민교육이 보편화되어 가는 상황에서 국가의 교육 정책의 차원에서 논의할 충분한 근거를 갖는다. 이는 곧 한국어 교육 정책이 우리의 위대한 민족 문화 유산으로서의 우리말과 우리글의 국외 보급이라는 문화 정책의 성격에 그치지 않고 한국 관련 세계 시민의 육성이라는 시대사적 가치를 갖는 교육 정책이 결합됨을 의미한다. 뿐만 아니라 재외동포를 대상으로 하는 한국어 교육 정책은 재외동포 정책 내지는 민족 정책의 성격을 가지며, 국내에 체류하는 외국인과 이민자를 대상으로 한다는 점에서는 외국인 정책이나 이민 정책의 차원에서 논의될 수 있을 것이다.

한편 한국어 교육 정책을 미시적 차원에서 교육 내적인 영역을 중심으로 논한다면 교육 효율성을 제고하기 위한 국가 차원의 다양한 자원의 투입, 제도의 확충으로 볼 수 있을 것이다. 즉 국가 표준의 교육과정(국제통용한국어교육표준모형) 개발을 지원한다든지 법과 제도의 확충을 통해 한국어교원자격제도를 구축한다든지 하는 등의 일은 교육 정책의 측면에서 논의된다.

한국어 교육 정책이 이렇게 다원적 성격을 갖게 된 것은 여러 요인에 기인한다. 우선 들 수 있는 것은 최근에 나타나고 있는 다양한 환경 변화로서 현시대 인류 발전의 과정에서 나타나는 특징들, 이를테면 국제화 시대라든가 문화 중심의 시대라든가 하는 시대적 배경의 영향이 대표적이다. 여기에 지역적으로 나타나는 국외 한국어 교육 현장 변화 요인에도 기인하고 한국과 외국 사이의 쌍무적 관계의 진전에도 기인한다. 이러한 외적 요인과 함께 정책 내적인 요인에도 기인하는데 교육의 전문성 제고, 교육 성과의 극대화와 같은 정책 추진의 합리성과 효율성 제고가 그것이다.

이와 같이 한국어 교육 정책의 중요성이 커지는 상황에서 한국어 교육 정책 논의는 한국어 교육계에서 하나의 관심 영역으로 자리 잡아 오고 있다. 한국어 교육 정책과 관련한 초기의 논의는 주로 현황 분석이나 정부 정책 내용의 소개이었으나 최근 들어서는 한국어 교육 정책의 개념화와 접근 방법 등을 논하는 연구도 나타나고 있다. 이는 한국어 교육 정책을 학술적 영역에서 다루는 시도로서 한국어 교육 정책 논의의 진일보를 의미한다.

국제 사회에서 냉전이 끝나고 국제화의 물결이 일기 시작한 1990년대 초에 한국어 교육 현황을 다룬 연구가 다수 등장하였지만 정책 개념을 도입하여 논의한 첫 번째 예는 성광수(1996)로 볼 수 있다. 이 연구에서는 당시 시대적 조류였던 세계화의 개념을 한국어 교육과 연결하여 논의하였다. 이후에 한국어 교육 정책 관련 연구가 본격 대두된 것은 국제화가 진전되고 문화의 중요성이 커짐에 따라 한국어의 국외 보급을 위한 정부 차원의 노력이 본격화한 2000년대 들어서부터이다. 특히 2004년에 제정된 국어기본법에 한국어의 국외 보급이 정부의 역할로 명문화되고 2006년부터 국내의 이민자에 대한 범정부 차원의 대책 논의가 진행되면서 한국어 교육 정책과 관련한 논문이 다수 출현하게 되었다.

2002년 이전까지의 한국어 교육 관련 연구를 정리한 강승혜(2003)에서는 분석 대상 논문 720편 중 한국어 언어 정책이라는 범주에 속하는 논문은 모두 9편으로 전체의 1.25%에 지나지 않는다.[4] 그러나 시간이 지나면서 한국어 교육 정책에 대한 논의는 수도 많아지고 논의의 범주도 다양해져 왔는데 이는 한재영(2013)에서 확인할 수 있다. 한재영(2013)은 2005년~2013년 사이에 학술지에 게재된 논문을 주제별로 분류하고 있는데 한국어 교육 정책 관련 논문은 주로 한국어 교육 총론(Ⅰ-01)과 정책·북한·표준화·방언(Ⅸ-01)으로 분류되어 있는데 그 수가 38편이다.[5] 이들 논문은 한국어 교육 정책 일반이 15편, 이민자 관련 한국어 교육 정책이 10편, 국외 특정 집단 대상 한국어 교육 정책이 7편, 재외동포 한국어 교육 정책이 3편, 법령 분석 등 그 밖의 논문이 3편으로 분류할 수 있다. 특히 이 연구에서도 현황을 별도로 분류

---

4   다만 한국어 교육 현황 관련 논문은 95편으로 전체의 13.19%가 되는데 이는 강승혜(2003)에서 다룬 논문들이 한국어 교육 관련 연구의 초기 성과물들을 광범위하게 포함하였기 때문에 나타난 결과라고 볼 수 있다.

5   이 수치는 한재영(2013)에 수록된 논문 중에서 '정책'으로 분류한 논문에 그치지 않고 다른 주제 범주로 분류된 논문 중에 본 연구자가 한국어 교육 정책 논문으로 간주할 수 있다고 판단한 것을 포함한 수치이다.

하였던 만큼 총론과 정책 등에 포함된 38편의 논문은 본질적으로 교육 정책에 해당하는 논문으로서 강승혜(2003)에서 언어 정책에 분류되었던 전체 논문 9편에 비하면 크게 늘어난 숫자이고 연구 주제의 다양화도 급속히 진행된 것으로 볼 수 있다. 비록 단일 학술지만을 대상으로 한 분석이기는 하지만 조항록(2015)[6]에서도 이러한 경향을 뚜렷이 엿볼 수 있다. 국제한국어교육학회가 발행하는 학술지 〈한국어 교육〉의 창간호(1989년 발행) 이후 제26권 1호(2015년 3월 발행)까지 게재된 논문 총 720편 중 한국어 교육 정책 관련 논문의 수는 52편으로서 전체 논문의 6.93%를 차지한다. 이 가운데 2000년대 이전의 논문은 8편으로 모두가 현황 관련 논문이었으나 이후 논문 44편 중에는 18편이 현황 이외의 논문으로서 시간이 지나면서 연구 주제의 다양화가 이루어지고 있음을 알 수 있다. 한편 이 시기에는 한국어 교육 정책과 관련한 박사 학위도 논문도 다수 배출되었는데 김진호(2012), 박춘태(2013), 오문경(2014)이 그 예이다.

이와 함께 한국어교육정책론의 정립과 관련이 있는 연구를 찾을 수 있는데 이병규(2008), 조항록 외(2013), 민현식(2014), 최정순(2014), 조항록(2015)이 대표적이다. 이병규(2008)에서는 한국어 교육 정책의 필요성과 변천을 살펴보고 국외 한국어 교육 정책의 목적과 이념에 대한 논의를 제기하고 정부의 정책 행위를 다루었다. 한편 조항록 외(2013)에서는 정책 환경이 변화가 정부 정책에 어떻게 반영되는지, 정부 정책 추진 법 체계와 제도 및 정책의 주요 내용 등을 다루고 있다. 그리고 한국어 교육 정책의 효율적 추진을 위한 정부와 민간의 협력 체계 모색을 논의하였다. 민현식(2014)에서는 한국어 교육 정책 논의의 방향, 전반적인 한국어 교육 추진 체계와 정부 정책의 방향, 추진 방향 등을 다루었는데 논의의 후반부에서는 학습 동기를 강화하기 위한 관련 이론의 도입을 통하여 한국어 교육 성과 극대화 방안을 제시하고 있다. 최정순(2014)에서는 언어정책적 관점에서 한국어 교육 정책을 개념화하고자

---

6 조항록(2015)은 국제한국어교육학회가 발행하는 학술지 〈한국어 교육〉에 게재된 논문 가운데 한국어 교육 정책과 문화교육 관련 논문을 분석하여 해당 분야 연구 동향을 살펴본 것이다. 이는 국제한국어교육학회가 창립 30주년을 기념하여 한국어 교육의 주요 하위 분야별 연구 동향을 분석한 노력의 일환으로서 이 때 다루어진 분야로는 이 두 분야 이외에 교수법, 어휘와 문법, 교재 등이 있다.

시도하였는데 특히 임재호(2013)의 논의를 빌려 언어 현실, 이데올로기, 운영이라는 세 가지 측면에서 한국어 교육 정책의 개념화를 도출하고자 하였다.[7] 언어 현실과 관련해서는 한국어 학습자 집단의 다양성에 대한 고려를, 이데올로기와 관련해서는 다중언어문화주의의 채택을 통한 상호문화주의에 기반을 둔 정책적/교육적 접근을, 운영과 관련해서는 앞의 두 가지를 고려한 구체적인 한국어 교수-학습 모델과 교육과정 전반에 대한 적극적 접근이 중요함을 논하고 있다. 조항록(2015)에서는 한국어 교육 정책 연구 동향을 분석하기 위한 전 단계 논의로서 한국어 교육 정책의 하위 분야 분류를 시도하였다. 여기에서는 한국어 교육 정책의 하위 분야로서 한국어교육 정책론 총론, 한국어 교육 역사, 교육 현장, 법·제도, 정책 사례 등을 제시하였는데 각각 하위 분야 분류 설정의 근거와 주요 내용을 함께 제시하였다.

이러한 한국어 교육 정책에 대한 논의와 함께 본 연구의 핵심 주제인 한국어 교육 정책의 본질 및 개념화에 대한 직접적이고 구체적인 논의는 서울대학교 국어교육연구소가 주관한 한국어교육학사전에서 살펴볼 수 있다. 한국어교육학사전은 정부 산하의 한국학중앙연구원의 지원으로 서울대학교 국어교육연구소가 주관하여 집필하였는데 언어 정책과 함께 한국어 교육 정책을 표제어로 선정하여 기술하고 있다. 여기에서는 언어 정책을 교육에 치중하기보다는 언어에 대한 국가적 관점과 언어를 유지 발전시키기 위한 국가적 노력 등을 중심으로 기술하고 있으며 한국어 교육 정책에 대해서는 아래와 같이 한국어 교육과 관련한 정부의 정책으로서 법, 제도, 정책을 의미하고 정부, 때로는 정부가 민간과 협력하여 입안하고 집행하는 것으로 정의하고 있다.

한국어 교육 정책은 외국인과 재외동포를 대상으로 하는 한국어 교육과 관련한 정부의 정책을 말하는 것으로 법, 제도, 정책 등으로 구체화되며 때로는 정부 내의 고유한 정책으로, 때로는 민간 전문가 등과의 협력 등을 통하여 개발되고 집행된다.

이상에서 볼 때 한국어 교육 정책과 관련한 기존의 논의는 주로 정책과 관련한 법, 제도, 정책 사례 등을 중심으로 하고 있을 뿐 한국어 교육 정책의 개념화나 본질에 대한 논의는 이제 초기 단계에 지나지 않음을 알 수 있다.

---

7 여기에서 논의의 근거가 된 임재호(2013)의 논리 체계는 Spolsky(2004, 2008)에 바탕을 두고 있었음을 소개하고 있다.

3. 한국어 교육 정책의 개념화

3.1 한국어 교육 정책의 개념화의 관점

지금까지 한국어 교육 정책의 개념화를 시도한 연구에서 논의의 초점은 언어 정책의 하위 범주로서의 논의라고 볼 수 있다.[8] 일반적으로 언어 정책(Language Policy)은 한 국가 내에 존재하는 언어에 대한 국가 차원의 공식적인 태도와 계획으로서 법, 제도, 정책으로 구체화되며 국가 통합, 민족 정체성의 확립, 문화 전승과 같은 기능을 수행한다. 그리고 언어 정책은 기본적으로 국가가 국가 내에 존재하는 언어에 대한 태도이고 계획이라는 점에서 공식적인 권위와 구속력을 갖는다. 그리고 이를 통하여 국가의 통합, 민족의 정체성, 문화의 전승과 창달 등을 도모한다.(서울대학교 국어교육연구소, 2014, 한국어교육학사전 1188쪽)[9]

한국어 교육 정책을 논하는 과정에서도 물론 이러한 언어 정책의 하위 개념으로 접근할 수도 있을 것이다. 이러한 논의는 분명히 유용성을 갖고 있으나 한국어 교육 정책의 실체를 볼 때, 특히 한국어의 국외 보급이 주요 쟁점이 된다는 점을 고려할 때 새로운 관점도 요구된다. 즉 언어 정책이라는 것은 앞의 논의에서 보는 바와 같이 언어공동체 내에서의 언어 사용에 초점을 두고 있음에 비하여 한국어 교육 정책은 언어공동체의 밖에 있는 비모어 화자로 하여금 어떻게 한국어를 사용할 수 있도록 하느냐, 그리고 이러한 과정에서 수반되고 기대할 수 있는 또 다른 가치는 무엇인가를 논한다는 점에서 기존의 전형적인 언어 정책의 관점에서 접근하는 것만으로는 충분하지 않다.

좀 더 부언하자면 한국어 교육 정책을 언어 정책의 범주에서 논한다 해도 시대가 변하고 시대 가치가 변함에 따라 언어 정책의 목표와 쟁점이 달라져야 하기에 전형

---

8   지금까지 한국어 교육 정책의 개념화와 관련한 논의는 대체로 언어 정책의 범주 내에서 진행되었다. 민현식(2014), 최정순(2014)이 대표적이며 서울대학교 국어교육연구소의 한국어 교육 정책이라는 표제어도 언어 정책이라는 상위 표제어 하에 자리 잡고 있다.

9   이는 서울대학교 국어교육연구소가 편찬한 한국어교육학사전의 표제어 중 언어 정책에 실린 내용임을 밝힌다.

적인 언어 정책의 관점만으로는 현시점 한국어 교육 정책을 충분히 논할 수 없을 것이다. 이를테면 최근 국제화, 정보화가 급속하게 진전되는 과정에서 이문화 사회 구성원 사이의 소통이 중요하고 세계시민 역량의 구축이 중요해지는 상황에서 언어 정책은 한국어를 모어로 하지 않는 사회로까지 영역을 확장할 수 있다. 다시 말해 한국어 교육 정책은 궁극적으로 한국어를 사용하지 않는 곳에 한국어를 보급하고 이를 통하여 수반되는 또 다른 가치를 창출하는 데에 중요한 목표가 놓일 수 있다.

이와 같이 한국어 교육 정책이 언어 정책의 범주에서 논의된다 해도 전통적인 언어 정책의 목적과 목표와는 상이하다는 점에서 정책 연구의 방식도 달라질 수 있을 것이다. 한국어 교육 정책이 국가를 행위의 주체로 하고 국가 구성원, 이문화 사회 구성원을 정책 대상으로 하고 정책 수단으로 법, 제도, 정책 등을 활용한다는 점에서 거시적인 측면에서 언어학의 영역을 넘어 인접 학문과의 협력 하에 학제적 접근의 방식, 특히 정책학과 같은 사회과학적 접근 방식의 도움을 받을 필요가 있다. 즉 정책의 내용을 구성하는 언어 교육은 내용학과 교과교육학의 조화 속에서 교육 효율성을 높이는 방향으로 정책의 목표를 설정할 수 있다. 그러나 한국어 교육이 다양한 국가 사회적 기능을 실현하기 위해서는 학제 간 협력을 통하여 자원의 동원, 정책의 집행 체계, 정책 산물의 관리 등이 효율적으로 이루어지도록 하는 데에 정책의 목표를 두어야 할 것이다. 이는 곧 한국어 교육 내부의 역량 결집을 통한 정책 추진 효과를 기대하는가 하면 한국어 교육 외부와의 관계를 통한 정책 추진의 효과를 기대하도록 한다. 이 가운데 전자는 교육 효율성의 증대라는 점에서 교육 전문성의 제고가 정책 목표가 될 것이고 후자는 교육을 통한 국가 사회적 이익의 실현이 정책 목표가 될 것이다. 이렇게 볼 때 전자는 상대적으로 언어 교육 영역을 중심으로 하는 미시적 정책 논의의 성격을 띠고 후자는 한국어 교육을 둘러싼 환경과의 교호 작용, 정책 결정 체계 및 정책 결정 과정 등과 같은 거시적 정책 논의의 성격을 띠게 된다.[10]

---

10 한국어 교육 정책 논의 중 거시적 정책 논의와 관련해서는 사회과학적 접근의 유용성이 클 것으로 본다. 최근 국제화의 급속한 진행 속에서 한국어의 보존과 국외로의 확대, 국내 다문화 사회의 진전에 따른 사회 통합의 중요성이 커짐으로써 한국어 교육 정책이 중요해지고 있다. 특히 2004년에 제정된 국어기본법과 2006년 이후의 국내 이민자에 대한 법과 정책에서 외국인과 이민자의 한국어 능력을 키우기 위한 국가 차원의 지원을 명시하고 있는 있듯이 법, 제도, 정책 속에서 한국어 교육이 논의되는 만큼 사회과학적 접근은 더욱 유용하다 할 것이다.

3.2 한국어 교육 정책의 실제를 통해 본 개념화

한국어 교육 정책이 순수하게 전통적인 언어 정책의 범주에 머물러 있을 수 없음은 한국어 교육 정책의 사적 흐름을 볼 때에 잘 알 수 있다. 한국어 교육 정책의 역사는 재외동포에 대한 민족 교육 정책의 차원에서 시작되었다. 국외에서 한국어 교육 정책의 성격을 갖는 최초의 사례는 1950년대에 일본에서 있던 민족 교육 지원 정책이다. 조총련의 재일동포 교육 지원에 맞서 민단계 재일동포 지원 차원에서 민족학교 설립, 민족학급 개설을 위한 노력을 전개하는데 이 과정에서 동포 후손에 대한 우리말 교육을 기대할 수 있기 때문이다. 이후 1977년에 〈재외국민의 교육 지원 등에 관한 규정〉이 제정되는데 이 또한 재외동포 사회의 후손을 대상으로 하는 한국학교, 한글학교 지원 등을 골자로 한다.

한국어 교육 정책이 재외동포 대상의 정책의 틀을 벗어나게 된 계기는 1990년에 문화부가 신설되면서부터이다. 이때부터 재외동포 정책 차원과 문화예술진흥 정책 차원에서 한국어 교육 정책이 입안, 시행되었다. 문교부 내 어문과 편수 기능을 가져오고 문화 기능을 통합하여 문화부가 신설되고, 문화부(어문과)의 업무 중 하나로 한국어의 국외 보급이 명문화되었다. 이를 뒷받침하는 근거 법령은 문화예술진흥법시행령이다. 즉 2004년에 국어기본법에서 한국어의 국외 보급을 명문화하기 이전까지 문화예술 진흥 정책 차원에서 한국어의 국외 보급 노력이 전개되었음을 알 수 있다. 이 기간 동안 문화부는 민간과 협력하여 한국어세계화추진사업(1998~2005)을 전개하고 한국어세계화재단을 산하에 두고 실제적인 보급 노력을 기울여 왔는데 주로 교육 기반 구축과 전문성 제고가 주 내용이었다. 문화부의 한국어 국외 보급 정책은 2004년 제정된 국어기본법 안에 관련 조항을 포함하면서 국어정책의 틀 안에 확고하게 자리매김한다. 국어기본법의 제19조는 교육과정의 개발, 교육 자료의 개발, 교원 자격의 인증 등을 정부의 역할로 설정하였고 후에 법 개정 과정에서 세종학당 지원 체계의 구축을 추가하였다.

이후 한국어 교육 정책은 국내 이민자의 사회 적응과 국민 통합을 위한 정부의 정책 안에 의미 있게 자리 잡게 되는데 이는 여성가족부 산하의 다문화가족지원센터 프로그램, 법무부 주관의 사회통합프로그램 실시로 구체화된다. 이러한 정책의 근거로는 재한외국인처우기본법, 다문화가족지원법, 출입국관리법 등 여러 법령이 있으며 이들 법령에 근거한 관련 위원회 등 다양한 제도, 정책이 등장하게 되었다.

이렇게 한국어 교육 정책은 처음부터 고유한 정책으로 자리잡았다기보다는 시간이 흐름에 따라 민족교육 정책, 문화예술 진흥 및 국어 정책, 이민 정책 등 다양한 성격이 어우러진 복합적 성격을 띤 것으로 볼 수 있다. 그런데 이러한 복합적 성격 가운데 가장 본질적인 성격인 교육 정책의 성격은 약하게 나타나는데 이는 우리 정부의 교육 정책이 기본적으로 국민교육을 근간으로 하여 법, 제도, 정책이 국민을 대상으로 하는 교육에 맞춰져 있었기 때문으로 볼 수 있다.

이렇게 볼 때 한국어 교육 정책의 개념화의 방향은 단순히 언어 정책이나 교육 정책으로 한정할 수 없음은 분명하다. 대상자 집단에 초점을 맞춘다면 이민 정책, 여성 정책, 동포 정책 등의 영역에서 다룰 수 있을 것이고 정책의 본질에 초점을 맞춘다면 언어 정책 못지않게 문화 정책 내지는 문화 외교 정책으로 다룰 수도 있을 것이다.[11]

결국 한국어 교육 정책의 개념화를 위해서는 언어교육적 접근 차원만이 아닌 일반 사회과학적 접근, 특히 정책학적 접근도 중요함을 알 수 있다. 여기에서 더 나아가 특정 집단을 대상으로 한다거나 특정 목적을 대상으로 설정할 경우에는 인접 학문 영역과의 중첩의 수준이 커지게 된다. 재외동포 집단을 대상으로 하는 한국어 교육 정책이라면 인류학·사회학 영역의 쟁점인 디아스포라 연구와 중첩이 되고 국내의 이민자를 대상으로 하는 한국어 교육 정책이라면 한다면 외국인 정책·이민 정책 등과 중첩이 된다. 그러나 중요한 것은 인접 학문이 무엇이든 간에 결국 한국어 교육 정책의 접근 방법에서 정책학적 접근의 중요성이 크다. 즉 정책 환경, 정책 목표의 설정과 정책 수단, 정책결정과정, 정책 산물 등이 주된 연구의 대상이 될 것이다. 이와 같이 한국어교육정책론의 개념화는 본질이나 성격 면에서도 아직 갈 길이 멀며 세부 논의 주제 영역은 매우 다양하여 정책학과 같은 인접 학문과의 연계를 통하여 접근할 필요성도 크다.

---

11 한국어 교육 정책 논의에서 논의의 전체 또는 일부를 대상자 집단에 맞추어 진행 한 연구로 김진호(2012), 민현식(2014), 최정순(2014)이 있다. 그러나 이들 연구에서 대상자 집단 별 한국어 교육 정책이 갖는 성격 자체에 대한 논의는 활발하지 않았다.

4. 한국어 교육 정책 논의의 다원화와 주요 내용

앞에서 살펴본 바와 같이 한국어 교육 정책 논의는 크게 미시적 접근과 거시적 접근으로 나눌 수 있다. 여기에서 다시 요약하자면 미시적 접근은 한국어 교육 정책이 언어 정책, 교육 정책이라는 점에서 교육의 효율성을 높이기 위하여 국가가 중심이 되어 동원 가능한 자원을 투입하고 관리하여 목표를 달성하고자 하는 행위에 대한 논의이다. 이에 비하여 거시적 접근은 한국어 교육이 갖는 다양한 국가 사회적 기능, 국가 정책의 하나로서 한국어 교육 정책을 논하는 것으로서 인접 학문과의 협력을 통하여 한국어 교육 정책을 논하는 일이다.

4.1 미시적 차원의 한국어 교육 정책 논의

미시적 접근은 다분히 교육 정책의 성격으로 국한되며 주요 내용은 교육 효율성을 높이기 위하여 국가가 자원을 투입하고 관리하여 목표를 달성하고자 하는 행위라고 볼 수 있다. 여기에서 국가가 자원을 투입하고 관리한다는 점을 고려한다면 교육 효율성이 증대와 관련된 다양한 활동 중 극히 일부만이 교육 정책의 대상이 될 것이다. 즉 한국어 교육은 본질이 언어 교육이기 때문에 국어학을 포함한 언어학적 접근과 국어교육을 포함한 언어 교육적 접근, 그리고 언어와 문화의 통합적 접근이 중심이 되어야 할 것이다. 좀 더 구체적으로 학습자 집단 연구, 교사 집단 연구, 교육과정과 교육자료 논의, 교수 학습 논의 등이 중심이 될 것이다. 이러한 논의에서 일부 논점에 한해서 교육 정책적 접근의 필요성이 제기되는데 한국어 교육의 경우 대략 아래와 같은 논점을 제기할 수 있을 것이다.

첫째, 학습자 집단과 관련하여 재외동포 후손의 정체성 정립과 한국어 교육, 국내 이민자 및 이민자 가정 자녀와 한국어 교육, 한류 기반 학습자에 대한 한국어 교육, 유학생 유치 확대를 위한 한국어 교육 등이 정부 정책의 주된 대상이 될 것이다.

둘째, 교사 집단과 관련하여 현행 한국어교원자격제도의 운용, 한국어 교원의 사회적 신분과 처우, 한국어 교원의 재교육 등이 정부 정책의 주된 쟁점이 될 것이다.

셋째, 교육과정, 교육자료, 교수 학습의 측면에서 국가 수준의 표준 교육과정의 개발과 표준 교재의 개발이 정부 정책의 주된 쟁점이 될 것이다. 그리고 현행 한국어 능력시험(TOPIK)을 포함하여 국가 수준의 평가 도구의 개발 및 운용 역시 주된 쟁점이 된다.[12]

이러한 논의는 한국어 교육과 관련한 다양한 논의 중에서 정부의 권위 있는 행위를 통하여 대안을 제시해야 하는 쟁점들이다. 즉 언어학적 논의나 국어학적 논의, 교수학습론 차원의 논의의 대부분은 궁극적으로 교육 목표를 달성하고 교육 효율성을 높이는 것을 목적으로 하나 정부의 참여를 전제로 하지 않는다는 점에서 한국어 교육 정책 논의의 범주에 속하지 않는다. 이들 논의 중에서 정부의 권위 있는 행위가 수반되고 자원이 투입 되는 쟁점의 경우에 한하여 한국어 교육 정책 논의에 포함된다. 여기에서 이와 같은 미시적 차원에서의 한국어 교육 정책 논의의 예를 교육과정과 관련하여 좀 더 진전시켜 보면 아래와 같다.

〈한국어 교육 정책과 관련한 미시적 논의의 예〉

일반적으로 국민교육을 지향해 온 한국의 현실에서 교육과정은 정부가 교육의 이념과 교육 철학을 구현하기 위한 실행 안으로 표준교육과정을 개발하여 교육에 적용한다. 그러나 한국어 교육의 경우 이러한 국민 교육적 성격이 강하지 않은 만큼 표준교육과정을 국가가 개발할 필요성을 느끼지 않았다. 한국어 교육과정은 교육 현장에서 필요에 의하여 개별 교육기관이 나름의 기준으로 개발하여 왔다. 그러나 최근 들어 한국어 교육의 공교육적 성격이 나타나면서 교육과정에 대한 국가 참여의 필요성이 제기되었으며 실제로 KSL 한국어 교육과정, 사회통합프로그램 한국어 교육과정과 같이 공익적 성격을 갖는 교육과정의 개발이 국가 예산으로 이루어졌다. 이와 함께 한국어의 국외 보급을 효율화하기 위하여 국외의 열악한 교육 환경에서 교육과정을 개발하지 못하는 현실을 고려하여 국제통용한국어교육표준모형을 개발하였다. 한국어 교육과정과 관련한 정부의 정책 목표의 실정 및 정책의 개발이 요구되는 상

---

12 교수 학습의 영역에서 뚜렷이 한국어 교육 정책의 영역에서 다루어져야 할 쟁점을 도출하기는 쉽지 않다. 일반 교수 학습론의 영역에서 한국어 교육의 효율성 증대를 기대할 수 있다.

황이다. 즉 정부는 한국어 교육의 효율화를 위하여 정부 자원을 투입하고 정부 부서가 참여하여 정책을 결정하고 집행해야 할 것이다. 이는 개인 차원의 노력이나 일부 기관 차원의 노력으로 해결하기 힘든 쟁점들로 정부가 권위 있는 결정과 동원 가능한 자원을 투입할 때 가능한 일들이다. 한국어교육정책론에서는 이러한 교육과정이 목표 설정이나 내용의 측면에서 개발 목적을 충분히 구현하고 있는지, 개발 절차나 현장 적용 등이 효율적이었는지, 현장 적용 이후의 환류가 적절하게 이루어졌는지 등을 논의하고 향후 개선 방안 등을 모색하게 될 것이다.

4.2 거시적 차원의 한국어 교육 정책 논의

거시적 차원의 논의로서 한국어 교육 정책은 정책학적 접근으로 유용함을 앞에서 언급하였다. 정책은 기본적으로 사회과학적 논의로서 그 개념은 공공문제를 해결하거나 목표 달성을 위해 정부에 의해 결정된 행동 방침으로 정의된다.[13] 이는 곧 공공문제, 목표 달성, 정부의 행위 등을 요체로 하는 것으로 이해된다. 한국어 교육이 개별 학습자의 한국어 사용 능력을 키우는 역할에 그치지 않고 위에서 살펴본 바와 같이 다양한 국가 사회적 기능을 수행하고 정부의 폭넓은 참여가 이루어지는 상황에서 정책학적 접근은 유용성을 갖는다.

정책을 논하는 과정에서 중요한 영역으로는 정책 환경, 정책 과정을 들 수 있다.[14] 정책 환경은 정치 체제뿐만 아니라 경제 상태, 사회 상태, 문화 수준, 자연환경 등과

---

13 정책에 대한 이러한 개념 논의에서 중요한 것은 정책이 갖는 요건으로서 아래와 같이 다섯 가지를 들 수 있다.(이종수 · 윤영진, 2009; 228쪽)
  첫째, 정책 결정과 주체는 정부이다.
  둘째, 정책은 '권위 있는 결정'의 산물이다.
  셋째, '행동방침'이다.
  넷째, 정책은 공공문제 해결이나 목표 달성'과 관련이 있다.
  다섯째, 정책은 '미래 지향성'을 띤다.
14 이종수 · 윤영진(2009), 242−257쪽 참조.

같은 외부 환경의 영향을 받게 되는데 이는 요구와 지지로 나타난다. 그리고 정책 과정은 정책이 산출되고 실행되는 데 거쳐야 하는 일정한 단계적 절차, 즉 정책의제 설정 단계, 정책결정 단계(정책 목표 설정, 수단의 모색 등), 정책집행 단계, 정책 평가 단계이며 여기에 참여하는 이들은 중앙정부, 지방정부와 같은 공식적 참여자와 정당, 이익집단, 전문가집단, 시민단체, 비공식적으로 나뉜다.[15] 정책학에서 논하는 이러한 정책 관련 논의 영역을 한국어 교육에 적용한다 할 때 아래와 같은 논의를 진행할 수 있을 것이다.

4.2.1 한국어 교육 정책의 정책 환경

위에서 언급한 바와 같이 정책 환경으로부터 제기되는 다양한 요구(demand)와 지지(support)가 정책 목표를 설정하도록 하고 관련 부서 내에서 정책 결정의 과정을 견인한다고 볼 때 정책 환경에 대한 분석은 무엇보다 중요하다. 특히 시시때때 변하는 환경의 변화는 기존의 정책 산물(법·제도·정책)로는 수용하기 힘든 경우가 많아 새로운 정책 행위를 시도하게 된다. 한국어 교육 정책과 관련하여 정책 환경의 분석에서 얻을 수 있는 시사점은 무엇보다도 정부 정책의 다원성과 정부-민간 협력의 필요성이다. 즉 한국어 교육 정책은 정부 내 하나의 특정 부서가 환경의 요구를 다 수용할 수 없을 정도로 다양한 성격을 갖게 되고 민간 전문가 및 교육 현장과의 협력을 통하지 않고서는 정책을 실행할 수 없다. 왜냐하면 기본적으로 언어는 사회 구성원의 생존부터 다양한 이익의 추구와 같은 개인적 영역에서의 기능은 물론 민족 정체성, 국가 정체성의 형성과 같은 국가 사회적 기능을 하기 때문에 국가가 추구하고 담당해야 하는 다양한 영역에 두루 관련이 되기 때문이다. 더욱이 전 세계를 정책 대상으로 하고 재외동포, 외국인, 한국 내 이민자 등 세부 대상자 집단 역시 변인이 다양하기 때문에 정부 내 여러 부서가 필연적으로 관련될 수밖에 없다.

이와 같이 한국어 교육 정책 논의의 시발이 되는 정책 환경에 대한 분석이 정부 내 부서와 어떤 관련성을 갖는지, 그리고 한국어 교육 정책이 정부 정책으로서 어떤

---

15 요즘에는 정책네트워크 개념의 중요성이 부각되고 있다. 정책네트워크란 기본적으로 행위자 간의 관계를 중시한다.

성격을 함께 수행하게 되는지를 정리해야 할 것이다. 현시점 한국어 교육 정책에 영향을 주는 대표적인 환경 요인 몇 가지를 정리해보면 다음과 같다.[16]

첫째, 현시대 인류사적 특징과 외국어 능력 가치의 상승과 한국어 교육 정책이다. 즉 국제화, 정보화, 문화 중심의 시대에서 외국어 능력의 가치가 상승하였다. 외국어로서의 한국어 능력의 가치 상승이 정부 정책의 수립에 어떤 영향을 주는지에 대한 논의가 필요하다.

둘째, 현시대 한국의 국제적 지위 상승, 역할의 증대와 한국어의 사용 가치의 증대와 한국어 교육 정책이다. 한국은 최근에 급속하게 국제적 지위가 상승하였고 국제 사회에서의 역할이 증대되어 한국어 사용 가치가 높아졌다. 한국어 사용 가치의 상승이 한국어 교육 정책에 어떤 영향을 주는지에 대한 논의 역시 중요하다.

셋째, 한국의 대외 전략(교류의 증대)과 한국어의 사용 가치 증대와 한국어 교육 정책이다. 다자간 외교를 통한 국가이익의 증대 실현도 도모하고 있으며 국가 간 쌍무 관계를 통한 국가이익의 실현도 도모하고 있다. 이 과정에서 한국어 사용 가치가 상승하고 있는데 이것이 한국어 교육 정책에 어떤 영향을 주는지에 대한 논의가 필요하다.

넷째, 한국 내 특수 상황과 한국어 교육 정책 관련성이다. 한국 내 저출산 고령화 사회의 진전, 국제결혼 수요의 증가에 따라 다양한 유형의 이민자가 증가하고 있는 상황에서 제기되는 한국어 사용 가치가 증대되고 있는 이것이 한국어 교육 정책에 어떤 영향을 주는지에 대한 논의가 필요하다.

다섯째, 재외동포의 존재와 한국어 교육 정책 관련성이다. 한국은 전 세계적으로 700만 명이 넘는 재외동포를 갖고 있다. 한국 정부의 재외동포 정책에서 중요한 위상을 차지하는 것이 한국어와 한국문화를 유지하도록 하는 것인데 이것이 한국어 교육 정책에 어떤 영향을 주는 것인지에 대한 논의가 필요하다.

마지막으로 한류의 확산에 따른 한국어 사용 가치의 증대와 한국어 교육 정책의 관련성이다. 전 세계적으로 한류 확산이 지속되는 과정에서 한국어 사용 가치가 증대

---

16 여기에서 논하는 환경 요인은 이미 조항록 외(2013)에서 다루었음을 밝힌다.

되고 있는데 이것이 한국어 교육 정책에 어떤 영향을 주는지를 논의해야 할 것이다.

4.2.2 한국어 교육 정책 과정

정책 과정은 정책이 산출되고 실행되는 데 거쳐야 하는 일정한 단계적 절차, 즉 정책의제 설정 단계, 정책결정 단계(정책 목표 설정, 수단의 모색 등), 정책집행 단계, 정책 평가 단계이며 여기에 참여하는 이들은 중앙정부, 지방정부와 같은 공식적 참여자와 정당, 이익집단, 전문가집단, 시민단체, 비공식적으로 나뉜다.

우선 정책 의제의 설정 및 정책 결정에 있어서 한국어 교육 정책은 서로 다른 두 개의 층위에서 논할 수 있을 것이다. 하나는 교육의 본질을 구현하기 위한 교육 효율성의 증대를 위한 정책의 개발 및 집행이다. 이는 앞에서 살펴본 바와 같은 미시적 접근 논의의 쟁점이 된다.

다음으로는 한국어 교육이 갖는 국가 사회적 기능 실현의 측면에서 논의할 수 있을 것이다. 앞에서 논의한 것처럼 한국어 학습자의 한국어 사용 능력을 키우는 데에 머무르지 않고 재외동포에 대한 한국어 교육은 한민족으로서의 정체성 형성에 기여하게 되고 국내의 이민자를 대상으로 하는 한국어 교육은 한국 사회 통합, 노동 현장 적응 지원 기능을 한다. 그리고 세계 각지의 한류 기반 한국어 학습자에 대한 교육은 세계시민으로서의 다양한 문화 향유 역량을 강화시키는 의미를 갖는다. 한국어 교육 정책은 바로 이러한 국가 사회적 기능을 실현하는 데에 필요한 의제를 개발하고 정책을 개발하여 집행하는 논의를 진행해야 할 것이다.

이러한 맥락에서 한국어 교육 정책과 관련한 주요 쟁점은 정리할 수 있는데 우선 가치의 측면에서 볼 때 다음의 몇 가지를 들 수 있다.[17]

---

17 이러한 분류에는 앞서 논의한 미시적 차원의 의제도 포함이 되는데 이는 한국어 교육 정책 과정이라는 거시적 차원의 논의에서 의제의 설정은 포괄적이기 때문에 미시적 차원의 의제가 자연스럽게 포함 되는 것으로 본다.

[표 1] 한국어 교육 정책과 관련한 주요 쟁점

미시적 차원의 의제와 목표 설정 논의	거시적 차원의 의제와 목표 설정 논의
– 재외동포 자녀, 국내의 이민자 집단, 한류 기반 학습자 등을 대상으로 하는 한국어 교육의 목표 설정 및 효율적 실시 방안 – 국가 수준의 표준교육과정 및 표준교재 개발 논의 – 한국어 교원의 육성, 인증, 신분·처우, 재교육 등과 관련한 정부의 역할 – 한국어능력시험(TOPIK)의 효율적 운영과 발전	– 한국어 교육 효율성 제고를 위한 정부의 노력1 – 인류사적 시대 변화, 국제사회에서의 한국의 위상 변화와 한국어 교육의 관련성 – 한국과 개별 국가 사이의 관계와 한국어 교육 관련성 논의 – 한국어 교육의 기본 성격에 대한 논의(문화 정책과 교육 정책 사이의 조화 등) – 국내 이민자 증가와 한국어 교육 관련성 – 세계시민교육과 한국어 교육 관련성 – 민족정책(재외동포 정책), 외국인 정책(이민 정책)과의 관계 논의

이후 정책 집행 단계와 정책 평가 단계의 논의가 요구된다. 이와 관련한 논의는 이미 이병규(2008)[18], 김진호(2012)[19], 조항록 외(2013)[20]에서 다룬 바가 있는데 주로 정부 내 부서, 정부 산하 기관, 민간 전문가 집단 등이 한국어 교육에서 어떤 역할을 하고 있는지를 논해야 할 것이다. 종래에 한국어 교육과 관련하여 중요 역할을 하는 것으로 알려진 문화부, 교육부, 외교부와 함께 최근 한국어 교육 참여가 커지고 있는 법무부, 여성가족부, 지방자치단체 등의 역할을 논할 필요가 있다. 이와 함께 국립국어원, 국립국제교육원, 세종학당재단 등과 같은 정부 산하기관 내지는 유관기관의 역할을 논의의 대상으로 삼아야 한다. 그리고 정부가 정책을 개발하고 집행하는 과정에서 국제한국어교육학회, 이중언어학회와 같은 외부 네트워크와의 협력을 논해야 하고 국외 현지의 한국어 교육기관(세종학당, 한국교육원, 한국학교 등)과도

---

18 이병규(2008)의 논의 중 국외 한국어 교육 정책의 부문별 내용이라는 소절에서는 국외 한국어 교육 정책 기관, 국외 한국어 교육 정책 관련 법령, 한국어 교육 정책 지원 기관, 국외 한국어 교육 콘텐츠 개발·보급 지원 정책 등을 다루고 있다. 특히 여기에서는 국외 한국어 교육 정책 관련 법령 논의에서 관련 법령을 직접 관련 법령과 간접 관련 법령으로 나누어 각각의 법령의 상세 내용을 제시하고 있다.

19 김진호(2012)에서는 정부 부서와 산하 기관의 한국어 교육 정책의 상세 내용을 국외 거주 동포 교육 정책, 국내 거주 외국인 교육 정책, 국내 거주 이민자 교육 정책 등 세 범주로 나누어 논의하고 있다.

20 조항록 외(2013)에서는 한국 정부의 한국어 교육 참여를 역사적으로 정리한 후 현시점 정부 내 부서와 산하기관의 한국어 교육 정책 활동을 상호 비교하는 방식으로 논의하고 있다.

협력 방안을 논의해야 한다.

5. 나가기

이상에서 최근 한국어 교육계에서 중요성이 커지고 있는 한국어 교육 정책 관련 논의를 어떻게 체계화할 것인지에 대하여 논하였다. 한국어 교육학이 현장 중심이고 다양한 기성 학문과 연계 되어 논의 되듯이 한국어교육정책론도 현장의 변화와 기존 한국어 교육계가 성취한 결과를 중심으로 논의 되어야 함을 전제로 하였다. 다만 여기에서의 논의는 아직 관련 논의가 충분하지 않은 상태에서 후속 논의를 기대하는 하나의 시론이라는 한계를 갖고 있음을 밝히고자 한다.

본고에서 다룬 한국어교육정책론의 이론화 논의의 주요 내용은 한국어 교육 정책의 개념화 시도와 접근 방법 논의이다. 한국어 교육 정책의 개념화는 두 가지로 접근하였는데 하나는 언어 정책/교육 정책으로서의 한국어 교육 정책을 어떻게 볼 것인가에 대한 논의이고 다른 하나는 한국어 교육 정책 실제 분석을 통한 귀납적인 개념화이다. 이를 다시 요약하면 한국어 교육 정책은 교육의 효율성 증대를 위하여 국가가 권위를 가지고 자원을 투입하고 관리하는 활동이면서 동시에 한국어 교육의 국가 사회적 기능을 실현하기 위한 정부의 다양한 행위임을 밝히고자 하였다.

한국어교육정책론의 접근 방법과 관련해서는 교육학의 범위를 넘어 정책학과 같은 인접 학문과의 협력을 제안하였는데 미시적 접근과 거시적 접근의 두 가지 층위에서 진행하였다. 미시적 접근은 교육 효율성을 높이기 위한 국가의 권위적인 행위를 의미하는 것으로 한국어 교육과정의 개발과 적용이 그 예가 된다. 거시적 접근은 정책 환경의 분석, 정책 과정(정책의제 설정 단계, 정책결정 단계, 정책집행 단계, 정책 평가 단계) 등을 다루는 것으로 국제화 시대의 전개와 같은 국내외 한국어 교육 정책 환경의 분석과 한국어 교육이 갖는 다층적인 성격(민족교육정책의 성격, 외국인 정책의 성격, 세계시민교육적 성격)이 그 예이다.

본고에서 진행한 이러한 논의는 다분히 시론의 성격을 갖는다. 한국어 교육 정책에 대한 학술적 논의가 빈약한 상태에서 이 분야 논의를 진작하여 한국어 교육 정책이 한국어교육학의 하나의 하위 영역으로 자리 잡도록 하는 데에 이 논의가 하나의 참고가 되기를 바란다.

참고문헌

강승혜(2003). 한국어교육 정체성 정립을 위한 한국어교육 연구 동향 분석, 한국어교육 제14권 1호, 국제한국어교육학회.

김진호(2012). 한국어 교육 정책에 대한 연구, 아시아문화연구 25호, 경원대학교 아시아문화연구소.

민현식(2014). 한국의 대외 한국어 교육정책의 현황과 개선 방향, 국어교육연구 34호, 서울대학교 국어교육연구소.

박춘태(2013). 한국어 국외 보급 정책 연구. 부산대학교 대학원 박사학위논문.

서울대학교 국어교육연구소 편(2014). 한국어교육학 사전. 서울: 도서출판 하우.

성광수(1996). 한국어의 세계적 보급을 위한 언어정책 검토, 한국어 세계화의 제문제, 이중언어학 13권, 이중언어학회.

오문경(2013). 한류 콘텐츠를 활용한 한국어 국외 보급 정책 연구: 한류 기반 잠재적 학습자를 위한 대상으로. 한국외국어대학교 대학원 박사학위논문.

이병규(2008). 국외 한국어 교육 정책론 정립을 위한 탐색, 한국어교육 제19권 3호, 국제한국어교육학회. 1~29쪽.

이종수 · 윤영진(2009). 새 행정학. 서울: 대영문화사.

조항록(2010). 한국어교육정책론. 서울: 한국문화사.

조항록(2015). 한국어 교육 정책과 문화교육의 연구 동향 분석, 한국어교육 제16권 4호, 국제한국어교육학회.

조항록 외(2013). 한국어 교육 현황 점검 및 교육 지원 전략 연구. 문화체육관광부 정책 연구 용역 보고서.

최정순(2014). 외국어로서의 한국어교육 정책의 개선 방향, 국어교육연구 34호, 서울대학교 국어교육연구소.

한재영(2013). 한국어교육 연구의 현황. 서울: 신구문화사.

제 **2** 장

한국어 교육 현장의 이해

Ⅰ. 국내 한국어 교육의 발달 과정과 특징(태동 ~2005) [1]

1. 들어가기

공식적으로 1959년 4월 1일 연세대학교에서 24명의 학생을 대상으로 하여 한국어를 가르치기 시작했다는 기록을 국내 한국어 교육의 효시로 볼 때 이제 한국어 교육의 역사는 50년을 넘어서고 있다. 50년이라는 시간은 흔히 강산도 변한다는 10년 주기를 다섯 번이나 거치는 시간으로 그동안의 변화와 발전이 어느 정도일지를 가늠하게 한다. 실제로 1959년 1개 학교 24명의 학생이, 2004년 말 기준으로 어림잡아 70곳에 가까운 대학, 7천여 명의 학생으로 늘어났으니 단순한 수치 면에서도 한국어 교육은 눈부신 발전을 이룩했다고 볼 수 있다. 더욱이 50년의 역사가 진행되는 동안 한국어 교육을 둘러싼 주변 환경은 국내에서는 산업화의 급속한 진행, 민주화의 성취, 남북한 관계의 변화, 지방화 시대의 진전이, 국제적으로는 냉전→데탕트→신냉전→냉전의 해체, 국제화/지구화의 급속한 진행, 블록화의 발전 등 역사적 격변이 이어져 왔고 새 천년이라는 밀레니엄의 교체까지도 경험하게 되었다. 이러한 격변의 시기에 기본적으로 '외국과의 관계'를 주요 변수로 삼는 한국어 교육은 다양한 양상

---

1   이 글은 한국어세계화재단이 2005년에 주최한 한국어 국외보급 정책 수립을 위한 대토론회의 기조발제문으로서 한국어 교육의 사적 흐름을 이해하는 데에 도움이 될 수 있다는 판단으로 이 책에 수록하였음을 밝힌다. 원문의 서지 사항은 아래와 같다.
    조항록(2005), 국내 한국어 교육의 역사와 현황 – 발달사적 접근과 미래 대안의 제시 –, 한국어 국외보급 정책 수립을 위한 대토론회 기조발제문. 한국어세계화재단.

을 띠고 변화와 발전을 거듭해 왔으며 2005년 현재는 과거 그 어느 때 못지않은 변화의 시기에 놓여 있다. 이는 바로 국내적으로는 지방화의 급속한 진행, 국제적으로는 국제화의 급속한 진행이 바탕에 깔려 있으며, 핵심적인 변수로 최근에 정부의 한국어 교육 지원 정책 강화와 외국인 유학생 유치 강화 노력, 중국, 일본, 동남아를 중심으로 거세게 일고 있는 한류 열풍, 한국에서의 외국인고용허가제의 실시, 중국의 경제 발전 및 한국과의 교류 증진에 따른 중국 특수 등을 들 수 있다. 이러한 변수는 과거 한국어 교육의 급격한 도약을 가져 왔던 1980년대 중반의 상황에 비견할만한 것으로, 아니 그 이상의 폭발력을 가진 것으로 보인다.

본고는 국내 한국어 교육의 현황과 문제점을 고찰함을 주목적으로 삼되, 위에서 언급한 바와 같이 한국어 교육의 발달사라는 관점에서 현재의 상황을 동태적으로 평가하고 문제점을 지적하며 미래 발전을 위한 대안을 제시함을 목표로 삼는다. 이는 현재의 한국어 교육 현황에 대한 공시적 분석은 그 의미를 정확하게 판단할 수 없거니와 정책 대안의 개발을 위해서는 과거 역사에 대한 면밀한 분석이 의미를 갖기 때문이다. 다시 말해 역사 연구가 그러하듯 과거의 사실을 객관적으로 정리하고 역사 발전의 동인을 분석하여 현재의 원인을 규명한다면 자연히 미래의 예측은 가능할 것이다. 그 과정에서 현재의 과제가 무엇인지를 규명할 수 있을 것이고 미래 발전을 위한 대안의 모색은 자연스럽게 시도될 수 있을 것이다.

2. 한국어 교육 발달을 논하기 위한 몇 가지 전제

그렇다면 한국어 교육의 발달을 가늠할 수 있는 기준은 어떻게 설정할 수 있을 것인가. 흔히 경제 발전을 논할 때 성장을 중시한다면 국민총생산(GNP)/국내총생산(GDP), 1인당 GNP/GDP, 무역 규모, 실업률, 주요 산물의 세계 점유율 등을 이야기할 것이고, 분배를 중시한다면 부의 편중의 정도를 주요 잣대로 삼을 것이다. 또한 정치 발전을 논한다면 국민이 누리는 자유와 평등의 수준, 국가 권력의 소유와 행사 양상, 국민의 정치의식 수준과 정치참여 수준 등을 논할 것이다. 한국어 교육과 관련하여 이를 설정해 본다면 다음과 같은 몇 가지 잣대를 생각해 볼 수 있을 것이다.

첫째, 한국어 교육 관련 거시지표이다. 물론 그 수가 많아졌고 규모가 커졌다고 해서 발전한 것으로 판단할 수는 없겠으나 교육 기관의 수와 규모, 학습자 수와 변인, 교사 집단의 수와 변인, 출판 교재의 수와 종류 등등 한국어 교육 관련 주요 지표는 한국어 교육의 발전을 가늠할 수 있는 주요 지표가 될 수 있을 것이다. 그리고 가능하다면 이것들이 같은 시기 다른 외국어의 발전과 비교할 때 어떤 의미를 갖는가를 살펴본다면 더욱 의미 있을 것이다.

둘째, 한국어 교육이 갖는 기본적인 국가적 사회적 기능이 무엇이며 그것이 한국어 교육 발달 과정에서 어떻게 구현되었는가이다. 교육은 속성상 기본적으로 이념과 목표를 지니고 사회적 국가적 기능을 하게 되는데 한국어 교육은 어떠하였는가이다. 그리고 이러한 교육은 인류 보편성의 차원에서 공통적으로 구하게 되는 이념과 목표, 개별 국가 차원에서 설정되고 구현되는 이념과 목표가 있으며 각 영역 별로 고유한 이념과 목표가 있어야 하는데 한국어 교육의 경우 비록 외국인과 재외동포를 대상으로 하지만 이념과 목표를 도외시할 수 없는 분명한 교육의 영역이기 때문이다.

셋째, 한국어 교육이 이념과 목표를 구현하기 위하여 어떠한 제도화의 과정을 거쳐 왔는가이다. 이에 대하여는 여러 층위에서 논의할 수 있으나 한국어 교육의 국가적 사회적 기능에 대한 일차적 논의만을 예상해 봐도 국가의 뒷받침, 책임이 따르는 것만은 피할 수 없으리라 본다. 또한 개별 교육 기관만으로는 국가적 사회적 기능을 효율적으로 수행하기 어려운 것인 만큼 기관간의 협력을 요구하게 되고 이는 다양한 층위의 제도화를 요구하게 될 것이다. 다시 말해 국가적, 사회적 차원에서의 효율적인 방법의 동원을 의미하는 것으로 여기에는 법적, 제도적, 정책적 행위가 모두 포함될 것이다.

넷째, 한국어 교육이 시간이 지나면서 어떠한 내적 역량을 구축하며 스스로를 발전의 주체로서 자리매김해 왔는가이다. 교육이 국가를 비롯한 외적인 환경과의 교호작용을 통하여 발전하는 것이 일반적이지만 무엇보다 중요한 것은 교육 내적 요인으로서 교육 주체(공급자)와 교육 수요(학습자) 간의 관계가 어떻게 형성되어 왔고 교육 주체는 교육 수요자의 요구에 대하여 어떻게 대응하여 왔는지를 살펴볼 필요가 있다. 여기에는 한국어 교육의 하위 영역이라 볼 수 있는 교재, 교수법, 교사 양성,

평가 등등 기존의 논의를 다수 포함하게 될 것이다.

다섯째, 한국어 교육의 발달 과정에 있어 주요 행위자의 발전 모델이 어떠했는가이다. 이는 한국어 교육의 고유성을 존중하는 것으로 수많은 주체가 나름의 발전을 추구하면서 채택했던 전략과 모델 등이 어떠했으며 이의 결과는 어떠했는지이다. 다시 말해 사례 분석을 통해 한국어 교육이 나름의 발전 모델을 구축해 왔는지를 살펴보는 것이다.

본고에서는 지금까지의 한국어 교육 발달 과정과 특징을 정리하면서 이러한 기준에 따라 발달의 질적인 내용을 검토해 보고자 한다.

3. 한국어 교육의 발달 과정과 주요 특징

최근에 한국어 교육에 대한 학문적 논의가 활발해지면서 한국어 교육의 발달사에 대한 논의들이 대두되고 있다. 그 전까지의 논의는 주로 지역별, 국가별 현황 보고와 연구사 정리를 위하여 한국어 교육의 발달 과정을 몇 시기로 구분한 시도 등이 주를 이루었다.[2] 그러나 최근에 한국어 교육의 발달사를 중심 주제로 한 연구가 등장하였는데 조항록(2005a, 2005b)과 민현식(2005)을 예로 들 수 있다. 이와 함께 역시 한국어 교육의 주요 쟁점인 교재 개발을 논하면서 한국어 교육 발달사를 시기 구분하여 제시한 연구도 지속적으로 나오고 있으며[3], 국제한국어교육학회는 학회 창립 20주년 기념으로 한국어 교육의 주요 연구 영역 별 연구사와 국내의 주요 교육 기관,

---

2 한국어 교육에 대한 지역별 국가별 현황 보고는 대부분 국내의 학회, 단체가 지역별 한국어 교육 연구자를 초청하여 학술대회를 개최하는 과정에서 총체적인 현황 보고, 쟁점별 현황 보고의 형식으로 다루어져 왔다. 그러나 이러한 연구에서 각 지역/국가의 한국어 교육의 역사가 통시대적으로 다루어진 예는 그리 많지 않고 주로 현재 상황 중심의 연구가 주를 이루었다. 한편 한국어 교육의 역사를 연구사 정리를 위하여 기술적으로 구분하여 제시한 연구로는 조항록(1997), 김중섭(1999), 백봉자(2001), 조항록(2003)을 들 수 있다.

3 대표적인 예로 강남욱(2005)과 이지영(2004)에서는 한국어 교재 발달을 논하면서 한국어 교육사를 시기 구분하여 제시하고 있다.

한국어 교육 관련 기관, 세계 주요 한국어 교육 현황 등을 정리하여 발간하기도 하였다.

본고는 논의의 진행을 위하여 지금까지의 국내 한국어 교육의 발달 과정을 주요 전환점을 중심으로 하여 몇 시기로 나누어 약사, 특징 등을 살펴보고 앞에서 제시한 몇몇 기준에 따라 그 특성을 살펴보고자 한다. 시기 구분은 한국어 교육이 태동한 시점으로부터 도약에 이르는 기간을 태동과 점진적 성장기, 여러 동인의 작용으로 한국어 교육이 빠르게 도약한 시기를 도약기, 그리고 급격한 상승 이후 숨고르기를 하며 내적 역량을 구축한 이후 재도약을 시도한 시기를 안정적 성장과 확대기로 명명한다.

3.1 태동과 점진적 성장기

태동과 점진적 성장기는 보는 이에 따라 다를 수 있으나 여기에서는 한국어 교육의 최초 실시 이래 한국어 교육이 빠르게 도약하기 시작한 1980년대 중반까지를 태동과 점진적 성장기라 칭한다. 이렇게 볼 때 태동과 점진적 성장기는 국내 한국어 교육 역사의 절반 이상 지속된 것으로, 도약에 이르기까지 꽤 많은 시간이 걸렸음을 알 수 있다.

국내에서의 한국어 교육은 1959년 4월 1일 연세대학교에 한국어학당이 설립되면서부터 시작되었다. 최초 7명의 강사가 24명의 학생에게 한국어를 가르쳤으며 학생들 대부분은 선교사였던 것으로 알려져 있다. 이후에도 한국어 교육의 발달은 매우 느리게 진행되어 1964년 명도원의 설립, 1969년 서울대학교 어학연구소에서의 한국어 교육 실시, 1972년 재단법인 언어교육학원에서의 한국어 프로그램 운영, 1977년 재외국민교육원 설립 등이 전부이다. 이들 다섯 곳의 설립 배경과 운영을 살펴보면 각각 특별한 목적과 목표가 있었다. 연세대학교 한국어학당은 미국인 선교사가 세운 학교로서 한국이 후진성을 면하지 못하던 시절 다수의 선교사가 드나들던 곳이었으며 이들 중 일부는 미군정 시절 통역원의 역할을 하기도 하였다. 즉 당시 한국과 미국 관계의 파이프라인 역할을 하는 의미도 있었으며 미국인의 한국 정착과 한국 내 역할 수행 시 한국어 능력의 필요성을 현실적으로 인식할 수 있는 곳이었다. 여기에 연세대 재직의 몇몇 교수는 영어를 통한 의사소통이 아닌 한국어를 통한 의사소통의 필요성을 절감하게 되어 부속교육 기관으로 한국어학당을 설립하기에 이르렀다. 설립 이후 한국어학당은 선교사, 외교관, 한국 연구 학자, 언론인, 정보 분야 군인 등 직업적 목적으로 한국어를 배워야만 하는 사람들의 한국어 학습기관으로 지속적으로 발전해 왔으나 학생 수의 증가 추세는 미미하였다고 볼 수 있다.[4] 서울대학교 어학연구소 한국어 프로그램 역시 1960년대 이후 한국과 외국 사이의 교류가 점증하고 유학생 교류가 이루어지게 되면서 서울대학교 교내 외국인 유학생의 한국어 학습 필요성이 제기되어 한국어 교육을 개시하게 되었다. 재외국민교육원은 재일교포 등 재외국민의 모국 수학과 외국 체재 우리 외교관이나 주재원 자녀의 귀국 수학에 필요한 한국어 능력을 키워주기 위하여 한국어 교육 프로그램을 개설하게 되었다.

민간 교육 기관인 명도원과 언어교육학원은 설립 목적과 활동이 더욱 분명해지는데, 명도원은 당시 지속적으로 증가하고 있던 외국인 선교사들에게 한국어를 가르치기 위하여 관련 단체에 의하여 설립되었다. 언어교육학원 역시 한국인에 대한 영어 교육을 위하여 미국 정부의 지원으로 설립되었으나 동시에 외국인 외교관의 한국어 교육 필요성에 따라 일부 대사관을 중심으로 한국어 교육을 실시하였다. 즉 이들 두 기관은 선교사와 외교관이라는 특정 직업인을 대상으로 하는 특수 목적 한국어 교육 기관이라고 볼 수 있다. 이와 같이 이 시기의 한국어 교육이 몇몇 특수 직업인을 주 대상으로 하였다는 점은 연세대학교 한국어학당 졸업생의 직업별 분포를 보면 더욱 명확해지는데 1959년 이후 1970년까지의 한국어학당 졸업생 183명의 직업 분포가 선교사 175명, 학생 3명, 회사원 2명, 사업 1명, 무직 2명으로 나타나고 있다. 연세대학교 한국어학당이 물론 대사관 과정이나 U.S.O.M., 미국평화봉사단원 프로그램 등 특별 프로그램을 운영하기도 하였으나 이들 역시 특정 직업 종사자였다는 점

---

4   실제로 연세대학교 한국어학당에서는 1959년 설립 이후 1980년대 중반까지 학생 수가 매년 늘었다기보다는 해에 따라 감소한 경우가 가끔 나타나기도 하였으며, 학생 수가 급속하게 늘기 시작한 것은 도약기에 해당하는 1980년대 중반에 들어서면서부터이다. 설립 이후 1980년대 중반까지의 학기당 평균 학생 수를 5년 단위 중심으로 살펴보면 1959년 45명, 1960년 58명, 1965년 60명, 1970년 25명, 1975년 76명, 1980년 150명, 1981년 95명, 1982년 153명, 1983년 183명, 1984년 226명, 1985년 245명이다.(연세대학교 한국어학당 편, 2004)

에서 이 시기 한국어 교육의 수요자는 주로 특수 목적 직업인과 국비 유학생을 중심으로 하는 일부 유학생이었다는 점을 알 수 있다. 다만 1970년대에 들어와 일본인과 재일교포 학습자가 조금씩 늘기 시작하는데 이는 한일 간의 교류가 점증하면서 한일 사이에서 한국어 구사자의 필요성이 제기되고 일부 동포의 경우 민족교육적 측면에서 한국어 교육의 필요성이 제기되었던 것으로 보인다.

태동과 점진적 성장기 한국어 교육의 내적 상황이 어떠했는지는 다양한 측면에서 고찰할 수 있으나 여기에서 분명하고 객관적으로 알 수 있는 교재를 중심으로 살펴볼 때 역시 이 시기에는 개별 교육 기관의 차원에서 특수 직업인 대상의 교육이 주를 이루었음을 분명하게 알 수 있다. 국내에서의 최초의 교재는 연세대학교 한국어학당의 교재로 사용할 목적으로 집필된 An Intensive Course in Korean Ⅰ, Ⅱ(1960, 1965)를 들 수 있다. 이 교재는 당시 외국어 교육계를 풍미하던 구조주의 언어학과 행동주의 심리학에 뿌리를 둔 구두청각교수법의 기본 원리를 그대로 적용하였다. 이를 시발로 하여 60년대에 국내에서 다수의 교재가 출간되는데 이는 한국어 교육 기관의 신설과 관련이 있다. 이미 1956년부터 주한 미군 영내에서 미국 군인을 대상으로 운영하던 한국어 강좌용 교재 Learn Korean Ⅰ, Ⅱ, Ⅲ, Ⅳ가 1963년에 출판되고 명도원의 Myungdo's Korean이 1968년에 출판되었다. 뿐만 아니라 한국어 교본, 한국어 듣기, 한국어 읽기 등이 비록 정식 출판은 아니지만 연세대학교 한국어학당에서 개발되어 활용되었고 새국어독본, 새국어회화, 새국어작문, 새국어문법 등이 재외국민용으로 서울대학교에서 출판되었다. 70년대에 들어와 국내에서 교재 개발이 활발해지나 역시 기관 교재의 범위나 특정 집단 대상의 교재 범위를 벗어나지는 못하였다. 1972년의 언어교육학원의 교재, 연세대학교 기관교육용으로 개발된 『An Intensive Course In Korean Ⅱ』(박창해, 1975), 인지주의 접근법을 가미하여 새롭게 개발한 『Korean 1』(박창해, 1973), 선교사 대상의 한국어 교육을 위한 『Korean For Missionaries』(1982), 『선교사 한국어 교본』(1980)을 들 수 있다.[5]

이상에서 살펴본 태동과 점진적 성장기 한국어 교육 발달 과정을 앞에서 전제한

---

5   국내외 한국어 교재 개발의 사적 전개에 대하여는 조항록(2004a), 이지영(2004), 강남욱(2005) 참조.

몇 가지 기준에 따라 살펴보면 다음과 같다.

3.1.1 한국어 교육이 갖는 국가적 사회적 기능의 설정 및 구현

태동과 점진적 성장기 한국어 교육은 교육 기관의 설립 과정이나 실제 교육의 진행을 살펴볼 때 한국어 교육이 갖는 국가적 기능을 충분히 구현했다고는 보기 어렵다. 연세대학교 한국어학당의 설립 목적에 '외국인과 재외동포에게 한국어와 한국 문화를 올바르게 가르치기 위해서'라고 제시되어 있으나 이를 교육 이념이나 교육철학으로 보기는 어렵고 교육 목표로 이해할 수 있을 것이다. 이러한 교육 목표는 한국어 교육이 갖는 도구적 기능을 수행하기에는 충분하나 한국어 교육을 통해, 한국 문화 교육을 통해 국제 사회에 한국을 알리고 친한국 인사를 양성하며 국가의 이미지를 높일 수도 있다는 국가적 차원의 교육 목표 설정과 구현까지는 이르지 못하였던 것으로 볼 수 있다. 이후 설립된 명도원이나 서울대학교 어학연구소/재외국민교육원, 언어교육학원 역시 선교사, 외교관의 직무 수행 능력을 키운다거나 유학생의 학업 능력을 키우고 외교관 자녀 등의 국내 학교 복귀 내지는 진학을 목표로 하였다는 점에서 한국어 교육의 도구적 기능 수행 정도의 의미로 평가할 수 있다.[6] 그렇지만 이 시기 한국이 국제적으로 널리 알려지지 않았고 경제력이 허약한 상태에서 우리말과 글을 가르치는 데 선구자적 역할을 수행하고 이후 한국어 교육이 도약할 때 기반이 되었던 점을 높이 평가할 수 있을 것이다.

3.1.2 제도화의 수준

이 시기 국내 한국어 교육 발달 과정상에서 뚜렷한 제도화의 노력을 찾아보기 어렵다. 앞의 서술에서 국가의 역할을 언급한 예를 찾을 수가 없듯이 이 시기 한국어 교육은 순수 민간의 차원에서 진행되었다는 특징이 있다. 그리고 이러한 민간 교육

---

6 한편 국외에서의 한국어 교육 발전은 국내와 매우 다른 양상이 나타난다. 조항록(2005b)은 태동과 점진적 성장기 국외 한국어 교육 발달의 특징으로 ① 규모 면에서 매우 작게 출발하였으며 시기적으로 100년이 넘는 긴 기간 동안 지속되었다, ② 현지 국가의 정부 차원에서 태동되었다, ③ 당시 국제체제와 관련이 있는 냉전적 사고와 밀접하게 연관되었다, ④ 민간 차원의 교육은 기관이나 학교 차원보다는 개인 차원에서 태동되고 유지되었다. 등을 들고 있다. 이 중에서 냉전적 사고의 영향이나 현지 정부 차원의 태동은 같은 시기 국내 한국어 교육의 발달 양상과는 판이하게 다른 점이다.

기관은 대학 차원이든 사설 교육 기관의 차원이든 개별 교육 기관의 범위를 뛰어넘지 못했다는 한계 또한 가지고 있다. 즉, 한국어 교육의 내적 요소에서 비롯되는 주요 쟁점들에 대하여 교육계 전반의 대응 노력을 찾을 수 없고 수요자 확충을 위한 범교육계 차원의 어떠한 노력의 흔적도 찾을 수 없다. 다만 재외동포 집단을 주 대상으로 설정하여 이들의 이중언어 구사 능력을 키우기 위한 이중언어학회의 발족(1981년)을 의미 있게 받아들일 수 있으나 당시 이중언어학회의 주 활동 무대가 국내가 아닌 국외였다는 점에서 국내 한국어 교육 발달 과정에서 갖는 의미는 제한적이라고 볼 수 있다.[7]

3.1.3 내적 역량 구축 노력

한국어 교육과 관련하여 기본적으로 논의할 수 있는 내적 기반으로 교재, 교수법, 교사, 교육 과정, 평가 등을 들 수 있다. 태동과 점진적 성장기는 한국어 교육과 관련하여 어떠한 기반도 구축되지 않은 상태에서 출발하였다. 또한 한국어 교육과 관련한 기존의 경험적 데이터가 전혀 축적되지 않은 상태에서 한국어 교육의 내적 기반은 일부 선각자적 의식과 이를 구현할 수 있는 자질을 갖춘 일부 특정인에 의하여 구축되어 온 것으로 평가할 수 있다. 앞에서 살펴보았듯이 교재는 기관보다는 특정인에 의하여 소수의 교재가 개발되었으며 기관 차원의 교재는 공식 출판이 아닌 내부 자료 수준으로 정리 활용된 것으로 나타나고 있다. 이 시기의 교수법과 관련한 논문이 없어 자세히는 알 수 없으나 교재나 몇몇 기록을 볼 때 극소수의 언어학 전공자에 의하여 서구의 이론이 소개되고 적용되었음을 알 수 있다. 교사 역시 한국어 교육에 대한 학문적 논의나 하위 영역에 대한 합의가 도출되지 않은 상태에서 기본 자질에 대한 논의가 충분하지 않았던 것으로 볼 수 있다. 1959년 이후 1970년대를 지나는

---

7 제도화와 관련하여서도 국외 한국어 교육 발달 과정은 국내 한국어 교육의 발달 과정과 다른 양상을 나타낸다. 해외이주법의 제정(1962년)으로 한국어 교육 수요자 기반의 한 축이 형성되기 시작하였으며 1977년의 재외국민의 교육 지원 등에 관한 규정의 제정은 실제적으로 국외 현장에서 재외동포 후세의 한국어 교육을 활성화하는 데 크게 기여한 것으로 나타난다. 전문 24조의 이 규정의 제15조는 외국의 재외동포 한국어 교육 기관에 대한 경비 지원을 담고 있는데 이에 따라 한글학교가 급속하게 늘어나게 되었다. 재외동포를 대상으로 하는 한국어 교육에 대하여는 조항록(2004b) 참조.

동안 연세대 한국어학당의 교사진의 전공, 학위 등을 볼 때 뚜렷한 객관적 기준을 찾기가 어렵다. 교육 과정과 평가는 연세대 한국어학당이 설립 초기부터 6단계의 과정을 설정하고 체계화해 나가는 데 앞장선 것으로 볼 수 있으며 이는 지금까지도 한국어 교육 과정의 기본 틀로 이어져 내려오고 있다. 평가에 대하여는 정확한 자료를 찾기 어려우며 더욱이 표준화된 평가에 대한 논의의 흔적은 어디에서도 발견할 수 없다. 이렇게 볼 때 이 시기 내적 역량의 구축은 소수의 전문가와 다수의 열정어린 교사가 교육 현장에서 요구되는 다양한 쟁점에 대하여 기관 차원의 대응을 하였던 것으로 정리할 수 있을 것이다.

3.1.4 주요 행위자의 발전 모델

대학 차원의 한국어 교육 기관 두 곳과 사설 교육 기관 두 곳 등 모두 네 곳의 교육 기관이 존재하였던 이 시기의 기관 별 발전 모델 중 유의미성이 큰 기관으로 연세대학교 한국어학당을 들 수 있다. 연세대학교 한국어학당은 국내 최초라는 명성과 전통이 뒷받침되기도 하였지만 설립 초기부터 언어 교육 전문가를 기관 책임자로 보하고 전임강사 제도를 도입하여 발전을 도모하였다. 교육 기관의 설립 초기에 현장에서 제기되는 다양한 요구를 해결하려면 이를 전담하는 인력이 필요한데 연세대학교 한국어학당은 이 시기 외국어 교육의 핵심 방법론을 국내에 도입한 전문가가 기관의 책임을 맡았고 많게는 10명, 적게는 4명의 전임강사를 두어 현장에서 필요한 자료의 개발, 학생 지도 등을 맡겼다. 오늘날도 크게 다르지 않으나 대학 내의 한국어 교육이 부속 교육 기관 차원에서 진행되고 일반적으로 부속 교육 기관에는 교육 관계법이 정하고 있는 전임 교원 조항이 없어 전임 교원을 두지 않는다. 그러나 연세대학교 한국어학당의 발전의 저변에는 전임강사 제도가 중요한 역할을 하였다는 것이 관심 있는 이들의 중론이다.

3.2 도약기

국내에서 한국어 교육이 처음 실시된 1959년 이래 거의 30년이 지나는 동안 국내의 한국어 교육이 점진적으로 발전해 왔음은 앞에서 살펴본 바와 같다. 그러나 1980년대 중반에 들어 국내의 한국어 교육은 빠르게 발전하였는데, 이러한 급속한 발전은 약 10년 동안 계속되었다. 이 시기 기존의 한국어 교육 기관에 등록한 학생의 수도 물론 크게 증가하였지만[8] 여타 대학에서도 한국어 교육의 필요성을 인식하기 시작하여 교육 기관 또는 교육 프로그램이 속속 출현하였다. 이들 교육 기관 또는 교육 프로그램은 당시 학습자 집단의 규모 확대에 따라 초기부터 적지 않은 학생을 대상으로 한국어 교육을 실시함으로써 태동기의 교육과는 다른 개념으로 한국어 교육을 시작하였다. 이 시기 설립된 한국어 교육 기관은 고려대학교 민족문화연구원 한국어문화연수부(1986년), 이화여자대학교 언어교육원 한국어과정(1988년), 선문대학교 한국어교육원(1989년), 서강대학교 국제평생교육원 한국어교육센터(1990년), 한국외국어대학교 외국어연수평가원 한국어과정(1993년), 경희대학교 언어교육연구원(1993년. 현 국제교육원)을 들 수 있으며 사설 교육 기관으로 연세한국어학원(1991년. 현 가나다한국어학원), 서울한국어아카데미(1991년. 현 시사영어사 한국어과정으로 통합됨), 코리아헤럴드 어학원 한국어과정(1990년대 초)을 들 수 있다. 이와 같이 최근까지 한국어 교육계에서 큰 비중을 차지하는 한국어 교육 기관 대부분이 이 시기에 설립되었음은 도약기 한국어 교육이 얼마나 빠르게 발전했는지를 짐작하게 하는 대목이다.

한국어 교육이 이렇게 빠르게 도약한 데에는 여러 요인이 있을 수 있겠지만 대체로 다음의 몇 가지를 들 수 있다.

우선 1986년 아시안 게임과 1988년 올림픽의 성공적 개최를 통하여 국제 사회에서 한국에 대한 이미지가 크게 개선되었다는 점을 들 수 있다. 한국어 교육 수요자의 증가는 한국어 교육이 어떤 형식으로든지 수요자 개인에게 이익을 갖다 주는 경우에 증가하게 된다. 여기에는 주변 여건이 중요한 역할을 하게 되는데 이 시기 국제 사회에서 한국에 대한 이미지가 크게 개선된 점은 한국어 교육에 대한 긍정적 정향을 심어 주었을 것으로 판단된다.

---

8   연세대학교 한국어학당의 경우 1980년대 중반의 학기별 학생 변화 추이를 보면 1984년 226명, 1985년 245명, 1986년 319명, 1987년 447명, 1988년 529명, 1989년 549명으로 빠르게 늘어났다.

다음으로 한국의 경제 성장과 국제적 역할의 증대이다. 1960년대 초반부터 시작된 한국의 경제발전 정책은 1970년대 들어 국제 사회에서 그 성과를 가시적으로 드러내기 시작하여 1인당 GNP가 1970년대 초에 마침내 북한을 앞서기 시작하였다. 또한 이를 바탕으로 한 한국의 유연한 대외정책은 국제사회에서 한국의 역할을 넓히기 시작하였으며 1980년대 들어와 아시안게임과 서울올림픽을 거치면서 국제적 지위가 빠르게 향상되었다. 한국의 국제적 지위 향상은 한국과 세계 각국과의 교류를 촉진시키고 한국어 사용자의 수요를 증가시켰다. 이에 따라 세계 주요 국가에서 한국어 강좌를 개설하는 대학이 빠르게 늘어 1970년대 대비 1980년대 후반기의 한국어 개설 대학의 수는 미국은 약 10배, 일본은 약 20배나 증가하게 되었다. 한국의 국력 신장은 미국, 일본 등 주요 국가에만 영향을 미친 것이 아니다. 한국어 교육을 전혀 실시하지 않았던 많은 국가들에서 한국어 강좌를 개설하는 경우가 급속하게 늘어 동남아와 유럽에서 한국어 강좌 개설 대학이 빠르게 증가하였으며 이들 중 상당수가 한국으로 들어와 한국어를 배우고자 하였다.[9]

　　한편 한국과 구 공산권 국가와의 관계 개선 역시 이 시기 한국어 교육의 확대에 지대한 영향을 끼쳤다. 이미 수교 이전부터 한국과의 경제 교류 등으로 양국 간의 관계가 긴밀해지기는 하였으나 1992년 수교를 계기로 중국 내에서 한국어 교육은 폭발적인 증가를 보여 주었다. 수교 이전 수 개에 불과하던 중국 대학에서의 한국어 교육은 수교 직후인 1994년에는 25개 대학으로 늘어나게 되었으며 신설 학과의 명칭 또한 조선어학과가 아닌 한국어학과를 사용하는 등 한국어에 대한 국제적 선호도가 높아짐을 알 수 있다. 구 공산권 국가와의 관계 개선이 한국어 교육의 수요를 창출한 또 하나의 예는 베트남이다. 1992년 한국-베트남 수교 이전인 1980년대 후반부터 양국 간의 인적 물적 교류가 이루어졌으나 베트남 내에 한국어 교육 기관은 전무한 상태였다. 그러나 1992년 수교가 되면서 1993년에 베트남 국립 호치민인문사회과학대학에 시험적으로 한국어 강좌가 개설되었고 1994년부터 정규 학과로 개설되기에 이르렀다. 이 밖에 러시아에서도 한국과의 교류가 증가하면서 모스크바 국제관계대

9　이 시기 국외 한국어 교육의 발달 과정과 주요 통계 수치에 대하여는 조항록(2004c) 참조.

학이 한국어학과를 개설하였고 하바로프스크에 있는 극동사범대학도 한국어학과를 개설하였다. 구 공산권 국가와의 관계 개선은 이들 국가로부터 유입되는 한국어 학습자의 증가를 가져오기도 하였으나 관계 개선 초기에는 정부 초청 한국어 학습자의 수가 적지 않았다. 이들은 주로 현지 국가 정부, 언론계, 교육계에 종사하는 자들로 이미 북한에서 한국어 교육을 받았으나 한국 관련 업무 수행을 위하여 새로이 한국어와 한국 문화의 학습이 필요하다는 전제가 있었으나 실제적으로는 친한 인사의 양성이라는 정치적 의도도 일부 포함되었다는 관점도 부인할 수 없다.

마지막으로 이 시기 한국어 교육의 도약을 가져온 동인은 재외동포 후세의 증가에서 찾을 수 있다. 1962년 해외이주법의 제정으로부터 비롯된 한국인의 국외 이주는 1960년대 중반부터 본격적으로 이루어져 미국, 캐나다, 남미 제국에 거주하는 국외동포의 수가 급격하게 늘었다. 이들 초기 이민자들은 현지에 정착하는 과정에서 자녀 교육에 대하여 충분한 관심을 갖지 못한 채 현실 생활에 적응해야만 했다. 그러나 10여 년이 지나면서 자녀가 성장하고 이들의 정체성에 대한 혼돈이 빚어지는가 하면 부모와 자녀 사이의 의사소통에 어려움이 나타나기 시작하여 교민 사회에서 자녀의 모국어 교육에 대한 관심이 일기 시작하였다. 한국 정부는 이를 반영하여 재외국민의 민족교육과 교민 자녀의 모국 수학을 지원할 목적으로 1977년에 재외국민의 교육 지원 등에 관한 규정을 제정하기에 이르렀고 이는 한인 사회에 한글학교 설립 열풍을 가져왔다. 앞에서 살펴본 바와 같이 1977년을 계기로 한글학교가 급속히 늘고 교민 밀집 지역의 대학에서 외국어 과목으로 한국어를 개설하는 대학 역시 빠르게 증가하였다. 이로써 재외동포는 국외 한국어 교육의 중요한 한 축이 되었고 오히려 숫적인 면에서는 현지인을 압도하게 되었다. 이들 중 적지 않은 수가 여름방학을 이용해 한국에 와서 한국어 프로그램에 등록하는가 하면 대학을 졸업하고 한국어 연수 차 한국을 찾는 경우도 많았다. 이에 따라 서울 시내 일부 대학은 이들만을 위한 특별 프로그램을 개설하기도 하였으며 정규 프로그램에서도 이들의 비중이 크게 높아졌다.

도약기 한국어 교육의 내적 상황은 태동과 점진적 성장기와는 비교할 수 없을 정도로 다양한 양상이었고 한국어 교육계의 지평도 크게 넓어진 양상을 보여 주었다. 교육 과정의 측면에서 볼 때 과거의 정규과정 내지는 단기특별과정으로 단순했던 것에 비하여 재외동포를 위한 특별 프로그램의 개발(연세대, 이화여대, 고려대), 야간

프로그램의 개설(이화여대, 연세대), 오후 프로그램의 개발(서강대), 교외 현지 위탁 프로그램 운영(연세대), 대학 학기에 맞춘 프로그램의 운영(선문대, 경희대), 재외국민과 외국인 특례입학생을 위한 프로그램 운영 등 다양해졌다. 교재 역시 태동기 기관 교재 중심에서 크게 벗어나지는 못하였으나 보조 교재의 개발이 활발해졌고 국가 주도의 범용의 교재 개발도 시도되었으며, 문법서 등 범주 교육용 교재, 읽기 교재 등 기능교육용 교재의 개발도 시도되었다. 그렇지만 이들 교재는 충분한 연구 과정을 거쳐 개발되었다기보다는 교육 현장의 현실적 필요성으로 짧은 기간에 개발되었고 개발 이후에도 수정 보완이 되기까지 많은 시간이 소요되었다. 이 시기에 개발된 주요 교재로는 고려대학교 민족문화연구소 한국어문화연수부의『한국어 Ⅰ』~『한국어 Ⅳ』(1986),『한국어 1』~『한국어 4』(1991), 이화여자대학교 언어교육원의『외국인을 위한 한국어 Ⅰ』~『외국인을 위한 한국어 Ⅶ』과 이에 따른 각각의 숙제책, 서울대학교 어학연구소가 1979년에 출간한 교재를 수정 보완하여 펴낸『한국어 Ⅰ』~『한국어 Ⅳ』(1989), 연세대 한국어학당의 기관 교재인『한국어 1』(1992)~『한국어 6』(1994),『한국어독본 초급』~『한국어독본 고급』(1993), 임호빈 외『외국인을 위한 한국어 문법』(1987), 문화체육부가 서울대학교 어학연구소에 의뢰하여 펴낸『한국어 1』~『한국어 3』, 서울대학교 재외국민교육원의『한국어 1』~『한국어 4』(1988) 등 종류와 수도 다양해졌다. 그러나 1980년대 후반에서 1990년대 초반에 한국어 교육을 실시한 몇몇 기관에서는 자체 교재를 개발하지 못한 채 타 교육 기관의 교재를 사용하였다. 많은 교육 기관이 사용할 수 있는 범용의 교재는 물론 이 시기에 찾아볼 수 없었다. 이는 한국어 교육 발전의 단면을 보여 주는 것이다. 즉 국내외의 한국어 교육이 교재, 교사, 교수법 등 기본적인 여건을 갖춘 상태에서 발전한 것이 아니고 수요에 의해 우선 교육이 실시되고 차후에 교재의 개발이 뒤따르는 양상을 보여 주었으며 교재의 개발은 기관에 따라 큰 편차를 보여줌을 의미한다.[10] 한편 이 시

---

10 한편 이 시기 개발된 한국어 교재의 주요 특징은 ① 기관 교재의 성격이 강하다, ② 대부분이 구조주의 언어학과 행동주의 심리학에 기초한 구조와 형태 중심의 교재이다, ③ 학습자 요구가 다양해지면서 이를 충족하기 위한 영역 별 보조 교재의 개발이 이루어지기 시작했다, ④ 한국어 교재에서 삽화의 도입이 처음으로 이루어졌다는 점을 들 수 있다. 조항록(2004a) 참조.

기 한국어 교육은 새로운 지평을 계속 개척해 가는데 그 중 하나가 한국어 교육에 대한 연구 분위기의 조성이다. 물론 1981년에 이중언어학회가 창립이 되고 활동을 하고 있었지만 초기에는 주로 국외를 대상으로 하였다. 여기에 1985년에 국제한국어교육학회가 창립됨으로써 연구 분위기가 좀 더 빠르게 조성되어 갔다. 또한 이 시기에는 한국어 교육 관련 박사학위 논문[11]이 나오고 연세대학교 한국어학당의 학술지가 순수 언어 문화 학술지에서 한국어 교육 학술지로 성격을 달리 하면서 한국어 교육은 연구의 대상으로 확실하게 자리매김이 되어 갔다.[12] 교수법과 관련해서는 기존의 구두청각교수법 중심에서 의사소통 중심의 교수법의 기본 원리가 점진적으로 도입되고 평가에서는 ACTFL의 평가원리가 소개되는 등 서구의 이론이 빠르게 도입되는 모습을 보여 주었다.[13] 한국어 교사 영역과 관련해서도 과거에 없던 양상을 보이는데 교사 양성 프로그램의 개설이 그것이다. 1992년 서강대학교 한국어교육센터의 한국어교사양성과정이 효시가 되고 1994년 연세대 한국어교사연수소의 설립으로 한국어 교육계의 새로운 쟁점 영역으로 확실하게 자리를 잡아갔다. 여기에 한글학회, 국립국어연구원(현 국립국어원), 국제교육진흥원(전 서울대학교 재외국민교육원)도 국외 교사를 초청하여 연수를 실시함으로써 한국어교사의 자질 향상을 위한 노력이 다각적으로 전개되었다.[14] 이렇게 볼 때 도약기 한국어 교육은 태동과 점진적 성장기

---

11 국내에서 한국어 교육 관련 최초의 석사학위 논문은 노대규(1969)의 "외국어로서의 한국어 교수에 있어서의 연습유형에 관한 연구"(연세대학교 교육대학원)이며 최초의 박사학위 논문은 최용재(1974)의 "외국어로서의 한국어교육론"(조선대학교 대학원)이다. 이후 1980년대에 들어와 연세대학교 교육대학원 외국어로서의 한국어교육 전공 등에서 간헐적으로 석사학위 논문이 배출되었으나 1990년대에 이르기까지 박사학위 논문은 배출되지 않았다. 1990년대에 들어와서는 김정숙(1992), 김영아(1995), 이지영(1996) 등 한국어 교육 관련 박사학위 논문이 나오는 등 과거에 비하여 눈에 띄게 많아졌다. 한국어 교육 관련 학위 논문의 세부 내용에 대하여는 강승혜(2003b) 참조.

12 한국어 교육의 연구사와 연구 동향에 대하여는 김중섭(1999), 강승혜(2002), 국제한국어교육학회 편(2005a, 2005b, 2005c) 참조.

13 서구에서 의사소통 중심의 교수법이 교수 모델을 구축하며 자리를 잡을 즈음에 미국 정부의 지원에 의하여 미국외국어교육협회(ACTFL: The American Council on the Teaching of Foreign Language)가 1983년에 개발하고 1986년에 수정판을 내놓은 ACTFL 평가 원리는 1991년에 국제한국어교육학회의 국제학술대회 장소에서 워크숍을 통해 국내에 도입되었다. 이후 ACTFL 평가 원리는 한국어능력시험(KPT)의 개발 등 일반적 숙달도 평가는 물론 성취도 평가 모형의 개발에 영향을 끼쳤다.

14 국내에서의 한국어 교사 양성 프로그램의 역사에 대하여는 조항록(1997)을, 한국어교사 양성제도와 다양한 접

에 비하여 훨씬 다양하고 역동적이 된 것만은 분명하다. 그러나 당시 밀려들어오는 학습자에 대한 교육의 실시가 가장 시급한 과제였기에 교재의 수정 보완이나 다양한 보조 교재의 개발, 다양한 교수법의 모색 등은 한계를 가질 수 밖에 없었다.

이상에서 살펴본 도약기 한국어 교육 발달 과정을 앞에서 전제한 몇 가지 기준에 따라 살펴보면 다음과 같다.

3.2.1 한국어 교육이 갖는 국가적 사회적 기능의 설정 및 구현

도약기의 한국어 교육은 태동과 점진적 성장기에 비하여 국가적 사회적 기능의 확대 양상을 보인다. 이를 구체적으로 살펴보면 다음과 같다.

첫째, 한국어 교육에 정치적 고려가 작용하였다. 구 공산권 국가와의 수교를 전후하여 이들 국가의 언론인, 한국학자, 외교관 등이 한국 정부 기관 또는 산하기관의 초청으로 한국에 와서 한국어 교육을 받았다. 비록 대외적으로 이들의 초청 목적이 공표되지는 않았지만 이미 북한에서 유학하고 근무한 이들을 한국어 교육을 목적으로 초청하여 연수시킨다는 것은 현대 한국어와 한국 사회에 대한 이해의 증진을 의미하는 것이다. 이를 통하여 구 공산권 국가와의 교류 증진에 보탬이 되도록 하는 정치적 고려가 바탕에 깔려 있음을 유추할 수 있다.[15]

둘째, 도약기에는 민족교육적 요소가 한국어 교육에 적극적으로 도입되었다. 대학 교육 기관이 재외동포를 대상으로 하는 프로그램을 개설하고 정규 과정에 다수의 재외동포가 포함되었던 점은 사회적 기능 차원에서 한국어 교육이 민족교육적 의미를 내포하는 것이다. 그러나 더 나아가 재외국민교육원(후에 국제교육진흥원으로 개편됨)과 국제교육진흥원이 재외동포를 위한 한국어 교재를 개발하여 보급하고 한글학회와 국제교육진흥원이 해외 한글학교 교사를 초청하여 연수를 실시한 것은 재외동포에 대한 한국어 교육을 통하여 민족교육적 효과를 기대하였던 것으로 볼 수

근에 대하여는 민현식 외(2001)를 참조.

15 1990년대 초부터 국립국어연구원은 구 공산권 국가를 대상으로 하여 한국어 교사 연수를 활발하게 실시하였다. 그러나 이는 실시 주체, 실시 대상, 실시 목적(남북한 언어 이질화 극복)의 성격으로 보아 여기에서 말하는 인사들에 대한 초청 연수만큼 정치적 고려가 있었던 것으로는 보기 어렵다.

있다.

셋째, 도약기에는 시민교육적 요소가 부분적으로 도입되었다. 태동과 점진적 성
장기의 한국어 교육이 직업인의 직무 수행에 도움이 되는 한국어 교육에 국한되었던
것에 비하여 도약기에는 한국어를 통하여 한국 관련 기업에 취직하거나 한국에 유학
을 올 목적으로 배우는 학습자가 증가함으로써, 한국어 교육은 학습자 개인에게 이
익을 갖다 주는 언어로 자리매김을 하기 시작하였다. 특히 한국의 경제가 성장하고
국제 사회에서 한국의 역할이 증대되면서 이러한 목적으로 한국어를 배우는 학습자
가 점증함으로써 한국어 교육이 갖는 시민교육적 측면은 점차 강화되어 가는 양상을
보였다.[16]

3.2.2 제도화의 수준

이 시기 한국어 교육은 태동기에 비하여 제도화의 급속한 진전이 이루어졌다.
1985년 국제한국어교육학회의 창립은 민간 차원에서의 제도화를 활성화시킨 것으
로 볼 수 있다. 국제한국어교육학회는 창립 이후 현장 교사들을 폭넓게 회원으로 확
보하면서 개별 교육 기관의 차원을 넘어 범 학계 차원의 협력을 도모하였다. 정부 차
원에서의 제도화도 빠르게 진행되는데 가장 괄목할 만한 일은 한국어의 국외 보급
주무 부서를 당시의 문교부에서 문화부로 이관하고 문화예술진흥법 시행령 중 국어
심의회 조항 안에 한글의 국외 보급을 명문화함으로써[17] 한국어의 국외 보급 정책의
법적인 기반을 확립한 일이다. 이에 따라 문화부는 한국어 교재를 개발하여 보급하
기 시작하였고 한글학회와 국립국어연구원을 통하여 한국어 교육 발전을 위한 정책
을 본격적으로 실시하였다. 교육부 역시 서울대 안에 설치하였던 재외국민교육원을
1992년에 교육부 직속의 국제교육진흥원으로 개편하고 보다 다양한 프로그램을 개
발하여 재외국민에 대한 한국어 교육을 활발하게 실시하기 시작하였다. 그러나 교육

---

16 한국어 교육과 관련하여 시민교육적 개념을 처음 도입한 이는 연세대의 김하수 교수로 1999년 중국 연변과학
    기술대학 학술토론회의 기조연설에서 한국어 교육이 이제는 시민교육으로서 자리를 잡아가야 할 때라고 주장
    한 바가 있다. 김하수(1999) 참조.

17 한국어의 국외 보급과 관련한 법적 근거에 대한 논의는 성광수(1996), 조항록(2004b) 참조.

부와 문화부 사이의 업무 협조에 대한 사례는 찾아보기 힘든 것으로 보아 이 시기부
터 한국어 교육은 '보급'이냐 '교육'이냐 라는 논쟁의 가능성을 갖기 시작하였다고 볼
수 있다.

3.2.3 내적 역량 구축 노력

이 시기 한국어 교육계의 내적 역량은 태동과 점진적 성장기에 비하여 크게 강화
되었으나 영역에 따라서는 한국어 교육의 발전 규모에 비하여 부족한 것으로 볼 수
있다. 교육 과정의 다양화 시도, 학회의 결성 및 참여를 통한 연구 역량의 강화 노력,
한국어 교수 방법론의 개발 노력 등은 엿볼 수 있으나 표준 교육 과정의 개발이나 평
가의 표준화 노력 등이 뒤따르지 못했고 교재의 개발 역시 교육 규모의 확대에 비하
여 매우 제한적이었던 것으로 평가된다. 특히 교재의 경우 대부분의 교육 기관이 초
기에 개발한 이후 수정 보완 노력이 쉽게 뒤따르지 못했으며 범용의 교재 개발은 시
도되지 못하였다. 다만 문화부와 재외국민교육원이 국외에서 쓰일 것을 염두에 두고
재외동포 중심의 교재를 개발한 것이 눈에 띌 뿐이다. 특히 무엇보다도 한국어 교육
을 위한 기초 연구는 찾아볼 수 없으며 현장에서 즉각 쓰일 수 있는 보조 자료의 개
발에 교육 기관의 역량이 집중된 듯하다. 결국 이 시기 한국어 교육은 일시에 밀려드
는 학습자를 수용하여 교육을 제공하는 데 급급한 인상을 주고 있으며 기초 연구나
협력 연구와 같은 내적 역량 강화에 필수적인 활동은 효과적으로 시도하지 못하였다
고 볼 수 있다.

3.2.4 주요 행위자의 발전 모델

도약기의 한국어 교육계는 다양한 발전 모델을 보여주고 있다. 기존의 교육 기관
이었던 연세대 한국어학당은 언어연구교육원으로 확대 개편되었고 선문대학교는 부
속교육 기관으로 한국어 교육 전문 기관을 신설하였다. 고려대학교, 서강대학교, 경
희대학교는 대학 부속 연구기관 내지는 부속 교육 기관 산하에 독립된 부서로 한국
어 교육 부서를 두었다. 그리고 이들 교육 기관은 전임 제도를 도입하거나 준전임 제
도를 두어 안정적 운영의 의지를 보이기도 하였다. 이와는 대조적으로 한국외국어대
학교와 이화여자대학교는 독립된 부서를 신설하지 않은 채 과정을 개설하여 운영하

기 시작하였으며 전임제도의 도입도 이루어지지 않았다. 그러나 이들 교육 기관은 학습자 집단의 규모가 커지고 다양화되면서 프로그램의 개발, 기관 개편 등을 통하여 적극 대응하는 양상을 보여 주었다. 그러나 이러한 현장 요구를 충족하지 못한 일부 대학은 발전의 속도가 매우 더디었으며 급기야는 도약의 시기가 마무리될 때 즈음에 국내에서는 처음으로 한 대학에서 한국어 프로그램을 폐쇄하는 일도 있었다. 그러나 대부분의 한국어 교육 기관은 1990년대 중반 이후 한국어 교육이 주춤하고 심지어 1997년 11월 IMF 관리체제가 되었음에도 큰 흔들림 없이 이 시기를 넘김으로써 기관 차원의 내적 역량은 충분히 갖추고 있었음을 유추하도록 한다.

3.3 안정적 성장과 확대기

3.3.1 배경

1980년대 중반 이후 빠르게 발전하던 국내 한국어 교육은 1990년대 중반을 맞아 주춤하게 된다. 1997년의 IMF 관리 체제로 인하여 한국어 교육의 성장세가 주춤한 것으로 보이기도 하나 실제로는 그보다 1~2년 전부터 한국어 교육의 외적 성장세는 멈칫하는 양상을 보였다. 국내에서 한국어 교육의 역사가 가장 길고 규모도 가장 큰 연세대학교 한국어학당의 경우 1995년을 정점으로 하여 1996년 이후 재학생의 수가 감소세로 돌아섰으며 1995년의 학생 수를 회복한 것은 2001년에 이르러서이다. 심지어 앞에서 언급하였듯이 도약기에 한국어 교육을 시작하였던 서울 시내의 모 대학의 경우 1990년대 중반에 한국어 교육 프로그램을 폐쇄하는 사례도 나타났다. 국내 한국어 교육이 1990년대 중반에 주춤한 것은 관련 연구가 없어 확실하게 논할 수는 없으나 도약기에 분출했던 몇몇 수요 요인이 대략 10년 동안의 도약의 과정 속에서 충분히 소화되었기 때문인 것으로 추정된다. 구 공산권 국가의 재교육 대상자, 재외 동포 후세의 일시적 증가 현상이 마무리된 반면 신규 수요의 창출이 더디었기 때문인 것으로 보인다. 여기에 IMF 관리 체제까지 겹치면서 국내 한국어 교육 기관은 학습자 감소 현상까지 나타났다.

그러나 국내 한국어 교육 기관으로서는 학습자 증가 현상이 주춤한 것이 오히려 내적인 역량을 강화하는 계기가 되었다. 갑자기 밀려드는 학습자 때문에 교재 개발, 교수법 개발 등을 충분히 추진하지 못했던 국내의 교육 기관은 이 틈을 이용하여 그동안 축적한 인적자원과 현장 데이터를 활용하여 교재 개발 등을 추진한 것으로 보인다. 이를 알 수 있는 것은 1998년의 이화여자대학교의 새 교재 출간으로부터 시작하여 그동안 교재가 없었던 선문대학교, 경희대학교, 서강대학교가 교재를 속속 개발하였으며 연세대도 읽기 교재 시리즈를 새롭게 개발하는 등 한국어 교육계는 과거에는 볼 수 없었던 교재 출간 붐을 이루었다.

이와 함께 1990년대 후반으로 들어오면서 국내 한국어 교육계는 제도화의 길을 급속히 걷게 되는데 대표적인 사례가 한국어능력시험(KPT)[18]의 개발 실시와 한국어 세계화 추진 사업의 전개이다. 1990년대 초에 정부의 지원으로 한국어 교재가 개발된 것을 제외하고는 재외동포가 아닌 일반 외국인을 대상으로 하는 한국어 교육 지원 정책의 예를 찾아보기 힘들었으나 이 시기 정부 차원의 한국어 교육 지원 정책은 주목할 만하다. 여기에 외국인 산업연수생 제도가 뿌리를 내리면서 연수 취업 자격 시험[19]에 한국어가 포함됨으로써 한국어 교육의 제도화는 가속화되었다.

이렇게 규모 면에서 주춤한 반면에 한국어 교육계가 내적인 역량 강화를 도모하고 제도화를 추진하였다는 점에서 몇 년 사이를 쇠락기로 볼 수 없다. 오히려 안정적 성장의 발판을 구축했다는 점에서 안정적 성장기로 볼 수 있다. 이러한 안정적 기반을 다지는 과정에서 한국어 교육은 다시 한 번 급속한 발전의 과정을 거치게 되는데 여기에는 다음과 같은 몇 가지 배경이 있다.

첫째, 중국의 경제 발전에서 비롯된 중국인 학습자의 빠른 증가이다. 2000년대에

---

18 이 논문을 게재할 당시 KPT였던 한국어능력시험의 영문 명칭은 2005년도부터 TOPIK(Test of Proficiency in Korean)으로 바뀌었음을 밝힌다.

19 연수취업자격시험은 산업체 연수생 자격으로 국내에 들어온 외국인 노동자가 국내 최대 취업 기간이 2년이었으나 업계의 요청으로 일정한 요건을 갖춘 경우 1년을 연장해 주도록 하였는데 이를 평가하는 것이 연수취업자 격시험이다. 즉 연수생 기간이 끝난 후 1년 동안 연수 취업자라는 신분으로 합법적으로 체류가 연장되는데 여기에는 작업안전수칙과 직무 관련 평가, 한국어 능력과 한국 사회 이해 능력이 포함되어 있다. 연수취업 자격 시험에 탈락할 경우에는 연수 취업자격 연수라는 2박 3일간의 연수를 받고 수료증서를 받으면 역시 연수취업 자격을 얻게 되는데 이 연수에 한국어 교육이 세 시간, 한국이해 수업이 두 시간 배정되어 있다.

들어서면서 나타나기 시작한 중국인 학습자의 증가는 일본(재일동포 포함)에서 온 학습자 집단, 미국(재미동포 포함)에서 온 학습자 집단의 규모를 능가하는 수준에까지 이르게 되는데 이들 중 상당수가 서울 이외의 지역에 소재한 대학에 재학함으로써 한국어 교육의 전국화가 급속화되는 데 크게 기여하였다. 특히 국내 대학들이 국제 교류의 증진과 입학생 확보 차원에서 중국인 학습자를 적극적으로 받아들임으로써 한국어 교육의 공간적 지평이 급속히 넓어졌고 이들을 대상으로 하는 프로그램 역시 대학에 따라 특성화함으로써 내적 양상 역시 다양화하는 데 기여하였다.

둘째, 2002년 한일월드컵의 성공적 개최이다. 88서울 올림픽의 유치와 성공적 개최가 한국어 교육의 발전에 크게 기여하였듯이 2002한일월드컵의 개최 역시 한국어 교육의 발전에 크게 기여한 것으로 해석된다. 특히 무엇보다도 한국에 대하여 그리 긍정적이지 못했던 일본인에게 한국에 대한 우호적 인식을 심어준 계기가 되어 일본 내에서 한국에 대한 관심과 한국어 교육에 대한 관심이 점진적으로 증가하기 시작하였고 이는 실제 한국어 학습자를 집단화하는 양상을 보여 주었다. 과거에 한국계 기업에 취업하거나 일본-북한 수교 이후를 대비하여 주로 대학생, 단기대학 졸업생 중심으로 학습자 집단이 형성되었던 것에 비하여 정년퇴직자, 여성층이 포함된 다양한 일본인 한국어 학습자 집단이 형성되었다. 이는 급기야는 일본 내 대학생으로 하여금 재학 중 휴학을 하고 6개월 내지는 1년 계획으로 한국을 찾아와 한국어를 배우고 가는 어학연수 성격의 학습자 집단을 형성하는 데 영향을 주었다. 이러한 현상은 이후 한류 열풍과 복합적으로 작용하여 일본 내에서, 그리고 한국 내에서 일본인 학습자 증가를 가져오게 되었다.

셋째, 한류 열풍이다. 2000년대 초 홍콩 등 동남아에서 시작된 한류 열풍이 중국에 대규모로 확산되고 동남아 제국과 일본에까지 깊숙이 파고들면서 한국에 대한 관심과 한국어에 대한 관심을 갖는 외국인이 빠르게 늘었다. 이 중에는 실제로 한국어 학습으로 연결되어 이들 국가 내의 한국어 교육은 빠른 규모로 성장하였으며 문화센터, 한국 문화원, 공중파 방송 등 저렴하게 한국어를 접할 수 있는 곳에서의 한국어 학습은 전례를 찾아볼 수 없을 정도로 규모가 커졌다. 이에 따라 한국어를 배우러 한국을 찾아오는 외국인도 늘게 되었다.

넷째, 2000년대의 한국어 교육 확대를 가져온 배경으로 외국인 노동자 집단을 들 수 있다. 1993년 산업연수생 제도가 도입되면서 국내에 들어오기 시작한 외국인 연수생들에게 한국어의 체계적인 학습이 의무사항이 아니었다. 심지어 노동 현실을 볼 때 선택 사항조차 되지 않은 상황에서도 지역 곳곳의 근로자 센터 등을 중심으로 하여 한국어를 배우기 시작하였다. 여기에 2002년도부터 외국인 연수취업자격시험 제도를 도입하고 여기에 한국어 능력 평가가 포함됨으로써 한국어 학습에 대한 이들의 욕구가 커지게 되었다. 여기에 2004년 8월부터 시행되고 있는 외국인 고용허가제에는 2005년 시행부터 한국어능력평가제도를 도입함으로써 한국어 교육계에 끼치는 영향이 지대할 것으로 보인다.[20]

마지막으로 한국 정부의 외국인 유학생 유치 노력이 한국어 학습자 증가를 가져오고 있다. 외국인 유학생 주무 부서인 교육인적자원부는 2004년에 스터디 코리아라는 프로젝트를 발표하면서 중단기적으로 외국인 유학생을 적극 유치하고자 노력하고 있다. 이를 위해 다양한 외국인 유학생 유치 지원 정책을 발표하고 있는데 대표적인 예로 2005년도에 한국어 연수 기관 지원 프로젝트이다. 서울과 지방 각각 네 기관씩 모두 여덟 기관을 선정하여 교재 개발 등 한국어 연수 기반 조성비로 2억 원을 지원하였다.

3.3.2 국가 사회적 기능

안정적 성장 및 확대기 한국어 교육의 국가적 사회적 기능은 시민교육의 성격이 급격히 부상하고 도약기에 나타났던 정치적 고려나 민족교육적 요소의 비중은 상대적으로 낮아진 듯하다. 특히 정치적 고려라고 볼 수 있는 목표 설정은 찾아보기 힘들다. 한류 열풍에 따른 한국어의 국제적 보급 의지의 표현이나 외국인 산업체 근로자를 대상으로 한 한국어의 보급 노력 등은 시민교육적 요소를 충분히 담고 있는 것들이다.

---

20 외국인고용허가제에서는 2008년부터는 반드시 한국어능력인증서를 소지한 자를 대상으로 고용 허가를 내 주게 되어 있다. 이를 위하여 2005년부터 단계적으로 전체 대상자 중 일부를 한국어능력인증서 소지자에게 할당하는데 첫해에는 10%로 되어 있으나 2008년까지 점차 확대하는 것으로 되어 있다. 2005년도에 한국어 능력시험을 실시한 국가는 모두 6개국으로 몽골, 베트남, 필리핀, 인도네시아, 태국, 스리랑카이다.

20세기 말과 21세기 초의 화두인 국제화, 문화 경쟁 등을 염두해 둔다면 시민교육의 확대는 바람직하다. 다만 한국어 교육 반세기가 다가오는 시점에서 국가적 차원에서 한국어 교육의 목표를 분명히 내세운 예를 찾기 어려운 점은 아쉬운 일이다. 국어기본법과 동 시행령이 제정되고 국가 주도의 표준 교육 과정의 제정을 추진하는 과정에서 이에 대한 분명한 이념과 목표의 설정이 요구된다.[21] 이에 비하여 한국교육과정평가원이 2004년도 연구 보고서에서 재외동포 한국어 교육의 목표를 아래와 같이 분명히 제시한 점은 주목할 만하다.

재외동포 한국어교육의 목표

가. 모국어의 습득 기회를 확대하여 모국어 학습 의욕을 고취시킨다.
나. 모국어 습득의 효율성을 높인다.
다. 모국의 문화에 대한 이해도를 높인다.
라. 언어의 다양성을 바탕으로 거주지에서의 성공적 정착과 자신의 발전을 기한다.
마. 모국의 중요성 인식과 모국애를 배양한다.
바. 민족애를 고취하고 한민족간의 유대정신을 기른다.

여기에서 볼 때 재외동포 한국어 교육의 목표는 한국어로의 의사소통 능력의 향상에 그치기 않고 민족교육적 요소를 다분히 포함하고 있음을 알 수 있다.

3.3.3 제도화의 수준

이 시기 한국어 교육은 그 어느 때보다도 제도화가 급속히 진행되었다. 표준 교육 과정의 제정은 이루어지지 않았으나 국가 주관의 표준 평가제도(한국어능력시험)가 개발되어 시행 된 점이나 한국어 국외 보급 사업이 중장기 사업으로 추진되고 있다는 점, 국어기본법에 한국어의 국외 보급 조항이 명문화되어 들어 있다는 점, 한국어 국외 보급을 효과적으로 추진하기 위하여 문화관광부 산하단체(한국어세계화재단)를 활용하고 있다는 점, 한국어교육능력인증시험을 개발하여 시행하고 있다는 점 등

---

21 학계 차원에서 표준 교육 과정 제정 수립의 필요성 및 세부 내용의 설정에 관한 논의는 민현식(2004)에 잘 나타나 있다.

이 대표적인 예이다. 뿐만 아니라 한국어 교육 연구에 대한 국가적 차원의 인증이라고 볼 수 있는 한국학술진흥재단의 연구 분야 분류표에 한국어 교육학이 2002년 1월 1일자로 교과교육학으로 자리 잡았다. 이는 한국어 교육학의 학문적 정체성 논의나 연구 내용, 연구 방향을 가늠할 수 있는 중요한 근거가 되고 대학과 대학원에서 한국어 교육 관련 학과가 방향성을 설정하는 데 중요한 근거가 될 것이다.[22]

한편 이 시기에 나타난 제도화의 큰 특징 중의 하나는 한국어 교육이 서울 중심에서 전국적으로 고루 발전하는 양상을 보였다는 점이다. 즉 지역화가 빠르게 진행되었고 이 과정에서 다양한 제도의 산출이 이루어졌다.

그러나 무엇보다도 의미 있는 일은 국어기본법에 한국어의 국외 보급 지원 조항이 들어있다는 점과 국어기본법 시행령에서 이를 구체화하였다는 점이다. 또한 그동안 종종 논란이 되었던 한국어 교육 관련 유관 부서 사이의 업무 중복을 조정하기 위하여 한국어 국외보급관련 협의·조정 기구를 둔 것이다. 2005년 3월 24일에 있었던 국무총리 산하의 국무조정실 정책현안회의에서 "한국어 해외보급사업 체계화·내실화 필요"에 의하여 의제로 선정된 이후 두 차례에 걸친 관련 기관 회의와 3차에 걸친 운영규정 의견수렴 과정을 거쳐 한국어국외보급사업협의회를 구성하기에 이르렀고 이를 뒷받침하기 위한 운영규정이 2005년 7월 1일자로 시행되기에 이르렀다.[23] 여기에 참여한 기관은 국무조정실, 교육인적자원부 국외인적자원정책과, 외교통상부 문화협력과, 문화관광부 국어민족문화과 등 4개 부처와 한국학술진흥재단, 국제교육진흥원, 한국교육 과정평가원, 국립국어원, 한국국제교류재단, 재외동포재단 등 6개 사업기관이다.[24] 이제 운영규정을 제정한 상태라서 그 활동의 방향과 성과에 대하여 구체적으로 언급하기는 이르나 그동안 한국어의 국외 보급, 재외동포를 대상으로 하는 한국어 교육과 관련한 정책 혼선 내지는 협조 부족 등 문제점으로 지적된 사

---

22 지금까지 대학이나 대학원에서 한국어 교육 전공 학과를 수료해도 한국어 교사 자격증을 받을 수 없는 것은 한국어 교육의 특수성에 기인한다 해도 법적 제도적 미비의 문제 성격도 있다. 한국학술진흥재단 연구 분야 분류에 들어간 것은 향후 이러한 문제를 해결하는 데 큰 영향을 미칠 것으로 예상된다.

23 문화관광부 홈페이지(www.mct.go.kr) 참조

24 6개 기관 명은 협의에 참여한 기간이며 향후 이 협의회의 구성 기관으로는 한국국제협력단, 한국학중앙연구원이 추가된다.

항에 대한 개선에 크게 기여할 것으로 보인다.

그러나 아직 '보급'과 '교육'에 대한 국가적 차원의 합의가 이루어지지 않고 있는 점, 수많은 교육 기관이 발전 모델을 공고하게 구축하지 못하였다는 점, 서울과 지역 간의 교류가 활발하지 않다는 점 등은 시급히 개선되어야 할 점으로 지적된다.

3.3.4 내적 역량 구축 노력

이 시기 한국어 교육계의 내적 역량은 과거의 그 어느 때보다 강화되었다. 앞에서 살펴본 바와 같이 교재의 개발이 활발하게 이루어졌고 학회의 활동 등을 통하여 한국어 교육의 주요 쟁점이 활발하게 논의되었다. 또한 한국어능력시험의 시행은 한국어 능력 평가 원리의 설정이나 방법론의 개발에 커다란 영향을 주었음은 물론 교육 과정의 설정에도 큰 영향을 주었다.[25]

이 시기 한국어 교육계의 큰 변화 중의 하나는 무엇보다도 한국어 교육 과정의 다양화이다. 기존의 한국어 교육 과정이 획일적으로 일반적 목적의 외국어 교육 과정의 모델을 따랐던 것과는 달리 이 시기 한국어 교육 과정은 학문 목적의 한국어 교육 과정의 도입, 인접 학문과의 연계 전공 형식의 한국어 교육 과정의 수립 등 큰 틀의 변화가 이루어졌다. 주로 서울 이외 지역의 대학에서 나타난 현상으로 한국어 교육의 한계를 도모하기 위한 대안의 성격이 있으나 다양한 한국어 학습자의 요구를 수렴한 노력으로도 볼 수 있다.

그러나 아직도 한국어 교육은 현장 요구를 충분히 수렴하지 못하는 한계를 엄연히 안고 있다. 산업체 근로자를 대상으로 하는 한국어 교육이 전문성을 갖춘 교재의 개발도 충분하지 않고 교육 자체가 자원봉사자 중심으로 이루어지고 있다는 점이나[26] 학문적 목적의 한국어 교육에 대한 정보의 교류나 토론이 빈약하다는 점은 깊이 고

---

25 한국어능력시험의 등급 기준 설정 등에 있어 기존의 한국어 교육 기관의 교육 과정이 참고 자료로 활용되었으나 한국어능력시험이 개발된 이후에는 기존의 교육 기관이 이 기준을 받아들여 교육 과정을 보완하여 발표한 예를 쉽게 찾을 수 있다.

26 외국인 근로자에 대한 교육과 관련하여 주목할 만한 변화로 2004년도부터 한국어세계화재단이 교재를 개발하고 일부 지역을 대상으로 하여 교육을 직접 실시하기 시작하였다는 점이다. 2005년도에는 정부로부터 별도 예산을 지원받아 이들에 대한 교육 활동을 강화할 예정이다.

려해야 할 사항이다.[27] 더욱이 긴급하게 요구되는 것은 한국어교육학에 대한 학문적 정체성을 구명하는 노력이 될 것이다. 최근에 이와·관련하여 논의가 진행되기 시작하였으나 아직은 심도 있는 논의로까지는 진전되지 않은 것으로 보인다.

3.3.5 주요 행위자의 발전 모델

이 시기 한국어 교육의 발전 모델은 다양하게 추출해 낼 수 있다. 기존의 일반적 목적의 한국어 교육 과정이 아닌 학문 목적의 한국어 교육 과정을 개발하여 특화시켜 발전을 도모한 예가 있는가 하면 기존의 한국어 교육 과정을 학습자 요구에 맞춰 세분화한 경우도 있다. 이러한 시도는 아직 초기 단계로서 최종적인 평가를 내리기는 어려우나 그러한 시도가 교육 기관을 발전시키는 데 일단의 역할을 할 수 있을 것으로 기대된다.

이 시기 한국어 교육의 발전 모델 중 주목할 만한 것으로 학습자 집단의 특성화와 학습자 확보 전략의 개발이다. 특히 중국이나 러시아 등 한국어 학습 동기가 강하게 존재하는 국가의 학습자를 대상으로 하여 그들의 요구가 무엇인지를 파악한 후 프로그램을 개발하는가 하면 학습자의 초기 입국부터 과정 이수 후의 진로까지 교육 기관이 지원하는 원스톱 모델은 일단 초기 프로그램의 정착에 큰 도움이 되고 있는 것으로 평가되고 있다. 이는 교육 기관 차원이 아닌 대학 차원에서 시도되는 것으로 대학의 요구나 정책 방향과 일치할 때 더욱 적극적으로 추진된다.

한국어 교육 발전을 위하여 시도하는 또 다른 모델은 현지에의 진출을 통한 국내-현지 연계 모델이다. 아직은 초기 단계라 평가할 수 없으나 몇몇 대학이 학습자 수요가 존재하는 현지에 강사를 파견하거나 프로그램을 개설함으로써 수요자의 원천적 확보를 시도하고 있다.

이 밖에도 일부 대학은 한국어 교육 기관의 위상을 강화하거나 준전임 제도의 적극적 도입으로 초기의 어려움을 극복하고자 노력하고 있다. 대학으로서는 투자를 요구하는 것이나 이러한 정책의 실시는 자질 있는 교육 책임자 또는 교육 담당자를 통

---

27 국제한국어교육학회가 특수 목적 한국어 교육을 2005년 추계 학술대회의 주제로 내세운 점이나 이중언어학회가 국내 영주 외국인의 이중언어교육을 전국학술대회 주제로 내세운 점은 의미 있는 일로 받아들일 수 있다.

해 최소한 현장에서나마 문제를 해결하고자 하는 의지의 표현으로 바람직한 것으로 평가된다.

이러한 노력이 주로 최근에 한국어 교육을 시작한 대학에 국한된 것들이라면 기존의 대학은 교재의 개발, 교사 양성 프로그램의 확대, 유능한 인적자원의 확보, 다양한 프로그램의 개발 등을 통하여 발전을 모색하고 있다. 이러한 노력의 결과 역시 아직은 판단하기 어려우나 한국어 교육 기관 사이의 다양한 발전 노력을 나타내는 것으로 바람직하다고 본다.

4. 한국어 교육 발전 과정의 특징 요약과 향후 발전을 위한 대안

4.1 발전 지표

대체로 발전을 어떻게 규정할 것인가를 논할 때 아래와 같은 기준을 적용할 수 있으리라고 본다.

첫째, 한국어 교육 관련 거시지표 당연히 작은 규모에서 큰 규모로 변화하였을 때 발전하였다고 볼 수 있을 것이다.

둘째, 국가적 사회적 기능의 설정 및 구현과 관련해서는 도구적 기능과 같은 단일 기능 수행으로부터 다양한 기능(도구적 기능+세계시민교육적 기능+민족교육적 기능+사회통합적 기능) 수행으로 확대되었을 때 발전하였다고 볼 수 있을 것이다.

셋째, 제도화의 추진과 관련해서는 법적 기반과 정책 수준, 지역 간 연계의 수준, 기관 단체 등의 네트워크, 학문적 연계, 교육 내용의 영역 등 다양한 층위에서 논의할 수 있을 것이다. 몇몇 예로 행위자 차원에서는 단일 기관에서 범교육계로, 관련 학문 차원에서는 한국어교육학을 중심으로 하지만 다양한 인접 학문과의 연계를, 정책 차원에서는 정부 중심에서 정부와 민간 전문가의 다양한 협력으로의 변화를 들 수 있다.

넷째, 내적 역량의 측면 역시 다양한 영역에서 논의할 수 있는데 우선 학문으로서의 고유성과 특수성을 충분히 호가보하였는지가 최우선일 것이다. 그리고 학각의 교육기관이 환경 변화에 대응할 수 있는 여러 역량을 갖추었는지를 봐야 하고 수요자 기반 역시 안정적으로 확보하였을 때 발전하였다고 볼 수 있을 것이다. 이와 함께 한국어 교육 현장에서 제기되는 다양한 쟁점을 해결할 수 있는 능력도 갖추어야 하며 교육 관련 기본 인프라를 갖추어야 할 것이다.

마지막으로 주요 행위자의 발전 모델과 관련해서는 다양한 발전 모델의 출현이 요구된다. 이미 국내외 한국어 교육 현장을 살펴볼 때 지역적으로 또는 개별 교육기관 차원에서 발전을 가져온 주된 요인, 발전 전략 등을 찾을 수 있다. 이러한 발전 모델이 다양하게 나타날 때 한국어 교육은 좀 더 발전한 것으로 볼 수 있을 것이다.

4.2 시기 별 발전 과정 요약 및 문제점

이상에서 살펴본 국내외의 한국어 교육의 발전 과정을 정리하면 아래의 표와 같이 요약할 수 있을 것이다. 우선 시기 구분은 크게 셋으로 나누는 것으로 정리하고자 한다. 물론 도약기와 이후 안정적 성장 내지는 지역적 재편 시기 사이에 약간의 침체 현상이 국내외에 나타났기 때문에 이를 별도의 시기로 명명할 수 있으나 그 기간이 매우 짧았기 때문에 도약기 안에 포함하여 논하는 것이 가능하리라고 봤다. 이러한 시기 구분과 함께 지금까지 논한 다섯 가지의 발전 지표, 그리고 시대적 배경 내지는 환경 요인을 포함하여 종합적으로 정리하면 아래의 표와 같다.

[표 1] 한국어 교육의 발전 과정 요약

시기	태동과 점진적 성장기 (국내: 1959년~1980년대 초반 해외: 19세기 후반~1980년대 초반)	도약기 (1980년대 중반 ~ 1990년대 중반)	국내: 안정 성장 및 확대기 해외: 재정립기 (1990년대 후반~현재)

거시 지표	극소수의 한국어 교육 기관 제한된 발간 교재의 수	교육 기관의 증가, 학습자의 증가, 개발 교재의 다양화 *해외의 경우 지역에 따라 2000년대에 들어와 교육 기관 및 학습자 수가 감소하는 등 지역적 불균형이 심각하게 나타남으로써 재편되고 있음	
주요 배경	한국의 경제적 후진성 한국어 수요 유발요인의 부재	경제성장, 국제적 역할 증대 아시안게임과 올림픽 재외동포 후세의 증가 구 공산권국가와 수교	IMF관리체제의 극복 월드컵의 성공적 개최 정부의 외국인 유학생 적극 유치 정책 중국의 경제발전과 한국어 학습자 증가 한류 열풍 외국인 고용허가제의 시행
국가적 사회적 기능의 설정 및 구현	도구적 기능 수행 *해외에서는 냉전 시대에 따른 정치적 고려가 크게 작용함	도구적 기능 수행 정치적 고려의 유입 민족교육적 요소의 유입 시민교육적 요소의 부분적 도입	시민교육의 급격한 부상 정치적 고려 약화 민족교육적 요소의 지속
제도화의 수준	개별 교육 기관 차원 국가 정책 미미 *해외의 경우 개인 차원의 노력이 크게 부각됨	민간 차원의 제도화 진행 정부 차원의 제도화 태동	법적 보완 유관기관 협의조정기구 운영 학문적 기반 구축 정책 지원 강화 전지역화의 진행 언어+문화 추진
내적 역량 구축	소수의 전문가와 열정어린 교육자 자급자족형 역량 구축	교육 공급 능력의 확대 주요 쟁점 해결 능력 미흡	교육 과정의 다양화 시도 주요 쟁점 보완 노력 학문적 정체성 확보 추진
주요 행위자의 발전모델	국내의 경우 시스템 의존형, 개인 의존형이 두루 나타나나 해외의 경우 국가 주도형 또는 개인 의존형이 주를 이룸	시스템 확충을 통한 발전 노력 프로그램개발을 통한 발전 시도 *선발 기관에 대한 벤치 마킹을 통한 발전이 주를 이룸으로써 한국어 교육 발전 모델의 보편성이 나타남 *해외의 경우 한국 의존형 발전 모델이 나타남	특화 프로그램의 개발 수요자의 신규 창출을 통한 발전 원스톱 모델 개발 국내-현지 연계 모델 학교 내 기관 위상강화 노력 인적자원 충원을 통한 발전 노력

4.3 발전을 위한 대안

2005년을 전후한 시기를 중심으로 하여 한국어 교육의 발전을 위한 대안을 아래와 같이 정리해 본다.

첫째, 최근 한국어 교육에 영향을 끼치고 있는 주요 변수를 효율적으로 활용해야 한다. 이와 관련하여 한국 정부는 외국인 유학생 유치 정책과 함께 한국어 연수생의 유치에도 많은 지원을 아끼지 않아야 한다. 또한 한류 기반의 한국어 학습자를 잠재적 학습자 군에서 실질적인 학습자 군으로 자리매김해야 한다. 이와 함께 중국 등 현지 특성에 맞춘 한국어 교육 과정 및 교육 실시 방안이 모색되어야 하며 외국인고용허가제의 한국어능력시험이 파행 운영이 되지 않도록 모두가 관심을 갖고 지켜봐야 할 것이다. 이러한 노력은 한국어 교육계, 정부, 기업 등의 상호협력을 요구하는 것이고 실제로 한국어 교육이 한 단계 발전하기 위해서는 협력의 참여자를 확대하고 규모를 키우는 일이 무엇보다 중요하다.

둘째, 한국어 교육의 수요 기반을 확충해야 한다. 특히 시민교육적 요소를 강화해야 하고 재외동포 사회에 대하여 민족교육적 성격을 지속적으로 유지하는 것도 필요하다. 뿐만 아니라 국내 대학의 외국인 유학생을 위한 한국어 교육 과정, 이주 노동자를 대상으로 하는 한국어 교육 과정 등 특수 목적 한국어 교육 과정의 개발에도 박차를 가해야 한다. 그러나 무엇보다도 중요한 것은 최근 한국어 교육의 수요가 중국, 남아시아 등 일부 지역에 편중되어 나타나고 있는 점을 본다면 수요의 다변화가 중요하다.

셋째, 각 교육 기관의 내적 역량을 더욱 강화해야 한다. 개별 교육 기관은 한국어 교육의 주요 쟁점에 대하여 자체 해결 능력을 갖춰야 하고 고유한 발전 모델을 지속적으로 개발해야 할 것이다. 뿐만 아니라 전문화, 특성화를 통하여 대외 경쟁력을 높여야 할 것이다. 이를 위해서 교육 기관은 기존의 기관 성격 등에 만족하지 않고 변화되는 상황에 맞춰 끊임없는 자기혁신이 요구된다. 특히 과거에 비하여 쟁점이 심화되고 있는 만큼 연구에 많은 투자를 아끼지 않아야 한다. 정부 또한 한국어 교육 기관에 대하여 다양한 지원정책을 실시해야 한다.

넷째, 공급 확대를 통하여 다양한 수요자 층의 요구를 충족해야 하며 세계 곳곳에서 한국어 교육에 대한 접근성을 높여야 한다. 프로그램도 다양하게 개발하여 운영해야 하며, 온라인, 오프라인, 공중파, 위성방송 등 다양한 교육 실시 방법을 찾아야 할 것이다. 이와 관련해서 정부 차원의 지원, 기업의 투자, 민간 전문가의 역할이 중요해진다.

마지막으로 한국어 교육계는 이 시점에서의 한국어 교육의 철학/이념을 되짚어볼 필요가 있으며 교육의 기본 방향에 대하여 진지하게 논의해야 할 것이다. 한국어 교육 관련 총체적인 역량을 결집해야 할 것이다.

참고문헌

강남욱(2005). 교재 평가론을 통한 근대 초기 한국어 교재에 관한 연구. 서울대학교 대학원 석사학위 논문.

강승혜(2002). 한국어 교육의 학문적 정체성 정립을 위한 한국어 교육연구 동향 분석. 외국어로서의 한국어 교수법의 현재와 미래. 국제한국어교육학회 제12차 국제학술대회 발표논문 요지집.

강승혜(2003). 한국어 교육학의 학문적 정체성 정립을 위한 연구-하위 학문영역 구축을 위한 귀납적 접근. 외국어로서의 한국어 교육 제28집. 연세대학교 언어연구교육원 한국어학당.

국제교육진흥원(2003). 동북아 중심국가 지향을 위한 국제교육 진흥 방안.

국제한국어교육학회(2005a). 한국어교육론1. 서울: 한국 문화사.

국제한국어교육학회(2005b). 한국어교육론2. 서울: 한국 문화사.

국제한국어교육학회(2005c). 한국어교육론3. 서울: 한국 문화사.

김중섭(1999). 한국어 교육의 새로운 방법, 외국어로서의 한국어 교육 방법. 서울대학교 국어교육연구소 제1회 한국어 교육 국제학술대회 발표 논문집.

김하수(1999). 한국어 교육의 새로운 방향. 연변과학기술대학 주최 연토회 기조연설문.

김하수(2004). 외국어교육학으로서의 한국어교육학. 2004년 이중언어학회 제16차 전국학술대회 춘계대회 발표 논문집. 이중언어학회.

김하수 외(1996). 한국어 능력 검정 제도의 실시를 위한 기본 연구 보고서. 교육부 학술연구 특별과제. 1996.

류재택 외(2004). 재외동포용 한국어 교육 과정 및 교재 체제 개발 연구. 연구보고 CRC 2004-3. 한국교육 과정평가원.

문화관광부(2004). 국어기본법. 문화관광부 보도자료.

민현식(2004). 한국어 표준교육 과정 기술방안. 한국어교육 제15권 1호. 국제한국어교육학회.

민현식(2005). 한국어교육학 개관, 국제한국어교육학회 편. 한국어교육론1. 서울: 한국 문화사.

민현식 외(2001). 한국어 교원자격 인증제도 시행 방안 최종 보고서. 문화관광부 · 한국어세계화재단.

박갑수(1999). 한국어 교육의 과제와 전망, 외국어로서의 한국어 교육 방법. 서울대학교 국어교육연구소 제1회 한국어 교육 국제학술대회 발표 논문집.

박영순(2001). 외국어로서의 한국어 교육론. 서울: 도서출판 월인.

박영순 편(2002). 21세기 한국어 교육학의 현황과 과제. 서울: 한국 문화사.

백봉자(2001). 교재와 교수법을 통해 본 한국어 교육의 역사와 과제. 외국어로서의 한국어 교육 25 · 26. 연세대학교 언어연구교육원 한국어학당.

서상규(2002). 한국어의 해외 보급을 위한 정책 방향. 한말연구학회 전국학술대회 발표문.

서아정(2004). 해외 각 급 학교 별 KFL 교육현황. 비교문화적 접근을 통한 한국언어문화(국제한국언어문화학회 제1차 국제학술대회 발표논문집). 국제한국언어문화학회.

성광수(1996). 한국어의 세계적 보급을 위한 언어정책 검토. 한국어 세계화의 제문제. 이중언어학회.

연세대학교 한국어학당 편(2004). 한국어학당사(1959-2003).

이지영(2004). 한국어 교재 개발의 역사적 변천. 한국어 교육 자료 개발의 새로운 방향. 국제한국어교육학회 제14차 국제학술대회 발표논문집.

조항록(1997). 한국에서의 한국어 교사 연수의 현황과 과제. 한국말교육 제8집. 국제한국어교육학회.

조항록(2001). 한국어 교육 현황과 교육 정책. 외국어로서의 한국어 교육 제25 · 26집. 서울: 연세대학교 언어연구교육원 한국어학당.

조항록(2003). 한국어 교재 개발을 위한 기초적 논의. 한국어교육 제14권 1호. 국제한국어교육
　　학회.

조항록(2004a). 한국어 교재 개발의 사적 흐름과 최근의 한국어 교재 분석. 중국 한국(조선)어
　　교육연구학회. 한국(조선)어 교육연구 2호.

조항록(2004b). 재외동포를 대상으로 하는 한국어 교육정책의 실제와 과제. 한국어교육 제15권
　　2호. 국제한국어교육학회.

조항록(2004c). 중국 내 한국어 교육의 과제와 전망. 중국에서의 한국어 · 한국 문화, 국제한국
　　어교육학회 · 중국중앙민족대학 공동 국제학술대회(10월 9일, 중국 북경). 발표 논문집,
　　중국 북경.

조항록(2005a). 국내 한국어 교육의 발달 과정과 특징. 우리말학회 전국학술대회 주제발표문.

조항록(2005b). 외국어로서의 한국어 교육 발달의 역사적 고찰1. 한국어교육 제16권 1호. 국제
　　한국어교육학회.

조항록 외(2002). 한국어 교사 교육 연수를 위한 표준 교육 과정 개발. 한국어세계화 2002년도
　　최종보고서. 문화관광부/한국어세계화재단.

Lee, Dongjae, ed.(2000). "Studies on Korean in Community Schools." Second Language
　　Teaching and Curriculum. Hawaii: University of Hawaii Press.

Naoki, Ogoshi(2002). 일본 대학에 있어서의 한국어 교육과 교수법. 외국어로서의 한국어 교수
　　법의 현재와 미래. 국제한국어교육학회 제12차 국제학술대회 발표 논문집.

Yoon, Hi-won(2001). "A Study of Korean Language Education for Foreigners in Korean
　　Studies in Oceania and Southeast Asia: Strategic Cooperation in Research and Educa-
　　tion." Proceedings of First Biennial International Symposium, KAREC.

그 밖의 한국어 교육 관련 교재 다수

Ⅱ. 국외 한국어 교육의 발달 과정과 특징(태동 ～2005) [1]

1. 들어가기

최근 국내외적으로 한국어 교육이 크게 확대되면서 한국어 교육에 대한 학문적 관심도 커지고 있다. 특히 2002년 1월에 한국학술진흥재단의 연구 분야 분류표에 교과교육학으로 자리매김이 되면서 한국어 교육의 학문적 정체성에 대한 논의가 일고 있다. 사실 한국어 교육은 국내외적으로 오랜 역사를 가지고 있었으면서도 학문적 정체성의 규명은 물론 하위 구성 영역에 대한 체계적인 논의가 부족했다. 이는 한국어 교육이 태동 이래 도약기에 이르는 기간이 매우 길었고, 이 기간 동안에는 규모 면에서 국가적·사회적 관심권 밖에 놓여 있었던 탓으로 보인다. 지역에 따라 약간의 차이를 보이지만 대체로 1980년대 중반 이후 맞이한 도약의 시기에도 한국어 교육계는 취약한 연구 기반에서 늘어나는 학습자에 대한 교육 제공이라는 매우 현실적인 문제 등으로 한국어 교육에 대한 학문적 접근을 시도할 여유를 갖지 못하였다. 약 10년 동안 숨 가쁘게 도약한 한국어 교육은 전체적으로 학습자 증가 추세가 주춤해진 1990년대 중후반에 들어 관련 연구가 활발해졌다. 그동안 축적된 현장 교육 경험과 여기에서 나오는 실증적 데이터들, 그리고 인접 학문 영역으로부터의 연구자의

---

1   이 글은 한국어교육 제16권 1호(2005년 2월)에 게재한 '국외 한국어 교육의 발달 과정과 특징 1 – 태동과 도약'을 일부 수정한 것으로 한국어 교육의 사적 흐름을 이해하는 데에 도움이 될 수 있다는 판단으로 이 책에 수록하였음을 밝힌다.

유입, 비록 프로젝트 성격이기는 하지만 정부 차원의 연구 지원 등 연구 기반이 조성되면서 한국어 교육 연구는 빠르게 발전하였다. 여기에 2000년대 들어와 다시 2002 한일 월드컵의 성공적 개최, 한류 열풍, 중국 내 한국어 교육 열풍 등의 호재로 다시 한 번 도약을 하면서 한국어 교육에 대한 교육계 내외의 관심이 더욱 커지고 있다.

최근에 이루어지고 있는 한국어 교육 연구는 그 수도 늘고 수준도 크게 향상되었다. 한국어 교육 연구의 하위 영역으로는 다양한 분류를 생각할 수 있으나 한국어 교육 과정론, 한국어 교재론, 한국어 교수학습론, 한국어 교사론, 한국어능력 평가론, 한국어 교육정책론, 한국어문화교육론 등이 중심을 이룬다. 그러나 아직 기초 학문 영역과의 연계나 한국학과의 연계는 크게 진전되지 않은 양상이고 연구의 형식 역시 개인 내지는 단체에 의한 개별 주제 연구의 양상을 띠고 있다. 즉 한국어 교육 연구를 분야 별로 아울러 체계화하는 시도나 한국어 교육학의 학문적 정체성을 정립하고자 하는 시도는 이제 시작 단계에 불과하다고 볼 수 있다. 한국어 교육학이 교과교육학으로 자리 잡았다고는 하나 내용 구성론에 대한 학계 전반의 합의는 아직 도출해 내지 못하였고 이에 대한 시도를 주도적으로 이끄는 집단도 눈에 띄지 않는다. 그러나 개별 주제 연구가 활발해지고 있고 연구 단체 또는 학회의 활동이 활성화되어 있는 만큼 곧 하위 주제 영역의 체계화, 한국어 교육학의 전반적인 내용 구성론과 학문적 정체성은 곧 정립되리라고 본다.

여기에서 논하고자 하는 한국어 교육 발달사는 한국어 교육학에 대한 체계적인 논의가 진행되는 시점에서 우리가 관심을 가져야 할 주제이다. 국내에서는 50년에 가까운 역사, 국외에서는 100년이 넘는 역사를 가지고 있는 한국어 교육은 이제 체계적으로 정리되고 역사적 의미가 평가되어야 할 시점이다. 한국어 교육 발달사라는 주제명이 비록 생소하게 보일 수도 있으나 그동안 '한국어 교육 현황과 과제'라는 이름으로 다루어져 왔던 주제이다. 어찌 보면 한국어 교육에 대한 체계적인 연구가 시작되기 전에 한국어 교육자와 한국어 교육 연구자들이 가장 많이 다루었던 주제이기도 하다.

지금까지 연구된 한국어 교육의 현황과 과제는 지역별로, 공시적으로, 단편적으로 다루어져 왔었다는 한계를 안고 있었다. 그러기에 한국어 교육계에서 한국어 교육의 발달 역사를 한눈에 볼 수 있는 연구 결과물을 찾기가 어렵다. 역사 연구가 그러하듯 과거의 사실을 객관적으로 정리하고 역사 발전의 동인을 분석하여 현재의 원인을 규명한다면 자연히 미래의 예측은 가능할 것이다. 그 과정에서 현재의 과제가 무엇인지를 규명할 수 있을 것이고 향후 발전을 위한 대안의 모색은 자연스럽게 시도될 수 있을 것이다. 특히 한국어 교육은 종합 응용 학문이고 교육의 기능적 측면을 고려할 때 정책 대안의 개발은 한국어 교육의 존재 가치와 구현 목표를 실현하는 데 매우 중요한 역할을 하게 될 것이다.

한국어 교육의 발달사와 관련하여 통시적으로 접근한 연구는 거의 없다. 지금까지의 연구는 앞서 언급한 바와 같이 현황 보고 중심이었으며 연구사를 위하여 기술적으로 시기를 구분하여 명명하였을 뿐이다.[2] 여기에서는 한국어 교육 발달사 중 국외에서의 한국어 교육 발달에 국한하여 발전의 시기를 크게 셋으로 나누어 살펴보고자 한다. 지역에 따라 크게 다르지만 한국어 교육이 태동한 시점으로부터 도약에 이르는 기간에 해당하는 태동기, 태동은 다 달랐지만 도약의 시점은 대체로 1980년대 중반으로 일치하는 양상을 보이는데 이 시기를 도약기라고 부르고자 한다. 약 10년 동안 가파르게 도약한 한국어 교육이 그동안의 잠재 수요를 다 소화하고 잠시 학습자 수가 주춤해진 1990년대 후반에 들어, 그동안에 축적된 내적인 역량을 바탕으로 안정적으로 재도약을 시도하고 몇몇 변수로 다시 한 번 빠르게 발전하는데 이 시기를 안정적 성장 및 확대기로 명명하고자 한다. 여기에서는 이 중에서 태동기와 도약기에 국한하여 살펴보고자 한다.[3]

---

2 한국어 교육의 역사를 연구사 정리를 위하여 기술적으로 구분하여 제시한 연구로는 김중섭(2001), 백봉자(2001), 조항록(2003)을 들 수 있다.

3 한국어 교육 발달사에 대한 연구는 교육 약사, 교육 발전 동인의 분석 및 현장 특성, 주요 쟁점과 과제 등을 포함하여야 하나 여기에서는 태동기와 도약기에 국한하여 제시하고 안정적 성장 및 확대기에 대한 논의는 후속 연구의 영역으로 남겨 두고자 한다.

2. 국외에서의 한국어 교육 태동

2.1 약사

역사적으로 볼 때 국외에서 한국어 교육이 처음 실시된 것은 중국에서였다. 한국의 대외 관계에서 중국이 가장 긴 역사를 갖고 있으며 지리적으로나 정치적으로 상호 밀접한 관계에 놓여 있었음에 기인한다. 중국에서 한국어에 대한 관심이 언제 시작되었는지 분명하게 알 방법은 없으나 문헌상 남아 있는 가장 오래된 기록을 찾자면 삼국시대로까지 거슬러 올라간다.[4] 그러나 좀 더 분명한 기록으로 전해 오는 것은 孫統修의『華夷譯語』에 나온다. 비록 원본은 남아 있지 않으나 중국 원나라의 火源潔이 통역관들을 위한 고려어 교과서인『高麗館譯語』를 편찬하였다는 기록으로 보아 이 시기에 한국어 교육이 실시되었던 것을 짐작하게 한다. 이후 중국에서는 한국어 교육의 존재를 입증케 하는 기록과 자료들이 계속 나오는데[5] 대표적인 것으로 명나라 시절 회동관 통사들이 교과서로 사용한『朝鮮館譯語』이다.[6] 이후의 대표적인 기록으로는 청나라 때에는 會同四驛館을 설치하여 조선어 통역원을 양성하였다는 기록을 들 수 있다. 이러한 역사를 갖고 있는 중국에서 근대적 의미의 한국어 교육이 처음 실시된 것은 1946년 북경대학에 조선어학과가 설치되면서부터이다. 이후 한국어 교육은 매우 느리게 자리를 잡게 되는데 1952년 중국대외경제무역대학, 1953년 낙양외국어대학, 1972년 연변대학, 북경 제2외국어대학에 조선어학과가 설치되었을 뿐이다.

일본은 중국에 이어 두 번째로 긴 역사를 갖고 있다. 1872년 쓰시마에 韓語司를 설치하면서 한국어 교육이 태동하였다. 한어사는 곧 조선의 초량왜관으로 이전하여

---

4   한국의 3국 시대 시기였던 3세기경에 편찬된 중국 三國志의 魏志 東夷傳에 만주와 한반도에서 사용되는 언어들에 대한 내용이 서술되어 있는 것으로 보아 이 시기에 이미 중국에서 한국말에 대한 관심이 있었음을 알 수 있다.

5   송나라의 孫穆이 1103년에서 1104년 사이에 걸쳐 펴낸 鷄林類事는 이 중 하나이다. 鷄林類事, 朝鮮館譯語와 중세 한국어교육에 대하여는 김민수(1967), 김종철(2003) 참조.

6   이에 대한 주요 내용은 黃有福(1984) 참조. 한편 이의 최초 판본은 영국 런던대학교에 소장되어 있다고 한다.

초량관어사로 개칭되었다. 1880년에 일본 내의 도쿄외국어학교에 조선어학과가 설치되면서 초량관의 어학소는 폐지되는데 초량관에 있던 학생들은 모두 이곳으로 전학하여 한국어 학습을 마칠 수 있었다. 1897년 도쿄외국어학교의 조선어학과는 한어과로 바뀌었다가 1911년에 다시 조선어과로 개칭되지만 이미 조선어는 외국어가 아니라는 이유로 곧 폐과되었다.[7] 이후 1921년에 오사카외국어학교, 1925년에 천리외국어학교가 설립되면서 조선어 교육이 실시되었다.[8] 이후 일본 내에서의 한국어 교육은 매우 더디게 확대되었는데 1961년의 한 조사에 따르면 당시 일본 내에서 한국어를 가르치고 있는 대학은 학과 설치에 관계없이 모두 5개 대학인 것으로 나타났다.[9] 이후에도 1970년대 초까지 뚜렷한 확대 양상이 나타나지 않는다. 다만 1969년에는 오사카 외국어대학에 조선어학 전공 대학원이 설치된 일, 1973년에 효고현의 미나토가와 고등학교에서 조선어를 필수과목으로 채택한 것과 히로시마국제학원이 조선학교 학생들과의 갈등을 해소하기 위하여 조선어 수업을 개설한 점이 주목할 만하다.

중국, 일본보다는 뒤지지만 러시아에서의 한국어 교육도 매우 일찍 시작되었다. 1897년 러시아의 페테스부르그 왕립대학교에서 주 러시아 대한제국 공사관의 직원인 김병옥 씨가 한국어를 가르치기 시작함으로써 유럽에서의 한국어 교육 역사가 시작되었다. 러시아 극동에서는 블라디보스톡에 있는 원동대학(Oriental Institute)이 1899년에 중국어, 일본어, 몽골어와 함께 한국어를 가르치기 시작하였다. 그러나 러일전쟁 패배 이후 러시아에서는 한국어에 대한 관심이 급격히 떨어져 1920년대에 페테스부르그 대학의 한국어 강좌는 폐지되었다. 다만 레닌그라드 한국학파의 창시자라고 불리는 홀로도비치 교수가 1934년부터 1938년까지 단 한 명에게 한국어를 가

---

7 이후 도쿄외국어대학에 조선어과가 부활된 것은 수십 년이 지난 1977년의 일이다.

8 이들 두 학교는 각각 개칭이 되는데 천리외국어학교는 1927년에 천리외국어전문학교로 개편되었다가 1952년에 천리대학으로 바뀌어 오늘에 이르고 있다. 그리고 오사카외국어학교는 1944년에 오사카외사(外事)전문학교로 개편되었다가 1949년에 오사카외국어대학이 되는데 이 때 한국어학과는 설치되지 않았다. 오사카외국어대에 조선어과가 설치된 것은 그보다 3년 뒤인 1952년이다.

9 이들 대학은 천리대학, 교토대학, 오사카외국어대학, 도쿄사범대학, 와세다대학이다. John Y. Sohn(1990) 참조.

르친 기록이 있을 뿐이다.

　미국에서의 한국어 교육은 1934년 컬럼비아대에서 시작되었다. 감리교 목사인 한국교포 한 사람이 소수의 학생을 모아 한국어를 가르치면서 시작된 한국어 교육은 제2차 세계대전, 미-소 냉전의 영향으로 교육 규모가 커지기 시작하였다. 1946년부터 1950년 사이에 하와이대학에 한국어 프로그램이 임시로 개설되기도 하였으나 1947년에 지금의 국방언어교육센터(Defence Language Center, 일명 국방외국어대)의 전신인 미국 육군 언어 학교(The U.S. Army School)가 1947년에 한국어 프로그램을 개설하면서 비록 제한된 영역(국방)이긴 하지만 미국 내에서 자리를 잡아가기 시작하였다.[10] 특히 한국어는 제2차 세계대전이 끝난 후 한반도가 미·소 양극 체제의 대결장으로 변하자 국방 언어 교육에서는 한국어가 소련어, 독일어와 함께 최대 관심 언어 중의 하나가 되었다. 그러나 대학 차원에서의 한국어 교육은 매우 느리게 발달하는데 1960년대 이전에 한국어 프로그램을 개설한 대학은 하와이대학(1946년), 하버드대학(1952년) 등 두 곳으로 최소한의 한국어 교육 수요만이 존재하였음을 유추하게 한다. 1950년대와 1960년대를 거치면서 한국은 정치, 군사적으로 주요 관심 국가이기는 하였지만 포괄적인 국가 관계에서는 그다지 비중을 갖지 않는 약소국의 지위에 머물러 있었기 때문에 한국어 교육의 빠른 확대는 기대하기 힘들었다. 이 시기 한국어 교육을 신시한 대학으로는 앞서 언급한 대학들 이외에 Brigham Young University, UC Berkeley, University of Washington, Indiana University 등을 들 수 있다.

　유럽에서의 한국어 교육은 대체로 제2차 세계대전 이후에 태동된 것으로 보고되고 있다. 이는 한국이 일본의 식민지로서 제2차 세계대전 이전에 유럽에 그리 알려지지 않았던 탓에 기인한다. 다만 한국어에 심취한 핀란드의 몽골학 학자 람스테트(G. J. Ramstedt)가 헬싱키 대학에서 1935년부터 1939년 사이에 한국어를 강의한

10　한국어 교육과 관련하여 이름이 많이 오르내리고 있는 DLI는 1963년부터 지금의 명칭으로 불리고 있다. DLI는 1942년에 UC Berkeley와 미국 샌프란시스코의 Crissy Field에서 미국 해군의 일본어 프로그램으로부터 시작하여 육군, 공군 군사 언어학교로 점차 확대되어 왔는데 1963년에 이를 통합하여 미 국방성 산하에 DLI를 설립하였고 본부를 워싱턴에 두었다. 그 후 1974년에 본부를 캘리포니아의 몬테레이(Monterey)로 이전하여 지금에 이르고 있다.

적이 있다[11]. 유럽에서 한국어 교육이 가장 활발한 영국조차도 한국이 독립을 한 이후인 1949년에 처음으로 한국어 교육이 실시되었다. 국립 런던대학의 동양 아프리카대학(SOAS)에 한국학 강좌가 개설되면서[12] 시작된 한국어 교육은 1953년에 전임교원이 충원됨으로써 안정적 발전을 도모하기 시작하였다. SOAS의 뒤를 이어 체코의 카렐대학이 1950년에 한국어 강좌를 개설하였다. 철학부 극동언어 및 역사학과에 중국학, 일본학과 함께 개설된 조선학은 유럽의 다른 대학과는 다르게 최초 설립부터 독립학과로서 자리를 잡았다는 특징이 있다. 체코에서의 한국어 교육이 독립된 학과로서 자리를 잡았다는 것은 인접 국가인 폴란드와 비교할 때 두드러진 의미를 갖는다. 체코에서보다 3년 뒤인 1953년에 시작된 폴란드의 한국어 교육은 최초에는 바르샤바대학교 동양연구소 중국어문학과에서 제3동양어로서 강의가 개설되어 1961년까지 지속되다가 1962년부터 동양연구소 일본어문학과로 소속이 바뀌었다. 한국어문학과로 독립한 것은 오랜 시간이 지난 후인 1983년의 일이다. 이 밖에 헝가리와 불가리아에도 한국어 강좌가 개설되지만 스페인, 포르투갈과 같은 친서방 국가에서의 한국어 교육은 이 시기에 찾아보기 어렵다.

전 세계적으로 한국어 교육의 태동기라 볼 수 있는 1900년대 초~1970년대 사이에 대양주와 중앙아시아, 남미에서 체계적인 한국어 교육이 실시되었다는 기록은 찾기 어렵다.

한국과 지리적으로 멀고 교류가 그리 많지 않았던 유럽에서 1950년대에 한국어 교육이 태동하였던 것과는 대조적으로 호주에서의 한국어 교육은 매우 뒤늦게 시작되었다. 호주에서 한국어 교육이 처음 실시된 것은 1980년에 호주국립대학(ANU)에

---

11 람스테트는 원래가 몽골학 학자였지만 1919년부터 1929년 사이에 일본에서 외교관으로 근무하게 되었으며 이때 한국인 유학생으로부터 한국말을 배웠는데 어원학적 관점에서 같은 알타이어족이란 생각에 깊이 심취하여 한국어를 연구하였다. 람스테트는 1926년에 한국어 관련 최초의 연구 논문을 낸 이후 의미 있는 많은 연구를 진행하였는데 대표 저술로 1939년의 한국어 문법과 1949년의 한국어 어원 연구가 있다. 고송무(1991), 정도상(1996) 참조

12 원래 SOAS는 아시아와 아프리카에 있는 저개발 국가를 지원하기 위한 방안을 연구할 목적으로 설립된 만큼 다른 대학보다 먼저 한국어 교육이 실시될 수 있었다.

서였다.[13] 한국산학협동재단의 재정 지원으로 한국어 강좌가 개설되었지만 1980년대가 지나는 동안 그리 크게 발전하지 못하였다. 호주에서 한국어 교육이 빠르게 발전한 것은 이민이 급속하게 증가하고 경제 교류가 활발해진 1990년대 들어서이다. 한국인이 집단적으로 살고 있어 한국어 교육의 필요성이 크게 존재하였던 중앙아시아 역시 체계적인 한국어 교육은 이주 반세기가 지난 시점인 1980년대에 비롯되었다. 1937년에 러시아 극동지역으로부터 강제 이주된 중앙아시아 한인 사회에서는 이주 초기 비정규 사설 기관에서 한국어를 가르치기도 하였으나 1938년 공용어를 러시아어로 선포하면서 한국어 교육은 불가능하게 되었으며 1950년대 약간의 시도가 있었으나 역시 실현되지 못하였다. 대학에 한국어 과목이 개설됨으로써 체계적인 한국어 교육이 실시된 것은 1980년대 후반에 이르러서이다.

2.2 주요 특징

국외에서의 한국어 교육의 태동은 앞에서 살펴본 바와 같이 지역에 따라 큰 편차를 보이고 있다. 지리적으로 인접하여 예로부터 한국과 긴밀한 관계를 유지했던 중국, 일본, 러시아가 20세기 이전에 이미 한국어 또는 한국어 교육에 관심을 가졌던 반면에 미국을 포함한 그 밖의 국가들은 20세기 중반에서야 한국어 교육에 관심을 갖기 시작하였다. 그러나 근대적 의미의 한국어 교육만을 대상으로 할 때 국외에서의 한국어 교육은 러시아와 일본에서의 소수의 한국어 교육을 제외할 때 대체로 20세기 중반부터 태동되었다고 봐도 큰 무리가 없을 듯하다.

태동기의 한국어 교육은 몇 가지 특성을 갖는데 이를 살펴보면 다음과 같다.

첫째, 국외에서의 한국어 교육은 규모 면에서 매우 작게 출발하였다. 즉 당시 한국과 현지 국가와의 국가 관계에 기인하는 것이기는 하겠지만 최소한의 요구를 충족할 수준으로 출발하였고 이러한 상황은 오랫동안 지속되었다. 지금은 각각 100여 대

---

13 이 때 호주 내 한국어 교육 여건은 전혀 갖추어지지 않은 상태이었으므로 한국에서 교수 요원을 파견하였는데 최초의 교수는 서울대학교 이상억 교수였다.

학과 300여 대학에서 한국어 교육이 실시되고 있는 미국과 일본의 경우에도 1950년대 이전에는 각각 세 곳과 두 곳에 불과하였다. 현재 각각 40여 대학, 10여 대학에서 한국어를 가르치고 있는 중국과 러시아는 1950년대 이전에는 한국어를 가르치는 대학이 한 곳뿐이었다. 이는 이 시기 한국어 수요가 거의 존재하지 않았음을 반증하는 것이며 국가적 차원에서 필요한 최소한의 요구만을 충족시키고 있었음을 의미하는 것이다.

둘째, 국외에서의 한국어 교육은 현지 국가의 정부 차원에서 태동되었다. 한국어 교육이 처음 실시된 중국의 북경대학, 일본의 도쿄외국어대학, 러시아의 페테스부르 그왕립대학 등은 정부가 필요로 하는 인재를 양성, 공급하는 성격이 강했던 중앙 국립대학들이다. 민간 차원의 교류보다는 정부 차원의 교류가 주를 이루었던 19세기 말, 20세기 초의 상황을 고려할 때 쉽게 이해할 수 있다. 이러한 상황은 제2차 세계대전 이후 유럽에서 최초로 한국어 교육을 실시한 대학이 영국 국립 런던대학의 동양아프리카대학(SOAS)이라는 점에서도 쉽게 알 수 있다. SOAS는 제2차 세계대전 이후 아시아와 아프리카의 저개발 국가를 원조하기 위한 인재를 양성할 목적으로 설립되었는데 여기에서 서부 유럽 최초로 한국어 교육이 실시되었다는 점은 결국 정부 차원의 태동을 의미하는 것이다. 뿐만 아니라 일본에서의 한국어 교육의 효시인 도쿄외국어대학 조선어학과가 일제 강점기에 들어와 조선어는 외국어가 아니라는 이유로 폐과시킨 것은 태동기의 한국어 교육이 정부와의 밀접한 관련이 있었음을 잘 나타내는 또 하나의 예가 된다.

셋째, 태동기의 한국어 교육은 당시의 국제 체제인 냉전적 사고와 밀접하게 연관되었다. 미국 내에서 체계적인 한국어 교육의 시발로 볼 수 있는 국방언어교육센터(DLI)는 파시스트 국가와의 전쟁을 수행하는 과정에서 창설되었지만 실제로 교육이 활발해진 것은 냉전체제의 등장 이후이다. 냉전 체제 하에서 국제적 이해가 첨예하게 대립되는 한반도와 관련하여 미국은 대규모의 한국어 전문 인력을 확보할 필요가 있었고 이를 국방언어교육센터를 통해 충원하고자 하였다. 유럽의 경우에도 런던대학의 SOAS가 아시아 아프리카를 지원할 목적이었다는 점은 당시 냉전체제 하 미국이 실시했던 전후 유럽 부흥계획인 마샬플랜과 맥을 같이 하는 것이다. 즉 저개발 국가에 대한 지원을 통하여 자유 민주 진영의 확대를 도모하고자 한 시도였다. 이 밖에 유럽에서 한국어를 실시한 초기 국가들은 체코의 카렐대학(1950년), 폴란드의 바르샤바대학(1953년) 등으로 당시 결속력이 강했던 공산권 국가들이었다. 이들 국가들은 한반도에 중립국감시위원단으로 파견 나오기도 하였지만 1950년대 초는 공산진영 내에서 협력 관계를 확고히 하는 시기였으므로 이들 국가에서의 한국어 교육이 이와 관련을 가질 것이라는 점은 쉽게 유추할 수 있다.

넷째, 태동기의 한국어 교육 중 정부 차원이 아닌 민간 차원을 볼 때 한국어 교육이 개별적 관심으로부터 비롯되었다는 점을 알 수 있다. 페테스부르그왕립대학의 한국어 교육이 당시 대한제국 공사관 직원에 의하여 비롯되었다는 점이나 서유럽 최초인 핀란드 헬싱키대학의 한국어 교육이 몽골학 학자 람스테트의 개인적 관심과 열의에서 비롯되었음은 이미 앞에서 살펴본 바와 같다. 뿐만 아니라 페테스부르그대학이 1920년대에 한국어 강좌를 폐지했음에도 홀로도비치가 개인적 열의를 가지고 제자한 명을 가르친 점이나 미국 내 최초의 한국어 교육인 컬럼비아대학의 한국어 교육이 현지 교포가 몇몇 학생을 모아놓고 가르친 점 역시 이를 반증하는 예가 된다.

이와 같이 태동기의 한국어 교육이 현지 국가의 정부 차원, 정치와의 연계[14] 또는 개인적인 연구 차원에서 소규모로 출발하였다. 교육 기관의 증가 속도도 매우 느려 도약기라 볼 수 있는 1970년대 초반까지 일본은 3개 대학, 중국 4개 대학, 미국 11개 대학에 불과하였다.[15]

---

14 이는 같은 시기 국내의 상황과는 매우 대조적이다. 국내에서 1959년에 연세대학교 한국어학당이 설립된 이후 70년대 후반에 이르기까지 한국어 교육에 대한 정부 차원의 관심은 재외국민의 모국 수학 적응을 위한 재외국민교육원을 서울대학교에 둔 것 이외에는 이렇다 할 활동을 찾기 어렵다. 이후 1990년대 초반까지 국내의 한국어 교육은 민간이 주도한 것으로 보고되고 있다. 국내의 한국어 교육 발달 과정 및 특징에 대하여는 조항록(2005) 참조.

15 앞에서 제시하였듯이 1970년대 초 미국에서 한국어 강좌를 개설한 대학은 모두 11곳이다. 이 중에는 하버드대학이나 예일대학과 같이 아시아에 대한 관심으로부터 시작한 대학이 있는가 하면 1960년대 이후 늘어난 재미 동포 학습자 집단을 주 대상으로 하는 UC Berkeley와 선교사 양성을 목적으로 하는 Brigham Young 대학이 포함되어 있다.

3. 국외에서의 한국어 교육 도약

3.1 도약의 동인 1 – 주변 여건의 변화

1970년대 중반부터 1990년대 초반 사이에 국외의 한국어 교육은 괄목할 만한 변화를 보였다. 최소한 규모 면에서 현재의 한국어 교육 상황의 골격을 확실하게 굳힌 시기이다. 외국어 교육은 배우고자 하는 외국인에게 이익이나 매력을 주는 등 유인할 수 있는 요인이 존재할 때 확대된다. 즉 스스로 수요를 창출하든 정부, 교육 기관 등 공급자 집단이 수요를 창출하든 수요가 존재할 때 한국어 교육은 확대되기 마련이다. 이 시기 한국어 교육의 도약에는 무엇보다도 한국의 국력 신장과 이에 따른 국제적 지위 향상이 가장 큰 동인으로 작용하였다. 여기에 구 공산권 국가와의 수교, 국외동포 후세의 성장과 한국 정부의 지원책 마련 등도 이 시기 한국어 교육을 확대시킨 중요한 동인이다. 이를 좀 더 자세히 살펴보면 다음과 같다.

우선 1960년대 초반부터 시작된 한국의 경제발전 정책은 1970년대 들어 국제 사회에서 그 성과를 가시적으로 드러내기 시작하여 1인당 GNP가 1972년에는 마침내 북한을 앞서기 시작하였다. 또한 이를 바탕으로 한 한국의 유연성 있는 대외정책은 국제사회에서 한국의 역할을 넓히기 시작하였으며 1980년대 들어와 아시안게임과 서울올림픽을 거치면서 국제적 지위의 향상을 성취하였다. 국제사회에 그리 알려지지 않았던 한국에 대한 관심도 자연히 높아지게 되고 한국과 세계 각국과의 교류도 활발해져 한국어 사용자의 수요를 증가시켰다. 이에 따라 세계 주요 국가에서 한국어 강좌를 개설하는 대학이 빠르게 늘었다. 1970년대 이후 1980년대를 거치면서 한국어 개설 대학의 수는 미국, 일본의 경우 수십 배가 늘었다. 한국의 국력 신장은 미국, 일본 등 주요 국가에만 영향을 미친 것이 아니다. 한국어 교육을 전혀 실시하지 않았던 많은 국가들에서도 한국어 강좌를 개설하는 경우가 급속하게 늘어 앞에서 살펴본 바와 같이 동남아와 유럽에서 한국어 강좌 개설 대학이 빠르게 증가하였다.

다음으로 한국과 구 공산권 국가와의 관계 개선은 이 시기 한국어 교육의 확대에 지대한 영향을 끼쳤다. 이미 수교 이전부터 한국과의 경제 교류 등으로 양국 간의 관계가 긴밀해지기는 하였으나 1992년 수교를 계기로 중국 내에서 한국어 교육은 폭발적인 증가를 보였다. 수교 이전 수 개에 불과하던 중국 대학에서의 한국어 교육은 수교 2년 후인 1994년에는 25개 대학으로 늘어나게 되었으며 신설 학과의 명칭 또한 조선어학과가 아닌 한국어학과를 사용하는 등 한국어에 대한 국제적 선호도가 높아짐을 알 수 있다. 구 공산권 국가와의 관계 개선이 한국어 교육의 수요를 창출한 또 하나의 예는 베트남이다. 1992년 한국-베트남 수교 이전인 1980년대 후반부터 양국 간의 인적 물적 교류가 이루어졌으나 베트남 내에 한국어 교육 기관은 전무한 상태였다. 그러나 1992년 수교가 되면서 1993년에 베트남 국립 호치민인문사회과학대학에 시험적으로 한국어 강좌가 개설되었고 1994년부터 정규 학과로 개설되기에 이르렀다. 이 밖에 러시아에서도 한국과의 교류가 증가하면서 모스크바 국제관계대학이 한국어학과를 개설하였고 하바로프스크에 있는 극동사범대학도 한국어학과를 개설하였다.

국외 한국어 교육의 도약을 가져온 세 번째 동인은 재외동포 후세의 증가에서 비롯되었다. 1963년 해외이주법의 제정으로부터 비롯된 한국인의 국외 이주는 1960년대 중반부터 본격적으로 이루어져 미국, 캐나다, 남미 제국에 거주하는 재외동포의 수가 급격하게 늘었다. 이들 초기 이민자들은 현지에 정착하는 과정에서 자녀 교육에 대하여 충분한 관심을 갖지 못한 채 현실 생활에 적응해야만 했다. 그러나 10여 년이 지나면서 자녀가 성장하고 이들이 정체성에 대한 혼돈이 빚어지기도 하면 부모와 자녀 사이의 의사소통에 어려움이 나타나기 시작하여 교민 사회에서 자녀의 모국어 교육에 대한 관심이 일기 시작하였다. 한국 정부는 이를 반영하여 재외국민의 민족교육과 교민 자녀의 모국 수학을 지원할 목적으로 1977년에 재외국민의 교육에 관한 규정을 제정하기에 이르렀고 이는 한인 사회에 한글학교 설립 열풍을 가져왔다. 앞에서 살펴본 바와 같이 1977년을 계기로 한글학교가 급속히 늘고 교민 밀집 지역의 대학에서 외국어 과목으로 한국어를 개설하는 대학 역시 빠르게 증가하였다. 이로써 재외동포는 국외 한국어 교육의 중요한 한 축이 되었고 오히려 수적인 면에서는 현지인을 압도하게 되었다.

3.2 도약의 동인 2 - 현지 국가의 정책

도약기 국외 한국어 교육의 발전과 관련하여 주목해야 할 점 중의 하나는 현지 국가들의 언어 정책이다. 이 시기에 국내 한국어 교육을 위한 정부 차원의 지원이 미미했던 것과는 대조적으로 나라 밖에서는 한국어 교육의 발전을 위한 좋은 여건이 마련되고 있었다. 주로 재외동포가 다수 거주하고 있는 다민족 국가에서 소수민족의 포용 정책의 일환으로 전개된 것이기는 하나 한국어 교육이 이의 수혜를 입은 것만은 분명하다. 미국의 경우 냉전 시대 한국의 전략적 중요성이 강조되어 국방언어교육센터 등 국가 산하 교육 기관에서 한국어가 중요한 외국어로 간주되어 집중 육성되기도 하였으나 무엇보다 중요한 것은 미국 정부가 이중언어정책을 강조하였기 때문에 한국어 교육은 각급 학교에서 정착의 기반을 마련하게 되었다. 그러나 국외에서 한국어 교육이 정책적으로 집중 육성된 대표적인 예는 호주이다. 1969년에 백호주의를 철회한 호주는 20년이 지난 후인 1989년에 아시아의 언어, 문화, 정치, 역사, 사회, 경제 등을 호주 교과과정에 반영해야 한다는 정책 보고서 Ingleson Report[16]를 채택하였다. 비록 한국어는 포함되지 않았으나 이민자 집단에 대한 특별한 배려라는 차원에서 의미 있게 받아들일 수 있다. 한국어가 호주의 정책적 고려의 대상으로 포함된 것은 곧 이어 나온 Garnaut Report[17]이다. 여기에서는 한국학의 중요성을 강조하였고 결국 호주 정부는 이를 정책에 반영함으로써 호주에서의 한국어 교육은 활로를 맞게 되었다. 그러나 이들 보고서의 영향을 받은 것은 호주 내 대학의 한국어 교육이었고 이는 호주 내에서의 한국어 교육의 전면적 확대 실시를 의미하는 것이었다. 왜냐하면 이미 호주 내 중고등학교에서는 한국어 교육이 정책적 뒷받침을 받고 있었기 때문이다.[18] 실제로 이들 두 정책 보고서가 발표될 즈음 호주 대학교에서의 한국어 과목 개설은 눈에 띄게 늘어났다. 1989년에 Swinburne University와

---

16 이의 공식 명칭은 Asia in Australian Higher Education이다. 호주에서의 한국어 교육 정책의 자세한 내용에 대해서는 서혁(2004) 참조.

17 이의 공식 명칭은 Australia and the Northeast Asian Ascendancy이다.

18 이에 대하여는 바로 뒤에서 설명한다.

Monarsh University가 한국어 과정을 개설하였고 1990년에 Griffith University 와 University of Queensland가, 그리고 1991년에는 University of Sydney가 한국어 과정을 개설하였다.

이 시기 국외에서의 한국어 교육이 현지 정부의 정책적 지원 또는 정치적 고려에 의하여 지원을 받았음을 입증하는 좀 더 분명한 예는 중고등학교 교육에서 찾을 수 있다. 일본에서의 예를 들면 최초의 고등학교 한국어 교육인 효고현 미나토가와고등학교와 곧 이은 히로시마 국제학원고등학교에서의 한국어 교육은 인권운동의 일환으로 출발하였다.[19] 즉 주민의 다수를 차지하고 있는 조선인과의 갈등을 해소하기 위하거나 근처에 있는 조선학교와의 갈등을 해소하기 위한다는 것이 개설의 명분이었다.[20] 중고등학교 한국어 교육이 현지 정부의 적극적인 지원을 받았음을 잘 보여주는 예도 찾을 수 있다. 1987년에 발표한 호주의 언어정책 문서 National Policy on Languages 등에서는 한국과 한국어에 대한 교육적 접근이 호주의 국익에 중요함을 강조하고 있다. 그리고 실제로 이를 실행에 옮기는 작업이 캔버라를 주도(州都)로 하는 호주 수도 특별주에서 National Korean Curriculum Project를 발주하여 모델 교육 과정을 처음으로 입안하였다. 이를 이어받아 시드니가 주도인 New South Wales주에서는 1988년에 State Language Policy를 발표하여 한국어를 포함한 4개 아시아 언어를 우선순위 언어로 채택 육성하기 시작하였다.[21]

그러나 이 시기 모든 지역에서 한국어 교육이 정책적 지원을 받았던 것은 아니다. 현재 중고등학교에서 한국어가 외국어로 채택된 나라 중의 하나인 중국에서 1990년

---

19 일본에서의 고등학교 한국어 교육은 관서지방과 관동지방이 역사적으로나 내용상으로 상이한 양상을 보이는데 관서지방은 재일교포 문제를 비롯한 인권 문제 차원에서 한국어 교육을 시작하여 교사 역시 재일교포가 대다수를 차지하는 반면에 관동지역에서는 일본이 국제화가 주목을 받은 80년대 후반에서야 주로 개설되며 교사 역시 일본인이 많다.

20 한도 치즈코(2002) 참조.

21 New South Wales 주에서는 이를 실행에 옮기기 위하여 1989년에 교육개혁 문서 Excellence and Equity에 대입시험에 한국어를 포함할 것을 명시하였으며 이에 따라 호주 내에서는 처음으로 중고등학교 한국어 실라버스 개발이 착수되었다. 그리고 1994년에 이르러서는 대학입학고사에서 한국어를 정식으로 실시하였다. Seong-Chul Shin(2002) 참조. 한편 서혁(2004)에서는 호주 정부의 교육정책과 한국어 교육과의 관련성을 상세히 논하고 있다.

대 이전에 중고등학교 한국어 교육 지원과 관련한 중국 정부의 어떠한 정책적 입장
도 찾기 어려우며 미국 역시 한국어에 대한 정책적 지원을 명시한 문건을 찾기 힘들
다. 다만 소수민족 지원 차원에서 이중언어 교육정책이 지속적으로 실시되고 있었을
뿐이다. 오히려 한국어는 같은 동양계 언어이면서도 중국어나 일본어에 비하여 정책
적 지원을 덜 받는 어려운 상황에 부닥쳐 있었음은 SAT Ⅱ 외국어 과목에 한국어가
채택되는 과정에서 잘 나타난다. 1991년에 미국의 대입시험이 SAT Ⅰ 과 SAT Ⅱ로 정
립되는 과정에서 외국어 과목에 동양계 언어는 모두 배제되어 각국의 교민단체 또는
유력 인사들이 미국의 College Board와 협상을 하였으나 한국어는 가장 늦게 SAT
Ⅱ에 채택되었다. 그 과정 또한 몇몇 뜻있는 이의 헌신적 노력과 독지가의 도움이 있
어 가능하였던 것으로 알려지고 있다.[22]

3.3 약사

세계적으로 볼 때 한국어 교육의 시작은 인접 국가인 중국, 일본, 러시아를 중심
으로 진행되었으나 태동기를 지나 도약기를 맞으면서 한국어 교육은 세계 각지에서
폭넓게 실시되기 시작하였다. 도약기 한국어 교육의 지역적 분포를 보면 다음과 같
이 크게 네 부류로 나누어 볼 수 있다.

3.3.1 제1범주 – 미국, 일본, 중국

우선 정치 경제적으로 한국과 긴밀한 관계를 갖고 있는 지역인 미국, 일본, 중국
의 경우를 살펴보면 다음과 같다.

미국의 경우 1934년에 컬럼비아대학에서 한국어 교육이 최초로 실시된 이래 미국
내에서 확대의 속도가 매우 더디었다. 앞에서 살펴보았듯이 도약의 시점이라 볼 수
있는 1970년대 초까지 한국어 교육을 실시하는 대학은 모두 11개교로 태동 이래 평

---

22 SAT Ⅱ 외국어 과목에 일본어와 중국어는 1993년과 1994년에 포함되어 실시되었으나 한국어는 이보다 훨씬
    뒤인 1997년에서야 실시되었다.

균 3~4년에 1개교씩 증가한 셈이다.[23] 그러나 1970년대 중반 이후 한국어 교육 실시
대학이 늘기 시작하여 1980년대 말에는 30여개 대학에서 한국어를 가르치기 시작
하였고 1990년대 중반에 이르러서는 무려 100여개 안팎의 대학에서 한국어를 가르
치고 있는 것으로 보고되고 있다.[24] 현재 미국에서 학생 수가 가장 많은 것으로 알려
진 UCLA도 1980년대에 한국어 과목을 개설한 것으로 되어 있으며 뉴욕주립대학 계
열도 이 시기에 한국어를 개설하기 시작하였다. 비록 절대적인 규모에서는 한국어를
배우는 학생의 수가 다른 외국어에 비하여 크지 않으나 증가 속도 면에서는 괄목할
만하다. 이를 잘 나타내는 자료로 미국의 현대언어협회(Modern Language Asso-
ciation)가 미국 내 2,772개 대학에서 1995년도 가을학기에 129개 외국어를 선택한
113만 명의 과목을 조사한 아래의 자료를 들 수 있다.[25]

[표 1] 미국 내 대학의 외국어 수강생 현황과 5년 전 대비 증감률

순위	1	2	3	4	5	6	7	8	14
외국어	스페인어	프랑스어	독일어	일본어	이탈리아어	중국어	라틴어	러시아어	한국어
수강생 수	606,286	205,351	96,263	44,723	43,706	26,471	25,897	24,719	3,343
증감률 (%)	13.5	−24.6	−27.8	−2.2	−11.9	35.8	−8.1	−44.6	46

　　이를 볼 때 단순 학생 수에서는 3,343명으로 적은 수에 지나지 않지만 1990년대
초 미국 내 대학에서 외국어 학습자 수의 증가 비율에서는 한국어가 단연 1위를 기록

23　Grognet(1971~1972)의 University Resourse에 나와 있는 미국 내 한국어 프로그램 개설 대학은 다음과 같다.
　　Brigham Young University, University of California at Berkeley, Colombia University, Harvard University,
　　University of Hawaii, University of Illinois, University of Kansas, University of Pittsbergh, University of
　　Washington(Seattle), Western Michigan University, Yale University. 고영근(1974)에서 재인용.
24　미국 내 한국어 프로그램 개설 대학을 체계적으로 목록화한 시도는 그리 많지 않다. 여기에서는 비교적 신뢰할
　　만한 두 번의 조사 자료를 활용하였다. John Y. Sohn(1990)의 조사는 1980년대 말 기준으로 여기에는 30개교
　　의 목록이 나와 있으며 손호민(1997)에서는 자체적으로 조사한 결과 정확하게 100개 대학에서 한국어를 가르
　　치고 있음을 제시하고 있다.
25　이는 조선일보 1996년 10월 11일자 기사를 바탕으로 재정리한 것으로 조항록(1997)에서 재인용함.

한 것으로 나타나고 있다. 뿐만 아니라 1999년의 연구에서는 5,000명 정도가 한국어를 배우고 있는 것으로 제시되어 증가 속도가 더욱 빠름을 느끼게 하고 있다.[26] 미국 내 한국어 교육과 관련하여 의미 있는 변화 중의 하나는 재외동포를 대상으로 하는 한국어 교육의 확대이다. 1975년에 불과 7개교에 불과하던 한글학교는 1990년경에는 약 500개교로, 1996년에는 832개교로 급속하게 늘었다. 또한 중고등학교에서의 한국어 교육도 활발해져 1997년에 20여 개교 1,000여 명이 한국어를 수강하고 있는 것으로 보고되고 있다.[27]

한국과 긴밀한 관계에 있는 또 다른 국가인 일본도 예외가 아니어서 1970년대 초까지 학과 설립으로는 2개 대학, 한국어 교육 프로그램 제공 대학으로는 5개 대학에 불과하던 일본 내 한국어 교육은 1970년대 중반에 들어오면서 빠르게 발전하기 시작하였다. 1977년에 동경외국어대학에 조선어학과가 부활되었고 모두 19개 대학에서 한국어를 가르치는 것으로 보고되어 있다. 이후 한국어 교육은 더욱 빠르게 확대되어 1987년에는 간다외국어대학이 조선어과를 설치하고 1988년에는 세 곳의 국립대학, 두 곳의 사립대학에서 조선어과를 설치하는 등 모두 64개의 대학(국립 21개 대학, 사립 43개 대학)과 전문대 10곳, 고등학교 5곳 및 자위대, 경찰학교에서 한국어를 가르쳤다.[28] 1984년부터 NHK가 텔레비전과 라디오로 한국어 강좌를 실시한 것역시 한국어 학습자 수를 늘리는 데 크게 기여한 것으로 알려지고 있다.[29] 이와 같이 비약적인 발전 과정을 거친 일본 내 한국어 교육은 1990년대에도 지속되어 몇몇 조사에 의하면 1990년대 중반에는 대략 150여개 안팎의 대학에서 한국어를 가르쳤으며 1990년대 말에 와서는 고등학교로도 빠르게 확대되어 제2외국어로 한국어를 가르치는 고등학교의 수가 100곳을 넘었다.

중국의 경우에도 미국이나 일본보다 좀 늦긴 하였으나 한국어 교육이 빠르게 발

---

26 손호민(1999)에서는 1999년의 한국어 수강생 수를 5,000~6,000명으로 추산하고 있다.

27 재외동포 후세의 증가로 한글학교와 중고등학교에서 한국어를 가르치는 경우가 빠르게 늘었다. 그러나 이와 관련한 자료가 방대하고 성격상 또 다른 접근이 필요한 영역으로서 여기에서 상세한 논의는 생략한다.

28 John Y. Sohn(1990), 169쪽 참조.

29 후지모토 유키오(1997), 19쪽 참조.

전한 지역이다. 냉전 시기에 해당하는 1980년대 말 이전에는 중국 내 한국어 교육은 미미한 상태에 머물렀다. 앞에서 살펴본 바와 북경대학과 낙양외국어대에서 한국어를 가르치던 것이 1970년대에 연변대학, 북경제2외국어대, 상해외국어대, 대외경제무역대학으로 확대되기도 하였으나 1970년대 말에 북경대학과 낙양외국어대를 제외하고는 다시 학생 모집을 중단하는 등 발전의 속도는 매우 느렸다. 그러나 냉전이 소멸되고 한국과의 경제 협력이 가속화된 1980년대 말부터 한국어를 가르치는 대학이 급속히 늘기 시작하였고 급기야 1992년 수교를 거치면서 한국어과 설치 대학이 폭발적으로 늘었다.[30] 1995년에 조사된 한 자료에 따르면 중국 내 한국어(조선어)학과 설치 대학은 북경시에 6개 대학, 길림성에 3개 대학, 요녕성에 3개 대학, 흑룡강성에 2개 대학, 산동성에 6개 대학, 상해시에 2개 대학, 천진시에 2개 대학, 하남성에 1개 대학, 사천성에 1개 대학 등 26개 대학에 이르고 있다.[31]

3.3.2 제2범주 – 한인 사회 형성 지역

도약기 한국어 교육 약사를 살펴볼 때 두 번째로 범주화할 수 있는 지역이 한인 사회가 폭넓게 형성된 국가들이다. 이들 지역은 다시 크게 두 지역으로 나누어 볼 수 있는데 첫 번째 지역은 현지 국가의 정책적 배려를 받은 지역이다. 다민족 사회에서 흔히 나타나는 소수 민족에 대한 배려 또는 기회 부여라는 의미를 갖는 것이다. 구체적으로 현지 대학교 또는 고등학교에서 외국어 과목의 개설 결정은 필연적으로 학생 구성 인자와 밀접한 연관을 갖는데, 대부분의 이민 사회가 밀집된 형태를 갖고 있는 바 이들 지역의 대학에서는 이민자를 겨냥 또는 배려하여 과목을 개설하게 된다. 호주의 호주국립대학, 시드니대학, 뉴사우스웨일스 대학이 대표적인 예이다.

다음으로 한국과의 정치 · 경제적 교류가 활발해지면서 주요 활동 인자로 한국인

---

30 중국은 북한과 같은 사회주의 국가이며 혈맹 관계에 있었기 때문에 한국과의 수교 이전에는 당연히 한국어 관련 학과 명이 조선어학과였다. 그러나 수교 이후 한국과의 교류의 중요성이 커지면서 신설되는 학과는 대부분 한국어학과라는 명칭을 썼다. 그러나 일부 대학은 대외적으로는 한국어학과를 사용했지만 내부적으로는 정식 명칭으로는 조선어학과를 쓰기도 했다.

31 이득춘(1997)에서는 중국 내 한국어 교육의 발달에 대하여 자세한 연표와 함께 발전 과정에 대한 해석을 덧붙이고 있다.

이 자리 잡은 지역이다. 대표적인 예로 중앙아시아 지역을 들 수 있다. 카자흐스탄의 경우 구소련의 통제로 한국어 교육이 불가능했으나 냉전의 소멸 이후 한국과의 교류가 증대하면서 90년대에 들어와 한글학교, 한국어를 개설하는 대학이 하나 둘 늘기 시작하여 1990년대 중반에 138곳의 한글학교, 한국어과 개설 4년제 대학 4곳, 한국어 부전공 개설 대학 10여 곳으로 폭발적인 증가 추세를 보였다.[32] 같은 지역인 우즈베키스탄이나 키르키즈스탄도 예외는 아니었다. 이와 같이 1937년에 시베리아로부터 강제로 이주해 오게 된 중앙아시아 한인 사회는 1980년대 말부터 시작된 한국과의 교류는 민족적 유대감이라는 강력한 힘을 바탕으로 한국어를 통한 경제적 이득을 얻고자 하는 한인들의 의지가 크게 작용한 것으로 볼 수 있다. 여기에 또한 알마티, 타쉬켄트 등 이 지역 중심 도시에 한국교육원을 설치한 일이나 국립국어연구원의 초청/현지 연수, 이중언어학회의 학술대회 개최 등 한국 측의 지원과 협력도 한국어 교육 발전을 가져온 중요한 요인으로 볼 수 있다.[33]

3.3.3 제3범주 - 경제 협력을 배경으로 한 지역

한국어 교육 불모지라고 볼 수 있었던 지역이 도약기 한국어 교육의 확대 과정에서 한국어 교육이 빠르게 발전하는데 이의 배경이 경제협력 증대라고 볼 수 있는 지역이 있다. 이는 세계 곳곳이 대상이 될 수 있으나 동남아와 몽골 지역이 대표적이다. 이들 두 지역은 1990년대 이전에는 한국어 교육이 거의 실시되지 않았던 지역이다. 이들 지역은 1970년대의 경우 말레이시아의 말라야대학에서 잠깐 동안 한국어를 가르친 기록과 인도 네루대학의 한국학 과목 강의 기록만이 있을 뿐 한국어 교육을 체계적으로 실시한 예를 찾을 수가 없다. 그러나 1980년대를 거쳐 1990년대에 들어오면서 한국의 경제 발전, 국제적 지위 향상에 따라 한국과의 교류 증가에 대비하

---

32 최미옥(1997) 참조.

33 중앙아시아 한국어 교육의 발전에 대한 해석은 다양할 수 있으나 한국의 경제 발전이 배경으로 작용한 상태에서 민족적 유대감과 경제적 이익이 결합하는 모델을 보여주는 예라고 볼 수 있다. 비교적 한인이 밀집되어 있는 남아메리카의 경우 한국어 교육이 빠르게 발전하지 못하였는데 이들 지역은 한국과의 경제적 협력 수준이 그리 높지 않은 것에도 한 원인이 있는 것으로 보인다.

여 한국어를 개설하는 대학이 크게 늘었다. 즉 한국과의 교류가 증가하면서 한국어 사용 인력의 필요성을 느낀 것이다. 이는 세계 곳곳에서 나타나 한국어 교육 불모지에서 한국어가 뿌리를 내리는 양상을 가져왔다. 이의 대표적인 예를 동남아 국가에서 찾을 수 있는데 인도네시아, 말레이시아, 태국, 미얀마 등 이 지역 주요 국가에 예외 없이 한국어 개설 대학이 등장하였다. 1986년 태국의 송클라 대학교(파타니 캠퍼스)를 시발로 1991년 출라롱콘 대학이 한국어를 선택과목으로 개설하였고 말레이시아의 말라야대학, 인도네시아의 인도네시아 국립대학(UI), 미얀마의 양곤 국립대학, 베트남의 호치민 외국어 정보대학(HUFLIT), 호치민 시립대학(현 국립 호치민인문사회과학)이 1990년대 초에 한국어 과목을 개설하였다. 몽골에서도 1992년 한국과의 수교 이후 한국어과를 개설하는 대학이 빠르게 늘어 1990년대에 몽골국립대학, 울란바토르대학 등 주요 대학에서는 예외 없이 한국어과를 설치하기에 이르렀다.

도약기에 동남아와 몽골 이외 지역에서도 물론 한국과의 교류 증가에 대비한 한국어 과목 개설이 폭넓게 나타났다. 그러나 주요 대학 한두 곳에 머무르는 경우가 대부분으로서 지역적 편차가 크게 나타났다.[34]

3.4 주요 특성

이러한 동인과 과정을 거쳐 비약적인 발전을 한 한국어 교육은 몇 가지 특성을 갖는데 이를 정리하면 다음과 같다.

첫째, 이 시기 국외에서의 한국어 교육은 한국과 긴밀한 관계를 갖는다. 태동기의 한국어 교육이 현지 국가의 필요에 의하여 발생하는 수요를 자체 내에서 충족하는 소규모 자급자족형 한국어 교육이었던 것에 비하여 이 시기에는 한국과 국외와의 연계가 두드러지게 나타났다. 이미 재외국민의 교육에 관한 규정을 바탕으로 하여 국외 한국학교와 한글학교에 대한 지원이 대대적으로 이루어지는가 하면 한국산학협

---

34 세계 주요 지역에서의 한국어 교육 태동과 1990년대 중반 전 세계의 한국어 교육 실시 대학 현황에 대하여는 신현숙(2004)과 국제한국어교육학회의 한국말소식 제7호를 참고하기 바람.

동재단(현 한국학술진흥재단), 한국국제문화협회(현 한국국제교류재단)의 지원이 따르고 삼성그룹 등 국내 기업도 드물기는 하지만 국외의 한국어 교육을 지원하는 일에 참여하게 되었다. 뿐만 아니라 서울대학교에 설치되었던 재외국민교육원도 정식 규정(교육부와 그 소속기관 직제)에 의하여 국제교육진흥원으로 확대 개편되고 교재 개발 등에 많은 투자를 아끼지 않았다. 여기에 또한 방학을 이용하여 한국 내의 어학 연수기관에 학생들이 다녀가는 새로운 현상을 보여주었다.[35]

둘째, 이 시기 한국어 교육은 종래 외국인을 대상으로 하는 한국어 교육에 머무르지 않고 국외동포 집단을 대상으로 하는 한국어 교육을 하나의 축으로 형성하였다. 결국 국외에서의 한국어 교육은 국외교포 학습자 집단과 순수 외국인 학습자 집단이라는 쌍두마차에 의하여 이끌어지게 되었다. 오히려 숫적인 면에서는 국외교포가 차지하는 비율이 압도적으로 많았다. 이러한 특성은 안정적 확대기에도 계속 심화되어 국외 한국어 교육의 중요한 특성으로 자리 잡게 된다.[36]

셋째, 이 시기 국외에서의 한국어 교육은 대학 내에서 독립된 학문적 영역을 구축하지 못한 채 지역학 또는 비교문화학/비교인류학의 하위 범주로서 자리매김되는 경우가 많았다. 미국, 일본 등 주요 국가에서 한국어학과가 독립적으로 설립된 곳도 없지는 않으나 대부분이 아시아 언어문화학과, 동아시아 언어문화학과의 하위 섹션으로 설립되었다. 다만 중국만이 한국어학과를 독립적으로 개설 운영하였다. 한국어 교육이 독립적으로 운영되지 못하고 하위 섹션으로 설치되었다는 것은 전임교수 등 연구 인력의 확보에 한계를 가져오는 것으로 한국어 교육 연구의 활성화를 가져오지 못하였다.

넷째, 이 시기 한국어 교재의 편찬이나 한국어 교육 연구는 개인적 차원에서 주로 진행되었으며 그 규모 역시 소규모에 지나지 않았다. 도약기 동안에 한국어 교육은

---

35 이러한 현실적 수요에 대응하여 국내에서는 여름방학을 이용하여 한국어를 배워갈 수 있도록 단기 연수 프로그램을 개발 운영하였는데 이의 대표적인 예가 연세대학교가 1985년부터 실시한 영어권 국외교포 대학생을 주 대상으로 하는 '여름특별과정'이다.

36 사실 국외 한국어 교육이 갖는 이러한 특성은 다른 언어와는 대조가 되는 매우 특이한 현상이다. 국외교포 학습자 집단이 크다는 사실은 한편 한국어 교육의 정착과 발전을 가져오는 긍정적인 요인이 되지만 외국인 학습자의 확대에 부정적으로 작용한다는 주장도 제기된다.

양적으로 크게 확대되었으나 이를 뒷받침할만한 연구 기반이 조성되지 못하였으며 연구 업적물 역시 매우 드물었다. 이 시기에 발표된 연구물을 살펴볼 때 대부분이 지역 내 한국어 교육의 현황 및 문제점이며 이론적 연구는 국어학적 배경을 바탕으로 한 음운, 구조의 대조분석학적 접근이 대부분이었다.

마지막으로 이 시기 한국어 교육은 정치, 경제 등 현실 세계와의 관련성을 가졌다. 이미 앞에서 살펴본 바와 같이 한국의 국력 시장과 국제적 이미지의 제고, 구공산권 국가와의 수교 등은 한국어 교육을 확대시킨 중요한 동인으로 작용하였고 현지 국가의 외국어 교육 정책 역시 한국어 교육의 발전에 좋은 영향을 끼쳤다. 이러한 점은 결국 한국어가 사회적 구조 안에서 고립되어 있지 않고 하나의 변수로서 기능하고 있음을 의미하는 것으로 한국어 교육의 발전 전략을 수립하는 데 유용하게 활용될 수 있을 것이다.

한편 이 시기에 편찬된 교재들은 주로 개인 집필에 의한 것들이었다. 이러한 교재는 대부분이 개인적으로 출판된 것들이며 국어학, 외국어교육학 등 배경 이론을 동원하고자 한 흔적이 있다. 그러나 개인 집필이 갖는 한계와 특정의 학습자 집단을 대상으로 편찬되었다는 점에서 엄연한 한계를 가지고 있다. 특히 이 시기에 한국어 교육에 발을 디딘 소장파 교수의 집필을 찾기 어렵고 소위 한국어 교육 1세대의 저술이 대부분이라는 점에서 한국어 교육 연구의 발전이 매우 더디게 진행되고 있음을 알 수 있다. 다만 국외 교포들을 대상으로 하는 한글학교 교사들은 한국어 교육의 특수 영역이라는 점에서 외부에의 의존이 갖는 한계를 인식하고 자체적으로 교육 과정을 개발하고 교재를 편찬하고자 시도하였다. 1990년을 전후로 하여 미국 내에서는 지역적으로 이른바 한글학교 연합회를 결성하고 자료의 공동 개발, 워크숍 개최 등으로 현실의 문제를 해결하고자 하였다. 특히 1992년에 재미한인학교협의회가 정책적으로 연구하고 개발한 재미한인학교 교육 과정과 교수요목은 한국어 교육 연구의 협력 모델을 보여주는 좋은 예가 되고 있다.

4. 결론

서론에서도 언급한 바와 같이 한국어 교육 발달사에 대한 연구는 아직 미흡하다. 그러나 한국어 교육이 국내외적으로 큰 관심을 사고 있고 한국어 교육학이 하나의 학문적 영역으로 자리 잡기 시작한 지금에 와서는 한국어 교육의 발달에 대한 객관적이고 분석적인 접근과 이를 토대로 한 현상의 진단 및 대안의 모색은 시급히 요구된다.

지금까지 살펴본 한국어 교육 발달의 태동기와 도약기에 대한 분석을 통하여 볼 때 향후 한국어 교육 발달사 연구를 위해서는 아래와 같은 몇 가지 점에 대한 해결 노력이 필요하다.

첫째, 한국어 교육 태동기와 관련한 자료의 발굴이 필요하다. 특히 중국, 일본, 러시아와 같이 한국어 교육이 일찍이 시작된 지역에서 최초 교육 실시와 관련한 자료는 아직도 충분하지 않다.

둘째, 한국어 교육의 발달은 한국과 국제관계라는 큰 틀 속에서 논의될 수 있는 영역이기도 하다. 특히 한국의 국력 신장, 국제적 위상 강화 등은 한국어 교육 발달의 주요 동인 중의 하나였다. 이러한 동인과 한국어 교육 발달과의 관련성 논의는 인접 학문 영역 학자와의 협력 연구를 요한다. 한국어 교육이 국제 사회에 한국을 알리는 데 기여한다는 점을 고려할 때 인접 학문 학자와의 연계를 통한다면 한국어 교육 발전 모델 창출에 중요한 사례가 될 수 있을 것이다.

셋째, 한국어 교육의 하위 영역에 대한 세부적인 발달 과정에 대한 데이터의 축적이 요구된다. 외국어 교수법의 역사를 돌이켜 보아도 역사적으로 수많은 교수법이 명멸하였으나 지금까지도 '최고의 유일한' 교수법에 대한 모든 이의 합의는 나오지 않는다. 과거의 교수법 중 장점은 언제든지 오늘에도 되살아나 효율적인 교수법 개발에 참고가 되곤 한다. 한국어 교육 발달 과정에서 나온 많은 데이터들을 체계적으로 정리할 필요가 있다.

마지막으로 한국어 교육 발달사에 대한 논의와 함께 한국어 교육 목표에 대한 논의가 필요하다. 아직까지 국내외 한국어 교육의 목표에 대한 명시적인 논의는 재외 동포 교육과 관련한 일부 논의가 전부이다. 극히 일부 영역을 제외하고는 국내에서도 한국어 교육이 공교육에 포함되지 않았기 때문에 국가적 차원에서의 한국어 교육 목표나 표준 교육 과정은 설정되어 있지 않은 것으로 볼 수 있다. 한국어 교육 발달 사에서 나오는 데이터들은 한국어 교육의 교육적 기능 이외에도 국가적 사회적 기능을 포함하고 있는 만큼 이의 적절한 활용이 요구된다.

참고문헌

고송무(1991). 핀란드와 카자흐스탄에서의 한국말 및 고려말 교육. 545돌 한글날 기념 제2회 국제 한국어 교육자 대회 발표 논문집. 서울: 한글학회.

고영근(1974). 외국어로서의 한국어 교육에 관한 연구. 언어교육 제6권 1호. 서울대학교 어학 연구소.

김민수(1967), 高麗語의 資料 -「鷄林類事」와「朝鮮館譯語」, 어문논집 제10권, 민족어문학회.

김종철(2003). 鷄林類事・朝鮮館驛語와 中世 韓國語 敎育. 한국어 교육의 언어문화적 접근. 국제한국언어문화학회 제3차 국외 한국언어문화 워크숍 발표논문집.

김중섭(1999). 한국어 교육의 새로운 방법. 외국어로서의 한국어 교육 방법. 서울대학교 국어교육연구소 주최 제1회 한국어교육 국제학술회의 발표논문집.

김하수(2004). 외국어교육학으로서의 한국어교육학. 2004년 이중언어학회 제16차 전국학술대회 춘계대회 발표 논문집. 이중언어학회.

남빅토르(2002). 우즈베키스탄 한민족의 정체성과 한국어 교육. 효과적인 한국어 보급과 지원 체제 활성화 방안. 한국어세계화추진위원회 제3차 국제학술대회 발표 논문집.

민현식(2004). 한국어 표준 교육 과정 기술방안. 한국어교육 제15권 1호. 국제한국어교육학회.

박갑수(1998). 외국어로서의 한국어 교육과 문화적 배경. 국외한민족과 차세대. 계명대학교 아카데미아 토리아나.

류재택 외(2002). 재외동포용 한국어 교재개선을 위한 교육 과정 개발연구. 연구보고 RRC 2002-20.

백봉자 외(2001). 교재와 교수법을 통해 본 한국어 교육의 역사와 과제. 외국어로서의 한국어 교육 제25-26집. 연세대학교 언어연구교육원 한국어학당.

블라디미르 부첵(1991). 체코슬로바키아에서의 한국어 교육에 대하여. 545동 한글날 기념 제2회 국제 한국어 교육자 대회 발표 논문집. 서울: 한글학회.

서 혁(2004). 호주의 한국어 교육정책의 현황과 문제점 - 뉴사우스웨일즈 주를 중심으로-. 한국어교육 제15권 2호. 국제한국어교육학회.

손호민(1997). 미국에서의 한국어 연구와 한국어 교육. 교육한글 제10호. 한글학회.

손호민(1999). 미국에서의 한국어 교육 방법. 외국어로서의 한국어 교육방법. 서울: 서울대학교 국어교육연구소.

신기현(2002). 2002년 호주 대학에서의 한국어 교육 문제점과 대책. 효과적인 한국어 보급과 지원체제 활성화 방안. 한국어세계화추진위원회 제3차 국제학술대회 발표 논문.

신성철(2001). 호주의 한국어 교육 현황. 미발표 논문.

신현숙(2004), 한국어 교육의 어제와 오늘, 한국어 연구 논문 55집, KBS 한국어연구회.

이득춘(1997). 중국에서의 한국어 교육의 급속한 부상과 한국어의 위치. 교육한글 제10호. 한글학회.

이정자(2002). 중국에서의 한국어 교육의 역사와 현황. 미발표 논문.

장태한(1997). Koran American과 2세 교육 - 역사, 자아, 공동체 의식의 중요성 -. Korean People 1995년 10월호.

재단법인 국제문화포럼(1999). 일본 고등학교에 있어서의 한국어 교육. 동경: 재단법인 국제문화포럼.

재미한인학교협의회(1992). 재미한인학교 교육 과정. Washington: 재미한인학교협의회.

정도상(1996). 핀란드에서의 한국어 연구와 한국어 교육. 550돌 한글날 기념 제5회 국제한국어 학술대회 논문집. 한글학회.

정재훈(2002). 호주대학교의 한국어 교육과 교수법. 국제한국어교육학회 제12차 국제 학술대회 발표 논문.

조항록(1997). 한국에서의 한국어 교사 연수: 현황과 발전 방향. 한국말교육 제8집. 국제한국어교육학회.

조항록(2001a). 한국어 교육 현황과 교육 정책. 외국어로서의 한국어 교육 제25 · 26집. 서울: 연세대학교 언어연구교육원 한국어학당.

조항록(2001b). 한국어 교육환경의 변화와 대안의 모색. 한국응용언어학회 2001년도 겨울학술대회 발표논문.

조항록(2003). 한국어 교재 개발을 위한 기초적 논의. 한국어교육 제14권 1호. 국제한국어교육학회.

조항록(2004a). 재외동포를 대상으로 하는 한국어 교육의 실제와 과제. 한국어교육 제15권 2호. 국제한국어교육학회.

조항록(2004b). 중국 내 한국어 교육의 과제와 전망. 중국에서의 한국어·한국 문화. 국제한국어교육학회·중국중앙민족대학 공동 국제학술대회(10월 9일, 중국 북경)발표 논문집.

조항록(2005). 국내 한국어 교육의 발달 과정과 특징. 우리말학회 전국학술대회(2005. 2. 18, 부산대) 발표논문집.

최미옥(1997). 중앙아시아 지역 한국어 교육의 현황, 세종대왕 탄신 600돌 기념 국제학술대회 발표 논문.

한도 치즈코(2002). 일본에서의 한국어 교육 역사. 미발표 논문.

할리나 오가렉-최(1991). 폴란드인을 위한 한국어 교재 편찬과 교수 방법. 545돌 한글날 기념 제2회 국제 한국어 교육자 대회 발표 논문집. 서울: 한글학회.

黃有福. 1984. 朝鮮館初探. 中國民族古文字硏究. 中國社會科學出版社.

후지모토 유키오(1997). 일본에서의 한국어 연구 현황. 교육한글 제10호. 한글학회.

Nguyen Van Tai(2002). Present status and future issues of Korean language education in Vietnam. 효과적인 한국어 보급과 지원체제 활성화 방안. 한국어세계화추진위원회 제3차 국제학술대회 발표 논문집.

Hyo-Sang Lee(2002). Korean Language Education and Teaching Methodology in American Universities – Is there a magical way to teach Korean?. 외국어로서의 한국어 교수법의 현재와 미래. 국제한국어교육학회 제12차 국제학술대회 발표 논문집.

Kourbanov, Serguei(2002). 러시아 대학교의 한국어 교육과 교수법. 외국어로서의 한국어 교수법의 현재와 미래. 국제한국어교육학회 제12차 국제학술대회 발표 논문집.

Ly, Kinhien(2002). Korean Language Education in Vietnam. 미발표 논문(본 연구 협력 논문).

Naoki, Ogoshi(2002). 일본 대학에 있어서의 한국어 교육과 교수법. 외국어로서의 한국어 교수법의 현재와 미래. 국제한국어교육학회 제12차 국제학술대회 발표 논문집.

Fedotoff, Alexander(2002). Korean Language Education in Eastern Europe – a Working Model. 효과적인 한국어 보급과 지원체제 활성화 방안. 한국어세계화추진위원회 제3차 국제학술대회 발표 논문집.

Sohn, John Y(1990). Korean language programs in the world. Korean Language Education Volume 2. 국제한국어교육학회.

Ⅲ. 국제어로서의 한국어의 실제와 과제 [1]

1. 들어가기

한국어 교육에 종사하거나 관심을 갖는 이들에게 종종 화두가 되는 것이 '한국어의 국제어로서의 도약 가능성'이다. 이는 한국어의 국외 보급과 관련한 환경의 변화와 무관하지 않다.

우선 들 수 있는 것은 탈냉전 이후 국제화가 진전되고 언어, 문화와 같은 소프트 파워가 중시되는 시대적 환경이 도래하면서 한국어의 국외 보급이 한국 정부의 정책 대상으로 자리 잡아 가고 있다는 점이다. 여기에 때마침 한국어의 국외 보급에 긍정적 영향을 주는 몇몇 동인이 작용함으로써 한국어의 국외 보급이 급물살을 타고 있다. 이와 함께 국내에서는 이주민과 외국인 유학생의 증가로 한국어의 국가 사회적 기능이 확대되면서 한국어 교육에 대한 관심이 크게 증가하고 있다. 이러한 변화 속에서 한국어의 국외 보급이나 한국어 교육의 중요성을 긍정적으로 바라보는 이들은 모어 화자 수 또는 공용어 화자 수와 관련한 수치 등을 제시하면서 세계 언어 시장에서의 한국어의 위상을 긍정적으로 평가하기도 한다. 또한 전에 비하여 괄목할만한 증가를 보이고 있는 국내외 한국어 강좌 개설 각급 교육기관의 수나 학습자의 수 등을 내세우면서 국제어로서의 한국어의 위상 정립 가능성을 논하고 있다.

그러나 냉정하게 살펴본다면 이러한 논의는 다분히 한국 중심의 관점이고 논의이

---

1 이 글은 외국어로서의 한국어교육 제35집(2010년 12월)에 게재한 '국제어로서의 한국어'를 바탕으로 하되 이 책의 집필 의도와 시기에 맞추어 내용을 전면 수정 보완한 것임을 밝힌다.

다. 세계 언어 시장에서 국제어의 위상을 논하는 여러 학자의 견해나 국제 사회에서 통용되거나 학습의 대상이 되는 한국어의 실상은 국제어로의 한국어 정립 가능성 논의에 찬물을 끼얹는 듯하다. 좀 더 심하게 말하면 국제어로의 한국어 논의가 자칫 전에 비하여 크게 늘어난 한국어 학습자의 수에 대한 환상에서 비롯되는 것이 아닌가 하는 우려를 낳게 하기도 한다.

하지만 현 시점에서 일고 있는 이러한 국제어로서의 한국어를 논하는 상반된 관점은 한국어 교육계에 시사하는 바가 크다. 단지 감성에 치우친 논의의 자제를 요구하는 것이 아니라 오히려 최근 국제 사회에서 일고 있는 한국어에 대한 인기를 바탕으로 하여 좀 더 적극적인 목표와 전략의 개발을 요구하는 의미를 갖는다. 다시 말해 국제어로서의 한국어 논의는 한국어를 국제어로 도약시키고자 하는 의지의 발현을 의미하는 것이고 또한 이를 성취하기 위한 역량의 결집과 전략의 개발 등을 제기하는 것으로서 큰 의미를 갖는다.

이렇게 볼 때 현 시점에서의 국제어로서의 한국어 논의는 현실을 냉정히 짚어보면서 향후 한국어의 국제적 보급을 위한 다양한 전략의 개발에 초점을 맞추는 것이 좋을 것이다. 그리고 이를 실현하기 위하여 국가를 비롯한 모든 관련 당사자들의 역량을 동원하기 위한 방안을 함께 모색하는 것이 의미가 있을 것이다. 이러한 맥락에서 현 시점 한국어의 국제화 수준을 살펴보고 국제화를 실현하기 위한 대안을 모색해 보고자 한다.

2. 국제어 개념과 한국어의 국제화 수준

국제어로서의 한국어를 논하고자 한다면 우선적으로 국제어의 기준과 국제어를 지향하는 이유에 대해 고려해야 할 것이다. 이와 관련하여 원론적인 접근을 한다면 국제적으로 얼마나 널리 쓰이는가가 국제어의 중요한 기준이 될 것이고, 국제어로 자리매김이 된다면 그 만큼 국익에 도움이 될 것이라는 점이 될 것이다. 좀 더 부연한다면 한국어가 국제어로 도약한다면 국제 사회에서 한국의 지위와 한국어의 위상을 인정받으면서 한국인을 포함하여 전세계 한국어 사용자의 자긍심이 높아지고 경제적·문화적 이익 실현에도 도움이 될 것이라고 보는 것이다. 그러나 이러한 접근에서 정작 중요한 것은 국제적으로 널리 쓰이는 언어의 기준을 어떻게 볼 것이고 구체적으로 국제 사회에서의 언어 사용 지수의 증가가 국익에 어떤 도움을 주는지에 대한 계량화된 지표의 산출이다. 이러한 맥락에서 우선 국제어의 정의에 대하여 논하고 한국어의 국제화 수준을 살펴보고자 한다.

2.1 국제어의 개념

국제어란 무엇을 의미하는가? 쉽게 정의를 내린다면 국제 사회에서 널리 쓰이는 언어라고 할 수 있을 것이다. 지구상의 언어를 분류한 대표적인 시도인 UNESCO의 1951년 논의에 포함된 상용어(lingua franca) 내지는 세계어(world language)를 유사한 개념으로 볼 수 있고[2] Stewart(1968)가 사용한 국제어(international language; 여러 국가 간에 널리 쓰이는 통용어)(Eastman 1983: 54-55) 개념을 주요 논의로 꼽을 수 있을 것이다.

그러나 국제어의 개념 못지않게 중요한 것은 국제어의 요건이다. 실제로 어느 정도 국제 사회에서 통용될 때 국제어라 볼 수 있을 것인가? 국제어도 다양한 층위가 있을 터인데 그것을 어떻게 위계화할 수 있을 것인가 등이 좀 더 중요한 논의거리가 될 것이다. 이러한 맥락에서 여기에서는 국제어의 수준을 몇몇 기준을 제시하면서 살펴보고자 한다.

첫째는 이언어 사용자들 사이에서의 소통의 도구로서의 채택 수준이다. 이는 흔히 절대적인 기준을 갖고 산술적으로 제시되는 모어 화자 수 또는 공용어 화자 수에 대한 논의를 넘어 실제 의사소통 상황에서 어느 언어가 주로 사용되는가를 중시하는

---

2 여기에서 제시하고 있는 언어의 종류는 토착어(indigenous language), 상용어(lingua franca), 모어(mother tonge), 국어(national language), 공용어(official language), 혼종어(pidgin), 지역어(regional language), 제2언어(second language), 피지배어(vernacular language), 세계어(world language) 등 10가지이다.

견해이다.

　전 세계에 12,000여 종족이 있고 이들이 사용하는 언어의 수는 적게는 3,000여 종 많게는 6,000여 종으로 알려지고 있다.[3] 이 가운데 문자로 표기할 수 있는 언어, 즉 말과 글이 함께 존재하는 것은 대략 100여 개가 된다고 한다. 언어학자들은 이들 언어의 사용자 수에 따라 그 순위를 매기기도 하는데 그 기준은 크게 둘로 나뉜다. 하나는 모어로 사용하는 언어의 순위이고 다른 하나는 공용어로 사용하는 언어의 순위이다. 하지만 이러한 순위가 국제어의 위상을 뒷받침하는 핵심적인 근거는 될 수 없을 것이다. 국제어를 논할 때 중요한 것은 이언어 사용자 사이에서 소통 수단이 되는지 여부이다. 이를테면 모어 화자 수 8천 4백만 명이고 공용어 화자 수 8천 4백만 명인 베트남어 사용자가 영어 사용자나 중국어 사용자를 만났을 때 영어나 중국어로 소통을 한다면 베트남어는 민족어의 범주를 벗어나지 못하는 것이다. 마찬가지로 모어 화자 수 1억 5천 만 명에 공용어 화자 수 2억 2천 만 명인 러시아어의 경우에도 러시아어가 통용되는 구소련 제국을 벗어나 영어나 프랑스어 사용자와의 소통에서 러시아어가 쓰이지 못한다면 공용어 화자 수에 걸맞는 국제어 위상을 갖추었다고 보기 어렵다.

　국제어에 대한 개념 접근에 대한 이러한 논리는 de Swaan(2001)에 잘 정리되어 있다.[4] de Swaan은 지구상에 존재하는 언어를 Central-Supercentral-Hyper-centrl-Peripheral 등 네 그룹으로 나누었는데 같은 언어권 내에서만 소통의 도구가 되는 경우에는 Central 언어라 하고 Central 언어 사이의 소통의 도구가 되는 경우에는 Supercentral 언어라 하였다. 그리고 Central 언어들뿐만 아니라 Super-central 언어들을 연결해 주는 언어를 Hypercentral 언어라 하여 결국 국제 사회에서의 소통을 지배하는 언어이다. 그리고 Peripheral 언어는 위의 어디에도 속하지 않는 극히 사용자 수가 적은 언어를 말한다.

　둘째는 위에서 논의한 국제어에 대한 접근을 좀 더 명확하게 해 주는 것으로 UN

3　논자에 따라 지구상 존재하였거나 지금도 존재하고 있는 언어의 수에 대한 편차가 큰 것은 동일 언어 내 속하는 방언을 이언어로 분류하느냐 하지 않느냐와 같은 관점의 차이에 기인한다. 한편 이 연구에서도 활용한 Ethnogue 2023년판에서는 2022년도에 전세계에 7151개의 언어가 존재하는 것으로 기술하고 있다.

4　여기에서 인용하는 de Swaan의 논의는 로스 킹(2009)을 참조하여 재구성하였음

등 국제기구에서 소통의 수단으로 어느 언어를 공식화하고 있느냐 하는 점이다. de Swaan의 논의가 사적인 차원이든 공적인 차원이든 이언어 사용자 사이의 소통의 수단을 총체적으로 다루는 것이지만 소통 수단의 결정은 당사자 사이의 합의에 의해서 이루어질 수 있는 자연스러우며 자율적인 소통 상황을 전제로 하는 것이다. 이에 비하여 국제기구에서의 공식어 선정은 이 세계에 존재하는 수많은 언어 또는 해당 국제기구 관련 당사자가 사용하는 언어들 중에서 특정한 기준에 근거하여 사용 언어를 결정하는 것으로서 결국 언어 사이의 등급을 결정하는 의미도 갖는다. 즉 국제 사회에서의 통용어의 자격을 갖춘 언어와 그렇지 않은 언어가 구별되는 것으로 특정 언어의 국제화 수준을 가늠할 수 있는 중요한 사례가 된다.

셋째로, 국제어 논의에서 또 하나의 기준으로 들 수 있는 것은 비모어 화자 사이에 어느 정도 보급되었는가이다. 대학 등 각급 교육기관에서의 외국어 과목 채택 수준과 상급 학교 입시에서의 외국어 과목에의 채택 수준, 그리고 일반 대중 교육기관에서의 외국어 수강생 수, 외국어 표준화 평가에의 응시자 수 등이 주요 내용이 된다. 이는 언어의 기능을 단지 대화 당사자 간 소통의 수단을 넘어 언어를 통한 정보의 확보라든가 문화의 이해 등 실용적 차원에서의 언어 기능을 존중하는 논의가 될 수 있다. 즉 대인 관계에서 소통의 도구로서 실제 사용되지는 않는다 해도 비모어 화자가 특정 언어를 학습함으로써 체득 수준에 따라 활용할 수 있는지의 여부를 가늠하는 것으로, 국제 사회에서의 언어의 확산 정도를 나타내는 척도가 된다. 이러한 관점에서 우리에게 익숙한 사례를 몇몇 든다면 미국의 대입 시험인 SAT II 외국어 시험에 채택된 외국어, 일본의 대입 시험인 센터 시험에 채택된 외국어, 외국 내 대학과 중고등학교에서 외국어로 채택된 언어의 종류 및 수강생 수, TOEFL 등과 같은 외국어능력시험 응시자 수 등이 있다. 여기에 사설 학원, 시민단체 등에서 개설하고 있는 외국어 교육 프로그램에 어느 언어가 어느 정도 포함되어 있는지 등도 대상이 될 것이다.[5]

---

5   여기에서 기술한 것은 한국어를 전제로 한 논의가 아닌 국제 사회에서 특정 언어가 어느 정도 위상을 차지하고 있는지에 대한 일반적인 논의이다. 이에 비하여 한국어를 기준으로 하여 한국 정부 차원에서 국제적 보급 수준을 측정하는 지표로서는 국립국어원(2009), 국어 정책 통계 지표 개발 및 조사 수행 연구 보고서에 나와 있는 '국어 보급'의 하위 영역 항목을 들 수 있다. 여기에서는 한국어 사용, 한국어 보급 기관, 한국어 능력 평가, 한국어 교원, 한국어 교육 지원, 한국어 교재, 한국어 사전, 한국어 보급에 대한 인식도, 자국어 보급에 대한 국제 비교 등을 한국어의 국외 보급 지표로 들고 있다.

2.2 한국어의 국제화 수준

한 언어의 국제화 수준과 관련한 위의 기준으로 한국어의 국제화 수준을 살펴보면 다음과 같다.

우선 이언어 사용자들 사이에서의 소통의 도구로서의 한국어의 위상이다. 전세계 7,000여 종의 언어와 관련한 통계를 매년 산출하는 Ethnogue에 따르면 한국어를 모어로 사용하는 화자 수와 공용어로 사용하는 화자의 수는 아래의 표에서 보는 바와 같이 세계 15위와 20위 수준이다. 전세계 언어가 7,000종을 넘는다는 것을 보면 그리 낮은 수준만은 아니다.

[표 1] 언어별 사용자 수와 모어 화자 수 순위[6]

언어별 사용자 수와 모어 화자 수 순위					
순위	언어별 사용자 수		순위	모어 화자 수	
①	영어	15억	①	중국어	13억 1천 1백
②	중국어	11억	②	스페인어	4억 6천
③	힌디어	6억 2백	③	영어	3억 7천 9백
④	스페인어	5억 4천 8백	④	힌디어	3억 4천 1백
⑤	프랑스어	2억 7천 4백	⑤	아랍어	3억 1천 9백
⑥	아랍어	2억 7천 4백	⑥	벵골어	2억 2천 8백
⑦	뱅골어	2억 7천 2백	⑦	포르투갈어	2억 2천 1백
⑧	러시아어	2억 5천 8백	⑧	러시아어	1억 5천 4백
⑨	포르투갈어	2억 5천 8백	⑨	일본어	1억 2천 8백
⑩	우르두어	2억 3천 1백	⑩	란다어	1억 1천 9백
⑳	한국어	8천 2백	⑮	한국어	7천 7백

---

6 언어별 사용자 수는 2022년, 모어 화자 수는 2019년을 기준으로 한 자료이다.

그러나 중요한 것은 de Swaan의 논의처럼 모어 화자들 사이의 소통의 수단을 넘어 비모어 화자 사이의 소통 수단으로의 사용 정도이다. 한국어는 아래와 같은 de Swaan의 분류에서 보듯이 모어 사용자 사이의 소통의 수단으로 국한되는 Central language에 속함으로써 국제어의 지위를 갖지 못한다.

[표 2] de Swaan의 언어 분류

Hypercentral	영어
Supercentral	아랍어, 중국어, 영어, 불어, 독일어, 힌디어, 일본어, 말레이어, 포르투칼어, 러시아어, 스페인어, 스와힐리어
Central	한국어 등 대부분의 언어
Peripheral	극소수 사용자 언어

다음으로 국제기구에서의 공식어 채택 수준으로 볼 때에도 한국어는 최근에 좀 진전이 있었다고는 하나 아래의 표에서 보는 바와 같이 국제어로서의 지위를 갖지 못한다. de Swaan이 말한 Supercentral 언어 중 프랑스어를 제외하고는 대부분의 이들 언어가 국제기구의 공식어로 채택되지 못하는 상황에 비추어 볼 때 한국어가 국제기구의 공식어로 채택되지 못하는 상황은 당연하다고 볼 수 있다. 그럼에도 2007년 9월 27일에 세계지식재산권기구(WIPO)의 국제특허협력조약(PCT)에 한국어가 아홉 번째의 공식어로 채택된 것은 한국어의 국제화 도약을 상징하는 중요한 사례로 꼽힌다. 특정 전문 분야를 다루는 국제기구이기는 하나 세계를 포괄하는 국제기구에서 한국어가 공식어로 채택된 것은 향후 언어 동등성 주장에 따른 세계 언어 시장의 환경이 점진적이나마 변화한다고 가정할 때 한국어의 위상을 강화할 중요한 사례로 활용될 것이다.

[표 3] 국제기구의 공식어 채택 현황(2023년 기준)

국제기구 명	공식어
국제연합(UN)	영어, 프랑스어, 스페인어, 중국어, 러시아어, 아랍어
국제올림픽위원회(IOC)	영어, 프랑스어
세계무역기구(WTO)	영어, 프랑스어, 스페인어
경제협력개발기구(OECD)	영어, 프랑스어
석유수출국기구(OPEC)	영어
세계지식재산권기구(WIPO) 내 국제특허협력조약(PCT)	영어, 프랑스어, 독일어, 일본어, 러시아어, 스페인어, 중국어, 아랍어, 한국어, 포르투칼어

마지막으로 비모어 화자 사이에의 보급의 수준 측면에서 한국어는 1980년대 중반 이후 약 30년 동안 빠르게 도약하였으나 최근 들어 일부 현장에서는 발전 속도가 주춤한 양상을 보이고 있다. 이는 한국어 사용을 필수로 하는 국외 대학의 한국학 강좌 개설 현황을 볼 때 잘 알 수 있는데 아래의 〈표 4〉에서 볼 수 있듯이 최근 4년 간의 한국학 강좌 개설 대학은 그리 늘지 않고 있다. 자세한 내용을 여기에서 제시하기 어렵지만 일부 국가에서 지속적으로 늘고 있지만 반대로 일부 국가에서는 감소 경향을 보이고 있기 때문으로 보인다.

[표 4] 최근 4년의 한국어 강좌 개설 국가 및 대학 현황

구분	국가 수	대학 수
2019년	104	1,394
2020년	108	1,394
2021년	102	1,408
2023년 3월	107	1,407

그러나 한편으로는 한국어의 확산이 빠르게 이루어지는 영역이 있는데 대표적인 곳이 해외초중등학교이다. 아래의 〈표 5〉에서 볼 수 있듯이 한국어를 채택한 해외 초중등학교의 수는 2018년 28개국 1,495개교에서 2021년에는 42개국 1,806개교로

크게 늘었다. 비록 중간에 학교 수가 줄기는 하였지만 4년 간의 추이는 빠른 증가를
나타낸다.

[표 5] 해외 초 · 중등학교 한국어반 개설 현황[7]

구분	국가 수	학교 수
2018년	28	1,495
2019년	30	1,635
2020년	39	1,495
2021년	42	1,806

한국어의 국제적 보급과 관련하여 최근의 특징적 양상은 한류 기반의 학습자 수
와 특정 목적의 학습자 수가 증가하고 있음을 들 수 있다. 2000년대 이후 급속하게
증가한 한류의 전파에 따라 한국어 학습자가 늘고 한국 정부가 주관하는 외국인고용
허가제 한국어능력시험(EPS-TOPIK)에 대비하는 한국어 학습자가 일부 국가를 중
심으로 급속하게 증가하고 있다. 이른바 한류 기반의 비정규성 한국어 학습자와 코
리안 드림을 꿈꾸고 자격을 얻기 위하여 한국어를 배우는 외국인 예비 노동자를 진
정한 한국어 학습자로 간주하기 어려운 측면이 있으나 입문 단계나마 한국어를 배우
는 학습자가 폭넓게 확산되고 있음은 주지의 사실이다.

이와 함께 한국어가 근래에 국제적으로 널리 보급되어 왔음을 알 수 있는 또 다른
지표는 한국어능력시험(TOPIK) 응시자 수의 변화 추이를 들 수 있는데 첫 시행년도
인 1997년 2,274명에서 2014년에는 208,449명, 2022년에는 356,681명으로 크게
늘었다.

---

7 재외공관(한국교육원)의 제출 자료에 의한 것으로 지원국 또는 미지원국 중 자료 제출 국가의 통계 수치이다(
   교육부, 2023).

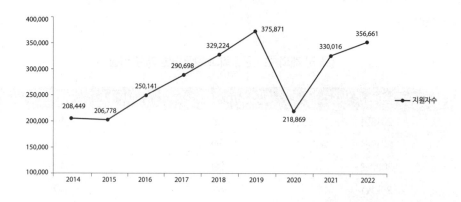

[그림 1] 한국어 능력 시험(TOPIK) 지원자 현황(교육부, 2022)

이상에서 살펴본 바와 같이 한국어의 세계적 확산은 1980년대 중반 이후 지속적으로 이루어져 왔으나 한국어가 세계의 주요 언어로 위상이 높아졌음을 확인할 수 있는 지표는 아직은 찾기가 쉽지 않다. 다만 현시점 대체로 한국어의 세계적 확산이 진행되고 있는 만큼 미래엔 한국어의 국제적 위상이 높아질 수 있다는 기대를 가질 수 있을 것이다.

3. 국제어로서의 도약을 위한 과제

앞에서 살펴보았듯이 한국어가 국제어로 도약하기 위해서는 한국어 사용 인구의 확대, 공식적인 언어로서의 위상의 확보, 사용자 확대를 위한 메커니즘의 창출 등이 필요하다. 이를 달성하기 위해서는 한국어 교육계 종사자의 노력, 한국어 교육 확대 추진 당국의 노력, 한국어 사용 확대를 위한 현지 환경의 조성 등이 중요하다. 한국어를 국제어로 정립시키는 과정에서 한국어 교육계 종사자나 정부가 고민하고 풀어 나가야 할 과제를 아래와 같이 제시한다.

첫째, 한국어를 국제어로 정립시키고자 하는 노력의 최종 목표를 어떻게 설정할 것인가에 대한 논의가 필요하다. 최근 한국어의 국제화와 관련한 목표 설정을 명시적으로 확인할 수 있는 것은 세종학당재단의 미션과 비전이다. 여기에서는 한국어 ·

한국문화 보급을 통한 상호 문화교류 확대로 전세계 공존공영과 국민행복에 기여함을 미션으로 제시하는데 이는 곧 한국 정부의 한국어 국외 보급의 최종적인 목표로서의 의미를 갖는 것으로 볼 수도 있다. 세종학당재단은 한국어의 국외 보급 주무 부서인 문화체육관광부의 산하 기관으로서 실행 업무를 맡고 있기 때문이다. 국외에 한국어를 확산하는 역할을 수행하는 또하나의 부서인 교육부의 해외초중등학교 한국어 과목 채택 사업은 명시적으로 최종적인 목적이나 목표를 제시하지 않은 채 사업 목표만을 매년 제시하고 있다. 그리고 이러한 활동의 근거는 재외국민의 교육지원 등에 관한 법률에 근거한다. 이렇게 볼 때 한국 정부가 한국어를 국외에 확산하는 최종 목표를 어떻게 설정하는지는 명료하지 않다. 정부 차원에서 한국어의 국외 보급의 목적과 목표를 정립하고 이를 위해 국가의 자원이 동원된다면 한국어가 국제어로 다가가는 1차적인 기반을 갖추는 의미를 가질 것이다.

둘째는 한국어 교육의 목표 정립이다. 한국어 교육은 한국어를 국제적으로 보급하는 필수적인 과정이고 구체적으로 결과를 도출해 내는 과정이다. 이러한 의미를 갖는 교육은 무엇보다도 변화하는 환경에 적절하게 대응하고 수요자 요구를 적절하게 반영하여야 한다. 한국어를 국제어로 도약시키고자 하는 경우 한국어 교육의 목표에 대한 체계적이고 진지한 논의가 필요하다. 이와 관련하여 아래와 같은 현장 쟁점의 변화는 목표 설정과 관련한 상황 변수로서 의미가 크다. 이러한 변화 속에서 한국어 교육의 목표를 어떻게 설정할지를 진지하게 고민해야 할 것이다.

[표 6] 한국어 교육의 주요 쟁점의 변화

종전	최근의 양상
정규 교육	정규 교육 + 비정규 교육
대학 중심의 교육 + 한글학교 중심의 교육	대학 교육 + 초중고등학교 교육 + 사회 교육 + 한글학교 교육
일반목적의 한국어 교육 + 민족 교육 목적의 한국어 교육	일반 목적의 한국어 + 학문 목적의 한국어 교육 + 작업 목적의 한국어 교육 + 민족 교육 목적의 한국어 교육 + 이주 적응 목적의 한국어 교육

언어 중심	언어와 문화의 통합
민간 중심	정부 차원의 제도화, 정부의 폭넓은 참여
현장 전문가 + 인접 학문 학자	현장 전문가 + 인접 학문 학자 + 한국어 교육 전공 학자

셋째는 한국어 교육 전문성 제고 문제이다. 특히 전문 교사의 양성 및 임용이 시급한 과제가 되고 있다. 특히 최근의 한국어 교육 환경의 변화는 정규 교육 영역보다는 비정규 영역에서의 한국어 학습자가 크게 늘고 있어 교사의 전문성은 더욱 요구되고 있다. 교사가 전문성을 충분히 갖춘다면 한류 기반의 학습자와 같이 잠재적 학습자군을 실재적 학습자로 전환시키는 데 크게 기여할 것이다. 교사는 단지 현장 수업을 맡아 진행한다는 단순한 논의를 넘어 교수법 개선이나 교육 자료의 개발, 학생 지도 등 교육 전반에서 중요한 역할을 하기 때문이다. 그러나 현실은 전문 교사 양성 및 재교육 시스템이 미비하고 이들이 안정적으로 현장에 종사할 수 있는 근무 여건이 충분히 갖춰지지 않은 상태이다.[8]

넷째는 한국어 국외 보급 추진 동력에 대하여 고민해야 한다. 지금까지 한국어 국외 보급과 관련하여 드러난 추진 동력은 다양하다. 한국 정부와 산하기관의 정책적 의지, 한국어 교육 종사자의 열정, 한국 정부(산하기관)의 지원, 현지 정부의 정책적 지원, 한국어 교육 외적 변수의 역할(한류, 고용허가제 등) 등 다양하다. 그러나 여기에 실질적으로 국외 보급에서 중요한 역할을 수행한 동력이 있는데 선교 집단의 역할, 국제협력봉사단원의 역할, 대학 간 교류 협력에 따라 파견된 교수의 역할, 한국학 전공 교수의 역할이 그것이다. 이들의 역할은 겉으로 크게 드러나지 않지만 실제에 있어 그 지역의 한국어 교육을 일구기도 하고 도약시키기도 하였다. 현시점 세종학당 파견 교원, 한국국제교류재단 파견 교수 등이 현지에서 많은 역할을 하는 것으로 알려지지만 오래 전부터 최일선에서 한국어 교육을 담당해 오는 집단에 대한 관심이 요구된다.

---

8 기존의 한국어교원자격제도가 한국어 교사의 육성, 인증만을 규정할 뿐 임용과 처우를 규정하지 못함은 한계로 지적된다.

마지막으로 현재 한국 정부가 적극 추진하고 있는 해외 초중등학교 한국어 채택 사업의 적극적인 추진이다. 앞에서 살펴보았듯이 최근 해외의 초중등학교에서 한국어가 채택되는 경우가 빠르게 늘고 있다. 이는 한국어 교육의 계열화를 구축하는 의미가 크다. 즉 초중등학교-대학-사회의 연관성을 확보할 수 있으므로 한국어가 국제적으로 널리 보급되는 데에 크게 기여할 수 있다. 여기에 또한 최근에 수가 늘고 있는 대학 입시 과목 채택 국가의 수가 계속 증가한다면 초중등학교 한국어 과목 채택의 의미는 더욱 클 것이다. 이를 위한 노력은 상당 부분 한국 정부의 몫으로서 정부의 지속적인 노력이 요구된다.

4. 결론

이상에서 한국어가 국제어로서 어떤 위상을 갖고 있는지, 향후 위상 강화를 위해 해결해야 할 과제가 무엇인지를 살펴보았다. 서론에서 제시하였듯이 최근에 국내외에서 한국어 학습자가 크게 늘면서 한국어의 국제적 위상이 높아진 것은 사실이다. 그러나 한국어가 국제어로서의 위상을 확보하기 위해서는 아직도 갈 길이 먼 것도 사실이다. 어찌 보면 국제어로서의 한국어라는 표현 자체가 어떤 가치를 가질까 하는 의문도 들 수 있다.

그러나 중요한 것은 국제어의 개념 자체가 애매하고 국제어로의 위상을 판단하는 보편화된 기준 자체가 없는 상태에서 국제어로서의 한국어 논의는 한국어가 세계에서 좀 더 널리 사용되고 이를 통하여 한국의 다양한 이익이 실현되기를 기대하는 성격을 갖는다. 다만 이 글에서 논하였듯이 현시점 국제 사회에서의 한국어의 위상과 주요 흐름 변화에 대한 냉정한 진단은 정부의 정책 수립 등에 참고가 되어야 할 것이다. 하나의 언어가 국제어의 위상을 갖기까지 많은 시간과 노력이 요구되는 만큼 너무 낙관적이어서도 안 되고 너무 비관적이 되어서도 안 될 것이다. 최근에 여러 국가에서 한국어가 대학 입시 과목으로 채택되는 등 한국어의 국제적 확산의 가능성을 키우는 사례가 많다. 여기에 국제무역기구(WTO)가 종전의 영어와 프랑스어를 공식어로 채택하여 왔으나 최근에 스페인어를 추가한 일은 한국어의 국제화 논의에 시사하는 바가 크다. 즉 한국어도 가능성이 있음을 의미한다. 정부와 한국어교육계가 협력하여 한국어의 국제적 위상 제고를 위하여 차분하게 나아가는 노력이 중요하다.

참고문헌

교육부(2023), 해외초·중등학교 한국어반 개설 현황.

국립국어원(2007). 세종학당 백서.

국립국어원(2008). 세종학당 논총.

국립국어원(2009). 국어 정책 통계 지표 개발 및 조사 수행.

김하수(2004). 외국어로서의 한국어교육학. 외국어로서의 한국어교육학. 2004년 이중언어학회 제16차 전국학술대회 춘계대회 발표 논문집.

로스 킹(2009). 한국어의 세계화와 미래: 북미를 중심으로, 문화체육관광부/국립국어원 주최 2009 세계한국어교육자대회 발표문.

이상규(2008). 한국어 세계화 어디까지 왔나. 국립국어원 세종학당 학술총서 1 – 세종학당 논총. 국립국어원.

조항록(2007). 국어기본법과 한국어 교육 – 제정의 의의와 시행 이후 한국어 교육계의 변화를 중심으로 – . 한국어교육 제18권 2호.

조항록(2008a). 한국어교육 환경의 변화와 발전을 위한 과제, 한국어 교육 제19권 1호, 국제한국어교육학회.

조항록(2010). 한국어교육정책론, 한국문화사.

조항록 외(2006). 한국어 해외 보급과 국제교류의 증진, 한국국제교류재단.

Eastman, Carl M.(1983), Language Planning An Introduction, Generic.

Ethnologue 2019, 2020, 2021, 2022, 2023.

Ⅳ. 한국어 교육 환경의 변화와 발전을 위한 과제 (2008년의 논의)[1]

1. 들어가기

1959년 4월 1일 연세대학교에서 한국어 교육이 실시된 이래 약 50년이 지나는 동안 한국어 교육은 괄목할 만한 발전을 이룩하였다. 교육 기관의 수와 학습자 규모, 한국어 교육에 대한 국가 사회적 인식, 한국어 교육계 내부의 역량의 증가 등 한국어 교육의 발전을 논할 수 있는 주요 지표는 지난날의 한국어 교육 발전이 결코 과소평가될 수 없을 정도로 실질적인 성장을 나타내고 있다.

우선 교육 기관의 수는 50년대 1개소, 60년대 3개소, 70년대 4개소, 80년대 7개소에서 최근에는 100곳을 넘는 것으로 집계되고 있다. 학습자 수 역시 50년대 24명에서 지금은 교육 기관 재학생 수만 1만 명에 이르는 것으로 추정된다.[2] 여기에 외국인 근로자센터 등 정규 학습자 수로 집계되지 않는 학습자 군을 합할 경우 그 수는 훨씬 더 많아진다. 이러한 한국어 교육 현장을 뒷받침할 수 있는 한국어 교육 연구도 괄목할 만한 성장을 보여 학부와 (교육)대학원에 외국어로서의 한국어 교육 전공이

---

1 이 글은 한국어교육 제19권 1호(2008년 2월)에 게재한 '한국어 교육 환경의 변화와 발전을 위한 과제'를 한국어 교육의 사적 흐름을 이해하는 데에 도움이 될 수 있다는 판단으로 제목을 약간 수정하여 이 책에 수록하였음을 밝힌다.

2 여기에서 제시하는 한국어 교육 관련 지표는 조항록(2005a)와 조항록(2007a)에 있는 내용을 참고로 하여 정리하였음.

속속 개설되고 관련 학회의 활동이 더욱 왕성해지고 개인 차원의 연구 성과물도 날로 증가하고 있다.

또한 한국어 교육에 대한 국가·사회적 관심도 높아져 국가 차원의 법적·제도적 뒷받침이 과거에 비하여 훨씬 다양해지고 체계화되고 있다. 한국어 학습자 대상의 한국어 능력 평가 제도가 정착된 지 10년이 넘었고 한국어 교사를 위한 자격 검정 시험도 이제 기반을 잡아가고 있으며 재외동포 또는 외국인 노동자를 대상으로 한 국가 차원의 한국어 교육 정책도 한걸음 한걸음 진전되어 가고 있다. 특히 국가 차원의 정책과 관련하여서는 법적 기반의 구축, 제도의 신설, 조직의 개편, 정책의 개발 등을 들 수 있는데 국어기본법의 제정 및 시행, 한국어교원자격제도의 실시, 한국어국외보급기관협의회의 운영, 한국국제교류재단과 국립국어원의 기구 개편, 세종학당의 추진과 한국국제교류재단의 한국어 사업 종합 계획 수립 등을 들 수 있다. 이 중에서도 특히 주목할 만한 것으로 국어기본법에 한국어 국외 보급이 명문화되고 관련 제도의 운용을 창출하고 있다는 점을 들 수 있다.[3]

한국어 교육계 내부의 역량도 최근 들어 크게 강화되었는데 이는 각 교육 기관의 시설 확충, 교사 요건 강화 등 기본 기반 구축의 측면뿐만 아니라 교육 과정의 다양화, 교재 개발의 체계화, 교수 방법론의 개선 등을 통해 알 수 있다. 여기에 교육 기관 운영 전략도 과거의 '열정을 바탕으로 한 효율적인 교육'에서 '효율적인 운영을 통한 경쟁력의 확보, 경영 개념의 도입' 등 과거와는 차원을 달리하고 있는 듯하다.[4]

이렇게 한국어 교육의 발전을 논할 수 있는 지표는 한국어 교육계 곳곳에서 찾을 수 있다. 그러나 모든 역사의 발전이 그러하듯이 한국어 교육도 그 시기에 고유한 도전에 직면하고 이를 성공적으로 극복해 낼 때 더욱 큰 발전을 기약하게 될 것이다. 여기에서는 한국어 교육의 한 차원 높은 발전을 가져오기 위하여 최근의 한국어 교육계 내·외부 환경 변화가 갖는 특징이 무엇인지를 살펴보고 여기에서 비롯되는 과

---

3 국어기본법과 한국어 교육과의 관련성 및 국어기본법 시행 이후 한국어 교육의 변화에 대하여는 조항록(2007b)를 참조하기 바람.

4 국내 주요 한국어 교육 기관의 프로그램의 다양화, 교수 방법론의 개발, 운영 전략 등은 국제한국어교육학회 창립 20주년으로 기획하여 출간한 한국어교육론 3에 수록된 주요 교육 기관 현황을 참조하기 바람.

제로 무엇이 있는지를 살펴봄으로써 이를 미래 발전을 위한 대안을 모색하는 계기로 삼고자 한다.

2. 21세기 한국어 교육계의 주변 환경

지난날의 한국어 교육의 역사를 되돌아 볼 때 한국어 교육의 발전을 가져온 몇몇 계기를 발견할 수 있다. 한국어 교육의 역사를 살핀 이전의 연구들은 공통적으로 한국어 교육이 1980년대에 들어와 빠르게 발전하였음에 모두가 동의하고 있다.[5] 조항록(2005a)은 1980년대부터 1990년대 중반까지를 도약기라 명명하며 그 배경을 제시하고 있는데 ① 한국의 경제성장과 국제적 역할 증대, ② 아시안게임과 올림픽의 성공적 개최, ③ 재외동포 후세의 증가, ④ 구 공산권 국가와의 수교를 주요 배경으로 들고 있다. 이의 연장선상에서 21세기 초반의 한국어 교육의 발전 역시 주변 환경 변화와 연계하여 논의하고 있는데 ① 중국 요인, ② 2002한일월드컵의 성공적 개최, ③ 한류 열풍, ④ 외국인고용허가제를 들고 있다. 이러한 분석은 한국어 교육의 발전과 주변 환경과의 관계를 논한 시도 중의 하나이다. 이후 불과 3년이 지나는 동안 한국어 교육 주변 환경은 빠르게 변화하였는데 여기에서는 조항록(2005a)에서 논의한 내용을 포함하여 아래와 같은 7가지를 주요 요인으로 제시하고자 한다.

첫째, 21세기 한국어 교육과 관련하여 우선 들 수 있는 것은 중국의 경제 발전과 중국 유학생의 한국 유입이다. 한국과 중국은 지리적으로 인접하고 역사적으로 오랜 기간 긴밀한 관계를 유지해 왔으며 문화적 특성 또한 여러 부분에서 유사성을 갖고 있다. 최근에는 경제 교류가 활발해지고 관광 목적 등으로 오가는 양국 국민의 수

---

5   한국어 교육의 발달 과정을 논한 연구는 그리 많지 않다. 최근에 들어 이 분야에 대한 관심이 일고 있는데 신현숙(2004), 조항록(2005a), 조항록(2005b)가 그 예이다. 이와 함께 한국어 교육의 특정 영역에 대한 연구사를 정리하는 과정에서 한국어 교육 발달을 시대 구분한 예를 찾을 수 있는데 김중섭(1999), 백봉자(2001), 조항록(2004a)을 그 예로 들 수 있다. 이상의 연구들은 시대를 구분하는 기준과 시대 명칭이 약간씩은 다르나 한국어 교육이 빠르게 도약한 시점을 1980년대로 설정하는 데 큰 이견이 없는 것으로 보인다.

도 크게 늘고 있다. 그러나 한국어 교육과 관련하여 큰 의미를 갖는 것은 중국의 경제발전에 바탕을 둔 중국인의 해외 유학 붐이다. 1980년대에 중국이 개혁 개방의 길을 걸으면서 해외 유학을 장려하기 시작하였고 1992년의 한중 수교 이후에는 한국도 주요 대상의 하나로 등장하였다. 최근에는 중국의 급속한 경제성장으로 고소득층이 크게 늘면서 자녀를 외국에 유학 보내고자 하는 분위기가 더욱 높아져 있다. 중국인의 유학 대상 국가는 미국, 일본, 호주와 함께 한국도 중요한 대상 국가였다. 한 예로 2005년 7월 9일부터 11일까지 열린 북경 국제유학박람회에는 전 세계 200여 대학이 찾아와 중국 유학생 유치를 위한 경쟁을 벌였고 이 장소는 중국인들로 대성황을 이루었으며 국내 대학 다수가 참가한 한국관도 큰 인기가 있었던 것으로 보도되기도 하였다. 이러한 최근의 경향이 시사하는 바가 크지만 이미 2000년대에 들어와 국내 한국어 교육 기관 재학생 중 최대 집단이 중국인 학생들이고 지방 대학의 외국인 학생 대다수가 중국 유학생이라는 점은 한국어 교육에서 중국 유학생이 얼마나 큰 비중을 차지하고 있는지를 적절하게 나타내 주는 예이다. 중국의 경제성장이 앞으로 지속될 것이라는 전망이 우세한 상황에서 경제 외적 돌발 상황이 없는 한 한국 내 중국 유학생은 당분간 꾸준히 증가하리라 예상된다.

둘째, 한류 역시 21세기 한국어 교육의 발전을 가져오는 중요한 요인이다. 이미 한국어 교육과 한류와의 관련성을 논한 연구들에서 나타나 바와 같이 한류 열풍으로 외국인의 한국에 대한 관심이 높아졌고 이에 따라 한국어를 배우려는 외국인도 증가한 것으로 알려져 있다. 중국, 일본, 남아시아, 중앙아시아, 중동 등 한류 열풍이 강한 지역에서 사회 교육 차원의 한국어 교육이 활발해지거나 태동하였다는 점은 한류 기반의 한국어 학습의 한 유형으로 볼 수 있다. 그러나 한류의 지속 여부와 한류-한국어 학습자 간의 직접적 관련성에 대하여는 논자에 따라 약간의 이견이 나타나고 있다.[6] 한류를 바탕으로 한 한국어 교육 발전을 위한 대안의 모색이 중요하다.

셋째, 외국인고용허가제의 실시와 한국어능력시험의 부과이다. 2005년 8월 17일부터 실시된 외국인 고용허가제에서 대상자 선발 기준의 하나로 한국어 능력을 요구

---

6 한류의 발생과 본질, 확대 과정에 대하여는 이은숙(2002), 이은숙(2005)을 참조할 수 있으며 한류와 한국인 학습자의 인식에 대하여는 한도(2005), 강승혜(2005), 묘춘매(2006), 오고시 나오키(2006)를 참조할 수 있다.

한 것은 한국어 교육의 사회적 확대에 크기 기여해 오고 있다. 물론 확대 과정에서 파행적인 현상들이 곳곳에서 목격되고 있으나 대상 국가의 한국어 교육 열기는 실시 이전과 비교할 수 없을 정도로 크게 일고 있다.[7] 1차 대상 국가인 필리핀, 베트남, 몽골, 인도네시아, 태국 스리랑카에서 이미 한국어 교육 기관 개설이 크게 늘었고 2차 대상 지역인 우즈베키스탄, 파키스탄, 캄보디아, 중국에서도 이와 관련한 한국어 교육 기관의 설립이 빠르게 진행되고 있다.

넷째, 2002한일월드컵 이후 일본 내에서의 한국에 대한 이미지 변화와 한국어 학습자의 증가이다. 2002년 한일공동월드컵의 준비 및 진행 기간 동안 일본에 전달된 한국 이미지는 일본인의 고정적인 한국관을 크게 바꾼 것으로 알려지고 있다. 이는 때마침 일어난 한류 열풍과 함께 한국어 학습자를 크게 증가시켰다. NHK를 통해 방송되는 외국어 강좌 중 한국어 강좌인 '안녕하십니까?'의 방송 교재 판매 부수가 2005년에는 20만 부를 넘어서며 중국어 강좌를 앞지르고 2위를 차지했는가 하면 관공서, 시민단체, 사설학원에서의 한국어 강좌 수가 2,000곳을 훨씬 넘어 3,000곳에 가까워지고 있다는 한 보고는 일본 내에서 한국어 학습에 대한 열기가 얼마나 크게 일고 있는지를 보여주는 단적인 예이다.

다섯째로 들 수 있는 것은 한국 내에서의 다문화 사회의 빠른 진전과 한국어 학습 수요의 증가이다. 2007년 8월에 한국 체류 외국인의 수가 1백만 명을 넘어서고 결혼 이주여성 역시 10만 명을 넘은 것으로 발표되었다. 한국인과 결혼하여 필연적으로 한국어 사용 능력을 요구받는 이주 여성의 증가는 과거 이주 노동자의 증가 시 인식되었던 한국어 학습 동기(매우 선택적이고 제한적이었음)와는 사뭇 다르다. 한국어 학습 필요성이 크게 제기됨은 물론 한국 문화 학습의 필요성이 함께 제기되고 있다. 그러나 이들 대다수가 정규적인 한국어 교육 기관에서의 학습이 불가능한 형편에 놓여 있다는 점에서 결국 일부 정부 산하기관의 사업 영역으로 편입되기도 하고 자원봉사자의 활동 영역으로 설정되기도 하였다. 이들에 대한 교육은 수요자의 학습 환

---

7   외국인고용허가제에 따라 한국어를 배우려는 사람이 급속하게 늘어나면서 얄팍한 상술에 의하여 한국어 교육 기관이 설립되고 운영 역시 부실한 곳이 많다. 뿐만 아니라 시험 실시 과정에서 불법과 비리가 작용하여 사회적 문제가 되기도 하였다.

경 제약이나 교육 체계성의 부족으로 기존의 교육과는 달리 비정규 교육 형태를 띠고 있는 것으로 볼 수 있다.

여섯째로 들 수 있는 것은 한국 정부의 스터디 코리아 2005의 적극 추진과 지방 대학의 입학 지원자 확보 방안의 강구 노력이다.[8] 2004년 12월에 교육인적자원부가 발표한 스터디 코리아 2005 정책은 당시 한국어 연수생을 포함하여 16,000여 명이던 국내 외국인 유학생의 수를 2010년 말까지 5만 명 이상으로 늘리겠다는 것으로 이를 위해 정부 부서 간의 협조, 한국어 교육 기관 지원, 해외 홍보 강화 등을 주 내용으로 하는 추진 방안을 제시하였다. 결과적으로 스터디 코리아 2005는 중국인 등 외국인에 대한 어학연수 또는 유학 사증 발급을 상대적으로 용이하게 하였고 지방대학의 입학 정원 조달 문제와 맞물려 외국인 유학생의 수를 급증시켰다. 목표 연도를 2년이나 남겨 놓은 2007년 9월 말을 기준으로 할 때 어학연수생을 포함하여 6만여 명이 한국에서 유학 생활을 함으로써 목표를 훨씬 앞당겨 달성하였다. 물론 유학생의 급증 요인이 다양한 만큼 유학생의 급증에 스터디 코리아 2005의 정책 추진이 어느 정도 기여를 했는지는 정확하게 평가할 수 없으나 이전에 사증 취득이 쉽지 않았던 중국인 등 저개발 국가 출신 유학생이 급증한 것을 볼 때 이 정책의 실효성을 어느 정도 인정할 수 있다.

마지막으로 들 수 있는 것은 국어기본법의 제정 시행, 한국어 국외보급유관기관 협의회 운영, 한국국제교류재단 한국어사업부의 신설, 국립국어원의 한국어보급팀(현 한국어진흥팀) 신설, 한국어세계화재단의 설립과 같은 국가 차원의 한국어 교육 지원 정책 기반의 조성이다. 앞에서 언급한 바와 같이 국어기본법에서는 한국어의 국외 보급을 위해 다양한 정책 방향을 담고 있고 시행령이 제정됨으로써 한국어 교육계에 작지 않은 영향을 끼치고 있다. 과거에 문화예술진흥법을 모법으로 한 상태에서 명문화된 조문을 찾아보기 힘들었으나 국어기본법과 그 시행령에서 국외 보급

---

8   최근 한국 정부가 실시하는 한국어 국외 보급 정책 중 급속하게 떠오르는 것으로 국립국어원의 세종학당 추진을 들 수 있다. 2007년 초부터 실시한 이 정책은 향후 10년 내에 전 세계에 200곳의 세종학당을 설립하겠다는 것으로 2007년 말 현재 16곳이 설치되어 있다. 세종학당의 추진에 대하여는 국립국어원 발간의 세종학당 백서를 참조하기 바람.

을 구체화함으로써 국가적 차원의 정책 집행은 물론 민간 차원에서도 한국어 교육은 한 단계 진보할 가능성이 크다.[9] 이미 국내의 몇몇 대학에서는 국어기본법의 내용을 바탕으로 한 프로그램을 개설하여 운영하고 있음을 볼 때 국어기본법이 앞으로 한국어 교육계에 직접 끼칠 영향이 클 것임을 예상하도록 한다.[10] 이와 함께 한국어 국외 보급기관협의회의 운영은 한국어의 국외 보급과 관련한 정보의 공유, 사업 중복의 예방 등을 통해 정부 부서 및 산하기관의 효율적인 한국어 국외보급정책을 추진하는 데 기여함을 목표로 하고 있다. 지금까지 이렇다 할 성과를 낸 것으로 알려지지는 않았으나 국무조정실 산하에서 한국어의 국외 보급과 관련한 업무를 공식적으로 논의한다는 일은 의미가 크다. 또한 정부 산하기관인 국립국어원과 유관기관인 한국국제교류재단이 직제 개편을 통해 한국어 교육 전담 부서를 신설하였고 문화관광부의 한국어 국외 보급 사업의 일부를 위탁 수행하는 한국어세계화재단의 설립 역시 같은 맥락에서 의미를 부여할 수 있다. 여기에 다문화 사회의 진전에 따라 노동부, 여성가족부, 법무부 및 여러 지방자치단체가 한국어 교실 개설 또는 교육 자료 개발 등을 통해 한국어 교육에 참여하고 있다. 아직은 비체계적이고 비정형화되어 있다 해도 한국어 교육에 대한 정부 내 관심의 확대로서 의미를 둘 수 있다.

---

9 실제로 최근 한국어 교육계의 주요 관심사가 되고 있는 세종학당 추진 계획도 국어발전기본계획 중 3대 중점 과제로 선정된 '동북아지역 거점 기반 한국어 문화권역 확대 전략 추진'의 구체적인 추진 과제로 대두되었지만 이 역시 국어기본법에 기반을 둔 것이고 세종학당 기본 운영계획에도 본 계획이 국어기본법 제19조에 법적 근거를 두고 있음을 밝히고 있다.

10 국어기본법 시행령에서는 한국어 교원을 1급, 2급, 3급으로 나누고 한국어 교육 전공 학위 소지자에게는 2급 교원 자격을 부여하고 교사양성 과정 수료자에게는 3급을 부여하는 것으로 되어 있다. 그리고 2급 또는 3급 교원이 일정 기간 경력을 쌓으면 상위 직급으로 올라갈 수 있음을 명시하고 있다. 과거엔 한국어 교원양성과정의 시간이 주관 기관에 따라 달랐으나 최근에는 모두가 120시간이라는 최소 시간수를 충족하는 교과과정을 운영하고 있다.

3. 현시대 한국어 교육의 주요 특징과 과제

최근의 한국어 교육 환경의 변화는 1차적으로 한국어 학습자 집단의 변인의 다양화와 이에 따른 공급자 집단의 다양화를 가져왔다.

2000년대 초 한 연구(조항록, 2001)에서는 한국어 학습자 집단을 순수 어학연수생[11], 직업과 관련한 학습자 집단, 해외 현지 대학의 전공/교양/기초과목 수강 학생, 해외 중고등학교에서의 제2외국어로서의 한국어 학습자, 해외 입양아 집단, 외국인 취업 연수생, 재외동포 등으로 나누었다. 그러나 최근의 한국어 학습자 집단은 순수 어학연수생 집단, 정규 대학 입학 외국인 집단, 정규 대학 입학 준비 과정생, 예비 이주 노동자 및 이주 노동자 집단, 결혼 이주 여성 집단, 한류 기반의 순수 어학연수 집단, 해외 현지 대학의 전공/교양/기초과목 수강 학생, 해외 중고등학교에서의 제2외국어로서의 한국어 학습자, 재외동포, 해외 한국 관련 기업체 종사자, 해외 한국 관련 기업 또는 한국인 대상 업무 종사자 등으로 좀 더 다양해졌다. 이러한 학습자의 확대 중에서 두드러지는 것은 해외의 경우 한류 기반의 학습자, 한국 내 정규 대학 입학 준비생, 예비 이주노동자 집단, 현지 한국 기업 종사자 또는 관련 업무 종사자 집단의 증가이며 국내의 경우 정규 대학 입학 외국인, 정규 대학 입학 준비 과정생, 이주 노동자와 이주 여성/결혼 이주 여성의 빠른 증가이다.

공급자 집단 역시 큰 변화를 가져오는데 국외의 경우 주요 대학, 중고등학교, 재외동포 관련 교육 시설, 일부 지역의 사내 한국어 교실에 불과하던 한국어 교육 공급이 한국 문화원, 현지 지자체 시민 교양 강좌, 일반 사설 어학연수 기관, 예비 이주 노동자를 위한 사설 교육 시설, 한국 유학 대비 사회 교육 또는 대학 예과 과정이 추가되었고 지난해부터는 국립국어원이 추진하는 세종학당도 이에 포함된다. 국내의 경우에는 대학 부설 어학 연수기관의 국내 대학 진학 예과 과정, 이주 노동자와 이주 여성/결혼 이주 여성 대상 한국어 교실, 대학 내 교양 기초 과정으로의 한국어 강좌

---

[11] 이는 다시 ① 본국에서 고등학교, 2년제 대학(전문대학, 단기대학), 4년제 대학을 졸업한 후 취업을 목적으로 한국어를 배우는 집단, ② 한국인과의 교제를 위하여 배우는 집단, ③ 한국에 대한 호기심으로 배우는 집단, ④ 직장 퇴사 후 새로운 일을 찾기 위하여 배우는 집단, ⑤ 기타 집단 등으로 분류된다.

가 크게 늘고 있으며 여기에서 가르칠 한국어 교사 양성 과정이 더불어 크게 늘고 있는 상황이다.

이렇게 수요자 집단과 공급자 집단이 크게 확대되면서 교육 현장은 다양한 변화와 특성을 보여주고 아울러 과제를 제기하고 있는데 이의 주요 내용을 국내와 국외로 나누어 살펴보면 다음과 같다.

3.1 국내

3.1.1 정규 교육과 비정규 교육의 양립

국내 한국어 교육계의 가장 큰 변화는 전체 규모의 확대와 함께 정규 교육—비정규 교육의 양립 현상이 나타나고 있는 점이다.[12]

기존의 대학 부설 교육 기관 중심의 한국어 교육은 대체로 일반 목적의 한국어 교육 과정으로 1주 20시간의 집중 과정을 채택하고 있었으며 졸업 후 한국계 회사 취업, 한국 대학(원) 진학, 한국인과의 교류를 주목표로 삼고 있었다. 비록 중간에 한국어 학습을 중단하는 경우가 빈번했다 해도 이들에게 일반적인 의사소통 능력을 키우는 것을 목표로 하였지 특별히 중간 단계의 목표를 따로 설정해 두었던 것이 아니었다. 그러나 최근의 변화 양상은 대학 부설 교육 기관의 경우 한국어 학습자의 목표 지향성이 분명하여 고급 단계까지의 한국어 학습자가 늘고 있고 이는 과거에 비하여 더욱 체계적인 교육을 요구하는 배경이 된다.

이에 비하여 국내 거주 이주 노동자와 결혼 이주 여성을 대상으로 하는 한국어 교

---

12 여기에서 정규교육과 비정규교육의 개념 설정이 모호할 수 있다. 한국어 교육 자체가 국민 교육의 성격으로 실시되지 않고, 교육 관련 법규, 특히 초중등교육법이나 고등교육법에서 정하고 있는 각급 학교 교육의 기본 요건이나 체계를 따르지 않기 때문에 어느 면에서 정규 교육이라고 지칭하기 어려운 부분도 있다. 그러나 한국어 교육의 실제를 볼 때 지금까지 국내 한국어 교육의 중심을 이루어왔던 대학 부설 교육 기관에서의 한국어 교육은 교육 목표, 교육 과정, 교사의 요건, 교수 방식, 교육 평가 등에 있어 체계성, 전문성을 갖추었을 뿐만 아니라 학습자 자신이 목표 인지에서부터 학습 계획에 따른 일정 기간 동안의 체계적 학습을 전제로 참여한다는 점에서 정규 교육이라 지칭하기로 한다.

육은 그 수가 많이 늘었으나 이들의 학습 환경상 집중 과정의 채택이 어려울 뿐만 아니라 교육 공급자도 지자체, 정부 산하 단체, 민간 지원자 집단 등으로 한국어 교육을 전업으로 하기보다는 자원봉사의 성격이 강하다. 특히 최근에 쟁점으로 빠르게 부각되고 있는 결혼 이주여성과 그들의 가정에서 태어나는 2세에 대한 교육은 대상자의 특수 상황에 따라 집합 교육 방식보다는 방문 교육 실시, 방송 교육 실시 등을 적극 추진하는 실정이다. 결국 이들을 대상으로 하는 교육은 아직까지는 비정규 형식의 교육 단계에 머무르고 있다.

이와 같이 최근에 나타난 정규 교육과 비정규 교육의 양립 현상은 한국어 교육의 환경 변화에 따른 당연한 귀결이고 한국어 교육 공급의 확대 성격을 갖는다는 측면에서 긍정적으로 평가할 수 있다. 그러나 이 과정에서 한국어 교육계에 제기되는 과제도 적지 않다. 아직 한국어 교육의 기반을 구축할 수 있는 전문 인력의 양성 시스템, 이른바 대학 내 한국어 교육 전공 학과의 신설 등이 충분하지 않고 한국어 교육을 담당할 전문 인력의 배출이 많지 않아 비정규 교육 현장의 빠른 발전을 기대하기가 쉽지 않다. 정규 교육계와 비정규 교육계의 협력이 무엇보다도 요구되는 상황으로 볼 수 있다.[13]

3.1.2 특수 목적 한국어 교육의 비중 확대

국내 대학에 진학하는 외국인 유학생의 급증과 이주 노동자의 지속적인 증가는 국내에서 특수 목적 한국어 교육의 확대를 가져오고 있다.

최근의 이러한 현상이 나타나기 이전까지는 국내의 한국어 교육은 모두가 일반 목적 한국어 교육이라 해도 과언이 아니다. 교육 기관이 발행하는 안내책자의 내용이나 연구 목적으로 제공되는 내부 자료에 나타난 교육 과정, 실제 교육 현장의 교수 요목, 이들 교육 기관의 교재 등을 검토할 때 일반 목적 한국어 교육이 주를 이루었다는 점에 이론의 여지가 없을 듯하다. 비록 각 교육 기관에서 외교관, 언론인, 직업

---

13 사실 정규 교육계와 비정규 교육계의 협력이 요구되나 최근까지 이들 사이의 협력의 예가 그리 많지 않다. 오히려 양자는 교육 환경의 상이함에 따라 각각의 발전 모델을 독자적으로 추구함으로써 양자 사이의 거리가 좀 더 멀어지고 있다는 것이 관심 있는 이들의 평가이다.

군인 등 특수 직업을 대상으로 한 교육이 있었다 해도 어디까지나 일반 목적 한국어 교육의 부분 변형에 지나지 않는다. 그러나 최근의 국내 한국어 학습자의 중심이 한국 내 대학의 정규 입학생 또는 입학 내정자 또는 입학 지원자이고 이들의 한국어 학습 목적이 대학 수학을 궁극적인 목적으로 삼는 만큼 이들에 대한 특별한 교육 과정의 개발과 적용이 요구된다.[14] 국내 대학의 외국인 유학생 중 대다수가 한국어 선행 학습의 경험이 많지 않아 기초 단계의 한국어 내지는 일반 목적의 한국어 교육 과정의 적용의 의미가 크다 하지만 궁극적으로는 이들의 한국어 학습 목적이 국내 대학에서의 수학 능력을 키우는 것이고 가능하면 빠른 시간 안에 한국어 능력을 갖추기를 희망하는 만큼 특수 목적 한국어 교육 실시의 필요성은 더욱 커진다. 최근에 일부 한국어 교육 기관에서 이를 위한 교육을 실시하기도 하나 아직은 그 규모가 크지 않다. 그렇지만 다행스러운 것은 최근에 이들을 위한 교육 과정 개발 연구나 교육 자료 개발이 진행되고 있어 특수 목적 한국어, 특히 학문 목적 한국어 교육의 정착이 기대되고 있다.[15]

이와 함께 이주 노동자 대상의 한국어 교육의 증가는 직업 목적 또는 작업장 한국

---

14 최근 국내 유학생 중 정규 대학 입학생의 증가 추이와 순수 한국어 연수생과의 대비를 알 수 있는 통계 수치를 보여주면 아래와 같다(법무부 출입국정책관리본부의 자료를 바탕으로 구성함).

〈국내 체류 자격에 따른 연도별 외국인 유학생 증가 추이〉

구분 \ 연도	2003년 12월	2004년 12월	2005년 12월	2006년 12월	2007년 12월
정규대학 입학생 (D2)	9,705	14,407	20,683	30,101	42,646
어학연수생 (D4)	4,223	5,559	6,815	12,116	17,302
계	13,928	19,966	27,498	42,217	59,948

15 최근에 학문 목적 한국어 교육을 위한 교육 자료가 아래와 같이 속속 발간되고 있다.
김중섭(2006), 외국인 학부 유학생을 위한 한국어 말하기
조현용(2006), 외국인 학부 유학생을 위한 한국어 읽기
허용(2007), 외국인 유학생을 위한 인문 한국어
강현화 외(2007), 외국인 유학생을 위한 경영 한국어
최윤곤(2007), 외국인 유학생을 위한 한국어 독해
이정희(2007), 유학생을 위한 한국어 글쓰기의 기초
이정희(2007), 유학생을 위한 한국어 글쓰기의 실제

어라는 특수 목적 한국어 교육의 실시를 요구한다. 이들의 수가 매우 많고[16] 이들에 대한 교육 공급 시스템이 전술한 바와 같이 비정규성, 비체계성을 갖고 있는 만큼 특수 목적 한국어의 개념, 즉 직업 목적의 한국어 또는 작업장 한국어의 개념을 분명히 하고 적절한 교육 공급 체제를 갖춰야 할 것이다.

3.1.3 교육 수요 기반의 불안정성

앞에서 살펴보았듯이 국내 한국어 교육계, 특히 정규 교육 영역의 교육 수요자는 종래의 순수 어학 연수생 중심에서 대학 정규 입학생의 비중 확대라는 큰 변화를 보여주고 있다. 문제는 대학 정규 입학생의 경우 아래와 같이 출신 국가의 극단적인 편중 현상이 나타나고 있다는 점이다.

[표 1] 2007년도 외국인 유학생의 국가 별 분포[17]

자격 \ 국가	중국 (재중동포 포함)	베트남	일본	몽골	미국	기타	계
정규대학 입학생(D2)	31,208	2,351	1,261	1,212	1,174	5,440	42,646
어학연수생 (D4)	13,502	531	942	727	133	1,467	17,302
계	44,710	2,882	2,203	1,939	1,307	6,907	59,948

외국인 유학생의 수가 급증하는 일은 고무적인 일이나 수요 기반이 특정 지역, 특히 중국, 베트남, 일본, 몽골 등에 편중되어 있다는 특징을 보이고 있다. 2007년 9월을 기준으로 할 때 이들 국가에서 온 유학생은 각각 전체 유학생의 74.5%(중국), 4.8%(베트남), 3.6%(일본), 3.2%(몽골)로 전체의 86%를 넘는다. 특히 이들 국가 중 일본을 제외한다면 모두 사회주의 체제를 유지하고 있고 최근에 급속히 해외 유학

---

16 이주 노동자의 규모는 합법 체류와 불법 체류를 포함하여 2007년 9월말 현재 단순기능인력 375,559명, 산업연수생 34,840명으로 41만 명을 넘고 있다.

17 법무부 출입국외국인정책본부의 홈 페이지에 있는 자료를 바탕으로 재구성함

붐이 일고 있는 나라들인 데다가 몽골을 제외한다면 한국으로의 유학이 최선의 대안이 아닌 차선 내지는 차차선이라는 점에서 유동성이 클 수도 있다.[18] 다시 말해 국가 정책의 변화가 쉽게 이루어질 수 있고 이 경우 최선의 대상 지역이 아닌 한국의 경우 영향을 받을 가능성이 있다.[19] 기존 교육 수요자에게 효율적인 교육 공급이 이루어져 수요의 유지가 가능하도록 하고 중장기적으로 수요의 다변화를 위한 대안이 모색되어야 할 것이다.

3.1.4 교육 공급의 비효율성과 기반 조성의 부족

국내와 국외 일부 지역에서 최근에 한국어 교육이 급속히 확대된 일은 고무적인 현상이나 그 내막을 자세히 살펴볼 때 우려되는 바도 적지 않다. 이 중에서 실제 교육이 얼마나 효율적으로 이루어지고 있는가 하는 점은 특히 관심을 가져야 할 점이다. 이를 좀 더 심각하게 표현하자면 한국어 교육이 확대되는 과정에서 교육 공급의 비효율성 내지는 무책임성이 존재하고 있을 수도 있다는 추측을 가능하게 한다.

한국어 교육이 빠르게 발전하고 있는 중국 내 대학 이외의 사회 교육 차원에서 이루어지는 한국어 교육 기관에서 가르치는 한국어 교사는 연변 조선족 자치주 출신의 우리 동포, 현지 체류 한국인 또는 현지 한국어학과 졸업생이 주를 이룬다고 한다. 베트남의 사정도 다르지 않아 현지 한국어학과를 졸업한 현지인 또는 현지 체류 한국인, 심지어는 한국에 산업연수생으로 거주했던 베트남인이 한국어 교육을 맡는 경우도 있다. 여기에서 활용되는 교재 역시 국내 개발 기관 교재가 주를 이루고 있어 현지 교육 특성의 반영은 전혀 이루어지지 않고 있다. 국내의 경우도 2000년대 이전까지 불과 10여 곳의 대학에서 한국어를 가르치던 국내 한국어 교육계가 불과 5-6년 사이에 이의 10배가 되는 100곳 안팎에서 한국어를 가르친다고 할 때, 특히 국내

---

18 중국이나 베트남의 경우 유학 선호 순위에서 한국이 최상위의 위치에 놓이지 않는다는 것은 일반적인 평가이다. 실제로 한국 내 중국 유학생의 수보다 미국이나 일본 내 유학생의 수가 훨씬 많다는 것은 널리 알려진 사실이다.

19 만약의 경우 이들 국가에서 해외 유학생에 대한 귀국 후 사회 진출 등을 비교하여 한국 유학의 성과가 미흡하다면 현지 정부로부터 규제가 나올 수도 있음을 주목할 필요가 있으며, 교육 이외의 정치 경제적 측면에서도 영향을 받을 수 있음을 주목할 필요가 있다.

대학과 대학원의 한국어 교육 전문 인력 양성 시스템이 충분하지 않고 범용의 교재 역시 제대로 존재하지 않는 상태에서 이렇게 팽창하였음은 한국어 교육 내부의 문제를 심각하게 고민하도록 하는 일이다. 실제로 많은 대학에서 한국어 교육의 전문성을 의심하게 하는 교수진, 교육 과정 등이 목격된다. 단지 이들 교육 기관의 학습자가 해당 대학 입학생으로서 이동이 자유롭지 않아 교육 선택권을 갖지 않음으로써 프로그램이 유지되는 경우도 적지 않은 것으로 알려지고 있다.[20] 한국어 교육 기관을 개설하는 대학 당국 등은 교육 개시와 함께 교육의 목적 및 목표 등을 분명히 인식하고 이를 달성할 수 있는 시설, 인력, 운영 체계를 확립하는 등 책임 있는 자세가 필요하다.

교육 공급의 비효율성을 좀 더 뒷받침할 수 있는 근거로 한국어 교육 기반 미비를 들 수 있다. 일반적으로 외국어 교육 현장의 3대 기본요소를 교재, 교수법, 교사라고 본다. 국내 한국어 교육계에서 기관 교재가 아닌 범용성을 띤 교재를 찾아보기 어렵다. 일부 대학에서 범용성을 띤 교재를 개발하기도 하였으나 아직 널리 보급되지 않은 것으로 파악된다. 다만 최근에 문법서, 문화 교재 등 일부 보조 교재의 경우 과거에 비하여 괄목할 만한 발전을 보여주고 있을 뿐이다. 그러나 무엇보다 중요한 기본 교재의 경우 대부분 타교 교재를 활용하거나 교사의 자료에 의존해야 하는데 이 경우의 문제점은 또한 교사 배경 및 자질과 관련이 있다. 일반적으로 기관 교재는 해당 기관의 교육 과정에 정교하게 맞춰져 있는 것이 보통이다. 교육 환경이 다를 경우 타기관 교재의 활용에는 엄연한 한계를 가질 수밖에 없다. 교사 개발 자료의 경우에도 국내에서 자질 있는 교사의 양성체계가 충분히 갖추어지지 않은 상태에서 교재 개발자로서의 교사의 수는 그리 많지 않은 형편이다. 따라서 교재 문제는 급격하게 확대된 국내 교육에서 안고 있는 큰 문제 중의 하나임을 지적하지 않을 수 없다. 여기에서 한 발 더 나아가 무엇보다 중요한 문제는 교사의 자질 문제이다. 비록 최근에 국어기본법의 제정에 따라 교원 자격을 국가가 인증하고 교육능력인증시험 제도를 통

---

20 이러한 기술은 다분히 주관적일 수도 있다. 그러나 필자가 중국, 베트남 현지에서 목격한 일이며 현지 한국어 교육계 종사자로부터 증언을 들은 바이고 국내의 경우 필자가 재직하는 교육 기관에서 외부 편입생을 면담하는 과정에서 이러한 내용에 대한 진술을 다수 확보하게 되었다.

해 교사의 자질을 향상할 수 있는 메커니즘을 구축하였으나 아직은 시행 초기로서 교육 현장에의 기여는 제한적이다. 교사는 교육 과정의 개발부터 교재 개발, 교수법 개발, 교육 실시에 이르기까지 교육의 전반을 기획하고 관리하고 지원하고 실시한다는 측면에서 중요한 역할을 가지나 급증한 교육 기관의 교사는 충원 절차가 불투명한 경우가 많고 충원 후 현장 적응 훈련 등 효율적인 자질 향상 시스템의 부재로 교육 발전을 위한 교사의 역할은 기대에 미치지 못하고 있다. 이와 함께 범용성을 띤 교수법의 보급이 충분하지 않아 교사의 재량에 맡기는 경우가 많은데 교사 자질에 대한 앞의 언급을 고려한다면 교육 실제에 대한 우려가 적지 않다.

이상의 내용을 종합한다면 최근 국내외로 급속하게 확대된 한국어 교육 현장을 감당하고 발전을 도모할 수 있는 교육 기반은 아직 갖추어지지 않은 것으로 볼 수 있다. 교육 기관 차원, 지역 차원, 국가 차원에서 교사의 전문성 제고 교육을 실시함과 동시에 교육 자료 개발 및 학술모임 등을 활성화하여 한국어 교육계의 끊임없는 자기 혁신을 추진하여야 한다. 비록 한국어 교육계 종사자의 사회적 법적 신분이 불안정하다 해도 한국어 교육계에도 기업 경영 방식인 연구 개발 개념의 도입, 자기혁신, 구조조정의 개념이 도입될 필요가 있다. 일부에서 목격되고 있는 가족주의, 온정주의의 관행도 점진적으로 성과 분석, 직무 분석에 따른 합리적 운영의 관행으로 바뀌어야 할 것이다.

3.1.5 국내 정부 부서 및 유관기관의 한국어 교육 참여 확대와 법적 기반의 구축

최근 한국어 교육계에 나타난 현상 중의 하나는 한국어 교육에 참여하는 정부, 정부 산하기관의 수가 증가하고 다양해졌다는 점이다. 지금까지 한국어 교육에 참여한 정부 부서는 참여의 순서대로 볼 때 교육부 → 문화부 + 교육부 → 문화부/국립국어원 + 교육부 + 외교통상부의 과정으로 볼 수 있다. 그러나 최근에는 여기에 노동부, 산업자원부, 여성가족부, 농림부, 법무부, 행정자치부 등이 추가되는 양상이다. 이 중 문화부, 교육부, 외교통상부, 노동부, 법무부를 주요 부서로 볼 수 있는 바 이의 성격을 정리하면 다음과 같다.

[표 2] 한국어 교육 참여 주요 부서와 참여의 성격

부서	참여의 성격
문화부/ 국립국어원	한국의 민족문화 유산인 한글의 국외 전파, 문화 보급 및 교류를 통한 국제 사회에서의 우리나라의 이해 증대와 위상 강화
교육부	교육기본법에 따른 재외동포 교육에 대한 국가의 의무 이행, 국제 교류 협력의 차원에서 외국 유학생의 국내 유학 지원과 이를 위한 한국어 교육 실시
외교통상부	국제교류 현장에서 우리말과 글, 문화의 효용 가치 인식과 이를 통한 국제 교류의 증진. 국제 교류의 증진을 통한 국제 사회에서의 한국 이해 증진 및 이를 통한 국가이익의 증대. 재외동포 정책의 일환으로서의 한국어 교육
노동부	외국인고용허가제의 효율적 실시를 위한 제도적 장치로서의 한국어 능력 평가, 이주노동자(외국국적 포함 재외동포 포함)의 한국 적응, 특히 사업장 적응을 돕기 위한 자격 연수 차원의 한국어 교육
법무부	사회통합과를 중심으로 한 이주민(결혼이주여성 포함)의 국내정착 지원 정책의 일환으로서의 한국어 교육 지원 활동

한국어 교육에 대한 국가 사회적 요구와 기능이 다양화되는 상황에서 정부 부서 내 참여 부서의 증가는 의미 있는 일이다. 그러나 이 과정에서 참여 부서의 전문성 결여의 문제나 부서 간 업무의 중복이나 혼선과 같은 부작용이 있다는 보고가 종종 나오는 일은 주목할 일이다. 정부 유관 부서, 산하기관은 전문가 채용, 정책 대안의 개발 등에 있어서 자체적으로 전문성 확보를 위한 노력을 기울이고 유관부서 기관 사이의 상호 유기적인 협조체제의 확립이 요구된다. 이와 함께 민간 전문가 집단과의 관학협조 체제의 구축도 더욱 강화해야 할 것이다. 다만 여기에서 우리가 관심을 가져야 할 것은 한국어 교육의 전반적인 규모가 커지고 수요자 요구 등 현장 특성이 다양해진 만큼 교육 공급과 관련한 참여자의 확대는 바람직한 일로 바라보아야 할 것이다.[21]

---

21 최근 정부 부서의 한국어 교육 참여가 활발해지면서 영역에 대한 논쟁이 가끔 일곤 한다. 이와 관련한 필자의 입장은 상호 배타적인 입장보다는 상보적인 입장에서 논의해야 한다는 점인데, 이는 한국어 교육의 현장 규모와 특성으로 보아 극소수의 부서가 모두 감당하기가 어렵기 때문이다. 오히려 여러 부서가 상호협력 하에 업무와 역할이 적절하게 분담이 될 때 현장 요구의 해결이 가능하리라 본다. 이와 함께 한국어국외보급기관협의회의 중요성을 강조한 글로서는 허용(2007) 참조.

정부 부서의 한국어 교육 참여가 활발해지면서 나타나는 현상 중의 하나는 빠르게 제도화되어 가고 있다는 점이다. 국어기본법에 한국어교원 자격 인증, 교육 과정 및 교재 개발 지원이 명문화되어 들어갔고 한국어국외보급기관협의회가 운영되고 있으며 정부 산하기관 내에 한국어 교육 전담 부서가 설치되고 있는 점이 그 예이다.[22] 또한 교원 양성 시스템의 급속한 정착이 이루어지고 있는데 대학 내 교육대학원, 학부에서의 한국어 교육 전공 개설의 증가, 교원양성과정의 교육 과정 개편 등은 주목할 만한 일이다. 그러나 과거 50년 가까운 기간 동안 제도가 존재하지 않은 상황에서 크게 확대된 한국어 교육계의 현안을 해결하고 미래 방향을 선도하기에는 현재의 제도만으로는 턱없이 부족하다. 한국어 교육 발전 과정에서 요구되는 제도의 구축이 무엇인지에 대한 면밀한 검토와 함께 이를 실현할 수 있는 제도의 도입이 적극적으로 모색되어야 한다.

3.2 국외

3.2.1 한국어 교육의 지역적 재편

국외 한국어 교육 현장에서 나타나고 있는 가장 큰 특징은 전 세계의 한국어 교육이 최근에 지역적으로 큰 차이를 보이며 발전하고 있다는 점이다. 다시 말하면 한국어 교육의 지역적 재편 현상이 나타나고 있다. 교통신호등에 비유한다 할 때 청신호를 보이고 있는 지역이 있는가 하면 적신호를 보이고 있는 지역도 있고 노란색 신호에서 전망이 불투명한 지역이 있다. 청신호는 중국, 남아시아, 몽골, 일본, 극동 러시아에서, 적신호는 호주, 서유럽에서, 그리고 북미, 중앙아시아, 러시아(극동 지역 제외), 동유럽, 중동-아프리카, 남미 등은 규모가 어떠하든 발전과 쇠락을 속단하기 힘든 상황이다.

---

22 한국어 교육과 관련하여 국어기본법의 제정이 갖는 의의, 영향 등에 대하여는 조항록(2007b) 참조.

3.2.2 사회 교육으로서의 한국어 교육의 급속한 확산

국외에서 나타나고 있는 특징 중의 하나는 국내와 마찬가지로 대학 이외의 교육, 즉 사회 교육으로서의 한국어 교육이 급속하게 확대되고 있다는 점이다. 특히 중국, 남아시아, 일본에서의 한국어 학습자 증가의 상당수가 대학 정규 교육 외의 영역에서 나타나고 있다.[23] 중국과 남아시아에서는 한국 정부의 고용허가제 실시로 인한 단기 시험 대비 과정 학습자의 증가가 두드러지고 일본에서는 한류 기반의 한국어에 대한 호기심 차원의 학습자 증가가 두드러지고 있다.

한국어 교육이 대학을 벗어나 일반 사회로 확대되는 과정에서 나타나는 또 다른 특징은 한국어 학습자 변인의 다양화와 학습 목적의 다양화이다. 역사적으로 볼 때 국외에서의 한국어 학습자의 학습 목적은 직무 수행 목적, 경제적 이익 추구, 민족 교육의 차원 등이 주를 이루었는데 이제는 한국, 한국인에 대한 관심의 행동으로의 전환 과정이 추가된다는 의미이다. 이는 한국어 교육의 역사에 있어 시사하는 바도 큰데 한국어, 한국 문화에 대한 단순 호기심의 증가, 개인적 욕구의 충족을 위한 학습자가 늘었다는 점은 세계 시민 교육으로서의 한국어 교육이라는 새로운 목표를 설정하도록 하고 있다. 즉 직무 수행이나 학업의 이수에 필요한 한국어 또는 취업에 필요한 한국어, 민족어로서의 한국어 교육과는 달리 단순히 한국어를 알고 한국을 알겠다는 학습자의 증가는 일상생활과 관련하여 자신의 국경을 뛰어넘어 한국, 한국인을 자신의 관심 내지는 경험의 세계에 편입시키고자 하는 것으로 세계 시민 개념이 바탕에 깔려 있는 것으로 볼 수 있다. 문제는 이러한 학습자군은 한국어 학습을 자신에게 경제적 이익을 갖다 주는 행위 또는 반드시 이행해야 하는 행위와 같은 의무성을 강하게 느끼지 않음으로써 진정한 학습 과정으로의 편입이 현실적으로 이루어지지 않을 수 있다는 점이다.[24] 다시 말해 국외에서 사회 교육으로 한국어 교육이 빠르

23　묘춘매(2006)에서는 중국 내에서 사회교육으로서의 한국어 교육이 정규 대학의 교육보다 훨씬 더 빠르고 크게 확대되고 있음을 지적하고 있다. 중국 내 사회교육으로서의 한국어 교육 현황과 과제에 대하여는 묘춘매(2006) 참조.

24　이와 관련하여 한국의 고용허가제 한국어시험에 대비하여 한국어를 배우는 외국인의 경우 경제적 이익이 존재하는 것으로 간주할 수 있다. 그러나 고용허가제를 대비한 한국어 교육은 특정 교육 기관에서 집단적으로 이루어지는 사회 교육의 한 형태로서, 국외 현지의 사회 교육으로서의 한국어 교육의 전반적인 성격은 한국, 한국인, 한국 사회에 대한 관심에 기반을 둔다고 볼 수 있다.

게 확대되고 있는 현상은 잠재적 학습자군의 확충에는 크게 기여하고 있으나 '적극적 학습자의 양산으로의 전환'이라는 과제를 제기한다. 특히 한국어가 국외에서 아직은 낯선 언어군에 속하고 고도로 발달한 체계성에 기인하여 학습 과정상 문턱이 앞에 존재하는 만큼 초기 학습 단계에서 어려움을 느끼는 경우가 많다. 따라서 입문 단계 한국어 학습자에게 '어려운 한국어'가 아닌 '쉬운 한국어'로, '재미없는 한국어'가 아닌 '재미있는 한국어'로 인식되도록 해야 한다. 이는 바로 한국어 교육계의 몫이라고 볼 수 있다.

3.2.3 한국어 교육계 내적 요소의 변화

최근 국외의 한국어 교육 현장 내에서 나타나고 있는 현상들은 과거에 비하여 발전을 기약하게 하는 긍정적인 측면이 많으나 아직도 해결해야 할 교육계 내부의 과제가 많다. 우선 국외 주요 지역에서 나타나고 있는 현상으로 한국어 교원의 세대교체가 빠르게 진행되고 있다는 점이다. 한국어 교육의 발달 과정에서 분명하게 드러났듯이 국내외 한국어 교육이 태동 이후 도약에 이르기까지 오랜 시간이 걸렸고 이 기간 동안 초기 참여 인력의 역할이 지대했다. 이들은 수십 년 동안 한국어 교육의 중심에 있었고 새로운 인력의 충원은 불필요한 상황이었다. 새로운 인력의 충원은 1980년대 중반 이후 도약기에 이루어짐으로써 한국어 교육계는 2세대의 부재, 즉 1세대와 3세대의 병존이 진행되어 왔다는 특징을 갖고 있다. 이런 상황에서 최근에 다시 한 번 한국어 교육이 크게 확대되면서 3세대의 역할이 커지고 있다. 특히 이들 중 상당수는 한국에 유학하여 최신의 교수법을 학습한 이들도 있으나 현지 대학을 졸업한 후 교단에 서는 경우도 다수여서 교사로서의 역량에 한계를 안고 있는 경우가 많다. 이는 곧 1세대의 쇠퇴 이후 3세대의 전면 부상이라는 세대교체와 함께 이에 따른 후유증도 적지 않을 것임을 예상하도록 한다.

두 번째로 들 수 있는 것은 한국어 교육 방식의 다양성을 시도하고 있다는 점이다. 공중파 방송, 위성 방송, 케이블 방송 등을 통한 한국어 교육에 대한 논의가 일본, 중국, 인도네시아, 몽골 등에서 진행되었고 이 중 일본은 성공한 경우로, 중국은 아직은 실패한 경우로, 인도네시아와 몽골은 대안을 모색하는 경우로 볼 수 있다.[25] 앞으로 디지털 방송이 상용화되고 전문 기업의 참여가 커진다면 한국어 교육 방식은 더욱 다양화해질 것으로 보인다.

세 번째로 들 수 있는 것은 외국에서의 한국어 교육에서 재외동포의 비중이 낮아지고 있다는 점이다. 과거 한국어 교육이 확대되는 시점에서 북미, 호주, 남미 등에서는 1960년대 이후 현대적 의미의 이주민의 후손이 주요 학습자 기반이었고 교육 기관은 이를 바탕으로 한 발전 모델을 세우기도 하였다. 또한 중국, 중앙아시아, 러시아 극동 지역 등 전통적 의미의 이주민이 다수 존재하는 지역에서도 학습자 집단은 물론 교사 요원의 확충에 있어서도 재외동포가 주요 기반이 되었으나 이러한 모델의 한계가 이미 입증되었다. 즉 교사로서의 자질에서도 한계가 드러나고 수요 기반으로서의 중요성도 점차 낮아지고 있다. 한국 정부 역시 재외동포 정책에 대한 냉전적 사고의 유산을 버리면서 이들에 대한 교육의 자율성을 존중하는 듯하다.[26]

이러한 상황에서 국외 한국어 교육의 발전과 관련하여 진지하게 고민해야 점들이 적지 않다. 대표적인 것으로 내적 역량의 확충이 충분히 이루어지고 있지 않다는 점이다. 역내 협력, 한국과의 협력이 활성화되지 못한 채 교육 내적 역량의 확충은 자국 안에서 에너지의 결집을 통해 추구하거나 개별 대학 또는 개인 차원에서 추구되는 경우가 많다. 특히 한국어 교육을 이끌어 갈 신진 교수 인력에 대한 재훈련은 일부 지역을 제외하고 찾아보기 어려우며 교재의 개발도 KLEAR 교재, 일본의 고등학교 교육용 교재 개발을 제외하고는 역내 협력의 예를 찾기 어렵다.[27] 무엇보다도 중

---

25 일본의 경우 앞에서 언급한 것처럼 NHK의 한국어 방송 강좌인 '안녕하십니까?'의 방송 교재 판매 부수가 중국어 강좌 방송 교재 판매 부수를 앞선 것이 그 예이고 중국의 경우에는 국내의 모 회사가 중국 내 방송국과 협력하여 실시한 한국어 강좌가 중도에 중단된 예가 있으며 몽골과 인도네시아는 국내와 현지 사업가가 공중파 또는 케이블 방송을 통한 한국어 강좌를 모색하고 있는 것으로 알려지고 있다.

26 이와 대조적으로 중국의 경우 한국 정부의 국외 한국어 교육 지원 정책이 동포가 아닌 현지인 위주였다는 비판도 있다. 이러한 지적에 대하여는 강은국(2007) 참조.

27 KLEAR 교재는 영어권 대학에서 사용할 목적으로 한국국제교류재단이 지원하고 미국의 하와이대가 주관하여 영어권 소재 대학의 주요 교수들이 참여하여 1994년부터 약 10년간 지속된 교재 개발 사업의 결과로 나온 24종의 교재를 말하며, 일본 내 고등학교 교재는 2000년대 초에 일부 대학 교수와 고등학교 교사들이 협력하여 개발한 '스키야넨 한글'을 의미한다.

요한 것은 세계 각 지역의 한국어 교육계가 작금의 한국어 교육 확대를 맞아 개인 또는 학교 차원에서 기반을 구축하고자 할 뿐 진정한 협력을 통한 역내 한국어 교육 발전과 자생력 확보 노력이 소홀하다는 점이다. 특히 이들의 노력이 한국으로부터의 재정적 지원만을 원할 뿐 활동의 주체를 개인 또는 개별 학교에 국한하는 등 폐쇄적인 현상을 보이고 있다.

이와 함께 지역 특성에 맞춘 발전 전략이나 노력이 요구되나 이를 효율적으로 진행하지 못하는 한계가 노출되고 있다. 서유럽의 경우 1950년을 전후해 일었던 초기의 수요 기반에 따라 한국어 교육이 폭넓게 태동하였고 1980년대에 널리 확산되는 양상을 보였으나 이후 수요 기반의 확충이 일지 않아 빠른 발전을 보여주지 못하고 있다. 오히려 지역에 따라 쇠락의 조짐을 보이고 있으나 수요 진작을 위한 교육계 내부의 대안 제시가 부족한 형편이다.[28] 중국의 경우 역시 수요 기반의 폭발적인 확충으로 한국어 교육이 빠른 도약의 과정에 있으나 중국 내 한국어 교육계가 협력하여 해결해야 할 과제를 성공적으로 해결해 내고 있는지는 미지수이다. 한 때는 중국 내 교육계가 협력하여 표준 교재도 개발하고 공동 학술회의도 개최하였으나 최근에 중국 내에서 통용될 수 있는 교재 개발을 위한 협력 활동이 부진하고 학술회의의 진행도 중국 내 한국어 교육계 모두가 참여한다고 보기 어려운 실정이다. 학습자 규모도 크고 앞으로도 확대의 가능성이 큰 지역인 만큼 중국 내 한국어 교육계의 협력은 시급하게 요구된다.[29]

---

28 유럽의 한국어 교육은 1950년을 전후하여 냉전 체제의 공고화가 진행되는 과정에서 동서 양 진영의 역내 단결의 필요성에 따라 각각 한국어 전문 인력의 필요성이 제기되어 주요 국가의 주요 대학에 한국어 강좌가 개설되었고 1980년대에 여타 지역과 마찬가지로 한국의 경제성장 등 다양한 요인으로 한국어 개설 대학이 급속하게 늘어났다. 연재훈(2006)에서는 유럽의 한국어 교육 발전을 위한 대안으로 12가지를 제시하고 있다.

29 이러한 논의와 관련한 중국 내 한국어 교육의 과제에 대하여는 김병운(2007) 참조.

4. 맺음말

최근의 한국어 교육 환경의 변화는 한국어 교육이 한 차례 크게 도약하였던 1980년대 못지않다. 환경의 변화가 가져오는 영향을 중심으로 논한다면 1980년대보다 더 크다고 볼 수 있다. 1980년대의 환경 변화가 학습자의 숫적 증가를 바탕으로 하여 한국어 교육의 기초 기반의 확충을 요구하였다면 최근의 환경의 변화는 사회 교육으로서의 한국어 교육 확대, 특수 목적 한국어 교육의 확대, 수요자 집단에 대한 다양한 교육 공급 방식의 확충 등 한국어 교육의 다양성을 보여 주며 수요자 중심의 효율적인 한국어 교육을 요구하고 있다. 여기에 한국어 교육의 주요 행위자로서 정부와 정부 산하기관이 적극적으로 참여하면서 한국어 교육의 제도화가 급속히 진행되고 있다.

외견상으로는 지난 반세기 동안 구축되어 온 한국어 교육 기반과 정부(산하기관)의 참여는 최근의 한국어 교육 주변 환경의 변화로부터 제기되는 문제를 어느 정도 해결해 주고 있는 듯하다. 그러나 예상 밖으로 크게 일고 있는 한국어 교육의 다양화는 지금까지 한국어 교육계가 축적해 놓은 내적 역량으로는 감당하기 힘든 성격이고 규모이다.

특수 목적 한국어 교육 영역과 사회 교육으로서의 한국어 교육 영역의 확대는 한국어 교육계에는 하나의 도전으로 인식된다. 지금까지 일반 목적 한국어 교육 과정으로 정규 교육 형태를 중심으로 발전해 온 한국어 교육계이기에 최근의 큰 변화는 쉽게 해결할 수 없는 과제를 제기하는 것이다. 즉 교육 과정, 교육 자료, 교수 방식 등에 있어 총체적으로 재접근이 요구되고 효율적으로 교육을 담당할 전문 인력의 양성도 요구된다. 여기에 방대하게 분포된 교육 현장과 교육 수요자가 처한 특수 여건 등은 기존의 한국어 교육계 역량으로는 감당하기 힘든 부분이다.

이렇게 볼 때 현 시대 한국어 교육 주변 환경의 변화가 제기하는 문제는 기존의 한국어 교육계의 내적 역량만으로는 감당하려고 해서는 안 될 것이다. 이제 한국어 교육계는 기존의 내적 역량을 총체적으로 결집함은 물론 인접 학문 분야와의 협력을 강화하여 변화된 상황에서 제기하는 문제 해결 능력을 키워야 하고 정부 유관 부서 등 한국어 교육과 관련된 이해 당사자들과의 협력을 도모하여 총체적인 역량을 강화해야 할 것이다.

이런 과정을 거치면서 시급히 추진할 일은 최근의 한국어 교육의 변화가 갖는 성격과 실체를 정확하게 파악하고 총체적인 대안을 모색하는 일이다. 정부 내 관련 부서, 한국어 교육 관련 학술단체, 한국어 교육계의 주요 전문가, 교육 현장의 대표, 한국어 교육 수요자 집단의 대표 등이 참여하는 국가 차원의 한국어 교육 발전 종합 계획의 수립과 구체적인 추진 전략의 개발은 하나의 대안이 될 것이다.

참고문헌

강승혜(2005). 한국어 학습자의 '한류'에 대한 의식 비교 연구. 한국언어문화학의 학문적 정체성. 국제한국언어문화학회 제2차 국제학술대회 발표논문집.

강은국(2007). 중국 상해 지역 동포 사회에서의 한국어 교육의 현황과 과제. 해외 거주 한국인 및 동포들에 대한 한국어 교육의 실태와 방향(1). 이화여대 인문학연구원 · Korean 교육 연구 국제협의회 공동 주최 국제학술회의 발표논문집.

공일주(2006). 중동 · 아프리카 지역의 한국어 교육의 특성과 발전 방향. 한국어 해외 보급과 국제 교류의 증진. 한국국제교류재단 · 국제한국어교육학회 공동 주최 제1회 범세계 한국어 교육 단체 · 지역 대표자 세미나 발표논문집.

국제한국어교육학회(2005). 한국어 교육론 3. 서울: 한국 문화사.

국립국어원(2007). 세종학당 백서.

김병운(2007). 중국의 한국어 교육의 어제와 오늘. 중한수교 15주년 2007년 연례학술대회 기조 발표문.

김중섭(1999). 한국어 교육의 새로운 방법. 외국어로서의 한국어 교육 방법. 서울대학교 국어교육연구소 주최 제1회 한국어교육 국제학술회의 발표논문집.

묘춘매(2006). 중국 내 사회교육으로서의 한국어 교육 발전 방향. 한국어 해외 보급과 국제 교류의 증진. 한국국제교류재단 · 국제한국어교육학회 공동 주최 제1회 범세계 한국어 교육 단체 · 지역 대표자 세미나 발표논문집.

문화관광부(2004). 국어기본법. 문화관광부 보도자료.

문화관광부(2005). 국어기본법 시행령 입법예고.

박영순(2004). 외국어로서의 한국어 교육론-개고판-. 서울: 도서출판 월인.

백봉자(2001). 교재와 교수법을 통해 본 한국어 교육의 역사와 과제. 외국어로서의 한국어 교육 제25-26집. 연세대학교 언어연구교육원 한국어학당.

신현숙(2004). 한국어 교육의 어제와 오늘. 한국어 연구 논문 55집. KBS 한국어연구회.

연재훈(2006). 서유럽 한국어 교육의 현황과 발전 방안. 한국어 해외 보급과 국제 교류의 증진. 한국국제교류재단·국제한국어교육학회 공동 주최 제1회 범세계 한국어 교육 단체·지역 대표자 세미나 발표논문집.

오고시 나오키(2006). 일본 대학에서의 학습자 동기 강화 방안과 교사 자질 향상 방안. 한국어 해외 보급과 국제 교류의 증진. 한국국제교류재단·국제한국어교육학회 공동 주최 제1회 범세계 한국어 교육 단체·지역 대표자 세미나 발표논문집.

이은숙(2002). 중국에서의 한류 열풍 고찰. 문학과 영상 제3권 2호. 문학과 영상학회.

이은숙(2005). 한류와 한국어교육의 상관 현황과 전망. 국어국문학 학문 후속세대를 위하여. 국어국문학회 제48회 전국학술대회 논문집.

조항록(2001). 한국어 교육 현황과 교육 정책. 외국어로서의 한국어 교육 제25-26집. 연세대학교 언어연구교육원 한국어학당.

조항록(2004a). 한국어 교재 개발의 사적 흐름과 최근의 한국어 교재 분석, 한국(조선)어 교육 연구 2호. 중국 한국(조선)어 교육연구학회.

조항록(2004b). 재외동포를 대상으로 하는 한국어 교육의 실제와 과제. 한국어교육 제15권 2호. 국제한국어교육학회.

조항록(2005a). 국내 한국어 교육의 발달 과정과 특징. 우리말학회 전국학술대회 발표논문집.

조항록(2005b). 외국어로서의 한국어 교육 발달의 역사적 고찰1, 한국어교육 제16권 1호. 국제한국어교육학회.

조항록(2005c). 중국 내 한국어 교육의 특징과 발전 방안. 한국언어문화학 제2권 제2호. 국제한국언어문화학회.

조항록(2006). 한국국제교류재단의 한국어 국외 보급 사업. 한국국제교류재단 창립 15주년 기념회의 발표논문집. 한국국제교류재단.

조항록(2007a). 한국어교육 실시. 국어연감 2006. 국립국어원.

조항록(2007b). 국어기본법과 한국어 교육 - 제정의 의의와 시행 이후 한국어 교육계의 변화를
　　　중심으로 - . 한국어교육 제18권 2호.

조항록(2007c). 이주노동자 대상의 한국어 교육의 실제와 과제, 한국사회언어학회 2007년 추계
　　　학술대회 주제발표 논문.

한도 치즈코(2005). 일본의 한국어 시민강좌에 미치는 한류의 영향. 한일신시대와 일본에서의
　　　한국언어문화. 국제한국언어문화학회 한일수교 40주년 기념 일본학술대회 논문집.

허 용(2007). 국가기관의 한국어 국외 보급 실태. 한국어 해외 보급과 국제 교류의 증진. 한국
　　　국제교류재단 · 국제한국어교육학회 공동 주최 제1회 범세계 한국어 교육 단체 · 지역
　　　대표자 세미나 발표논문집.

V. 국외 한국어 교육 발전의 사례: 동남아시아

1. 들어가기

이 글에서는 최근 한국어 교육 발전 과정에서 주목을 받고 있는 동남아시아, 그 중에서도 한국어 교육의 역사가 길고 역내 다른 국가에 비하여 규모, 다양성, 역동성의 측면에서 상대적으로 두드러지는 말레이시아, 인도네시아, 태국, 베트남의 한국어 교육의 역사적 흐름과 현시점 주요 특성을 살펴보고 발전을 위한 대안을 모색하고자 한다.[1]

동남아시아에서의 한국어 교육은 국내외에서 한국어 교육이 빠르게 발전하던 1980년대 중반에 약간의 시차를 두고 말레이시아, 인도네시아, 태국 내 대학 한 곳씩에서 시작되어 1990년대에는 필리핀, 베트남, 미얀마 등으로 확대되었다. 2000년대 들어서는 캄보디아, 라오스, 싱가포르, 브루나이 등 동남아시아 내 모든 국가로 확대되어 오늘에 이르고 있다.

동남아시아에서 한국어 교육이 실시된 배경에는 다분히 환경적 요인이 작용하였다. 동남아시아에서 한국어 교육이 시작된 1980년대 중반은 경제적인 발전을 어느 정도 이룬 한국이 세계 각지에서 위상을 높이고 역할을 증대하기 시작한 시점이고,

---

1 이 글은 언어와 문화 17권 1호(2021. 2)에 게재한 '동남아시아의 한국어 교육 현황과 발전 방안 - 말레이시아, 인도네시아, 태국, 베트남을 중심으로-'를 이 책의 집필 의도에 맞추어 일부 수정한 것임을 밝힌다. 이 글에서 논의의 대상으로 삼은 4개국은 대학 및 고등학교 한국어 교육의 시작이 역내 다른 국가에 비하여 빨랐고 시작 이후 단절 없이 오늘에 이르고 있다. 현시점 한국어 교육 현장 역시 규모와 다양성의 측면에서 다른 국가와 분명한 차이를 보이고 있다.

동남아시아 국가는 경제발전의 과정에 진입하는 시기였다. 이에 따라 한국과 이 지역 국가 사이의 다양한 협력이 나타나고 한국어 사용 가치가 높아졌는데 이 과정에서 일부 국가에서 한국 정부의 직간접적인 지원을 바탕으로 한국어 교육이 시작되었다. 본고에서 논하는 네 나라 중 80년대에 한국어 교육이 시작된 말레이시아, 태국이 여기에 속한다.[2] 이후 약간의 시차를 두고 한국어 교육이 시작된 인도네시아, 베트남은 한국 정부의 직접적인 지원은 없었지만 한국어 사용자의 필요성이 갑자기 대두된 점이 한국어 교육 태동의 배경이 되고 있다.

동남아시아의 한국어 교육은 태동 이후 30여 년이 지난 현시점 괄목할만한 발전을 이루었다. 거시지표 면에서 큰 성장이 있었고 교육의 유형도 다양해졌으며 한국어 교육의 국가·사회·교육적 기능도 다원화되었다. 그러나 발전 과정에서 부침도 존재하였고 더 큰 발전을 위해서는 시급히 극복해야 할 한계도 적지 않게 드러나고 있다. 말레이시아의 초기 발전 과정에서는 프로그램이 폐쇄되기도 하였고 베트남에서는 고등학교 한국어 교육의 요구가 존재함에도 불구하고 교과목 채택이 매우 더디게 나타난 것이 대표적인 예이다. 여기에 이 지역의 한국어 교육계가 현장 요구를 적절하게 수용할 정도의 역량을 갖추었는지에 대한 냉정한 논의도 필요한 시점이다. 다시 말해 수요자 집단의 규모가 커지고 수요자 변인도 다양해져 왔지만 실제 교육 공급이 이러한 요구를 적절하게 수용했는지, 그러하지 못했다면 그 원인이 어디에 있는지는 냉정하게 짚어볼 필요가 있다.

이러한 맥락에서 여기에서는 동남아시아의 한국어 교육 발전 과정을 환경 요인에서 비롯되는 교육 수요에 대한 교육 공급이라는 측면에서 살펴보고 현시점 한국어 교육의 현황과 주요 특성을 정리하고자 한다. 그리고 이를 바탕으로 하여 이들 국가에서의 한국어 교육 발전을 위한 대안을 제시하고자 한다.

---

2 1980년대 중반에 국내외에서 한국어 교육이 도약하게 된 배경에 대해서는 조항록(2005)에서 논하고 있으며, 말레이시아와 태국의 한국어 교육 태동에 한국과 이들 국가 사이의 협력의 필요성이 배경으로 작용했음은 류승완·김금현(2018)과 최창성(1989)에서 충분한 근거를 바탕으로 논하고 있다.

2. 동남아시아 한국어 교육 관련 현황

동남아시아 한국어 교육의 현황이나 발전을 논한 연구는 그리 많지 않다. 동남아시아 한국어 교육의 현황이나 발전 방안에 대하여 본격적으로 논의를 시작한 것은 이 지역 한국어 교육계와 역외 전문가들 사이의 학술 교류가 시작된 2000년대 초반으로 볼 수 있다.[3] 이 시기에 국제한국어교육학회가 한국국제교류재단의 지원을 받아서 동남아시아를 순회하면서 〈남아시아 한국어 교육자 현지 워크숍〉을 개최하였고 같은 시기에 매년 국내로 남아시아 한국어 교육자를 초청하여 연수를 실시하였다. 이러한 현지 워크숍과 초청 연수에서는 으레 동남아 한국어 교육 현황에 대한 보고와 발전 논의가 포함되었으나 심도 있는 논의로까지는 진전되지 않았다.[4] 이후 간헐적으로 현황이나 발전 방안에 대한 연구가 나오는데 대체로 현황 논의에 그치고 있다. 오히려 학술 연구의 차원에서 보자면 이 시기에 인도네시아 가자마다대학 내에 한국학연구소가 설립되어 한국학 중심의 연구 분위기가 조성되어 가고 있었던 것과 대조가 된다.[5] 다만 최근 들어 공공외교 차원에서의 논의, 한국학 연구 차원에서의 논의 등 인접 학문에서 이 지역의 한국어 교육을 논의한 예가 나타나고 있다.

동남아시아 한국어 교육 발전 논의는 2011년에 변곡점을 맞은 것으로 보인다. 2011년에 한국 정부와 태국 정부 사이의 협의에 따라 태국 내 중고등학교 한국어 교육에 대한 한국 정부 차원의 지원이 본격화하면서 다양한 쟁점에 대한 논의가 이루어졌다. 최근에는 베트남 내 중고등학교에 한국어 과목이 채택되면서 유사한 상황이 베트남을 중심으로 나타나고 있다. 이와 같이 동남아시아 한국어 교육에 대한 총체적인 논의는 빈약한 상태이지만 국가별 발전 논의는 시간이 지나면서 크게 늘고 있

---

3 2000년대 이전에 열린 한국어 교육 관련 국제학술회의 발표 논문이나 학술지 게재 논문에서 동남아시아 한국어 교육을 논한 예는 최창성(1989)이 유일하다.

4 이 워크숍은 주로 한국어 교육자의 역량 강화를 중심으로 진행된 것으로 한 축은 현황 논의이고 다른 한 축은 교사의 교수 역량 강화를 위한 특강으로 이루어져 있다.

5 가자마다대학 한국학연구소는 이후 활동이 활발한 편은 아닌 것으로 알려지나 남아시아에서의 한국학 연구 및 교육 활동은 남아시아한국학회(KoSASA: Korean Studies Association of Southeast Asia)라는 단체의 결성에 이를 정도로 조직화의 과정을 거쳐왔다.

는 것으로 볼 수 있다.

이 지역의 개별 국가를 대상으로 하는 한국어 교육 발전 논의는 태국의 한국어 교육 관련 논의인 최창성(1989)을 이례적인 경우로 본다면 베트남 관련 논의로부터 시작된 것으로 보인다. 베트남 한국어 교육 관련 최초 연구는 조명숙(2001)으로서 당시 빠르게 확대해 가던 베트남 한국어 교육의 현황을 정리하였는데, 주로 거시지표 논의로서 쟁점이나 현상에 대한 심층적인 분석은 시도되지 않았다. 이후 조명숙(2005), 하인숙(2009), 남미혜(2010), 양지선·박동희(2012)로 이어지는데 역시 현황 정리 및 논의로 전개되고 있다. 한편 교사의 자질 향상을 논한 양지선(2014)을 시작으로 구체적인 쟁점 중심의 논의가 나타나는데 프엉마이(2019)에서는 평가 발전 방향을, 김지혜·김호정(2019)에서는 고등학교에서의 한국어 교육 채택 문제를 다루고 있다.[6] 여기에 Tran Thi Huong(2020)은 베트남에서의 한국어 교육 현황을 대학, 사설 교육기관, 세종학당, 고등학교 등으로 나누어 주요 지표 중심의 논의를 진행하였다. 그리고 뒷부분에서 베트남의 다변화된 한국어 교육 현황을 바탕으로 할 때 베트남 내 한국어 교육을 총괄할 수 있는 기관 설립을 제시하고 있으나 구체적인 내용은 보여주지 못하고 있다.[7]

말레이시아 한국어 교육 발전과 관련한 논의의 시작은 베트남과 비슷하지만 그 수나 내용에서는 큰 차이를 보이고 있다. 말레이시아 한국어 교육 발전과 관련한 논의는 류승완·김금현(2001)에서 비롯되나 이후 산출된 논의도 그리 많지 않고 연구자의 폭이 매우 제한적이라는 특징이 있다. 또한 한국어 교육 현황 논의의 대부분이 한국학과 연계되어 논의되고 있다는 특징을 보이고 있다. 지금까지 나온 말레이시아의 한국어 교육 현황 및 발전 방안에 대한 논의로는 류승완·김금현(2005), 나은영(2007), 류승완·김금현(2010), 류승완(2016), 류승완·김금현(2017)을 들 수 있는데 주로 현황에 대한 논의를 전개하면서 발전 방안으로 한국어 교원의 전문성 향상

---

6 여기에서 예시로 드는 연구는 본고의 주제와 관련이 있는 것으로서 앞에서 언급한 바와 같이 최근 들어 베트남인 학습자를 대상으로 하는 교수-학습 연구는 상대적으로 활발하게 산출되고 있음을 밝힌다.

7 Tran Thi Huong(2020)의 제목은 "베트남에서의 한국학 교육 및 연구 현황과 방향"이나 실제 논의는 한국어 교육 관련 중심으로 전개되어 있다.

을 제시하고 있다. 대표적인 예로서 몇몇 연구에서는 말레이시아 정부의 교육 정책 특성상 대학 내 한국어 강좌는 쉽게 폐강되지 않지만 자질 있는 한국어 교원의 부족으로 한국어 교육 발전이 더딘 것으로 진단하고 한국 정부의 지원 등을 요청하고 있다.

　인도네시아 한국어 교육 발전 논의 역시 그리 많지 않다. 김긍섭(2005), 백창훈(2007), Florian Carolus Horatiabnus(2008)에서 한국어 교육 현황에 대한 논의가 있었으나 그 이후로 오랜 기간 한국어 교육 발전 논의가 나오지 않았다. 다만 인도네시아의 한국학 현황 및 발전을 논하는 과정에서 한국어 교육을 다룬 예를 찾을 수 있는데 김긍섭 · 양승윤(2003), 신영지(2009), 전재강 · 박은희(2015)가 그 예이다. 이에 비하여 인도네시아 한국어 교육과 관련한 논의는 한국어 교육 각론에 대한 논의로 출발이 되었음을 알 수 있는데 인도네시아인으로 한국에 유학을 와서 학위논문으로 산출한 아딘다(2001), 황바이(2008)에서는 각각 발음 교육과 교재를 다루고 있다. 이후 오랜 시간이 지난 후 이지영(2020)에서 인도네시아 한국어학과 교육과정을 다룬 연구로 이어지고 있다. 이들 연구 중 신영지(2009), 전재강 · 박은희(2015), 이지영(2020)에서는 인도네시아 한국어 교육 발전을 위한 과제를 제시하고 있는데, 이들 논문이 5년 안팎의 시차를 두고 산출되었음에도 전문 교수요원 부족, 현지 적합 교재 개발, 교육 과정 개발, 교수 방법 개선 등이 공통적으로 제시되고 있다.

　마지막으로 태국 내 한국어 교육 관련 논의는 그 역사가 길고 최근 들어 연구의 양도 크게 늘었다. 최창성(1989)의 논의는 태국 내에서 한국어 교육이 어떤 배경에서 태동하였는지를 논하고 있는데 한국의 경제 성장과 한국-태국 협력의 증진 과정에서 한국어 구사자의 필요성이 제기되어 한국 정부의 지원으로 태국 내 한국어 교육의 시작이 가능했음을 밝히고 있다. 이후 태국 내 한국어 교육 발전을 위한 논의는 오랜 시간이 지난 후 나오게 되는데 지라폰 잔줄라(2005), 노미연(2009), Parit Yinsen(2011)에서 태국 내 한국어 교육 현황과 발전을 위한 대안을 논의하였다. 특히 Parit Yinsen(2011)에서는 태국 내 한국어 교육 정책에 대해 논하고 있는데 정치 · 경제 · 세계화 · 종교적 요인 등으로 나누어 태국 내 외국어 교육 정책을 살펴보고 태국 내 한국어 교육 정책 및 개선 방안을 제시하고 있다. 이후 태국 내 한국어 교육 발전 논의에 큰 변화가 이는데 이는 태국 중고등학교에서 한국어 교육을 본격적으로 실시하기 시작하면서부터이다. 태국 중고등학교 한국어 교육 관련 논의의 대표적인 예로서 진정란(2012), 임형재(2013)를 들 수 있는데 이들 논문에서는 태국 내 중고등학교 한국어 교육이 나아갈 방향과 관련하여 교재 개발 필요성, 중고등학교와 대학 사이에 연계된 교육과정의 개발 필요성, 전문성을 갖춘 교수진 확보 등을 공통적으로 제시하고 있다. 이후 Sirinat Sirirat(2017), 김지혜 · 차나마스펭쏨분 · 수파펀분룽(2018)에서 태국 내 한국어 교육 발전 논의가 이어지고 있다.

이상에서 살펴본 바와 같이 동남아시아를 하나의 지역권으로 설정하여 한국어 교육 현황을 정리하고 특성을 파악하거나 발전을 위한 대안을 모색한 논의는 찾기가 어렵다. 여기에서는 개별 국가 차원의 논의를 진행한 후에 이를 종합하여 동남아시아를 대상으로 하는 발전 논의도 함께 제시하고자 한다.

3. 동남아시아 한국어 교육의 발전 과정과 특징

3.1 말레이시아

말레이시아의 한국어 교육의 시작은 1984년 마라공대에 한국어 강좌가 개설되면서부터이다. 한국의 동남아 진출 정책과 말레이시아의 동방정책(Look East Policy)이 연관성을 가지면서 말레이시아 내에서 한국어 교육이 실시되는 계기가 마련되었다.[8]

마라공대에서의 한국어 교육이 실제적인 성과를 냄으로써 말레이시아 정부는 자국 내 최고 수준의 대학 두 곳에 한국어 강좌를 개설하도록 허가하였는데 1980년대

---

8 말레이시아의 동방정책은 한국, 대만, 일본과의 협력을 강화하는 정책이며 협력의 주요 분야는 1) 산업 및 기술훈련, 2) 말레이시아 정부 중견관리 단기교육, 3) 대학교육 및 기술교육, 4) 교육 훈련 및 연구기관들의 상호 교류 및 유대강화 등이다. 이에 따라 말레이시아 연수생이 한국에 다녀갔으나 언어 문제로 성과가 제한적이었다는 판단에서 한국 연수 전에 현지에서 한국어를 학습하도록 하는 조치가 내려졌다(류승완 · 김금현, 2018).

후반에 개설된 말라야대학과 말레이시아국립대 한국어 강좌가 그것이다. 이후 다방면으로 양국 간의 관계가 진전되면서 1990년대 초에는 말레이시아농과대학(이후 뿌뜨라대학으로 개칭), 말레이시아과학대학이 한국어 강좌를 개설하였고 2000년대 초에는 후세인공과대학, 말레이시아 북부대학, 사라왁대학 등 여러 국립대학, 사립대학에서 한국어 강좌를 개설하게 되었다(류승완·김금현, 2018). 그러나 이들 대학의 한국어 강좌는 이후 얼마 가지 않아 폐쇄되거나 개설-폐쇄가 반복되는데 류승완·김금현(2018)에서는 교원의 수급 문제가 주된 원인인 것으로 진단하고 있다.

이렇게 대학을 중심으로 하는 한국어 교육의 발전 과정은 2000년대 들어 수년이 지나면서 말레이시아에 한류가 상륙하고 한국 정부의 적극적인 한국어 국외 보급 정책이 실시되면서 다원성을 갖게 된다. 세종학당을 통한 일반인 대상 한국어 교육으로의 확대와 고등학교 한국어 교육으로의 확대가 그것인데 2013년에 쿠알라룸프르세종학당이, 2016년에는 방이세종학당이 설치되었고 역시 2016년에 2곳의 고등학교에서 한국어 과목이 시범적으로 개설되었다.

2020년 현재 말레이시아에는 18개 대학에서 한국어 교육이 실시되고 있으며 19개의 고등학교에서 한국어 과목을 채택하고 있으며 2개소의 세종학당이 설치되어 있다.[9] 다만 한국 정부가 시행하는 고용허가제 대상 국가가 아니기 때문에 동남아시아의 여러 국가에 분포하고 있는 노동자 대상 한국어 교육기관은 없는 것으로 알려진다.

이렇게 살펴본 말레이시아 한국어 교육의 특성을 정리하면 다음과 같다.

첫째, 말레이시아 한국어 교육은 정부 간 협력에 의하여 한국어 교육이 태동한 대표적인 사례이다. 1990년대에 시작한 한국국제교류재단(KF)의 해외 한국학/한국어 교육 지원 사업이나 최근 적극적으로 추진되고 있는 교육부의 해외 중등학교 한국어 과목 채택 지원 사업보다 이른 시기에 정부 간 협력 사업으로 한국어 교육이 실시되

---

9 여기에서 제시하는 2020년의 현지 한국어 교육 현황은 대학의 경우 KF통계센터, 고등학교의 경우 교육부 보도 자료(2020년 11월 4일), 세종학당은 세종학당재단 홈페이지에 근거하고 있다. 참고로 KF통계센터의 해외 한국학 현황은 2018년에 구축된 아카이브가 바탕이 되지만 구축 이후 지속적으로 정보가 갱신되고 있음이 확인되어 2020년 정보로의 활용 가치가 있다고 보고 활용하였음을 밝힌다.

었다는 점에서 한국어 교육사적 의미를 갖는 것으로도 볼 수 있다.

둘째, 말레이시아의 한국어 교육 태동과 발전의 주요 변수는 경제발전과 한류임이 드러난다. 1980년대 이전에는 말레이시아가 한국보다 경제적 우위에 있었으나 1980년대를 거치면서 한국의 경제력이 우위에 서게 되어 말레이시아에서는 한국과의 협력이 중시되고 그 과정에서 한국어 사용자의 필요성이 제기된 상황이다. 지금은 말레이시아의 경제력이 신장하여 한국의 고용허가제 대상 국가에 포함되지 않지만 1993년부터 실시한 산업연수생제도에서 말레이시아의 많은 연수생이 한국을 다녀갔고 이 과정에서 제한적이나마 한국어의 확산이 진행되었다. 이후 말레이시아의 경제력 신장에 따라 한국의 고용허가제 대상 국가에 포함되지 않음으로써 한국어 수요 증가 요인을 찾기 어려웠으나 한류가 본격 상륙한 2010년을 전후하여 다시 한국어 교육 수요가 급격히 확산된 것으로 보인다. 이는 대학 내 한국어 교육의 증가, 세종학당의 설치, 고등학교 한국어 과목의 채택 등으로 이어져 한국어 교육의 규모 확대, 다양성의 증대를 가져오고 있다.

셋째, 교원, 교재 등 교육 전문성의 확보가 한국어 교육 발전의 핵심적인 변수임을 증명하고 있다. 말레이시아 한국어 교육 발전 과정의 부침에서 교원 요인이 핵심이었다는 논의는 여러 곳에서 확인할 수 있다. 즉 태동은 외적 환경에서 비롯될 수 있지만 그것을 지속시키는 요인은 교육 전문성, 교육 인프라임을 확인하는 사례이다.

3.2 인도네시아

인도네시아의 한국어 교육의 시작은 한국어 사용자에 대한 사회적 필요성이 제기됨에 따라 1987년에 사립대학인 나시오날대에 한국학연구소가 설립되면서 시작되었다(김긍섭, 2005).[10] 나시오날대는 이를 발전시켜 1994년에 전문대 과정으로 한

---

10 김긍섭(2005)에서는 나시오날대의 한국어 교육 실시의 배경으로 당시 인도네시아에 대한 한국 기업의 직접 투자가 크게 는 점을 들고 있다.

국어학과를 개설함으로써 역시 인도네시아 내 최초의 학과 개설 대학이 되었다.[11] 한편 1989년에 한국어 강좌를 개설한 국립인도네시아대학은 1994년에 폐강되었다가 1997년에 다시 한국어 강좌를 운영하였다. 비슷한 시기인 1996년에는 가자마다대에 한국학연구소가 설치되어 한국어 교육을 실시하게 되었고 2003년에 가자마다대 전문대 과정에 한국어학과가 개설되었다. 이렇게 전문대 과정 또는 개별 교과목으로 발전되어 온 인도네시아의 한국어 교육은 2006년에 인도네시아국립대학에 한국어문화학과가 개설되고 2007년엔 가자마다대에 한국어문학과가 개설됨으로써 인도네시아에서 정규 학위 과정으로 한국어 교육이 운영되기 시작하였다. 이와 함께 인도네시아가 한국의 고용허가제 대상 국가로 지정되고 고용허가제 한국어능력시험(EPS-TOPIK)의 최초 대상 국가에 포함된 2005년부터는 사설 교육기관이 급격히 늘게 되었다(백창훈, 2007).

이와 같이 초기에 더딘 발전을 보이다가 2005년을 전후로 하여 빠르게 확대된 인도네시아의 한국어 교육은 2013년에 고등학교 제2외국어로 한국어가 지정되고 2015년에 수라바야세종학당이 개원하면서 급속히 다원화가 이루어졌다.

2020년 현재 인도네시아에는 15개 대학에서 한국어 교육이 실시되고 있으며 41개의 고등학교에 한국어 과목이 채택되었고 6개소의 세종학당이 설치되어 있다.[12] 뿐만 아니라 자카르타, 발리 등에 고용허가제 한국어능력시험(EPS-TOPIK) 대비를 위한 비교적 규모가 큰 10여 곳의 사설 학원이 있고 술라웨시 등 여러 곳에 소규모의 사설 학원이 산재해 있는 것으로 알려지고 있다.[13]

이렇게 살펴본 인도네시아 한국어 교육의 특징은 다음과 같이 요약할 수 있다.

---

11 나시오날대의 한국어학과는 정규 학사학위를 수여하는 학과가 아닌 디플로마를 수여하는 3년제 연수과정이다.

12 대학 내 한국어 교육은 KF통계센터, 고등학교의 경우 교육부 보도 자료(2020년 11월 4일), 세종학당은 세종학당재단 홈페이지를 참고하였다. 한편 한국어 교육 실시 대학과 관련하여 이지영(2020)에서는 전공 학과가 개설된 4년제 대학 4곳, 3년제 연수 과정 2곳, 교양과목 또는 부설 어학원 강좌 개설 대학 11곳으로 나타나고 있다.

13 한국 정부의 고용허가제 한국어능력시험(EPS-TOPIK)은 한국에 노동자로 오고자 하는 사람은 반드시 통과해야 하는 시험이기에 학습자군을 크게 확산시켰다. 뿐만 아니라 고용허가제는 정부 간 협정에 의하여 실시되는 것으로 노동자로 선발된 후 한국으로 입국하기 전에 일정 시간 한국어 등을 교육 받도록 되어 있어서 이에 대한 교육 수요가 존재한다.

첫째, 인도네시아의 한국어 교육은 전세계적으로 한국어 교육이 도약한 시기인 1980년대 중반에 자생적으로 시작이 되고 이후 한국 정부의 지원이 뒤따른 대표적인 사례이다. 즉 인도네시아 한국어 교육의 시발점인 나시오날대는 사립대학으로서 당시 현지 진출 한국 법인에서 일할 한국어 사용 능력을 갖춘 현지인이 필요하다는 사회적 요구에 배경을 두었다. 이후 1991년에 한국국제교류재단(KF)이 설립된 이후 해외 한국학 지원 차원에서 가자마다대에 한국학연구소가 설립되어 한국어 교육이 실시되었다.

둘째, 현지 대학을 비롯한 교육 기관의 관심과 재정적 뒷밤침이 한국어 교육 발전 여부를 결정하는 중요한 사례가 되고 있다. 1987년의 나시오날대 한국어 교육과 1996년의 가자마다대 한국어 교육은 현지 대학의 관심 부족 및 재정적 지원의 한계로 빠른 발전을 보이지 못하였다. 교원 확보의 문제, 교재 개발의 문제, 학습자에 대한 인센티브 제공의 문제 등 초기 발전에 필요한 정책적 지원이 필요함을 확인시켜 주고 있다.[14]

셋째, 인도네시아의 한국어 교육은 초기 단계 발전은 더디었으나 환경 변화와 정책적 지원에 따라 급속하게 발전한 대표적인 사례이다. 즉 2005년에 고용허가제 한국어능력시험(EPS-TOPIK)이 실시되고 한류의 확산이 본격화하면서 사회 교육으로 빠르게 확산이 되는데, 2010년대에 들어와 세종학당과 고등학교 제2외국어 채택과 같은 정책적 뒷받침에 따라 다원적 발전이 가능해졌다.

3.3 태국

태국에서의 한국어 교육의 시작은 1986년 송클라대학이 한국어를 선택과목으로 채택하면서부터이다. 그 시발점은 한국외국어대학교와 쏭클라대학교 사이의 학술협력 및 교류협정에 기반을 두지만 실제적으로는 주 태국 한국대사관과 한국학술진흥

---

14 2005년 이전 인도네시아의 한국어 교육 발전의 한계에 대하여 김긍섭(2005)에서는 그 이유를 현지 대학의 관심 부족과 재정적인 어려움, 교수진 확보 및 교재 개발의 어려움 등을 들고 있다.

재단의 지원으로 강좌가 개설되었다(최창성, 1989).[15] 1990년대에는 6개 대학으로 한국어 강좌가 확대되는데 송클라대, 부라파대, 마하사라캄대, 나래수완대, 실라파컨대, 출라롱콘대가 이에 속한다.[16] 이 중에서 송클라대와 부라파대는 부전공으로 확대 개편되었다.

태국 내 한국어 교육의 발전은 2000년대 들어서 급속하게 다원성을 띠게 되는데 이는 고용허가제 한국어능력시험(EPS-TOPIK)의 실시와 중등학교 한국어 과목 채택에서 비롯되었다. 인도네시아의 경우와 마찬가지로 태국이 2005년에 고용허가제 한국어능력시험(EPS-TOPIK) 실시 대상 국가로 지정되면서 이에 대비한 사설 교육 기관이 곳곳에 설립되고 2007년에 고등학교 제2외국어로 한국어가 채택되어 2008년부터는 고등학교에서 한국어 교육이 실시되었다. 이에 따라 태국에서는 대학, 사설 학원, 고등학교의 3원체제가 다른 국가에 비하여 일찍 정립되었다. 여기에 2011년부터 한국 정부가 태국 내 중고등학교 한국어 교육을 지원하면서 한국어 학습자는 기하급수적으로 늘었고 비슷한 시기에 세종학당이 개설됨으로써 태국 내 한국어 교육은 대학 중심에서 고등학교와 일반 사회 교육 등 위아래로의 급속한 확대가 나타났다. 태국 내 초기 한국어 교육을 선도하였던 대학 내 한국어 교육도 이 시기에 큰 변화를 가져오는데 그동안 주요 국립대 중심의 한국어 교육이 한국의 사범대학과 유사한 성격인 랏차팟(Rajabhat) 계열로 확대된 점이다. 이 가운데에서도 태국이 한국어 교육을 논할 때 특기할 만한 점으로 고등학교 한국어 교육의 급속한 확대를 들 수 있는데 여기에는 한국 정부의 지원이 바탕에 깔려 있다. 태국 고등학교의 한국어 과목 채택 확대는 한국-태국 정상회담의 의제가 되어 한국 정부의 전폭적인 지원과 태

---

15 태국 내 한국어 교육의 태동과 관련해서 한국외국어대학교 태국어과 교수진의 열정이 크게 작용하였음은 최창성(1989)을 통해서 알 수 있다.

16 태국 내 대학의 한국어 강좌 개설 시기는 연구자에 따라 약간의 차이가 나타나는데 본고에서는 해당 대학의 홈페이지를 근거로 하고 있는 Sirinat Sirirat(2017)에 따랐음을 밝힌다.

국 정부의 적극적인 정책으로 가능한 것으로 알려져 있다.[17] 2018년에 태국 대학입학시험(PAT)의 제2외국어 과목으로 한국어가 채택되면서 태국 내에서의 한국어 교육은 더욱 급속하게 확산되고 있다.

2020년 현재 태국에는 30개 대학에서 한국어 교육이 실시되고 있으며 138개의 고등학교에서 한국어 과목을 채택하고 있으며 5개소의 세종학당이 설치되어 있다.[18] 특히 태국 내 한국어 교육의 위상을 확인할 수 있는 것으로 2018년에 실시한 태국 대학 입시에서 전체 제2외국어 과목 응시자의 약 10%가 한국어를 선택한 것을 들 수 있다.[19]

이렇게 살펴본 태국 내 한국어 교육의 특징은 다음과 같다.

첫째, 국외 한국어 교육의 태동과 발전 과정에서 초기에는 지역 전문가의 역할이 중요한 경우가 많은데 태국은 이의 대표적인 사례이다. 특히 1980년대 중반 이후 국내외 한국어 교육이 도약할 때 한국어 교육 신생 지역에서 한국 내 대학의 현지 지역 관련 학과 또는 현지에 유학을 간 한국인 유학생의 역할이 중심적인 역할을 한 경우가 많았다. 태국은 이의 대표적인 사례로 국내 대학의 태국어학과 교수의 역할이 중요하였다.

둘째, 태국 내 한국어 교육이 급속하게 확산된 2000년대 초반은 한국 정부의 고용허가제 한국어능력시험(EPS-TOPIK)이 실시되고 한류가 확산되어 가는 시기였다. 즉 이러한 환경 변화에서 태국도 인도네시아와 마찬가지로 현지 수요가 증가하

---

17 2009년 5월 태국의 아피싯(Abhisit Vejjajiva) 총리의 방한 시 한국, 태국 정상 간 회의에서 논의되었으며 2010년에는 태국 내에서 고등학교 한국어 교육과정 논의가 진행되고 2011년에는 한국의 교육과학기술부가 태국 내 고등학교에 54명의 한국어 교원을 파견하기에 이르렀다. 그리고 이 지원 활동은 지금까지도 지속되고 있다. 태국 내 고등학교의 한국어 과목 채택과 관련한 초기 논의 및 한국 정부의 지원 내용에 대하여는 진정란(2012) 참조하였다.

18 대학 내 한국어 교육은 KF통계센터, 고등학교의 경우 교육부 보도 자료(2020년 11월 4일), 세종학당은 세종학당재단 홈페이지를 참고하였다.

19 교육부가 주최한 한국어 채택 지원사업 20주년 국제심포지엄에 참석한 쑤깐야 음암반쫑(Sukanya Ngambun-jong) 태국 기초교육위원회 사무부총장은 이러한 사실과 함께 태국 내 고등학교에서 한국어 학습 열기를 소개하였다(연합뉴스 2018. 7. 10. 참조).

여 한국어 교육이 확대된 대표적인 사례이다.[20]

셋째, 태국 내 한국어 교육 발전의 배경에는 태국 정부의 정책적 지원이 크게 작용하였다. 이는 곧 한국어 교육 발전을 위한 현지 정부의 정책적 지원을 이끌어 낼 필요성을 제기하는 사례가 된다. 태국 정부는 한국어를 영어, 프랑스어, 중국어, 일본어와 함께 한국어를 '경제적 외국어'로 선정하고 대학입학시험(PAT)의 과목으로 채택하였다. 현지 정부의 이러한 정책은 결국 태국 내 한국어 교육의 확대를 가져오는 데에 크게 기여하였다.

3.4 베트남

베트남은 1993년에 베트남 국립 하노이인문사회과학대학 동방학부에 한국문학 전공이 개설되면서 한국어 교육이 시작되어 2000년 이전까지 호치민국립인문사회과학대, 하노이국립외국어대 호치민외국어정보대, 홍방대 등 5개 대학에서 한국어 교육 관련 학과가 신설되었다. 이후 2002년, 2003년, 2004년에 각각 1개 대학이 추가되었으나 2007년부터는 한국어 교육 관련 전공 개설 대학이 급격히 늘었다. 여기에 다양한 사회적 수요가 일면서 일반 사회교육으로의 확산을 가져오고 규모가 커지면서 오늘에 이르고 있다. 베트남의 한국어 교육 태동과 초기 발전 과정을 정리한 조명숙(2001), 조명숙(2005)에서는 베트남 내 한국어 교육의 태동은 1992년 한국-베트남 수교 이후 양국 교류가 확대되면서 한국어 통번역 인재 수요의 증가 등 사회적 요구가 그 배경이 되어 현지에서 자생적으로 태동하였음을 밝히고 있다.

베트남에서 한국어 교육이 급격히 확대되기 시작한 시점은 앞에서 살펴본 말레이시아, 인도네시아, 태국과 마찬가지로 2005년 이후로서 이 시기는 한류의 확산과 고용허가제 한국어능력시험(EPS-TOPIK)이 실시된 시기이다. 이에 따라 일반인의 한국어 학습 수요, 특히 한국에 노동자로 오고자 하는 수요가 급격히 늘었으며 2010년

---

20 태국의 경우 진정란(2012)에 따르면 2011년에 TOEA(Thailand Overseas Employment Administration)에 신고된 공·사립 노동자 대상 교육기관이 17개소가 있었던 것으로 알려진다.

을 지나면서 한국에 유학을 오고자 하는 고등학교 졸업생의 한국어 학습 수요도 폭발적으로 증가하였다. 이와 함께 베트남 내 한국어 교육을 논할 때 주목할 수 있는 또 다른 요인은 한국인과 결혼한 베트남 여성을 대상으로 하는 한국어 교육으로서 결혼이민자의 한국어 능력을 요구한 2014년 이후 이들을 대상으로 하는 한국어 교육이 크게 일었다.[21] 여기에 2016년에 고등학교에서 한국어 과목을 시범적으로 채택하고 2019년에는 정규과목으로 채택을 하면서 고등학교에서의 한국어 교육이 확대되고 있다.

2020년 현재 베트남에는 32개 대학에서 한국어 교육이 실시되고 있으며 14개의 고등학교에서 한국어 과목을 채택하였고 15개소의 세종학당이 설치되어 있다.[22] 그러나 이러한 수치와는 다르게 유학생을 대상으로 한국어 교육을 실시하는 기관이나 한국에 노동자로 오고자 하는 베트남인을 대상으로 하는 교육기관의 수는 정확하게 파악이 되지 않으나 꽤 많은 것으로 추정된다.[23]

이렇게 살펴본 베트남 내 한국어 교육의 특징을 살펴보면 다음과 같다.

첫째, 베트남 내 한국어 교육은 현지 수요가 발생함에 따라 자생적으로 태동하였으며 수요의 확대와 다변화에 따라 지속적으로 발전해 왔다. 베트남 한국어 교육의 발전에서 한국 정부의 지원이 직접적으로 작용한 예는 그리 찾기가 쉽지 않다. 다만 세종학당의 설치 개소 수가 중국, 일본에 이어 세 번째인 점은[24] 최근 들어 한국 정부

---

21 이와 관련해서는 조항록(2016) '결혼이민자를 대상으로 하는 입국 전 기본 소양 평가 실시와 현지 교육기관의 대응 – 베트남 사례를 중심으로'에서 자세히 다루고 있다.

22 대학 내 한국어 교육은 KF통계센터, 고등학교의 경우 교육부 보도 자료(2020년 11월 4일), 세종학당은 세종학당재단 홈페이지를 참고하였다.

23 Tran Thi Huong(2020)에서는 등록 사설 교육기관이 160여 개소이며 미등록 사설 교육기관도 산재해 있는 것으로 보고하고 있다. 사설 교육기관의 규모를 짐작하도록 하는 하나의 예로는 한국 내 베트남인 한국어 연수생 수를 들 수 있다. 2020년 11월말 현재 한국 내 한국어 연수생 50,548명 중 베트남인은 33,319명으로 전체의 65.9퍼센트이다(출입국 · 외국인정책 통계월보 2020년 11월호). 이들이 한국 유학을 준비하고 절차를 밟는 과정에서 최소한의 한국어 능력을 입증해야 한다는 점을 생각하면 한국 유학과 관련한 현지 한국어 교육 현장이 폭넓게 존재하고 있음을 짐작케 한다.

24 국가별 세종학당의 개소 수의 순위는 중국 28곳, 일본 17곳, 베트남 15곳의 순이나 일본의 경우 한 곳을 제외하고는 모두 한국교육원, 한국문화원 세종학당으로서 실제적으로는 중국에 이어서 두 번째로 개소 수가 많은 곳은 베트남이다(세종학당재단 홈 페이지를 참조함).

의 지원이 커지고 있음을 알 수 있도록 하는 예이다.

둘째, 베트남도 한류가 확산되고 한국어능력시험(EPS-TOPIK)이 실시된 2005년을 전후하여 빠른 확산이 나타났다. 여기에 결혼이민자와 유학생으로 한국에 오고자 하는 이들을 대상으로 하는 한국어 교육이 폭넓게 실시되고 있다는 점에서 동남아시아의 어느 국가보다도 다양한 요인으로 한국어 교육이 발전되어 오는 국가로 볼 수 있다.

셋째, 베트남 내 한국어 교육이 발전하는 과정에서 한국 정부와의 협력 모델이 크게 드러나지 않는다. 실제로 현지의 교육 수요나 교육 유형을 볼 때 한국 정부와의 협력의 가능성이 크나 그러한 협력이 없이도 자생적으로 한국어 교육이 발전할 수 있는 사례로서 의미를 갖는다. 한편 베트남 내에서는 한국어 교육 전문성 제고 등을 자체적으로 해결하고자 하는 노력을 엿볼 수 있는데 대표적인 예로 베트남 고등학교의 한국어 교육과정 개발과 교재 개발은 한국 정부의 지원이나 한국 내 학계의 공식적인 참여 없이 베트남 내 대학을 중심으로 진행되었고 지금도 진행되고 있는 점을 들 수 있다.

4. 동남아시아 한국어 교육의 특징과 발전을 위한 제언

동남아시아 주요 국가의 한국어 교육 태동과 발전 과정을 살펴볼 때 아래와 같은 몇 가지 시사점을 얻을 수 있다.

첫째, 이 지역에서 한국어 교육이 태동하고 발전하는 과정에서 외적 환경 요인이 중요하게 작용하였다. 이 지역에서 한국어 교육이 태동한 1980년대와 1990년대는 한국의 경제성장과 국제적 역할의 증대 등 여러 요인이 작용하여[25] 전세계적으로

---

25 조항록(2005)에서는 이 시기 한국어 교육 발전의 환경 요인으로 ① 한국의 경제성장과 국제적 역할의 증대, ② 86 아시안게임과 88 서울올림픽을 통한 국제 사회에서의 한국의 이미지 제고, ③ 재외동포 후손의 증가, ④ 냉전 종식에 따른 구 공산권 국가와의 수교 등을 들고 있다.

한국어 교육이 태동 내지는 도약하던 시기였다. 본고에서 논한 4개 국가의 경우에도 한국의 경제성장과 국제 사회의 역할 증대에 따라 한국과 동남아시아 국가 사이의 경제 협력이 증진하면서 한국어 사용자에 대한 사회적 요구가 발생한 점이 한국어 교육 태동에 공통적으로 영향을 끼쳤다. 뿐만 아니라 여러 지표가 증명하듯 이 지역에서 한국어 교육이 급격하게 확대된 2005년을 전후한 시기는 기존의 이 지역 국가와 한국의 협력 증진에 더하여 한류가 확산되고 한국 정부의 고용허가제가 실시된 시기이다. 이러한 환경 변화는 한국어가 개인의 이익을 실현시켜 주는 언어로 자리 잡도록 함으로써 한국어 학습 수요를 크게 증가시키는 요인이 되었다.

둘째, 동남아시아의 한국어 교육 태동과 발전에 한국 정부의 지원이 중요한 역할을 하고 있음을 알 수 있다. 말레이시아와 태국의 한국어 교육은 한국 정부의 직간접적인 지원으로 가능하였으며 태국의 중고등학교 한국어 교육 발전에는 한국 정부의 지원이 절대적인 영향을 준 것으로 나타난다. 뿐만 아니라 한국어 학습 수요가 급증하고 있는 베트남에 15개소의 세종학당을 설치하는가 하면 한류 기반의 학습 수요가 급증하고 있는 인도네시아에도 최근 들어 세종학당 설치 규모가 빠르게 늘고 있는 점은 이 지역 한국어 교육 발전을 위한 한국 정부의 노력으로서 의미가 크다. 뿐만 아니라 최근 한국 정부가 동남아시아의 여러 국가의 중등학교에 한국어 과목을 채택하기 위한 지원을 활발히 전개하는데 이러한 활동은 대학과 고등학교라는 상하급 학교 간 연계 구조를 갖춘다는 점에서 큰 의미를 갖는다.

셋째, 동남아시아의 한국어 교육 발전에는 현지 정부의 정책이 중요한 영향을 끼치고 있음을 알 수 있다. 말레이시아 한국어 교육의 태동에 '동방정책'이 주요 요인으로 작용했음은 앞에서 논한 바와 같다. 뿐만 아니라 말레이시아 대학 교육에서 학과 또는 강좌의 신설 또는 폐지를 대학의 자율에 맡긴 점도 말레이시아 한국어 교육이 부침을 거치면서도 지속 발전해 온 요인이 된 것으로 보인다. 현지 정부의 정책이 한국어 교육 발전에 큰 영향을 끼친 대표적인 사례는 태국으로서 앞서 살핀 바와 같이 중고등학교 한국어 과목 채택 및 대학입시 과목 채택 등이 이루어지면서 태국 내 중고등학교 한국어 교육이 발전하고 자연스럽게 랏차팟(Rajabhat) 계열 대학의 한국어학과 신설에도 영향을 주었다. 이에 비하여 인도네시아의 경우 대학 내 외국어 교육에 대한 무관심과 지원 결여는 인도네시아 한국어 교육 발전을 더디게 만드는 요

인이 되기도 하였다.[26]

넷째, 동남아시아 한국어 교육의 발전에서 교육 인프라와 전문성 문제는 시급히 해결해야 할 과제로 지적되고 있다. 말레이시아, 인도네시아, 태국의 경우 자질 있는 교원의 수급 문제가 이 지역 한국어 교육의 발전 여부를 결정하는 요인이 된다고 할 정도로 교원 확보의 중요성이 제기되고 있다. 이와 함께 이 지역 한국어 교육과 관련한 대부분의 논의에서 현지 특성에 맞춘 교재가 없는 점도 공통적으로 지적되고 있다.

동남아시아 주요 국가의 한국어 교육 태동과 발전 과정에서 나타난 이러한 특징을 바탕으로 하여 이 지역 한국어 교육 발전을 위한 몇몇 의견을 제시하면 다음과 같다.

첫째, 정부와 한국어 교육계는 현시점 동남아시아의 한국어 교육 발전에 긍정적인 영향을 주는 환경 요인을 활용할 수 있는 방안을 적극적으로 모색해야 한다. 한류의 지속적 확산, 고용허가제의 주요 대상 지역, 결혼이민자와 유학생 등 한국어 사용 능력을 갖춘 인력의 주요 유입 대상 지역, 한국 기업 진출 및 한국인 관광객이 꾸준히 늘고 있는 지역이라는 특성은 이 지역 한국어 교육의 가치를 높이는 요인으로 작용하고 있다.[27] 여기에 현 정부가 신남방 정책을 가속화하는 상황은 이 지역을 대상으로 하는 한국어 교육을 확대할 수 있는 중요한 환경 요인이 될 수 있다. 이러한 환경 요인은 실제로 이 지역에 대한 정부 차원의 한국어 교육 지원도 강화하도록 하는데, 한국 정부가 한국 내 대학과 협력하여 태국 내 고등학교 한국어 교원 파견 사업을 실시하거나[28] 세종학당 설치 개소 수를 늘린 것이 대표적인 예이다. 정부와 한국어 교육계는 여기에 그치지 않고 현시점에 이 지역에서 나타나고 있는 긍정적인 환

---

26 이 논의는 김긍섭(2005)에 근거한 것이나 최근 논의인 이지영(2020)에서는 인도네시아 정부의 교육 정책이 바뀌면서 개별 대학이 한국어 교육을 발전시킬 수 있는 계기가 마련되어 가는 것으로 보고 있다.

27 이러한 요인은 과거에 한국어 교육을 태동시키고 발전시켰던 전통적인 요인, 즉 냉전 시기 한국과의 관계 유지를 위한 최소한의 한국어 전문가 육성의 필요성이나 재외동포 후손 대상의 민족교육을 위해서 실시한 것과는 분명히 다른 성격을 갖는 것으로 볼 수 있다.

28 태국 내 고등학교 한국어 교육 지원이 시작된 직후 한국어 교육계와 협력하여 서남아시아에 속하는 스리랑카 고등학교의 한국어 교원 지원 사업을 3년 동안 실시한 바가 있다.

경 요인을 중시하여 이 지역 한국어 교육 발전을 위한 다양한 방안을 모색할 필요가 있다. 하나의 예로 이 지역에 폭넓게 산재해 있는 것으로 알려진 사설 교육기관의 한국어 교육 효율성 확보 방안을 들 수 있다. 사설 교육기관은 존립의 목적과 실제 교육과정이 제도권 내 정규 교육기관과는 크게 다르지만 한국어의 확산에 기여할 수 있다. 일차적으로 현황 파악부터 시작하여 여러 쟁점을 도출한 후 하나씩 대안을 찾아보는 노력이 요구된다.

둘째, 동남아시아의 한국어 교육 발전에 있어서 장애 요인으로 작용한 교원 문제를 포함하여 교육 인프라와 교육 전문성을 강화하는 노력이 필요하다. 앞에서 살펴본 바와 같이 이 지역에서 교원 문제는 한국어 교육 발전을 위한 중요한 요소로 거론되어 왔다. 한국어 교육 전공자로서 현지에서 안정적으로 활동할 수 있는 여건이 아직 조성되지 않은 상태이지만 현지 한국어 교육 현장에서 중심적인 역할을 하는 유능한 한국어 교원의 확보 방안이 모색되어야 한다. 이를 위하여 비록 소수라 하더라도 북미와 유럽에서처럼 한국 정부 재원으로 한국어 교육 교수직이 설치된다면 이 지역 한국어 교육 발전을 가속화할 수 있을 것이다. 이와 함께 현지 한국어 교원과 한국 내 한국어 교육계가 협력하여 지속적으로 교원 자질 향상을 위하여 노력할 필요가 있다. 이를 위해서 국내의 주요 한국어 교육 관련 학회가 현지의 한국어 교육계와 협력하여 워크숍 개최, 공동 프로젝트 수행 등을 적극 모색할 필요가 있다. 이렇게 교원의 역량이 강화된다면 현지 한국어 교육 전문성은 급속히 향상될 것이다. 흔히 교육 현장의 3대 요소이고 교육 전문성을 상징하는 교사, 교재, 교수법과 관련하여 교사 요인이 우선 충족된다면 이들이 교재, 교수법의 개선을 이루어낼 수 있기 때문이다.

셋째, 현지 중고등학교 한국어 교육의 발전에 좀 더 관심을 가져야 한다. 역사적으로 국외 한국어 교육은 오랜 기간 현지의 주요 대학 중심의 엘리트 교육과 재외동포 후손을 위한 한글학교 중심의 민족교육으로 발전해 왔다. 그러나 2000년대 들어 한국 기업의 국외 진출, 한류 확산, 고용허가제의 실시 등으로 일반 사회 교육으로 급속히 확산되고 최근에는 중고등학교 교육으로 확산되고 있다. 이는 한국어 교육의 지속 발전을 위한 중등학교-대학-일반 사회의 연계 구조 확보라는 의미를 갖는 것이고, 한국어가 개인의 이익을 실현 시켜 주는 언어라는 인식을 갖도록 하는 것이다.

동남아시아에서도 여러 이유로 중고등학교─대학─일반 사회 등으로 연계 구조가 형성되어 가고 있다. 이를 지속시키기 위해서는 중고등학교 한국어 교육이 일정 규모를 갖춰야 하고 교육의 질이 향상되어야 한다. 앞에서 살펴본 네 나라 중에서 태국의 경우 중고등학교 한국어 교육의 실시 이후 빠른 발전을 보였지만 말레이시아는 오랜 기간 발전의 양상이 나타나지 않고 인도네시아의 경우도 최근에서야 규모가 확대되고 있다. 대학 교육과 사회 교육에서 가장 규모가 큰 베트남의 경우에는 이제 중고등학교 한국어 교육이 시작되는 단계에 있다. 한국 정부는 물론 한국어교육계는 동남아시아 국가의 중고등학교 한국어 교육 발전을 위한 지원 방안을 적극 모색할 필요가 있다.

마지막으로 동남아시아 한국어 교육을 논하는 과정에서 한국학과 한국어 교육의 관련성을 빈번하게 접하게 되는데, 한국학과 한국어 교육의 관계 설정에 대한 논의가 진전이 된다면 동남아시아 한국어 교육 발전에 도움이 될 것이다. 앞에서 살펴본 바와 같이 동남아시아의 한국어 교육의 태동과 발전에서 한국학과 한국어 교육이 동일시되는 경우가 많다. 이는 한국어 교육 현장에서 활동하는 교원에게서도 나타나고 교육과정에서도 나타난다. 한국학과 한국어 교육은 근본적으로 중첩될 수밖에 없고 그것이 상호 간에 도움을 줄 수 있지만 냉정하게 보면 교육의 목표, 내용, 대상 학습자가 차별적으로 존재할 수도 있는 상황에서 양자의 모호한 관계는 진지하게 고민해 볼 필요가 있다. 한국어 능력을 한국학 전공의 선행 단계로 본다면 한국어 교육은 거기에 맞춰서 목표, 내용 등이 설정되어야 할 것이고 한국어 교육을 전공으로 한다면 학습자의 한국어 능력을 키우는 것을 목표로 하고 한국학 관련 교육은 보조적인 기능을 하도록 하는 것이 필요할 것이다. 다시 말해 현지에서 교육기관의 전공 개설 배경과 목표, 학습자의 요구 등 제반 요인을 고려하여 한국학 또는 한국어 교육으로 전공을 분명히 한 후 거기에 맞춰서 운영해 나가야 할 것이다. 이는 곧 제한된 자원의 효율적 운용을 가능하게 할 것이기 때문이다.

5. 결론

이상에서 동남아시아의 한국어 교육 발전 과정과 특징을 환경 요인에서 비롯되는 교육 수요에 대한 교육 공급이라는 측면에서 살펴보고 현시점 한국어 교육의 현황과 주요 특성을 정리하고 이 지역 한국어 교육 발전을 위한 몇몇 의견을 제시하였다.

앞에서 살펴본 바와 같이 동남아시아의 한국어 교육의 태동과 발전에는 몇몇 환경 요인이 작용하였으며 현시점 이러한 환경 요인은 더욱 긍정적으로 작용하여 지속 발전을 기대하도록 한다. 특히 동남아시아의 한국어 교육 발전에 영향을 주는 요인은 전통적으로 한국어 교육이 발전해 온 나라와는 다르게 한국어가 학습자의 이익을 실현 시켜 주는 언어로 인식되면서 다양한 학습자 집단이 형성됨으로써 빠르게 발전하고 있다. 이에 따라 동남아시아에서는 중고등학교─대학─사회교육의 연계 구조가 형성되어 가고 있다. 이는 종전에 비하여 현지인이 한국어 학습에 접할 기회를 앞당기는 것이 되며 한국어 학습 과정에 진입한 후 지속 학습이 가능하도록 하는 기반이 된다는 점에서 의미가 크다.

동남아시아 국가들로부터 확인할 수 있는 이러한 긍정적 환경 요인이 향후 이 지역 한국어 교육을 지속적으로 발전시키도록 하기 위해서는 다양한 노력이 요구된다. 이러한 노력은 정부 정책 차원, 한국어 교육계 차원, 정부와 한국어 교육계의 협력 차원, 한국 내 한국어 교육계와 현지 한국어 교육계 차원의 협력 등 다양한 차원에서 논의될 수 있다. 여기에 더하여 동남아시아 한국어 교육의 발전 과정에서 나타나는 한국학과 한국어 교육의 관련성 논의도 필요한데 이는 한정된 자원을 효율적으로 투입하여 최대의 효과를 거두어야 한다는 효율성 차원에서 제기되는 쟁점이다.

한국어 교육의 역사에서 현시점이 발전의 정점에 도달해 있으며 본고에서 논한 동남아시아는 현시점 한국어 교육이 가장 역동적으로 전개되고 있는 지역이다. 이 지역의 한국어 교육이 그동안 어떠한 과정을 거치면서 발전해 왔고 현시점 어떠한 상황에 있으며 향후 지속 발전을 위해서 노력해야 할 것이 무엇인지에 대하여 좀 더 진지하게 논의하고 구체적인 대안을 찾는다면 이 지역의 한국어 교육은 더욱 발전할 것이다.

참고문헌

교육부(2020) 제18회 재외 한국어 교육자 국제학술대회 개최, 교육부 보도자료(2020.11.4.).

김긍섭(2005) 인도네시아의 한국어교육, 민현식·조항록·유석훈·최은규 외, 한국어 교육론 3, 한국문화사.

김긍섭·양승윤(2003) 인도네시아의 한국학 현황과 과제, 한국국제지역학회보, 제2권, 한국국제지역학회.

김지혜·김호정(2019) 베트남 중등 외국어교육 정책과 한국어교육과정 분석, 인하교육연구, 제25권 4호, 인하대학교 교육연구소.

김지혜·차나마스펭쏨분·수파펀분룽(2018) 태국 중등 한국어교육의 현황 및 방향, 한국어교육학회 학술대회발표논문집, 한국어교육학회.

나은영(2007) 말레이시아에서의 한국어 교육 현황과 말라야대학교(UM)의 한국어와 한국문화의 통합교육 방안, 언어와 문화, 제3권 3호, 한국언어문화교육학회.

남미혜(2010) 베트남 북부 하노이 소재 대학 한국학교육의 현황과 과제 – 국립하노이 인문사회대·외국어대·하노이대학을 중심으로, 한국문화연구, 19호, 한국문화연구회.

노미연(2009) 태국의 한국어 교육 현황, 동악어문학, 53호, 동악어문학회.

류승완·김금현(2001) 말레이시아의 한국어 교육과 한국학 프로그램, 이중언어학, 제19호, 이중언어학회.

류승완·김금현(2005) 말레이시아에서의 한국어교육, 민현식·조항록·유석훈·최은규 외, 한국어 교육론 3, 한국문화사.

류승완·김금현(2010) Role and Importance of Korean Cultural Education in Korean Language Education – A Case Study of Malaysian Universities, 한국언어문화학, 제7권 제1호, 국제한국언어문화학회.

류승완(2016) 말레이시아 국립대학교의 한국어 프로그램, KOSASA 7th Biennial International Conference 발표논문집, KOSASA.

류승완·김금현(2017) Korean Language Education in Overseas – The Development and Present of Korean Language Education in Malaysia, Journal of Korean Culture and Language Education Studies, No.2.

류승완·김금현(2018) The International Conference on Korean Language Education in Thailand 발표 논문, Chulalongkorn University Thailand.

백창훈(2007) 인도네시아의 한국어 교육 현황과 발전에 대한 제언, Korean 교육 학술토론회 자료집, 이화여자대학교 한국어문학연구소, 63-78.

법무부 출입국·외국인정책본부(2020) 출입국 외국인정책 통계월보, 2020년 11월.

신영지(2009) 인도네시아 대학 내의 한국학 교육 현황과 전망, 인문과학, 제44집, 성균관대학교 인문학연구원.

아딘다(2001) 인도네시아인을 위한 한국어교육 연구: 한국어 발음 듣기 지도를 중심으로, 서울대학교 교육학석사학위논문.

양지선(2014) 베트남 한국어 교육의 자질 향상을 위한 방향 모색 - 교사요구와 교육정책 변화에 따른 과제 중심으로, 한국언어문화학, 제11권 제1호, 국제한국언어문화학회.

양지선·박동희(2012) 베트남의 한국어 교육 현황과 발전방향 제언, 『한국어교육』, 제23권 3호, 국제한국어교육학회.

이지영(2020) 인도네시아 한국어 교육 현황과 개선 방안, 학습자중심교과교육연구, 제20권 제13호, 학습자중심교과교육학회.

임형재(2013) 태국 내 한국어교육의 변화와 교육 기반 연구 - 중등학교 한국어 학습자를 중심으로, 한민족문화연구, 44권, 한민족문화학회.

전재강·박은희(2015) 세계 속 인도네시아 한국학의 현황과 발전 방향, 『국학연구』, 26권, 한국국학진흥원.

조명숙(2001) 베트남에서의 한국어 교육 현황, 이중언어학, 제19호, 이중언어학회.

조명숙(2005) 베트남의 한국어교육, 민현식·조항록·유석훈·최은규 외, 한국어 교육론 3, 한국문화사, 243-261.

조항록(2005) 국외 한국어 교육의 발달 과정과 특징 1 - 태동과 도약, 한국어 교육, 제16권 1호, 국제한국어교육학회.

조항록(2016) 결혼이민자를 대상으로 하는 입국 전 기본 소양 평가 실시와 현지 교육기관의 대응 - 베트남 사례를 중심으로, 다문화와 평화, 10집 1호, 성결대학교 다문화평화연구소.

지라펀 잔쭐라(2005) 태국의 한국어교육, 민현식·조항록·유석훈·최은규 외, 한국어 교육론 3, 한국문화사.

진정란(2012) 태국 중고등학교 한국어교육의 현황과 과제, 언어와 문화, 제8권 2호, 한국언어문화교육학회.

崔昌性(1989) 泰國에서의 韓國語教育 現況과 問題點, 한국태국학회논총, 2권, 한국태국학회.

프엉마이(2019) 베트남에서의 한국어 교육 평가 현황, 국제한국어교육학회 학술대회 논문집, 국제한국어교육학회.

하인숙(2009) 베트남 남부지역의 한국어교육 현황 – 호치민국가인문사회과학대학교, 외국어정보대학교, 홍방대학교를 중심으로, 동남아시아연구, 19권 3호, 한국동남아학회.

황바이(2008) 인도네시아인을 위한 한국어 교재 문화 항목의 설정, 전남대학교 석사학위논문.

Florian Carolus Horatiabnus(2008) 인도네시아 한국어 교육 현황과 제 문제, 한국언어문화학, 제5권 제2호, 국제한국언어문화학회.

Parit Yinsen(2011) 태국에서 한국어 교육 정책, 국제한국어교육학회 학술대회논문집, 국제한국어교육학회.

Sirinat Sirirat(2017) 태국 대학교에서의 한국어교육 현황 조사 연구, 국제한국언어문화학회 학술대회 논문집, 국제한국언어문화학회.

Soontaree Larprungrueng · Lee Sang Beum(2020) 태국 내 한국학 현황 – 한국어 교육 중심으로, 한국태국학회논총, 26권 2호, 한국태국학회.

Tran,Thi,Huong(2020) 베트남에서의 한국학 교육 및 연구 현황과 방향, 한국어 교육, 제31권 2호, 국제한국어교육학회.

제 3 장

한국 정부의
한국어 교육 정책1:
정책 일반과 법 · 제도

Ⅰ. 한국어 교육 정책 환경

1. 한국어 교육 정책 환경의 개념

일반적으로 정책 환경이라고 하면 주로 사회과학에서 논의되는 개념으로서 정부의 정책 결정에 영향을 주는 주변 환경(사회체계, 하위체계 등)을 의미한다. 이는 정책 결정과 관련한 체계 이론에서 잘 나타나 있는데 정부 정책은 환경으로부터 비롯되는 두 가지 유형의 입력(Input)이 정책 결정자로 하여금 정책을 결정하도록 하며 이의 산물로 정책이 산출되어 집행된다. 그리고 이는 곧 다시 환경으로 전환되어 다시 입력으로 작용하는 환류(Feedback)의 과정을 거친다.[1] 이러한 체계 이론에서 논하는 입력은 요구(Demand)와 지지(Support)로서 새로운 정책을 산출하거나 기존의 정책을 강화 또는 변화시키는 데에 중요한 기능을 한다.

이러한 체계 이론에서 사용되는 정책 환경 논의를 한국어 교육 정책과 관련하여 살펴보면 세종학당의 설치와 국제통용한국어표준교육과정의 개발에서 그 예를 잘 찾을 수 있다. 즉 한류의 확산으로 세계 곳곳에서 한국어 학습 수요가 일고 이것이 한국의 정책 결정자에게 전달이 되어 세종학당 설치가 추진될 수 있었다. 마찬가지로 한국어 교육이 전세계로 빠르게 확산되는 과정에서 한국어 교육의 경험이 없고 한국어 교육 전문가가 없는 곳에서 미숙하지만 한국어 교육을 실시하려고 해도 무엇부터 어떻게 가르쳐야 하는지를 몰라 난감해하는 경우에 대응하여 한국 정부는 국제

---

[1] 사회과학에서의 체계이론의 계보와 주요 내용에 대해서는 김용직(2012)을 참조함

통용한국어표준교육과정을 개발하여 보급하였다. 즉 정부 정책을 유발하는 환경적 요인은 한류의 확산, 한국어 전문성의 부재 등이며 이는 세종학당이라는 교육기관의 설치와 국제통용한국어표준교육과정의 개발을 산출하도록 하였다. 이후 세종학당이 성공적으로 운영되어 정책 추진 효과가 크게 나타남으로써 이는 세종학당 추진 정책을 강화하는 요인으로 작용하는 또 하나의 입력(Support) 기능을 하였다. 이에 비하여 국제통용한국어표준교육과정 개발의 초기 단계에 현장에서의 사용에 한계가 있다는 의견이 분출되면서 후속적인 보완 노력이 제기되었는데 이는 하나의 정책 산물이 다시 새로운 입력(Demand) 기능을 하는 경우가 된다.

이렇게 정책 환경에서 비롯되는 입력은 정책 주체로 하여금 정책을 결정하여 집행하도록 하기도 하고 정책을 변화시키기도 하고 심지어는 정책을 중단시키기도 한다. 실제로 한국어 교육의 발전 역사를 봐도 정책 환경의 변화는 한국어 교육 정책을 산출하거나 기존 정책을 보완하여 발전시킨 예가 많았다. 그러나 한편으로는 한국어 교육의 환경이 변화하고 있음에도 정책에 반영되지 않은 경우도 적지 않았는데 이는 한국어 교육이 갖는 근본적인 특성과 관련이 있다. 다시 말해 한국어 교육이 정부 정책의 범위 안에 들지 않는다는 법적 판단에 기인하는 것으로 보인다. 다시 말해 한국어 교육에 대한 수요가 존재하여 정부가 한국어 교육을 위한 정책(법, 제도 포함)을 결정하여 집행해야 함에도 법적 근거가 없기 때문에 방기한 경우이다. 1980년대 중반에 국내외에서 거세게 한국어 교육 수요가 일어 한국어 교육이 도약하는 과정에서 정부의 역할은 매우 제한적이었는데 이는 한국에서의 '교육'이라는 것은 '국민 교육'으로 등식화되어 있었기 때문에 국민이 아닌 외국인을 대상으로 하는 한국어 교육을 정부가 관장해야 하는 법적 근거가 없었기 때문이다. 결국 한국어 교육은 환경으로부터 비롯되는 요구에 부응하여 한국의 위대한 민족 문화 유산으로서 한국어와 한글을 국외에 널리 '보급'하기 위한 법적 근거(문화예술법과 문화예술법시행령에 포함함)를 마련하기에 이르렀다.

이와 같이 정책 환경이 정책 결정 체계에서 중요한 기능을 하고 실제로 한국어 교육 정책과 관련해서도 이러한 논의를 적용할 수 있는 상황에서 정책 환경에 대한 논의는 중요하다. 왜냐하면 정책 환경에 대한 논의가 적절하게 이루어질 때 법, 제도, 정책과 같은 정책 산물에 대한 평가가 가능하고 향후 발전에 필요한 정책을 산출할 수 있기 때문이다.

이러한 맥락에서 여기에서는 한국어 교육 정책 환경에 대하여 논의하고자 한다. 그리고 이는 한국어 교육 정책에 직접적으로 영향을 준 요인뿐만 아니라 그러한 요인의 배경이라고 볼 수 있는 거시적 차원의 환경을 포함하고자 한다. 여기에서 거시적 차원의 환경은 현시대 인류사적 특징으로서 한국어 교육 수요를 유발하거나 억제하는 요인을 의미하며 직접적으로 영향을 준 요인은 실제 한국어 교육 정책에 입력으로 작용한 요인 이외에도 정책과 무관하지만 한국어 교육 발전에 영향을 준 요인까지 포함하고자 한다.

2. 거시적 측면에서의 한국어 교육 정책 환경

한국어 교육 정책과 관련한 거시적 측면의 환경 요인은 아래와 같은 세 가지를 들수 있다. 이들 요인은 현시대 인류사적 특징으로부터 한국 내 특수 상황에 이르기까지 층위는 다양하나 한국어 교육에 직접적으로 영향을 미치는 미시적 영향 요인의 배경이 된다.

① 현시대 인류사적 특징과 외국어 능력

현시대 인류사적 변화의 특징을 나타내는 화두는 여럿을 들 수 있으나 무엇보다도 국제화, 정보화, 문화의 시대는 이의 대표적인 예가 되고 외국어 능력의 중요성을 대두시킨다. 국제화는 지금까지 인간이 인위적으로 쳐 놓은 국경선의 의미를 무의미하게 하는 것으로 이데올로기의 종식과 기술의 진보에 따라 급격하게 진전되고 있다. 국제화의 시대가 도래하기 전까지 인간의 사고와 경험의 범위는 국경선의 테두리 안, 즉 개별 국가의 범위 안으로 한정 되곤 하였다. 여기에 이데올로기의 장벽이 가로 막혀 국경선을 넘는다 해도 사고와 경험의 영역은 한정 될 수밖에 없었다. 그러나 이제 인류 사회는 개인이든 기업이든 국가든 사고와 활동의 범위를 국가라는 테두리를 넘어 이언어 사회, 이문화 사회로 급속히 확대시키고 있다. 이 과정에서 이

언어 사회, 이문화 사회 구성원과의 소통이 절대적으로 필요하여 외국어 능력의 중요성이 대두되고 이문화 구성원과의 상호 존중 속에서 협력의 필요성이 대두 됨으로써 이문화에 대한 이해의 중요성이 급속히 커졌다. 즉 국제화 시대의 진전은 필연적으로 외국어 능력의 중요성을 강조하게 되는데 국제 사회에서 한국의 위상과 역할이 지속적으로 증대 되면서 한국어의 사용 가치 역시 커지고 있다. 이는 곧 한국어 국외 보급 정책을 적극적으로 실시하도록 하는 요인으로 작용한다.

현시대 인류사적 특징의 두 번째는 정보화와 지식 기반 사회의 진전으로서 이 역시 외국어 능력의 중요성을 강조하게 된다. 정보화와 지식 기반 사회의 진전은 고급 정보의 획득과 활용이 무엇보다 중요함을 의미하는 것으로 정보와 지식을 담아내고 전달하는 언어 능력의 중요성이 커진다. 즉 정보와 지식은 언어를 통해 저장되고 유통되고 활용되는 만큼 모어뿐만이 아닌 외국어 능력을 갖추는 일은 이 시대 인류에게 경쟁력을 갖추는 일이 된다. 특히 지식 기반 사회에서는 더 많은 정보를 접하고 이를 융합하여 새로운 지식을 창출해야 하기 때문에 다양한 지식을 폭 넓게 갖출 수 있는 외국어 능력을 갖추는 일이 중요해진다.

현시대 인류사적 특징의 세 번째 화두로 문화와 소프트 파워의 시대를 들 수 있는데 이 역시 외국어 능력의 중요성이 강조된다. 이데올로기가 지배하던 시기엔 정치와 군사와 같은 하드 파워가 중요하였고 이러한 하드 파워는 인간의 자유와 자율을 제약하게 되었다. 그러나 이데올로기 시대가 종식되고 인간이 인위적으로 쳐 놓은 장벽이 사라지면서 세계는 급속히 하나로 좁아지고 인간 개개인의 사고와 행동은 자유로워졌으며 개개인의 욕구의 실현이 중요해졌다. 이는 곧 문화와 예술과 같은 인간의 마음과 감성을 움직이는 요소의 중요성을 부각시켰는데 필연적으로 문화의 향유가 중요한 가치로 자리잡았다. 이에 따라 인적 교류의 확대가 자연스럽고 대규모로 나타나고 자신에게 도움이 되는 문화의 향유를 위하여 국경을 초월하여 전세계를 대상으로 활동하는 만큼 외국어 능력이 중요해졌다.

② 현시대 한국의 국제적 지위 상승, 역할의 증대와 한국어의 사용 가치

앞에서 살펴본 바와 같이 현시대는 외국어 사용 가치의 중요성이 지속적으로 높아져 가는 시대이다. 그러나 모든 외국어가 동일한 사용 가치를 갖지 않을 것이라는 것은 쉽게 짐작할 수 있다. 이 시대를 사는 사람에게 필요한 외국어가 무엇인가가 중요하다. 당연히 국제어로 우월한 지위를 갖고 있는 영어의 사용 가치가 제일 크고 뒤이어서 국제어로서의 지위를 어느 정도 확보하고 있는 프랑스어가 뒤를 따를 것이다.

그러나 이와 같은 외국어의 사용 가치가 모든 사람에게 공통적으로 적용되지 않는다. 일반적으로 그러하지만 특정인에게 특정 외국어의 사용 가치가 절대적인 경우가 있다. 그리고 이 세상에 존재하는 7000종이 넘는 언어 가운데 외국어로서의 사용 가치가 거의 존재하지 않는 경우도 수없이 많을 것이다.[2] 아니 대부분의 언어가 이에 해당할 것이다. 그렇다면 한국어의 사용 가치는 어떠할까? 이에 대한 즉답은 최근 들어 한국어의 사용 가치가 지속적으로 높아지고 있다가 될 것이다. 그리고 일부 특정인에게는 절대적인 사용 가치를 갖기도 할 것이라는 점 역시 쉽게 유추할 수 있다.

한국어의 사용 가치를 높이는 것은 무엇보다도 현시대 국제 사회에서 한국의 지위 향상과 역할의 증대에 기인한다. 한국은 수년 전부터 GDP가 세계 10위권이고 무역 규모는 세계 10위 내에 안착해 있다. 그리고 세계에서 일곱 번째로 20-50클럽, 30-50클럽에 가입한 나라로 자리매김하였다.[3] 여기에 세계적으로 유일하게 원조 수혜국에서 원조 시혜국으로 자립 잡는 등 국제 사회에서 한국의 위상이 높아지고 역할이 증대되고 있다. 여기에 K-Pop으로 대표되는 한류는 전세계에서 인기를 얻으면서 2023년 기준으로 한류동호회 회원 수가 1억 7,800만 명을 넘어서고 있다.[4] 이에 따라 수많은 외국인에게 한국어가 자신의 이익을 실현시켜 주는 언어로서의 가치도 더불어 상승하고 있다. 예를 들어 삼성전자 등 한국 내 글로벌 기업이 세계 곳

---

2   전세계 언어 관련 데이터를 수집하여 통계를 발표하는 Ethnologue의 2022년판에서는 전세계에 7,151개의 언어가 있지만 세계 인구의 절반이 23개 언어만을 사용하는 것으로 밝히고 있다.

3   1인당 GDP가 2만 달러 또는 3만 달러 이상이고 인구가 5천만 명을 넘는 나라에 적용하는 표현이다. 즉 잘 살지만 작고 약한 나라, 크고 강한 나라이지만 못 사는 나라가 아니라 잘 살면서도 강한 나라를 지칭하기 위하여 등장한 표현이다. 한국은 미국, 일본, 독일, 영국, 프랑스, 이탈리아에 이어서 일곱 번째로 여기에 포함된다. 그리고 아직 여덟 번째 나라는 등장하지 않은 상태이다.

4   외교부와 한국국제교류재단이 공동으로 펴낸 2023 지구촌 한류현황에 따르면 2022년 기준으로 전세계에는 1684개의 한류동호회가 있으면 여기에 가입한 동호회원은 1억 7,882만 5,261명으로 집계되었다.

곳에서 활약함으로써 한국어 사용자는 자신의 경제적 이익을 실현할 기회를 가질 수 있으며 한류의 세계적 확산이 지속되면서 수많은 한국어 능력을 갖춘 한류 애호가는 문화 향유의 이익을 실현할 수 있다.

③ 한국 내 특수 상황과 국외 현장의 한국어 교육 유발 가능성

한국 내 단순 노동 현장에서의 인력 부족, 저출산 고령화 사회의 진전 등에 따라 현재 외국인고용허가제 관련 협정을 맺은 16개 국가로부터 외국 인력이 유입되고 있으며 중국, 남아시아, 중앙 아시아 국가들로부터 결혼 이주민이 지속적으로 유입되고 있어 이들 국가 내에서 한국 관련성이 급속히 높아져 있는 상태이다. 특히 외국인 고용허가제 대상 국가에서는 '코리언 드림'으로 표현될 정도로 한국 진출을 통한 경제적 이익의 실현을 도모하고자 하는데 이 과정에서 한국어 능력이 필수 요건이 됨으로써 한국어 사용 가치가 높아져 있다. 한국어의 사용 가치가 앞으로 더 높아질 수 있음을 나타내는 지표는 한국 여성의 합계 출산율이 2022년에 0.87명으로서 OECD 국가 내 최저라는 점이다. 이는 시간이 지날수록 한국 내 생산 가능 인구가 줄어드는 것을 의미하는 것으로서 이 상태가 지속된다면 기존 한국 국민만으로는 한국 사회 유지가 힘들게 될 수 있다는 점이다. 이는 결국 외국인의 유입을 필연적으로 증가시키며 이 과정에서 한국어 사용 가치는 지속적으로 높아질 것이다.

3. 미시적 측면에서의 한국어 교육 정책 환경

미시적 측면에서의 한국어 교육 정책 환경은 조항록(2005)에서 본격적으로 논의된 바가 있다. 여기에서는 1980년대 국내외 한국어 교육의 도약에 영향을 준 요인으로 첫째, 한국의 경제성장과 국제 사회의 역할의 증대, 둘째, 재외동포 후손의 증가, 셋째, 86아시안게임과 88서울올림픽의 성공적 개최에 따른 국제 사회에서의 이미지 제고, 넷째, 구 공산권 국가와의 수교 등을 들고 있다. 그리고 2000년대 초반 한국어 교육의 안정적 성장을 이끌어낸 요인으로 역시 5가지를 드는데 이는 아래와 같다.

첫째, 중국의 경제성장과 한국어 학습 수요의 증가이다. 이는 여러 요인과 결합되어 중국 내와 한국 내의 한국어 교육에 큰 영향을 끼쳤다.

둘째, 2002한일월드컵의 성공적 개최이다. 이는 일본인의 한국에 대한 고정관념을 깨는 계기가 되어 일본 내에서 한국어 학습 수요가 크게 일었다.

셋째, 한류 열풍이다. 중국, 일본뿐만 아니라 남아시아, 중앙아시아, 중동 등에서 한국어가 확산되는 계기를 마련하였다.

넷째, 고용허가제한국어능력시험의 실시이다. 이에 고용허가제 대상 국가에서 한국에 노동자로 오려고 하는 수많은 사람들이 한국어를 학습하기 시작하였다.

다섯째, 한국 정부의 정책적 지원의 확대이다. 정부의 외국인유학생종합대책(대표적으로 Study Korea 2005) 등은 한국으로의 유학을 촉진하였고 이는 곧 한국어 학습자를 양산하는 계기가 되었다.

이후 조항록(2008)에서는 위의 5가지 요인에 몇몇 요인을 더하여 7대 요인을 제시하고 있다. 시간이 지나면서 한국어 교육에 영향을 주는 요인이 증가하고 있음을 알도록 한다. 조항록(2008)에 추가된 2가지는 한국 내 다문화 사회의 진전과 한국 정부의 이민자 한국어 교육 지원 정책이 하나이고 한국어 교육을 위한 법, 제도의 구축이 다른 하나이다. 저자는 특히 결혼이민자의 증가가 주된 계기가 되었음을 논하고 후자의 경우는 국어기본법, 재한외국인처우기본법 등이 주된 논의 대상이 되었다.

한편 조항록(2011)에서는 위 7가지 요인을 7대 동인이라 칭하고 시간 변화에 따라 변화하고 있는 특성을 바탕으로 재정리하였다. 그리고 향후 예측을 시도함으로써 한국어 교육 발전 논의에 시사점을 제기하기도 하였다.

그렇다면 2023년을 기준으로 할 때 한국어 교육에 직접적으로 영향을 주는 요인으로는 무엇이 있을까? 조항록(2011)에서 기술한 내용을 바탕으로 하여 변화 양상과 현시점 특성을 살펴보고 이후에 추가적인 영향 요인을 제시하고자 한다.

첫째, 중국의 경제 발전과 외국 유학 분위기의 고조는 2000년대 초부터 지금까지 한국어 학습자 증가에 큰 영향을 끼친 요인이다. 중국의 급속한 경제성장으로 소득 수준이 높아지면서 자녀를 외국에 유학 보내고자 하는 분위기가 높아졌다. 한국도 미국, 일본, 호주와 함께 중국인의 유학 대상 국가가 되어 중국 내에서는 한국 유학 대비과정으로서 한국어 교육이, 한국 내에서는 대규모 유학생 중국인 유학생의 유입이 실현되어 한국어 교육 확대에 크게 기여하였다. 그러나 2013년 이후 중국 내 고등학교 졸업생이 급감하면서 중국 내에서 대학 진학의 기회가 넓어지고 유학 선호국 역시 중국의 경제성장에 따라 미국 서유럽 등이 급격히 부각하면서 한국어 유학 선호도는 크게 낮아졌다. 이에 따라 한국 내 유학생 순위에서 베트남에 1위 자리를 내어준 지 여러 해가 지났으며 회복의 가능성은 시간이 갈수록 낮아지고 있는 상태이다. 특히 2023년 5월 기준으로 할 때 한국 내 전체 유학생 수 207,324명 가운데 중국인 유학생은 63,552명이며 한국어 연수생만을 볼 때에는 전체 한국어 연수생 64,772명 가운데 중국인 연수생은 5,790명이다. 이는 베트남 연수생 41,407명에 비하면 매우 적은 수이다.

둘째, 1990년대 중반부터 일기 시작한 한류 열기는 2000년대 초부터 한국어 학습자 증가에 기여한 것으로 볼 수 있다. 이미 한국어 교육과 한류와의 관련성을 논한 연구들에서 나타난 바와 같이 한류 열풍으로 외국인의 한국에 대한 관심이 높아졌고 이에 따라 한국어를 배우려는 외국인도 증가하였다. 중국, 일본, 남아시아, 중앙아시아, 중동 등에서 크게 일었던 한류 열풍에 따른 한국어 학습 수요는 이제 프랑스를 중심으로 하는 유럽과 라틴 아메리카 등으로 확산된 상태이다. 더욱이 현시대는 앞에서 살펴보았듯이 문화와 소프트 파워의 시대로 한류 애호가의 활동이 과거에 비하여 좀 더 적극적인 양상을 보이고 있어 한류 열풍은 지속되고 있다. 다만 한류의 영속적 지속 여부와 한류-한국어 학습자 간의 직접적 관련성에 대하여는 논자에 따라 약간의 이견이 나타나고 있는 점은 주목할 필요가 있다.[5]

셋째, 외국인고용허가제에서 한국어능력시험을 의무 부과한 것은 저급 단계 한국어 학습자의 확대에 크게 기여한 것으로 볼 수 있다. 2005년 8월 17일부터 실시된 외국인 고용허가제에서 대상자 선발 기준의 하나로 한국어 능력을 요구한 것은 한국어 교육의 사회적 확대에 크게 기여해 오고 있다. 물론 확대 과정에서 파행적인 현상

---

5 한류와 한국어 학습 사이의 관계에 대해서는 이 책의 뒤에서 다루고 있다.

들이 곳곳에서 목격되고 있으나 대상 국가의 한국어 교육 열기는 실시 이전과 비교할 수 없을 정도로 크게 일고 있다. 특히 최근에는 앞에서 살펴본 바와 같이 한국 내 저출산 고령화가 심화되면서 외국인 노동자의 유형이 다양화되고 그 수도 늘 것으로 보인다. 즉 비숙련 노동자 중심의 외국 인력에서 계절 근로자, (준)숙련 노동자, 가사 도우미 등으로 이미 확대되었거나 확대 가능성이 점쳐지고 있다. 이렇게 볼 때 외국 인고용허가제의 한국어능력시험 부과 등과 같은 외국인 노동자 관련성은 향후에도 큰 영향을 미칠 것으로 예상된다.

넷째, 한국 내에서의 다문화 사회의 진전은 국내 한국어 학습 수요의 증가를 유발하는 요인으로 자리잡고 있다. 2007년 8월 체류 외국인의 수가 100만 명을 넘은 이후에도 국내 체류 외국인의 수는 지속적으로 늘어 2019년에는 250만 명을 넘기도 하였다. 코로나로 인하여 일시적으로 200만 명 이래로 내려오기는 하였으나 다시 증가하여 2023년 1월 현재 215만 명을 넘고 있다. 이 중에는 한국어 사용 가치가 중요한 결혼이민자를 포함하여 정주 외국인의 수가 증가하는 추세이어서 이들을 대상으로 하는 한국어 교육은 지속적으로 확대될 전망이다. 특히 한국 정부가 이민자를 대상으로 하는 정책은 사회통합정책을 중심으로 하는 적극적인 이민 정책으로 전환함으로써 한국어와 한국문화 교육의 중요성이 커지고 있다.

다섯째, 국어기본법이 제정 시행, 한국어능력시험(TOPIK) 시행의 법적 근기 학보, 재한외국인처우기본법과 다문화가족지원법의 제정, 출입국관리법의 개정 등을 통한 한국어 교육과 관련한 법적 기반의 구축은 한국어 교육 발전의 배경이 된다. 특히 국어기본법은 환경 변화에 맞춰 개정 과정을 거쳐 한국어 교육 정책을 실시할 근거를 확고히 하였고 한국어능력시험 시행의 법적 근거 확보는 향후 한국어능력시험 주관 기관 신설 등 적극적인 정책 추진을 뒷받침할 것으로 기대된다.

여섯째, 문화체육관광부의 세종학당 추진 정책의 가속화, 교육부의 스터디 코리아 3.0의 추진, 교육부의 해외초중등학교 한국어 과목 채택 사업 추진과 같은 다양한 정책은 소기의 성과를 냄으로써 한국어 교육 발전에 기여하고 있다. 이는 당연히 한국어 교육 정책 추진의 지지(Support) 요인으로 작용할 것이다.

일곱째, 2010년대 이후 나타난 것으로서 한국과 개별 국가 사이의 협력 추진에서 한국어 교육이 중요한 의제로 채택되고 있는 상황이다. 국외 초중등학교 한국어 과목 채택과 관련하여 학습자 규모가 가장 큰 데다가 대학 입시 과목으로 한국어가 채택이 된 태국의 경우 한-태 정상회담에서 태국 내 한국어 교육이 논의됨으로써 이루어졌다. 사실 남아시아에서 한국어 교육이 뿌리를 내린 말레이시아, 인도네시아 등도 초기에 양국 간 협력으로 진행이 되었고 스리랑카 역시 한국 정부의 지원으로 한국어 교육의 토양이 마련되기도 하였다. 그 밖에도 이러한 예를 찾을 수 있는 경우가 있는데 이는 한국 정부와 현지 국가 정부 사이의 협력이 한국어 교육 발전에 기여하는 요인으로 작용함을 의미한다.

마지막으로 한국의 국제적 지위 향상과 역할의 증대은 한국어 교육 발전에 영향을 끼치고 있다. 한국 기업의 해외 진출의 증가에 따라 현지 채용 직원의 증가하고 한국과 진출국 상호의존도가 높아지면서 한국어의 사용 가치가 중요해진다. 글로벌 경제 강국으로 성장하고 있는 한국과 개별 국가와의 교역 규모가 커지면서 필연적으로 한국어 사용 가치가 높아지고 있다. 이와 함께 외국 현지의 한국인 관광객의 증가 등과 같이 국외에서의 한국 관련성이 지속적으로 높아짐에 따라 한국어 사용 가치가 높아지고 있는데 한국의 국제적 지위 향상에 따라 유발되는 한국어 학습 수요는 대체로 경제적 이익을 제공하는 것으로 학습의 진정성, 지속성이 나타난다.

4. 지역별 한국어 교육 환경 요인

이상에서 한국어 교육에 영향을 주는 정책 환경을 거시적 측면과 미시적 측면에서 살펴보았다. 전반적으로 현시점 2023년을 기준으로 할 때 한국어 교육의 정책 환경은 한국어 교육의 발전에 긍정적으로 영향을 끼치는 것으로 볼 수 있다. 이는 앞에서 제시한 정책 결정과 관련한 체계 이론의 관점에서 볼 때 국내를 포함하여 전세계에서 좀 더 적극적인 한국어 교육 정책을 요구하는 것으로 볼 수 있다. 뿐만 아니라 그동안 한국 정부가 실시한 한국어 교육 (지원) 정책이 한국어 교육을 뒷받침하고 새로운 요구를 이끌어내는 등 긍정적 피드백으로 작용하는 것으로 볼 수 있다. 이는 그동안의 한국어 교육 정책을 지지하면서 동시에 좀 더 적극적인 정책을 펼칠 것을 요구하는 의미를 갖는다.

그러나 이러한 정책 환경이 전세계에서 균질적으로 나타나지는 않는다. 어느 지역은 유례가 없이 큰 규모의 한국어 학습 수요가 발생하고 있는가 하면 어느 지역은 한국어 학습 수요의 최고조기를 지나 감소하는 추세를 보이기도 한다. 당연히 한국어 교육 현장도 축소의 상황에 들어가 있다. 조항록 외(2013)에서는 한국 정부의 한국어 국외 보급 정책을 개발하기 위하여 전세계 한국어 교육 현장을 14개 권역으로 나누어 한국어 교육 현장 특성 및 수요 유발 요인 등을 정리하였다. 이 중에서 8개 지역은 지속적으로 수요 확대 양상을 보이는 것으로 보았고 6개 지역은 수요 증가의 정체 내지는 수요 축소 상황으로 보았다.

여기에서는 한국 국내 환경과 함께 조항록 외(2013)의 지역별 분석을 바탕으로 하고 현시점 변화 양상을 반영하여 아래와 같이 제시한다.

[표 1] 지역별 한국어 교육 현황 및 환경 분석

지역	주요 거시 지표의 추이	주요 환경 변수 및 수요 유발 요인	향후 전망
국내	• 대학(부설기관 포함) 내 한국어 교육의 지속 확대 • 코로나 상황 이후 사회교육 수요의 증가세	• 한국 정부 및 대학의 유학생 유치 노력 강화 • 한국 내 이민자 증가 요인의 심화에 따른 다양한 유형의 이민자 증가	일정 기간 점진적 확대 후 현상 유지
중국	교육기관과 학습자 수는 1990년대 이후 급속히 늘었으나 2010년대 중반 이후 정체기를 거쳐 2020년을 전후하여 감소세로 전환됨	• 한국과의 경제적 상호의존성 감소 • 중국 내 한한령의 지속 • 중국 내 대학 입시 구조의 변화(대입 학령대 급속한 감소)	현 상태 유지 또는 축소
일본	2000년대 초반 이후 대학, 고등학교, 사설 교육기관 등의 한국어 교육이 크게 확대되었으나 2020년대 이후 각급 학교에서의 학생 수 증가가 주춤하고 사설 교육기관의 감소 현상이 나타남	• 한류 확산이 지속되고 있으나 2000년대 초반부터 약 10년간 폭증한 대중 학습자의 지속 요인은 줄어듦	현 상태 유지 또는 축소

몽골	대학 내 교육 규모 지속 및 초중고등학교로의 확대	• 한국과의 경제적 상호의존성 지속 확대 • 한류 확산의 지속 • 다방면에서의 인적 교류 지속 확대	현 상태 유지
동남아시아	대학 내 교육의 지속적 확대. 이와 더불어 중등학교 교육 및 사회교육으로의 확산	• 한국과의 경제적 상호의존성 증가 • 한류 확산의 지속 • 다방면에서의 인적 교류 지속 확대 • 중등학교 한국어 과목 채택 증가	지속적 확대
서남아시아	대학 교육의 점진적 확산과 일부 국가의 고등학교로의 확대	• 한류 확산의 수준의 확대 • 경제적 상호의존성 점진적 증가 • 한국과의 인적 교류 지속(일부 국가)	점진적 확대
중앙아시아	1990년대 이후 급속한 확산 이후 최근 정체 양상 지속	• 한국과의 경제적 상호의존성 증가 • 고려인 사회 축소 • 한류 확산의 지속 • 한국 이주 희망자(고려인, 노동자)의 지속적 증가	현 상태 유지
러시아	1990년대 이후 급속한 확산 이후 최근의 정체 양상	• 한국 관련성의 러시아 내 지역별 편차 • 제한적인 수준의 한류 확산	현 상태 유지
동유럽	1990년대 이후 점진적 확산 이후 최근의 정체 양상	• 한국과의 경제적 상호의존성 증가 • 제한적인 수준의 한류 열기	현 상태 유지
서유럽	1980년대 중반 이후 급속한 확산 이후 2000년대 초 주춤하였으나 최근 프랑스 등 일부 국가를 중심으로 수요의 급속한 증가 현상이 나타남	• 한류 확산의 지속 • 고등학교 교과목 채택(일부 국가)	현 상태 유지 또는 확대 (국가별 편차)
중동	점진적 확대 양상	• 한류 확산의 지속 • 한국과의 경제적 상호의존성 증가	점진적 확대
아프리카	점진적 확대 양상	• 한류의 점진적 확산 • 한국과의 경제적 상호의존성 증가 (일부 국가)	점진적 확대 (국가별 편차)
북미	대학 내 교육은 정체 양상이나 일부 사회교육 수요 발생	• 제한된 수준의 한류 확산 • 재외동포 사회	현 상태 유지

중남미	점진적 확대 양상	• 한류 확산의 지속 확산 • 재외동포 사회	점진적 확대
대양주	1980년대 중반 이후 급속히 확산하였으나 2000년대 초 급속한 감소 현상 나타남. 그러나 최근 확대 현상이 나타남	• 재외동포 사회 • 현지 정부의 정책	현 상태 유지 또는 점진적 확대

5. 한국어 교육 정책 환경의 특성

이상에서 살펴본 한국어 교육 정책 환경은 몇몇 특징을 갖는데 이를 정리하면 다음과 같다.

첫째, 한국어 교육과 관련한 거시적 환경은 개별적으로 또는 둘 이상의 환경이 결합하면서 한국어 교육 발전에 긍정적으로 영향을 끼치고 있다. 이는 곧 한국 정부로 하여금 좀 더 적극적으로 한국어 교육 정책을 실시하도록 요구하는 것으로 볼 수 있다. 예를 들어 한국어 교육 발전을 위하여 소망스러운 위–아래로의 확산을 위한 과감한 정책 입안 및 추진이 요구된다. 오랜 기간 대학과 한글학교 중심의 한국어 교육 발전이 지금은 초중고등학교와 일반 사회에서의 한국어 교육으로 확장될 수 있는 절호의 기회로 볼 수 있다. 교육부가 추진하는 해외 초중등학교 한국어 과목 채택 사업이나 문화체육관광부가 추진하는 세종학당 추진 사업을 좀 더 적극적으로 추진할 필요가 있다.

둘째, 한국어 교육 발전에 영향을 주는 환경 요인은 국내외 각 지역에 따라 큰 편차를 나타낸다. 이는 곧 한국 정부로 하여금 한국어 교육 정책을 펼칠 때 지역별 맞춤형 정책의 개발을 요구하는 것을 의미한다. 여러 지역에 공통적으로 나타나는 환경 요인이 있지만 지역에 독특하게 나타나는 환경 요인이 있음을 주목할 필요가 있다. 그리고 동일한 환경 요인이 여러 지역에 공통적으로 나타나지만 한국어 교육 발전에는 큰 차이가 나타나는 경우가 있음에도 주목할 필요가 있다. 한국 정부는 한국어 교육 정책은 실시할 경우 이러한 지역별 특성을 고려할 필요가 있다.

셋째, 한국어 교육의 정책 환경 중에는 예측이 가능한 것이 있는가 하면 예측이 불가능한 것이 있다. 예를 들어 중국 내 고등학교 졸업생 수의 급격한 감소와 중국 내 대학 입시 구조의 변화는 한국으로의 유학생 유출을 감소시킴으로써 중국 내 한국어 학습 수요를 줄어들도록 하는 요인이 되고 있다. 이는 충분히 예측이 가능한 요인이다. 그러나 한국어 교육의 발전에 큰 영향을 끼치고 한국 정부의 한국어 교육 정책에도 영향을 주는 한류의 확산은 지금까지 지속되어 오고 왔지만 향후 지속 수준에 대한 정확한 예측은 현실적으로 불가능하다. 이렇게 한국어 교육 발전에 큰 영향을 주는 요인의 미래 예측 가능 여부 역시 한국 정부로서는 정책 실시에서 고려할 요인들이다.

넷째, 한국어 교육의 정책 환경 요인이 한국어 사용 가치를 높인다 해도 실제로 현지 한국어 교육 발전에 영향을 주기에는 또다른 요인이 존재함을 알 수 있다. 즉 하나의 요인만으로 한국어 교육 발전을 이끌어내지 못함에 주목할 필요가 있다. 예를 들어 남아시아 등에서 한류가 지속적으로 확산하고 있지만 현지의 한류 애호가를 대상으로 하는 사설 학원의 교육 확대에는 엄연한 한계가 나타난다. 이는 곧 현지에서의 한국어 학습 구매력과 관련이 있음을 의미한다. 이에 비하여 외국인고용허가제로 한국에 오고자 하는 노동자를 대상으로 하는 사설 학원의 한국어 교육은 상당히 활발하다. 이는 노동자가 다양한 방법으로 한국어 학습 구매력을 갖추기 때문으로 보인다. 즉 국외 현지에서 한국어 교육 발전에 긍정적으로 작용하는 환경 요인이 있다고 해도 바로 한국어 교육 확대로 이어지지 않을 수 있음을 의미한다. 한국 정부가 한국어 교육 정책을 실시하는 경우 이러한 특성을 주시할 필요가 있다. 예를 들어 한국 정부 지원의 세종학당 추진 사업 등에 있어서 충분히 참고가 될 만한 요인이다.

마지막으로 한국어 교육 발전에 영향을 주는 요인의 성격으로 볼 때 한국 정부의 여러 부서와의 연관성이 존재한다. 재외동포 요인은 외교부, 한류 요인은 문화체육관광부, 노동자 요인은 고용노동부, 중등학교 한국어 과목 채택은 교육부가 관련이 있음은 쉽게 알 수 있다. 한국 정부가 한국어 교육 정책을 입안하고 실시하는 경우 이러한 다양한 성격이 반영될 수 있는 시스템의 구비 내지는 구축이 필요함을 알 수 있도록 한다.

이상에서 살펴본 한국어 교육 정책 환경은 직간접적으로 한국어 교육 발전에 영향을 주는 요인이다. 이는 한국어 교육 정책의 관점에서 볼 때 한국어 교육 정책을 적극적으로 실시하도록 하는 요인으로 작용하기도 하고 기존 정책의 안정화를 시도하도록 하기도 하고 새로운 정책을 개발하도록 하는 정책 환경으로도 작용한다. 정책 환경이 한국 정부의 합리적 정책을 입안하여 실시하도록 한다면 지금보다 더 큰 발전을 기대할 수 있을 것이다.

참고 문헌

김용직(2012), 현대한국정치와 체계이론 분석: 이론과 적용사례 검토, 한국정치외교사논총 vol.34, no.1, 한국정치외교사학회.

외교부 · 한국국제교류재단, 2022 지구촌한류현황, 한국국제교류재단.

조항록(2005), 국내 한국어 교육의 역사와 현황 – 발달사적 접근과 미래 대안의 제시 –, 한국어 국외보급 정책 수립을 위한 대토론회 기조발제문. 한국어세계화재단.

조항록(2008), 한국어 교육 환경의 변화와 발전을 위한 과제, 한국어교육 제19권 1호, 국제한국어교육학회.

조항록(2010), 국제어로서의 한국어, 외국어로서의 한국어 교육, 제35권, 연세대학교 언어연구교육원 한국어학당.

조항록 외(2013), 한국어 교육 현황 점검 및 교육 지원 전략 연구, 문화체육관광부 정책연구보고서.

Ⅱ. 한국어 교육 정책의 역사적 흐름과 주요 내용

1. 한국어 교육 정책의 역사적 전개

1.1 재일교포 대상의 교육 지원 정책의 대두와 확대: 1950년대~1960년대

재외동포와 외국인을 대상으로 하는 한국어 교육 정책의 시발은 1950년대로 거슬러 올라간다. 이 당시는 한국어 교육이라는 개념 정립이 안 되고 정부의 정책 범주에 속하지 않았던 시기이다. 그럼에도 한국어 교육 정책의 차원에서 의미를 부여할 수 있는 일이 있는데 그것은 재일교포에 대한 한국 정부의 교육 지원 정책이다.

1950년대의 한국은 전쟁 후 폐허 상태를 벗어나지 못하고 국제적 위상도 낮은 상태로 한국어를 배우는 외국인은 찾기 어려웠다. 이 시기 한국어 학습자 집단을 논하자면 미국과 서부 유럽을 중심으로 하는 자본주의 세계 내의 주요 국가, 소련과 동부 유럽을 중심으로 하는 공산주의 세계 내 주요 국가에서 소규모로 운영된 한국어 강좌가 거의 모두라고 해도 지나치지 않을 정도였다.[1]

그러나 이러한 전세계적 상황과는 다르게 일본에서는 재일교포를 대상으로 하는 교육 지원 정책이 대두되고 그 안에 한국어(국어)가 포함이 되었다. 1950년대 일본

---

1 1950년대 국외에서의 한국어 교육 발달 과정에서 1950년대에는 동서 양 진영 간 대립 상황에서 진영 내 협력에서 한반도가 차지하는 비중을 고려하여 최소한의 양 진영 모두 최소한의 한국어 사용 인력이 필요하였고 이를 위하여 주요 대학에 한국(어)학과가 개설되어 운영되었다. 이에 대하여는 이 책의 제2장 Ⅱ. 국외 한국어 교육의 발달 과정과 특징(태동~2005)에서 다루고 있다.

내 재일교포 사회는 한국 관련 사회와 북한 관련 사회로 양분되어 있었다. 우리가 잘 아는 민단과 조총련이 그것으로 이들 단체는 각각 한국, 북한과 관련을 맺고 있었는데 결국 한국과 북한이 재일교포 사회 내 교육에 직간접적으로 지원하는 상황이 나타났다. 그러한 교육 지원을 통하여 한국어의 유지가 가능해졌으므로 한국어 교육 정책의 범주에서 논의가 가능하다.

좀 더 구체적으로 조총련은 일본과 국교를 맺지 않은 북한으로부터 지원을 받아 각급 학교를 설립하여 운영하였다. 비록 일본 정규 학교로 학력을 인정 받지 못하였지만 재일교포 사회 내에서 한국어 보존이 유리한 상황이었다. 이에 비하여 민단계는 1940년대에 설립된 3곳의 민족학교에다가 1954년에 민단이 설립한 1곳 등 총 4곳의 민족학교와[2] 일본 정규 학교 내 민족학급을 통하여 한국어의 유지가 가능한 상황이었다. 이런 상황에서 한국 정부는 민족학교와 민족학급을 지원함으로써 국외에서 한국어 교육을 위한 정부 지원의 첫 사례가 되었다. 물론 이 시기 한국 정부의 민족학교 지원이 외국어로서의 한국어 교육을 지원하는 성격이 아닌 민족교육을 지원하는 성격이 분명하지만 이후 국외의 한국학교, 한국교육원, 한글학교 지원으로 연결이 된다는 점에서 한국어 교육 정책의 차원에서 살펴보기에 충분한 의미를 갖는다.[3]

이와 같이 1950년대에 재일교포 대상 한국어 교육 지원으로부터 시작된 한국 정부의 한국어 교육 정책은 1960년대에도 그 기조가 이어지는데 이전과 달라진 것은 재일교포 자녀를 국내로 초청하여 모국에 대한 이해 교육을 받도록 한 점이다. 여기에 당연히 한국어 교육이 포함이 되었다. 1962년 서울대학교 내에 재일교포의 모국 수학생 지도 체계를 갖추었는데 이는 일본 내 민단과 조총련 사이의 대립 상황에서

---

2   1950년대 일본 내 민족학교는 백두학원(건국학교), 금강학원, 교토국제학원, 동경한국학교이다. 이 중에서 백두학원(건국학교)은 1977년까지 정치적 중립을 표방하며 민단과 조총련 양측과 협력 관계를 유지했으므로 1950년대 순수하게 민단계 학교로 볼 수 있는 곳은 3곳이다. 참고로 1977년은 한국 정부가 재외국민의 교육 지원 등에 관한 규정을 제정한 해이다.

3   여기에 더하여 일본 내 민족학교에 대한 지원이 한국어 교육 정책의 성격을 가질 수 있는 또 하나의 근거는 비록 일본의 미군정에 의하여 폐쇄되었으나 1940년대에 있었던 조선학교의 명칭이 국어강습소로 국어와 역사를 가르칠 목적으로 운영되었다는 점에서 한국어의 유지가 주된 목적이었기 때문이다.

민족 교육을 강화하기 위한 배경이 작용한 것으로 볼 수 있다. 이로써 재일교포에 대한 민족교육 지원은 일본 내 교육 지원과 한국 내 모국 수학 지원으로 이원화 되었으며 50년대에 비하여 좀 더 적극적인 양상으로 나타났다.

이 시기 재일교포에 대한 교육 지원 정책의 법적 근거는 헌법이 담고 있는 교육 기본권이다. 즉 헌법이 규장하는 바와 같이 대한민국 국민은 교육을 받을 권리가 있고 의무가 있으며 대한민국 정부는 국민을 대상으로 하여 교육을 실시할 책무가 있다. 재일교포의 국적이 대한민국으로서 정부는 이들을 대상으로 교육을 실시할 책무를 갖고 있었기에 재일교포에 대한 교육 지원은 법적으로도 정당성을 갖는 것이었다.

1.2 재외동포 대상 한국어 교육 정책으로의 확대: 1970년대~1980년대

1970년대는 한국어 교육 정책과 관련하여 중요한 의미를 갖는 시기이다. 기존의 재일교포를 대상으로 실시해 오던 재외동포에 대한 민족교육 지원 정책은 미국 등 서구 국가로까지 확대가 되고 법적 기반을 갖추게 된다. 인구과잉 문제를 해결하고 재외동포를 통한 외화의 유입 등을 기대하며 1962년에 해외이주법이 제정됨으로써 국외 곳곳에 재외동포 사회가 형성되기 시작하였다. 대표적으로 북미, 남미, 유럽 등 세계 곳곳에 동포 사회가 형성되었는데 시간이 지나면서 1.5세대와 2세대의 교육 문제가 대두되었다. 이에 한국 정부는 좀 더 적극적인 민족교육 지원 정책을 실시할 필요성을 절감하여 근거 법령을 마련하게 되는데 재외국민의 교육 지원 등에 관한 규정이 그것이다(1977년, 2월 28일. 대통령령 제 8461호. 이후 2008년에 재외국민의 교육 지원 등에 관한 법률로 격상됨).

재외동포 교육과 관련하여 지금까지도 가장 중심적인 법령이라고 볼 수 있는 재외국민의 교육 지원 등에 관한 규정에서는 재외국민의 한국어와 한국문화 교육을 위한 정부 지원을 명문화함으로써 재외동포 대상의 한국어 교육 정책은 진일보한 결과를 가져왔다. 좀 더 구체적으로 이 법령이 담고 있는 주요 내용은 국민으로서의 교육 기회 균등과 교육 의무 부과를 근본 원칙으로 하며 재외 국민의 교육을 지원하기 위한 정부의 다양한 노력이 포함되어 있다. 이는 곧 재외국민을 위한 교육 기관의 설치 및 운영에 있어 정부가 직접 나서거나 예산 지원을 할 수 있는 길을 열어 놓은 것으로서 한국학교, 한국교육원, 한글학교라는 재외국민과 관련한 교육 기관의 확충이 가능하게 되었다. 이 법령의 제정으로 그동안 서울대학교 내의 모국 수학을 지원하던 업무는 재외국민교육원이라는 기구로 격상하였고 일본 내 주요 지역에 한국교육원이 설립되었다. 뿐만 아니라 이 법령의 파장은 미국 등의 재외동포 사회에서 즉각적으로 나타나 미국의 경우 이 법령 제정 이전까지 불과 7곳에 불과하던 한글학교의 수는 법령 제정 이후 빠르게 늘어나 1987년에 406개소, 1995년에 834개소에 달하게 되었다.[4][5]

이와 같이 재일교포를 비롯한 재외동포를 대상으로 실시되어 온 민족교육 정책의 틀 안에서 이루어진 한국 정부의 한국어 교육 정책은 1980년대에도 지속되었다. 다시 말해 한국 정부의 한국어교육정책은 재외동포 교육 지원 정책 이외의 성격을 더하지 못한 상태가 지속되었다고 볼 수 있다. 그러나 1980년대 중반에 작은 변화가 하나 나타나는데 이는 1985년 7월에 연세대학교 한국어학당에서 있었던 한국어 교육을 위한 국제 심포지움을 교육부가 지원한 일이다. 한국, 미국 등의 전문가들이 모여서 한국어 교육 방안을 논의한 이 심포지움은 국제한국어교육학회(IAKLE) 창립으로 이어지며 외국인을 대상으로 하는 한국어 교육의 학술 연구의 기반이 갖추어지는 데에 기여하게 된다. 그러나 1980년대는 여전히 재외동포를 대상으로 하는 한국어 교육 지원 정책이 중심을 이루어 국외에서는 동포 사회, 더욱이 냉전이 소멸되면서 중앙아시아까지 포함하는 동포 사회 한국어 교육을 지원하기 위한 방안이 모색되었다. 그리고 국내에서는 재외동포 후손의 모국 수학 기회를 확충하는 방식으로 진

---

4   손호민(2001), 미국에서의 한국어 교육의 역사와 미래 조망, 외국어로서의 한국어교육 25-26합본, 연세대학교 언어연구교육원 한국어학당.

5   이 규정은 기본적으로 재외국민의 교육 지원 방안이 중심을 이루나 엄밀하게 볼 때 재외국민이 아닌 현지인에 대한 부분적 지원도 가능하다는 해석이 가능하다. 현지 학교에 재외국민이 재학할 경우 그 학교를 지원할 수 있는 근거가 확보되는 것으로서 이는 실제적으로는 현지 학교를 지원하는 셈이 되므로 현지인에 대한 지원 가능성을 열어둔 것이다. 이를 실제로 확인할 수 있는 것은 최근 강화되고 있는 해외 초중등학교 한국어 과목 채택 지원 사업이 바로 이 규정(2008년에 법률로 격상됨)에 근거하고 있음을 들 수 있다.

행되었다. 좀 더 구체적으로 미주와 중앙아시아에 한국교육원이 신설되고 이중언어 학회의 설립(1983년) 및 활동 지원을 통하여 미주와 중앙아시아 등 국외의 재외동포 사회의 민족교육을 논의하였다. 이와 함께 국내에서는 재외국민교육의 모국 수학생 을 위한 예비교육 과정의 규모를 늘리고 재외공관을 통해서도 국내 대학에 입학하는 모국 수학 지도 정책을 펼쳤다.[6)

1.3 문화정책과 재외국민교육 정책으로의 이원화: 1990년대

앞에서 살펴본 바와 같이 1950년대 이래 1980년대까지 재외동포 중심의 한국어 교육 정책은 1990년대에 들어와서 근본적인 변화를 가져오는데 바로 정부 내에 재 외동포 교육을 담당하는 직제 및 기구가 설치되고 문화 정책의 차원에서 한국어교육 정책이 적극 펼쳐지기 시작한 점이다.

1990년대 교육부 내에 재외동포교육과가 신설되고 교육부 산하기관으로 국제교 육진흥원이 설립됨으로써 재외동포 교육은 좀 더 활력을 갖게 된다. 정부가 이러한 직제를 신설하고 산하기관을 설립한 데에는 종래 재일교포 중심의 교육 지원에서 이 제는 전세계 재외동포 후세를 위한 교육 지원으로 방향을 전환하였음을 의미한다. 실제로 1990년대초 재일교포의 수는 70만 명 정도이지만 미국 등 북미, 브라질 등 남미, 독일 등 유럽, 오스트레일리아 등 대양주와 같이 전세계 곳곳에 산재한 재외동 포의 수가 500만 명을 넘어서고 있었다. 여기에 이미 교육 지원의 대상으로 자리잡 은 구소련 지역까지 포함할 때 이제 재외동포 교육 지원은 재일교포와 구소련을 대 상으로 하고 이데올로기가 배경으로 작용하는 교육 지원의 근본적인 변화가 요구되 는 시점이었다. 이제 재외동포에 대한 교육 지원은 재외동포 후손이 한민족의 얼과

---

6   한편 이 시기는 국내의 민간 교육기관도 재외동포 후손의 한국어 교육과 한국문화 교육에 적극 참여하기 시작 하였다. 연세대학교 한국어학당이 재외동포를 대상으로 하는 여름 특별과정을 개설하여 운영하였으며 고려대 학교는 1986년에 민족문화연구원에 한국어문화연수부를 신설하여 재외동포 후손에 대한 한국어와 한국문화 교육을 실시하였는데 이것이 고려대학교 한국어 교육의 시발이 되었다.

정체성을 유지하여 모국과의 연계를 강화하고 현지 사회에 성공적으로 정착할 수 있는 방향으로 전환하기 시작한 것으로 보인다. 이에 따라 교육부는 재외동포 교육 지원을 담당하는 산하 기관을 설립하게 되는데 명칭부터 종전의 재외국민교육원(서울대 산하 기관)과는 크게 다른 국제교육진흥원으로 명명되었다.[7]

1990년대는 이상에서 살펴본 바와 같은 재외동포 대상 교육 지원 정책에다가 문화정책 차원에서 한국어 교육 정책이 추가된 시기로서 한국어 교육 정책의 역사에서 가장 획기적인 변화가 나타난 시기이다. 이 시기에 시작된 문화 정책 차원의 한국어 교육 정책은 지금도 한국어 교육 정책의 중심으로 자리잡고 있다. 국어기본법의 제정, 한국어교원자격제도, 세종학당 추진, 국제통용한국어표준교육과정, 한국어 교육 국가 표준 등 비중이 큰 한국어 교육 정책은 이러한 문화 정책의 범주에서 태동되고 발전해 온 것인데 그 시작이 바로 1990년대 중반이다.

1989년 동서 양 진영 사이의 냉전이 종식된 후 인류 사회의 시대사적 변화 가운데 하나가 국제화의 급속한 진전이었다. 특히 1990년대에 들어서면서 정치적 이데올로기, 군사력과 같은 하드 파워의 영향력이 줄어든 반면에 문화, 문명 등이 새로운 화두로 급격히 부각되기 시작하였는데 한국어 교육은 바로 한국의 대표적인 문화 유산인 한글과 한국말을 국외에 보급하는 일로 인식이 되었다. 마침 한국 정부는 기존의 문화공보부를 모체로 하지만 문교부의 어문 출판 편수 기능을 합하여 1990년에 문화부를 신설하면서 문화에 대한 국가 정책의 수준을 높이고 있었다.

이러한 시대 배경과 정부 정책의 변화 속에서 정부는 1995년에 문화예술진흥법과 문화예슬진흥법 시행령을 개정하는데 그 안에 국어의 국외 보급을 정부의 역할로 해석할 수 있는 문구가 포함되었다. 비록 짧은 문구 하나가 근거가 되기는 하였지만 이제 외국인을 대상으로 하는 한국어 교육 정책의 개발 및 시행이 가능해졌다. 좀 더 구체적으로 1995년에 전면 개정을 거친 문화예술진흥법에서는 제2장에 국어의 발전

---

7   물론 국제교육진흥원이 재외동포 교육 지원만을 담당하는 것이 아니고 한국 정부 초청 장학생(GKS), 한국인 학생의 국비 유학 사업 등을 포함함으로써 국가 간 교육 활동을 총체적으로 담당하는 부서이다. 그러나 모체는 재외국민교육원임이 분명하고 재외동포 교육 지원 사업이 주요 사업으로 자리 잡았던 것으로부터 재외동포 교육 지원 기관이라고 보는 데에 큰 무리는 없을 듯하다.

및 보급을 신설하고 제6조에는 국어심의회 설치 근거를 두었다. 그리고 동법 시행령에서는 국어심의회의 업무 중의 하나로 국어의 국외 보급을 명시함으로써 외국인을 대상으로 하는 한국어 교육이 공식적으로 국가 법 테두리 안에 자리를 잡게 되었다.

이로써 1990년대에는 재외국민교육 지원 차원의 교육부의 정책과 문화정책 차원의 문화부의 정책으로 이원 체제가 정립된다. 그리고 이러한 이원 체제는 오랜 기간 한국어 교육 정책의 중심축을 이루어 왔다.

이렇게 한국어 교육과 관련하여 정부 내에 양대 축이 형성된 가운데 제3의 영역이 대두되는데 그것은 바로 국제 협력 차원에서의 한국어 교육 지원 활동이다. 1991년에 설립된 한국국제교류재단의 주요 활동 중에 해외 한국학 지원이 포함되는데 해외 한국학의 중심에 한국어 교육이 자리잡음으로써 한국국제교류재단도 한국어 교육 지원 활동에 참여한다. 그리고 1991년에 설립된 한국제협력단도 한국어 교육 지원 활동에 참여하는데 한국어 교육 봉사단원의 파견과 해외 차세대 지도차 초청 연구를 통해서이다. 여기에 1997년에 재외동포재단이 설립 된 후 재외동포 교육 지원이 주요 사업 중의 하나로 자리 잡음으로써 외교통상부 산하의 3개 기관이 한국어 교육과 관련된 활동을 함으로써 국제협력 차원의 한국어 교육 정책이라는 새로운 영역이 형성되기에 이르렀다.

이렇게 재외국민 교육 지원 및 교육 국제협력 차원의 교육부의 활동, 문화 정책 차원에서 한국어의 국외 보급이라는 문화부의 활동, 국제 협력의 주요 아이템으로서의 한국어라는 차원의 외교통상부의 활동 등으로 1990년대는 전에 없이 한국어 교육 정책이 활발해진 시기이다. 그러나 앞에서 언급하였듯이 3자 중에서 교육부와 문화부는 양대 산맥을 이루는데 이 시기 교육부와 문화부가 중심이 되어 산출된 주요 정책 사례로 한국어능력시험(KPT: Korean Proficiency Test, 지금의 TOPIK) 개발 및 실시와 한국어세계화추진 사업을 들 수 있다.[8]

한편 이 시기인 1993년에 제도가 완비되고 1994부터 실시된 산업연수생제도를 통하여 외국인 산업 연수생이 대규모로 유입되었으나 정부 차원에서 이들과 관련한

---

8 한국어능력시험의 개발 및 실시와 한국어세계화추진사업의 추진에 대하여 별도로 논의한다.

한국어 교육 관련 활동은 찾을 수 없다. 이 시기 체류 외국인에 대한 정책은 지금과는 다르게 차별배제정책이 주를 이루었던 만큼 한국어 교육 정책 차원에서 진행된 사례가 존재하지 않는다.

이렇게 볼 때 1990년대는 교육부와 문화부가 중심이 되고 외교통상부가 가세하면서 정부 한국어 교육 관련 부서는 3개로 늘고 산하기관으로는 국제교육진흥원(교육부), 국립국어원(문화부), 한국제교류재단(외교부), 한국국제협력단(외교부), 재외동포재단(외교부) 등이 있다.

1.4 한국어 교육 정책의 다원화와 규모의 확대: 2000년대

2000년대 들어서 한국 정부의 한국어 교육 정책은 국내외적으로 더욱 확장이 되는데 이러한 변화를 가져온 가장 큰 배경으로 한국 내 체류 외국인의 증가와 국외에서 거세게 확산된 한류를 들 수 있다.[9]

우선 국내의 환경 변화를 살펴볼 때 1980년대 중반 특정 종교의 국제결혼으로부터 비롯된 한국 내 체류 외국인은 1994년 산업연수생제도의 실시를 계기로 크게 늘었고 1990년대 중반부터 시작된 국제결혼이 보편화되면서 체류 외국인의 배경 변인은 다양해지기 시작하였다. 2000년대 들어서 이러한 현상은 좀 더 다양해지고 심화되는데 국제결혼의 증가와 배우자 국적의 다양화, 외국인고용허가제의 실시와 외국인 노동자에 대한 체계적인 지원, 스터디 코리아 2005의 실시를 통한 외국인 유학생 유입 확대 등에 기인한다.. 여기에 국제결혼 가정에서 태어나는 자녀가 늘고 일부 재혼 가정를 이루는 외국인 배우자의 기존 자녀 등이 유입되면서 체류 외국인의 다양성을 증가시키는 요인이 되었다.

2000년대에 나타난 이러한 변화는 그 이전과 비교할 때 한국 정부의 한국어 교육

---

9 2000년대초 한국어 교육 발전의 배경 동인으로 조항록(2005), 조항록(2008)에서는 7대 동인을 들 고 있다. 그러나 여기에서는 가장 대표적인 배경으로 국내 상황으로는 체류 외국인의 증가를, 국외 상황으로는 한류의 확산을 들고자 한다.

참여를 더욱 촉진하는 결과를 가져오는데 그 이유는 아래와 같다.

첫째, 외국인고용허가제의 실시는 외국 인력에 대한 국가 관리를 공식화한 것으로 종래 민간 단체(중소기업협동조합중앙회) 주관과는 다르게 한국 산업 현장과 한국 사회 적응 능력을 선발의 주요 조건으로 제시하였는데 이의 중심에 한국어 능력이 있다.

둘째, 국제결혼이 증가하고 그 가정에서 자녀가 태어나면서 외국인 배우자(특히 국제결혼여성)의 한국 가정 내 역할의 수행이나 한국 사회 적응 문제가 중요한 이슈로 대두되었다. 이러한 적응 능력은 한국인과의 소통 능력인 한국어 능력과 한국 사회 이해 능력을 갖추는 것으로부터 비롯된다는 인식이 보편화되었다. 이러한 인식의 변화는 마침 외국인 정책을 주관하는 법무부가 사회통합 정책을 추진하기 시작하면서 체류 외국인의 한국어 능력과 한국 사회 이해 능력을 높이기 위한 구체적인 방안의 필요성이 제기되었다.

셋째, 외국인 유학생 유치 확대를 정부 정책으로 채택한 이후 외국인 유학생의 성공적인 수학을 위해서는 한국어 능력이 필수적이라는 공감대가 형성되었다.

이에 따라 실제로 아래와 같은 변화가 나타났는데 이는 모두 한국어 교육 정책의 관점에서 논할 수 있는 것들이다.

첫째, 고용허가제한국어능력시험(EPS-TOPIK)이 실시되고 입국 전 교육에서 한국어 교육 시수 비중이 컸고 입국 후에도 고용노동부 산하의 외국인노동자지원센터에서 한국어를 배울 수 있는 기회를 제공하였다.

둘째, 체류 외국인을 대상으로 하는 재한외국인처우기본법과 국제결혼여성이 주 대상인 다문화가족지원법에서 정부 차원의 한국어 교육 실시 근거를 마련하였다.[10]

셋째, 외국인 유학생 유치 확대 과정에서 교육부는 각 대학에 입학 자격으로 한국어 능력을 중시하도록 권고하였다. 이와 함께 그동안 제한을 두었던 몇몇 특수 국가(중국 등)에 대하여 유학 비자는 물론 한국어 연수 비자 발급을 확대하여 국내 한국어

---

10 체류 외국인에 대한 지원 법안의 성격을 갖는 재한외국인처우기본법(2007년)과 다문화가족지원법(2008년)이 이 시기 제정된 배경에는 2006년 국제결혼여성과 혼혈아에 대한 범정부 차원의 대책 지시로부터 비롯되었음은 이 책의 다른 장에서 다룬 바 있다.

연수생이 급증하였다.

마지막으로 법무부는 체류 외국인의 한국어 능력과 한국 사회 이해 능력을 제고하기 위하여 사회통합프로그램을 실시하기 시작하였고 여성가족부도 다문화가족지원센터를 통하여 여성결혼이민자를 대상으로 한국어 교육을 실시하기 시작하였다.

한편 이 시기에는 국외에서도 한국어 교육 현장의 변화가 일고 이를 반영한 한국 정부의 한국어 교육 정책이 좀 더 다양하게 나타난다.

이 시기 국외 한국어 교육 현장의 변화를 가져온 가장 큰 요인은 한국의 국력 신장에 따른 국제적 위상의 제고와 역할의 증대, 한류의 확산, 국외 현지 요인(중국의 경제성장에 따른 고등교육 수요의 급증과 한국 유학 열기 등)에 따른 한국어 학습 수요의 증가, 한류의 화확 등을 들 수 있다. 이는 한국어 능력이 사용자의 다양한 이익을 실현시켜 주는 언어로 인식 됨으로써 학습자 증가를 가져왔다. 즉 한국계 기업에 취업하기 위하여 한국어 능력을 갖추고 싶어하는 사람이 늘어남에 따라 국외 현지 대학 내 한국어학과가 신설되고 사설 학원에 한국어 강좌가 개설되기도 하였다. 또한 코리언 드림을 가지고 한국에서 일을 하고자 하는 외국인 노동자는 한국에서의 노동 허가를 받기 위하여 고용허가제한국어능력시험(EPS-TOPIK) 대비 학습을 하게 되고 현지 요인으로 한국 유학을 준비하면서 한국어 선행 학습을 하는 경우가 많아졌다. 여기에 한류를 향유하기 위한 한국어 학습 수요가 급속히 느는 양상을 보였다.

이러한 국외 현지 상황 변화에 대응하여 한국 정부도 국외를 대상으로 하는 한국어 교육 정책을 적극 실시하게 되는데 가장 대표적인 것이 세종학당의 추진이다. 세종학당은 원래가 한류를 향유하기 위한 학습자를 주 대상으로 하기보다는 한민족문화권의 세계적 확산이라는 국어 발전 정책으로부터 비롯된 것으로 아래와 같은 과정을 거쳤음을 이해할 필요가 있다.[11]

세종학당 추진 정책은 필연적으로 국어기본법과 관련을 갖는데 원래 국어기본법은 한국 정부의 문화 정책이 강화되고 국어 정책의 중요성이 커지면서 국어의 발전

---

11 이에 대하여는 이 책의 제4장 I. 세종학당 추진의 의의와 과제에서 자세히 다루고 있다.

을 중심 내용으로 하여 2004년에 제정되고 2005년에 시행되었다. 국어기본법은 국어 발전과 관련한 정부 정책 영역을 아우르고 있는데 그 중의 하나가 국어의 국외 보급으로서 국어기본법 제19조에 이를 담고 있다. 주요 내용은 국가는 외국인과 재외동포를 대상으로 하여 한국어 교육을 실시하기 위한 교육과정을 개발하고 교재를 보급하며 교원을 인증할 수 있다는 것으로서 한국어 교육을 국가 정책의 범주로 자리 잡도록 하였다. 이에 따라 한국어교원자격제도가 실시되고 국어발전기본계획 내 국어문화학교의 한민족문화권으로의 확대 정책이 추진되었는데 이것이 세종학당 추진의 모태가 되었다. 마침 당시 주요 국가의 자국어 해외 보급 정책이 화두가 되면서 한국도 해외에 국어문화학교를 추진하기로 한 것은 큰 뉴스가 되었고 그러한 노력이 세종학당으로 개념화되면서 지금의 세종학당이 출범하게 되었다. 세종학당은 한민족문화권의 확대라는 당초의 목표보다는 당시 빠르게 확산되던 한류로부터 비롯된 한국어 학습 수요를 충족하는 모양새를 갖추면서 초기 단계 정책을 가열차게 추진하게 되었다. 여기에 2002년 월드컵의 성공적 개최, 한국의 국력 신장과 국제적 위상의 제고 등으로 한국어의 사용 가치가 높아지면서 한국어 학습 수요가 폭발적으로 증가한 것이 세종학당 추진의 주요 배경으로 작용하였음은 주지의 사실이다.

그러나 이러한 새로운 환경의 조성과 한국어 교육 정책의 추진 이전에 한국어 교육 정책과 관련하여 주목해야 할 것은 1998년에 시작된 한국어세계화추진 사업이 더욱 확대되었다는 점이다. 2000년부터 2005년까지 본격적으로 추진된 한국어세계화 추진사업은 초기(1998년과 1999년) 사업과는 비교가 되지 않을 정도로 규모가 컸으며 사업 관리를 위한 기관(한국어세계화재단)의 설립을 가져왔다. 한국어세계화재단은 이 시기 국내외 한국어 교육 현장에서 요구되는 여러 사안들을 문화부 차원에서 대응하는 역할을 수행하는데 국어기본법에 근거를 둔 한국어교육능력검정시험을 주관하고, 국립국어원의 위탁을 받아 세종학당 사업을 추진하였으며, 외국인고용허가제의 실시에 따라 고용허가제한국어능력시험을 개발하여 시행한 것이 대표적이다. 이렇게 한국어 교육과 관련하여 다양한 역할을 수행한 한국어세계화재단은 2012년 국어기본법이 개정되어 세종학당재단이 설립되면서 해체되었다. 한편 한국어교육능력검정시험과 외국인고용허가제 한국어능력시험의 주관은 부서 간 업무 조정에 따라 고용노동부 산하의 한국산업인력공단으로 이관이 되었다.

이상에서 살펴보았듯이 2000년대 초반은 정부의 한국어 교육 정책이 다양한 정책 영역으로 확대되고 정책의 주요 내용도 교육기관의 설치 및 운영, 한국어교원자격제도의 실시, 교육과정 개발 등 다양해졌다. 이 시기 추진한 주요 정책을 요약하여 정리하면 다음과 같다.

　첫째, 국어기본법, 재한외국인처우기본법, 다문화가족지원법, 외국인근로자의 고용 등에 관한 법률 등 문화 정책, 이민 정책 차원의 여러 법령에 한국어 교육 실시의 근거가 될 수 있는 조항 또는 문구가 포함됨으로써 법적 근거를 갖추었다.

　둘째, 문화부(국립국어원, 한국어세계화재단)가 중심이 되어 한국어 세계화 추진 사업을 더욱 규모있게 추진하였고 한국어교원자격제도의 운영, 세종학당의 추진 등 한국어 교육 관련 전문성 향상 노력 및 국외 보급 노력이 가속화되었다.

　셋째, 법무부 주관의 사회통합프로그램의 실시, 여성가족부 주관의 다문화가족지원센터 한국어 교육 프로그램 운영, 고용노동부 주관의 외국인고용허가제 한국어능력시험의 실시 및 외국인 노동자 대상 한국어 교육 실시 등 체류 외국인에 대한 한국어 교육 정책이 적극 실시되었다.

　마지막으로 스터디 코리아 2005로부터 시작하여 스터디 코리아 2005 발전 방안 등 교육부의 외국인 유학생 유치 정책의 적극 실시에 따라 한국어연수기관 지원 사업 등 외국인 유학생의 한국어 능력 향상을 위한 정책적 지원이 이루어졌다. 이와 함께 국내외 한국어 학습자가 크게 늘면서 한국어 능력 인증 수요도 급증하여 한국어능력시험을 부분적으로 개편하고(2006년부터 초급, 중급, 고급으로 분리 시행하고 명칭을 KPT에서 TOPIK으로 변경함) 시행을 확대(2007년부터 연간 2회 시행으로 확대함)하였다.[12]

12　실제로 이 시기에 한국어능력시험 응시자 수는 크게 느는데 2005년(제9회)에는 응시자 수가 23,401명이었으나 2009년에는 제15회가 86,280명, 16회 84,227 등 도합 170,507명으로 4년 사이에 7배 이상 증가하였다.

1.5 한국어 교육 정책의 고도화: 2010년대 이후

2000년대에 들어서 국내 체류 외국인의 증가에 따른 한국어 교육 정책의 다양화가 급속히 진전되고 국외에서는 한류 확산 등에 따라 한국어 교육 정책의 확대가 나타났음은 앞에서 살펴본 바와 같다. 그리고 이러한 다양화와 확대는 법적 기반의 구축, 정부 내 다양한 부서의 참여, 한국어 교육 전문성의 확대 등으로 뒷받침되었는데 2010년대에 들어서는 이러한 정책의 유형과 규모가 더욱 확대되고 효율화를 기하는 방향으로 나타난다.

2010년대는 한국의 국력 신장에 따른 국제 사회에서의 위상의 제고와 역할의 증대가 두드러지게 나타나고 한류가 다양한 양상으로 확산되면서 한국어 학습 수요가 크게 늘었다. 여기에 한국 내 체류 외국인의 지속적 증가와 정주 외국인의 증가는 한국 정부로 하여금 사회통합 정책으로 방향을 잡도록 하여 한국어의 사용 가치가 더욱 높아져가고 있었다. 이런 상황에서 국내외의 한국어 학습 수요는 폭발적으로 늘었으며 한국 정부는 전방위적으로 한국어 교육 정책을 실시하였다. 이는 결과적으로 종래의 재외국민교육 · 문화정책 · 사회통합정책으로서의 한국어 교육 정책 중에서 상대적으로 재외국민교육으로서의 한국어교육 정책의 비중은 약해지고 문화정책과 사회통합정책으로서의 한국어교육 정책의 비중이 커지는 양상으로 나타났다. 이 시기 한국어 교육 정책의 배경으로 작용한 것을 정리하면 다음과 같다.

첫째, 국내 체류 외국인과 관련한 법, 규정, 시행 규칙 개정(국적/영주권 취득 및 체류 자격 변경 시 한국어 능력 인증자에 대한 혜택 부여 등), 결혼이민자의 국민 배우자 사증 취득 제도 등 법과 제도 개정 시에 한국어 능력의 중요성이 요구되었다.

둘째, 국제결혼여성을 비롯한 체류 외국인에 대한 사회통합 정책이 적극 실시되면서 다문화가족지원센터 한국어교육 프로그램, 사회통합프로그램 등에 참여하는 외국인이 급격히 늘었다. 이에 따라 정부의 체류 외국인에 대한 한국어 교육 관련 정책의 체계화와 효율화가 요구되었다.

셋째, 국외의 한류 기반 학습자가 폭증하면서 세종학당 설치 및 운영 방식과 규모가 크게 변화되었다. 그리고 이를 위한 법, 제도적 뒷받침이 요구되었다.

넷째, 한국어의 사용 가치가 높아짐에 따라 국외 곳곳에서 한국어 학습 수요가 크게 늘었다. 그러한 수요는 종래 대학과 한글학교 중심에서 초중등학교로의 확산 양상으로도 나타나는데 이 과정에서 한국과 외국 사이의 협력 논의에서 현지 국가의 한국어 교육 지원이 협력 의제가 되기도 하였다.

다섯째, 한국인과 외국인의 재혼 가정이 늘면서 외국인 배우자의 기존 자녀의 입국 및 정규 학교 신편입학이 대두되면서 이들의 한국어 능력이 주요 쟁점이 되었다. 이에 따라 한국 내 공교육에서 공식적으로 한국어 교육이 실시되고 이의 효율화를 위한 다양한 논의가 제기되었다.

여섯째, 스터디 코리아 2023 등 한국 정부의 적극적인 외국인 유학생 유치 정책과 한국 대학의 적극적인 외국인 유학생 유치 노력이 맞물리면서 한국 내 유학생의 급증하였는데 이 과정에서 한국어 능력이 주요 쟁점으로 대두되었다.

이와 같은 배경은 결국 한국어 교육의 국가사회적 기능의 다양화를 가져왔고 한국 정부로 하여금 전에 없이 적극적이고 규모가 큰 한국어 교육 정책을 이끌어내었다. 즉 이 시기 한국어 교육이 갖는 국가사회적 기능은 도구적 기능, 민족교육적 기능, 사회통합적 기능, 세계시민교육적 기능 등으로 다양해졌는데 이는 곧 정부 내 다양한 부서로 하여금 한국어 교육에 참여하도록 하였다. 이 시기 정부 내 다양한 부서의 참여는 기존의 정책을 키우고 강화하는 방향으로 나아가기도 하고 새로이 정책을 개발하여 실시하는 양상으로 나타나는데 주요 내용을 살펴보면 다음과 같다.

첫째, 비록 상대적으로 비중이 줄어들기는 하였으나 재외국민을 포함한 재외동포를 대상으로 하는 한국어 교육 지원은 꾸준히 강화되어 오고 있다. 교육부 산하의 국립국제교육원의 주요 사업 중 하나로 실시되고 있으며 재외동포재단(현 재외동포청)으로부터의 지원도 지속되고 있다. 2010년대 이후 가장 대표적인 정책으로 재외동포 사회 맞춤형(언어권별) 한국어 교육 개발 및 보급과 한글학교 교사의 역량 강화 사업, 재외동포 학습자 모국 수학 지원 등을 들 수 있다.

둘째, 국내의 이민자를 대상으로 하는 한국어 교육을 효율화하기 위하여 한국어 교육과 관련하여 부서 간 협력이 강화되었는데 여성가족부 다문화가족지원센터의 한국어 집합교육이 법무부 주관의 사회통합프로그램으로 통합되었다. 그리고 한국어 능력을 갖춘 이민자에게 주어지는 혜택이 좀 더 다양해짐으로써 한국어 학습 참여 동기를 크게 강화하였다.

셋째, 국어기본법과 동법 시행령을 개정하여 세종학당 추진의 법적 근거를 강화하고 세종학당 추진 기관으로 세종학당재단의 설립이 가능해졌다. 이와 함께 매년 새로이 설치하는 세종학당의 개소 수를 크게 늘렸다.

넷째, 국제통용 한국어 표준 교육과정을 개발하고 이를 바탕으로 한 한국어 교육 국가 표준을 고시하였으며(2020년 11월 27일) 해외초중등한국어표준교육과정을 개발하여 보급하는 등(2021년 4월 15일) 한국어 교육의 표준화 노력을 진행하였다. 그리고 기존 한국어능력시험(TOPIK)도 현실적인 요구에 맞춰 개편이 이루어져TOPIK Ⅰ과 TOPIK Ⅱ로 이원화하고 시험 영역 등을 대폭 변경하였다.[13]

다섯째, 교육부가 중심이 되어 해외 초중등학교 한국어 과목 개설 노력을 가속화하였고 한국어를 외국어 과목으로 채택하는 국가가 크게 늘고 대학 입시 과목으로 지정하는 나라도 빠르게 늘었다.

여섯째, 국내 초중등학교에서 다문화가정 자녀에게 적용할 목적으로 KSL 교육과정을 개발하였고 이에 맞춘 교재도 개발하여 중도입국자녀를 중심으로 하는 다문화가정 자녀에 대한 한국어 교육을 좀 더 체계화하였다.

일곱째, 교육부가 매년 정책적으로 추진하는 다문화 가정 자녀 교육 지원 방안에 한국어 교육을 지원하기 위한 다양한 방안이 포함되었다.

여덟째, 외국인 유학생의 유치 확대와 함께 유학생의 효율적 관리를 위한 주요 방안으로 한국어 능력을 중시하였는데 이를 실제 정책으로 실행하기 위하여 교육국제화역량인증제의 주요 평가 요소로 유학생의 한국어 능력 및 학교의 유학생 한국어 교육 지원 수준을 포함하였다. 그리고 대학 입학 및 졸업 자격으로 한국어 능력 인증이 적용되도록 권고해 오고 있다.

마지막으로 비록 오래 지속이 되지는 못하였지만 국외에서 한국어교육 기관의 브랜드 통합을 시도하고자 하였으며 국내에서는 정부 간 협력으로 정부 주관의 교재 개발과 교원 재교육은 국립국어원이 맡도록 하는 등 부서 간 협조 노력을 강화하였다.

---

13 한국어능력시험(TOPIK)의 개편은 2013년에 완성되었으며 2014년 6월에 실시한 제35회 한국어능력시험부터 새로이 개편된 시험이 실시되었다. 한국어능력시험의 개편에 대하여는 이 책의 제3장 Ⅴ. 한국어능력시험(TOPIK) 체제 개편의 주요 내용과 배경에서 다루고 있다.

이렇게 2010년대 이후 지금에 이르기까지 한국 정부의 한국어 교육 정책은 기존의 정책을 체계화하고 효율화하는 방향성을 보이는가 하면 현장 요구에 대응하여 새로운 정책을 개발하는 등 전반적으로 한국어 교육 정책의 고도화가 진행되는 것으로 볼 수 있다. 다만 이러한 정책 추진 과정에서 나타나는 한계와 문제점도 지적되는데 이에 대해서는 뒤에서 논의하고자 한다.

2. 한국어 교육 정책의 특성 논의

2.1 시대적 흐름에 따른 성격 변화

앞에서 살펴본 바와 같이 한국 정부가 한국어를 모어로 사용하지 않는 외국인 또는 재외동포를 대상으로 하는 한국어 교육 정책은 1950년대로 거슬러 올라간다. 그러나 엄밀하게 보면 1950년대와 1960년대는 한국어 교육 정책이라고 보기보다는 한국어 교육 지원 활동의 성격이 강하다. 다시 말해서 이 시기 한국 정부의 한국어 교육 지원은 다분히 헌법에 근거한 재외국민 교육의 성격을 갖는 것으로 일본 내 민단과 조총련 사이의 대립에서 민단계 재일교포를 지원하는 성격을 갖는 것이었다. 즉 재외국민에 대한 한국 정부의 교육 지원은 국가의 책무라는 인식에 바탕을 두었으며 이 안에 국어(한국어)가 포함이 되었다. 이러한 학습이 없을 경우 한국어의 유지가 불가능했을 것이란 점에서 한국어 교육 정책에서 논의할 가치를 갖는다.

한국어 교육 정책이 재외국민 교육 지원의 성격을 넘어서 한국어를 모어로 하지 않는 외국인과 재외동포에 대한 정책의 성격을 띠게 된 것은 1995년 문화예술법과 동법 시행령이 개정되면서이다.[14] 그리고 2004년에 국어기본법이 제정됨으로써 재

---

14 앞에서 언급한 것처럼 재외국민의 교육 지원 등에 관한 규정에서도 재외동포가 아닌 현지인에 대한 교육 지원의 가능성 여지를 담고 있지만 매우 제한적 상황으로서 실제적으로는 문화예술법과 동법 시행령의 개정부터라고 보는 것이 적절할 것이다.

외동포와 외국인을 대상으로 하는 한국어 교육에 국가가 적극 참여할 수 있는 기반이 마련되었다. 이후 재한외국인처우기본법, 다문화가족지원법, 출입국관리법 등 체류 외국인 관련 여러 법령이 제정 또는 개정 되는 과정에서 국가의 참여는 점차 확대되어 왔다.

한국 정부의 한국어 교육 정책의 대상이 재외국민으로부터 시작하여 재외동포를 거쳐 현지인으로까지 확대되어 왔음은 앞에서 살펴본 바와 같다. 이는 곧 한국어 교육 정책의 성격 논의와도 맥을 같이 하는데 이를 정리하면 아래와 같다.

첫째, 한국어 교육 정책은 재외국민 교육 지원 정책으로부터 시작이 되었고 재외동포 교육 지원 정책으로 확대되었다. 이는 좁게는 재외국민교육정책이고 넓게는 민족정책의 성격을 갖는 것으로 볼 수 있다.

둘째, 국제화의 시대가 본격화하고 한국 정부의 문화 정책이 적극 펼쳐지면서 한국의 대표적인 문화 유산인 한글과 한국어의 국외 보급이라는 문화 정책 차원의 성격도 함께 갖게 되었다.

셋째, 한국 내 체류 외국인이 급증하고 이들에 대한 정책, 즉 체류 외국인 정책에서 한국어 능력이 중요한 요소로 부각되고 정부의 한국어 교육 참여가 명문화됨으로써 이민정책적 성격도 갖게 된다.

넷째, 외국인고용허가제가 실시되면서 종전(산업연수생제도 시기)과는 다르게 외국인 노동자의 한국어 능력이 제도의 성공적 실시의 중요한 요소로 자리 잡았다. 이렇게 볼 때 한국어 교육 정책은 노동 정책의 성격도 갖는 것으로 볼 수 있다.[15]

마지막으로 1990년대 외교부 산하의 한국국제교류재단과 한국국제협력단이 추진하는 국제 교류 및 국제 협력에서 한국어가 주된 내용 중 하나가 되었다. 이렇게 볼 때 한국어 교육 정책은 국제교류협력정책의 성격을 갖는 것으로 볼 수 있다. 최근에 중요성이 커지고 있는 해외초중등학교 한국어 과목 채택 사업도 이와 맥을 같이 하

---

15 다만 산업연수생제도 시기에도 후반부에는 연수취업자격제도라는 이름으로 해서 1년 연수 기간 후 2년의 연수 취업 자격으로 체류하는데 이 때 연수취업자격시험의 내용 중에 한국어 능력 문제가 일부(낮은 비중으로) 포함되었다. 그리고 이 시험에 통과하지 못할 경우에는 2박3일간의 연수취업연수를 받아야 하는데 이 때 한국어 연수도 일부 포함이 되었다. 그러나 한국어 능력이나 한국어 연수는 비중이 매우 낮았다는 점에서 한국어 교육 정책 차원에서 논의의 가치가 낮은 것으로 볼 수 있다.

는 것으로 볼 수 있으며 교육 ODA 차원에서 진행되는 여러 정책도 이러한 성격을 갖는 것으로 볼 수 있다.

한국어 교육 정책이 갖는 이러한 성격이 시기적으로 어떻게 나타났는지를 요약하여 정리하면 다음의 표와 같다.

[표 1] 한국어 교육 정책 성격의 변화

시기	한국어 교육 정책의 성격	관련 부서1	관련 법령 또는 제도
1950년대 ~1980	재외국민에 대한 국민교육 지원 및 재외동포에 대한 민족교육 지원	문교부	헌법, 교육 관련법(1950년대) (일본 내 민족학교와 민족학급 설치 근거) 재외국민의 교육 지원 등에 관한 규정(1977년에 제정. 한국학교, 한국교육원 설치 및 운영 등을 규정함. 이와 함께 한글학교와 재외 교육기관 및 교육단체를 정의하고 이를 지원할 수 있는 근거 제공)
1990년대	대표적인 민족문화 유산인 우리 말과 글의 국외 보급	문화부	문화예술진흥법시행령에 의하여 규정된 국어심의회의 업무 (국어심의회의 업무 중 하나로 국어의 국외 보급을 명문화함. 문화부가 국외 보급의 주무 부서가 되는 근거 규정임))
	국가 간 교류에서 교류의 핵심 아이템으로서의 한국학의 국외 확산 지원의 성격	외교부	한국국제교류재단법 제6조 국외 한국 연구 지원의 차원(현재도 한국학사업부가 이를 담당함)
	재외동포 사회와 재외동포에 대한 지원	외교부 교육부	재외동포재단법 제7조와 동법 시행령상의 교육 문화 사업의 일환(동법 시행령에 한국어 교육 지원을 명시함) 국립국제교육원(교육부와 그 소속기관의 직제. 대통령령 제 32980호)
	외국 인력의 체류 자격 변경 요건	산자부	산업연수생제도
	세계화시대의 문화 경쟁력 구축	문화부	국정 목표로서의 세계화 정책

	외국인 노동자의 신규 자격 취득의 요건	노동부	외국인 근로자의 고용 등에 관한 법률
2000년대 이후	이민자의 한국 사회 적응 지원	법무부 여가부 행안부	재한외국인처우기본법, 다문화가족지원법, 출입국관리법 등
	이민자의 국내 한국 사회 통합 및 국적 취득, 체류 자격 부여/변경 요건	법무부	재한외국인처우기본법, 출입국관리법과 이에 근거한 사회통합프로그램 시행 규칙(법무부장관 훈령)
	국어의 국외 보급을 위한 한국어 교육 지원	문화부	국어기본법과 동법 시행령
	이민자 자녀의 교육 지원	교과부	헌법 내 교육기본권의 실현, 초중등교육법

2.2 한국어 교육 정책 참여 부서의 다원화

앞에서 살펴본 바와 같이 한국어 교육 정책은 국가의 여타 정책과의 연계 성격이 강하다. 이는 일반적인 교육 정책이 독립적인 법적 근거를 바탕으로 독립적인 정책 영역을 확보하고 이를 실행할 수 있는 독립 부서, 제도 등을 갖춘 것과 대비가 된다. 한국에서의 교육은 헌법이 정하고 있는 교육기본권의 실현에 바탕을 두고 있기 때문에 관련 법령 체계(초중등교육법 등)를 확립하고 교육부 등 중앙 부서는 물론 다양한 행정 체계와 제도를 갖추고 정책이 집행된다. 이에 비하여 한국어 교육은 정책 결정 및 집행과 관련한 근거 법령의 확보가 매우 늦었으며 그 또한 특정 법령 내 일부 조항에 근거하는 만큼 법령 체계와 행정 체계의 확보는 매우 더디게 나타났다. 뿐만 아니라 한국어 교육 정책은 다른 정책과의 연계로 추진되는 경우가 대부분으로 독작적인 정책 영역을 충분히 갖춘 것으로 볼 수 없다. 한국어 교육 정책과 관련이 정부 내 부서의 한국어 교육 정책을 정리하면 아래의 표와 같다.

[표 2] 정부 부서의 한국어 교육 정책 관련 내용

부서 명	부서의 사업 참여 근거 및주요 사업 내용2	비고
문화 체육 관광부	문화예술진흥법에 이어서 현재의 국어기본법에 따른 한국어 국외 보급 주무 부서 • 세종학당재단을 통한 세종학당 추진 정책 주관 • 한국어 표준교육과정(문화체육관광 고시 제2020-54호) 제정 • 한국어교원자격제도 운용 • 외국어로서의 한국어 교육 관련 연구 및 자료 개발 수행(국립국어원) • 정부 내 부서와의 업무 협정을 통한 타부서 한국어 교육 사업 지원	외국인을 대상으로 하는 한국어 교육(한국어 국외 보급) 관련 포괄적 업무 수행
교육부	재외국민에 대한 국민교육 및 국내의 이민자 자녀에 대한 정규 교육 지원 주무 부서 • 한국학교, 한국교육원 운영/지원 • KSL 개발 및 실시 • 국가 간 교육 교류 차원의 유학생 지원 사업과 국외 한국학 진흥 사업 • 국가 표준 한국어능력시험(TOPIK) 주관(국립국제교육원) • 해외초중등학교 한국어 과목 채택 사업 주관	- (국내외) 국민 대상의 한국어 교육 실시. 사업 실시가 중심임. - 최근 들어 국가 간 교육협력 차원에서 해외 초중등학교 한국어 과목 채택 사업 적극 추진
외교부	국제교류 증진 사업과 재외동포 사회 지원 주무 부서 • 국제 교류 증진 차원의 국외 한국학 진흥 지원 및 한국어 교육 지원(한국국제교류재단) • 재외동포 사회의 한글학교 지원(재외동포청. 종전의 재외동포재단) • ODA 차원의 한국어 교육 봉사 활동(한국국제협력단)	국외 대학의 한국어 교육 지원과 재외동포 자녀 대상의 한글학교 지원 활동 중심
여성 가족부	결혼이민자와 다문화가정 자녀의 한국 사회 적응 지원 주무 부서 • 다문화가족지원센터의 설치와 운영(행안부 협조) • 결혼이이민자의 입국 전 현지 사전 한국어 교육 실시	최근 다문화가족지원센터 내 한국어 집합 교육은 실시하지 않음(사회통합프로그램으로 일원화함)
법무부	국민과 이민자의 사회통합 추진과 이민자의 국적/영주권/체류자격 부여 또는 변경의 주무 부서 • 사회통합프로그램 운영 • 국민 배우자(F6) 사증 발급 시 기초 한국어 능력 인증 요구 • 국적, 영주권, 체류 자격 부여 및 변경 시 한국어 능력 인증 요구	국내를 대상으로 국한하였으나 국외에도 영향을 끼치게 됨

고용 노동부	한국 내 진출 외국 인력 관련 정책의 주무 부서 • 고용허가제한국어능력시험(EPS□TOPIK) • 국내 9곳의 대규모 외국인노동자지원센터의 설치와 한국 어 교육 실시	외국인 노동자에 국한 한 활동

2.3 한국어 교육 정책 관련 주요 쟁점

이상에서 살펴본 한국어 교육 정책과 관련하여 몇몇 쟁점을 제기할 수 있는 이를 정리하면 다음과 같다.

첫째, 정부 내에서 한국어 교육 정책과 관련이 있는 부서는 문교부로부터 시작하여 최근에 이르기까지 그 수가 크게 늘었는데 참여 부서 사이의 협조 수준은 미약한 것으로 보인다. 한국어 교육 정책 관련 참여 부서의 증가에서 나타난 특징 중의 하나는 누적적 증가인데 부서 사이의 협조 체계가 충분히 마련되지 않은 것으로 보인다. 즉 새로운 부서가 한국어 교육 정책에 참여할 때 기존의 부서 역할을 대체하지 않고 새로운 역할을 가지고 새로운 기능을 수행함으로써 누적적으로 증가하였다. 그 경우 기존 부서와의 협의는 정부 정책의 체계성과 효율성을 높일 것이지만 실제로 그러한 예는 많지 않다. 특히 한 때 한국어국외보급기관협의회가 설치되어 운영되었던 적이 있지만 실제적으로 제 기능을 발휘하지 못하고 두 차례의 회의 이후 유명무실해진 선례는 부서 간 협조가 얼마나 부족한지를 보여주는 단적인 예이다. 이러한 상황에서 한국어 교육 정책과 관련하여 부서 간 협조 부재로 비효율성이나 혼선이 나타난 사례도 적지 않다. 다만 최근에 한국어 교육 전문성의 측면에서 정부 주관의 교재 개발은 문화체육관광부 산하의 국립국어원이 맡기로 하고 실제로 교육부 법무부 주관의 한국어 교육 실시에서 사용되는 교재를 국립국어원이 개발한 것은 진일보한 하나의 예로 볼 수 있다. 이에 대한 대안으로 컨트롤 타워 논의 등이 수시로 제기되었으나 위에서 언급한 조정협의체 이외에는 진행된 예를 찾을 수가 없다.

둘째, 정부의 한국어 교육 정책의 지향점이 '교육'과 '보급'으로 이원화되어 나타나고 있다. 이는 상호보완적으로 추진될 수 있는 가치를 가지나 실제 추진 과정에서 체계성과 효율성에서 혼선을 가져올 수도 있다. 예를 들어 교육부의 중심 개념은 재외 국민 또는 국내 이민자 자녀에 대한 '교육' 차원에서 접근하는데 이 경우 기존의 정형화된 국민교육의 기본 프레임이 적용될 수 있다. 이는 외국어로서의 한국어 교육의 발달 과정에서 축적된 경험과 기술이 적극 적용되지 못하는 결가를 가져오기도 한다. 반대로 문화체육관광부의 한국어 교육 정책은 상당 부분 '보급'에 맞춰져 있는데 이 경우 교육과 관련한 기본적인 요소가 충분히 확보되지 않을 수 있다. 부언하자면 교육과 관련한 실제적인 핵심 요소인 교육과정이나 교육자료, 교수방법, 평가는 잘 갖출 수 있지만 교육 철학, 교사 정책, 교육 행정 등과 같은 기본적인 교육 기반 요소와 관련해서는 전문성이 충분히 확보되지 않을 수 잇다. 따라서 교육 패러다임과 보급 패러다임 사이의 적절한 조화를 통한 시너지 창출이 요구된다.

셋째, 한국어 교육 정책과 관련하여 정책 환경 논의 등이 빈약하다. 한국어 교육은 국내의 체류 외국인을 제외한다면 수요자 기반이 불안정하다. 즉 일정 수준의 수요자를 늘 확보한 상태에서 예측 가능한 교육 운영이 이루어진다기보다는 그때그때 교육 수요자에 맞춘 대응 차원의 교육이 이루어지는 현장이 많다. 이는 앞에서 논의한 것과 같이 한국어 교육이 다분히 수요가 공급을 창출하는 방식으로 발전해 왔고 지금도 수요 기반의 교육 공급 방식이 주를 이루고 있다는 점을 쉽게 알 수 있다. 이 경우 수요 유발은 다분히 한국어 교육 외적 요인에 의존하게 되는데 정부 내에서 이러한 한국어 교육 환경에 대한 논의가 충분하지 않다. 그리고 실제로 이러한 정책 환경을 책임있게 다루어야 하는 부서도 명확하게 정해져 있는 않은 것으로 보인다. 하나의 부서가 주도하는 방식이든 여러 부서가 협력하는 방식이든 한국어 교육 정책 환경과 한국어 교육 발전에 대한 체계적인 논의가 필요하며 이를 효과적으로 정책에 반영하는 메카니즘을 갖추는 것이 필요해 보인다.

마지막으로 그동안의 한국어 교육 발전에서 나타난 사례를 총체적으로 평가하여 향후 정책 개선에 활용하는 노력이 요구된다. 이는 한국어 교육 정책에 대한 평가 시스템의 구축과 활용을 의미하는 것으로 정부와 민간 전문가 사이의 협력을 통할 때 좀 더 효율적으로 진행이 되리라고 본다.

참고문헌

조항록(2001). 한국어 교육 현황과 교육 정책. 외국어로서의 한국어 교육 제25 · 26집. 서울: 연세대학교 언어연구교육원 한국어학당.

조항록(2005), 국내 한국어 교육의 역사와 현황 – 발달사적 접근과 미래 대안의 제시 – , 한국어 국외보급 정책 수립을 위한 대토론회 기조발제문. 한국어세계화재단.

조항록(2008), 한국어 교육 환경의 변화와 발전을 위한 과제, 한국어 교육 제19권 1호, 국제한국어교육학회.

조항록(2010), 한국어교육정책론, 서울: 한국문화사.

조항록(2017), 다문화 사회와 한국어 교육, 서울: 한글파크.

조항록 외(2013), 한국어 교육 현황 점검 및 교육 지원 전략 연구, 문화체육관광부 정책연구보고서.

조항록, 홍의표(2017), 한국어능력시험(TOPIK) 확산 및 발전 방안 연구, 교육부 정책연구보고서.

Ⅲ. 국어기본법과 한국어 교육[1]
-제정의 의의와 시행 이후 한국어 교육계의 변화를 중심으로-

1. 들어가는 말

　최근 한국어 교육계는 급속한 변화의 과정에 있다. 1980년대 중반 ~ 1990년대 중반의 1차 도약 이후 잠시 주춤하였던 한국어 교육은 2000년대에 들어와서 전에 없이 빠르게 확대되고 있다.[2] 최근 나타나는 확대 양상은 학습자 수, 교육 기관의 수 등 거시지표가 커지고 있는 것에 머무르지 않고 비정규 교육의 확대, 특수 목적 한국어 교육의 확대 등 다원화의 양상을 함께 보이고 있다. 이의 요인으로 여러 가지를 들 수 있으나 무엇보다도 국제화·세계화의 진전이라는 시대 변화와 함께 한국의 국력 신장과 외국과의 관계 증진에 따른 한국어 교육 주변 환경의 변화를 들 수 있다. 이를 다시 요약하자면 ① 2002한일 공동 월드컵 이후 일본에서의 한국 이미지 변화, ② 중국의 경제성장과 유학 분위기 고조[3], ③ 한류의 확산, ④ 외국인고용허가제에서

1　이 글은 한국어 교육 18권 2호(2007년 5월)에 게재된 것으로서 국어기본법 제정 초기의 상황을 이해할 수 있도록 원문 그대로 수록하였음을 밝힌다.

2　국내외 한국어 교육의 발전 과정에 대하여는 조항록(2005a) 참조

3　중국의 경제성장에 따라 중국 내에서 일고 있는 유학열풍, 한류열풍의 영향으로 중국유학생의 수가 급격하게 증가하고 있다. 교육부 자료에 따르면 2005년 말의 국내 외국인 유학생 총 수는 32,557명인데 이 중에서 중국에서 온 유학생 비율이 전체의 61.7%인 20,080명을 차지하고 있다.

의 한국어능력시험 채택[4], ⑤ 한국 정부의 국어기본법 제정과 한국 정부의 스터디 코리아 2005[5] 등 한국어 교육 지원 관련 법적 제도적 변화, ⑥ 한국 내에서의 다문화 사회의 진전 등을 들 수 있다.

이 글은 위에 제시한 최근 한국어 교육 확대 요인 중 하나로 꼽히는 국어기본법의 제정과 시행이 한국어 교육과 관련하여 어떤 의미를 갖고 있으며 실제로 시행 이후 한국어 교육계가 어떻게 변화하였는지를 살펴보는 데 목적을 둔다. 통시적으로 볼 때 한국어 교육은 1990년대 중반까지는 민간 영역이 중심이 되고 수요가 공급을 유발하여 왔다는 특징을 보이고 있는데 최근 들어 국가 사회적인 관심의 증가와 함께 다양한 지원이 이루어지는데 국어기본법과 동법 시행령 안에 한국어 교육 관련 조항을 포함한 일은 바로 이를 상징하는 것 중의 하나이다. 한국어 교육학의 하위 영역 중의 하나인 한국어 교육 정책론의 관점에서 볼 때 의미 있는 일로 간주된다.

2. 국어기본법의 제정 과정과 의의 및 주요 내용

2.1 제정 과정

정부 발의로 제정된 국어기본법 제정 논의는 문화관광부가 2002년 10월 9일 한글날에 발표한 '국어발전 종합계획 시안'[6]에서 국어기본법 제정 방침을 천명하면서 시작되었다. 국어기본법 제정 이전에는 국어에 관한 규정은 "한글 전용에 관한 법률"

---

4   2007년 현재 고용허가제로 노동인력 송출에 관한 양해각서를 체결한 국가는 필리핀, 태국, 인도네시아, 스리랑카, 베트남, 몽골, 우즈베키스탄, 파키스탄, 캄보디아, 중국 등 10개국이다.

5   교육부에서 추진하고 있는 유학생 유치 프로젝트로서 2004년 11월에 시작되었으며 "해외인적자원 개발을 통한 동북아 중심국가로의 도약"을 위해 2010년까지 외국인 유학생 5만 명을 유치하기 위한 『외국인 유학생 유치 확대 종합방안(Study Korea 프로젝트)』이다.

6   당시 김성재 문화부 장관이 발표한 '국어발전 종합 계획 시안'의 주요 내용은 2007년까지 1,648억 원의 예산을 투입해 △한국어의 범세계적 보급 △국어정보화 기반 구축 △한글 우수성 선양 및 국어 문화유산 보존 △남북한 언어교류 활성화 △특수 언어 표준화 지원 강화 △언어사용 환경 개선 △국어사용 능력 증진 △국어정책 추진 기반 조성 등을 8대 중점사업으로 추진하는 것 등 이다.

과 "문화예술진흥법" 등 여러 법률에 부분적으로 산재해 있었다. 그 소관 부처도 문화관광부, 교육부 등으로 분산되어 있어 일관적이고 실효성 있는 국어 정책을 추진하는 데에 어려움이 있었다. 그리고 "한글 전용에 관한 법률"은 시행령이나 시행세칙이 없는, 상징적인 의미만을 갖는 법이었고 한국어의 보전, 보급, 발전에 관한 포괄적 정책을 담은 법률이 아니라 문자의 사용에 관한 사항만 규정되어 있었다. 따라서 사회 일각에서는 변화하는 국어환경과 해외에서의 한국어 수요에 맞추어 문자사용 수준을 넘어 제도적으로 우리말의 총체적인 보전과 발전을 뒷받침하고 국어의 체계적인 해외 보급을 위한 새로운 법률 제정의 필요성이 제기되었다. 즉 국어기본법의 제정은 언어 환경의 변화에 따른 언어 정책의 패러다임 전환의 요구를 반영하는 것이라고 볼 수 있다.

법안 제정을 위한 초기 노력은 2002년 11월 7일에 있었던 '국어발전 종합계획 시안'에 대한 공개 토론회로부터 비롯되었다. 국립국어연구원(현 국립국어원)에서 열린 이 공청회에는 학계·언론계·국어 관련 단체 인사와 일반이 다수가 참여하였는데 우리말의 보전과 발전을 위한 국가적 차원의 노력을 위해서는 법적 기반의 구축이 필요하다는 의견이 제기되었다. 이를 발단으로 하여 2003년 1월 13일 국어기본법 소위원회가 구성되어 국어기본법(안)을 작성하기 시작하였으며 2003년 2월 28일에 국어기본법 초안이 완성되었다. 그리고 이 법안에 대한 각계 의견을 수렴하기 위한 공청회가 문화관광부 주최로 2003년 4월 10일에 열렸다. 이후 문화관광부와 국립국어연구원은 지방을 순회하며 토론회를 열어 국어기본법 초안에 관한 의견을 수렴하였으며 재경부, 교육부, 법제처 등 관계부처와의 협의도 진행하였다. 이러한 절차를 거쳐 완성한 국어기본법 초안은 2004년 5월 25일에는 국무회의 의결을 거쳐 정부 입법안으로 최종 확정되었다. 이후 국어기본법안은 국회로 이송되어 2004년 12월 7일 국회 문광위, 12월 23일 국회 법사위의 의결을 거쳤고 12월 29일에 국회 본회의에 상정되어 통과하였다. 이렇게 하여 국어기본법은 제정 착수 약 2년 만에 입법 절차가 마무리 되어 2005년 1월 27일 공포되었다.

국어기본법이 공포됨에 따라 후속 법령인 국어기본법시행령 제정이 착수되었고 이에 대한 의견을 수렴하기 위한 공청회가 2005년 4월 6일에 열렸으며, 이 자리에서 시행령 초안에 대한 각계의 의견이 수렴되었다. 그 이후 수차례의 전문가 토론회,

부처 간 협의와 입법예고, 규제개혁위 심사, 국무회의 의결을 거쳐 2005년 7월 28일 국어 기본법 시행령이 공포됨으로써 국어기본법 시대가 개막되기에 이르렀다.

2.2 제정 및 시행의 의의

이러한 국어기본법의 제정 및 시행의 의미는 동법에 대한 문화관광부의 입법예고에 잘 나타나 있는데 입법 이전까지 국어에 대한 법적 장치의 미비로 인한 국어 발전의 한계를 가장 핵심적인 배경으로 제시하고 있다.[7] 입법 취지문의 내용을 바탕으로 하여 국어기본법 제정의 의의를 살펴보면 다음과 같다.

첫째, 국어기본법의 제정은 내외 환경의 변화에 따른 언어 자산에 대한 인식의 변화에 기초하여, 언어를 국가 경쟁력에 영향을 미치는 문화자원으로 인식하는 폭넓은 언어정책의 필요성을 중시하였다. 이는 기존의 언어정책이 어문규범 등에 제한되어 있었다는 한계를 극복하고 국어사용이나 한국어 교육환경의 변화에 따른 국어정책의 전반적인 변화가 필요하고 이를 위한 새로운 법적 지원체계의 필요성을 인식하였다는 점에서 의미가 있다.

둘째, 국어기본법에 국어의 국외보급과 보전에 대한 필수적인 시행 항목을 명시하여 제도화하였다. 특히, 국어의 국외 보급을 명문화한 것은 외국어로서 한국어 교육계로서는 의미 있는 일이다.

셋째, 국어기본법은 국어를 국가 정책의 차원에서 고유하고 독립적인 영역으로 인식하였다. 국어기본법 제정 이전의 국어 관련 법규는 한글전용에 관한 법률, 제외국민의 교육에 관한 규정, 문화예술진흥법과 그 시행령 안에 있는 국어심의회 관련

---

7 동 취지문에 있는 관련 문구는 아래와 같다.
  "21세기 세계화 · 지식 정보화 · 문화의 시대에 언어 자체가 국가 경쟁력을 좌우하는 문화 자원으로 널리 인식되고 있으나, 그동안 국어에 대한 법적 장치의 미비로 체계적인 국어의 보존 · 보급 및 발전에 어려움이 있어 국어 발전 기본 계획의 수립 · 시행, 국어 정보화, 국어 능력 향상 시책의 시행 등 국어의 보존 및 발전의 기틀을 마련하고 국어사용을 촉진하는 법률의 제정을 하여 국민의 창조적 사고력의 증진과 문화적 삶의 질을 향상하고 민족 문화의 창달에 기여해 가려는 것임."

조항 등이 대표적인 것들로서 그 명칭에서도 알 수 있듯이 특정 대상자 집단을 한정하거나 국어를 문화 예술의 영역에서 다루었다는 한계를 안고 있었다.[8][9]

이상의 내용을 요약하여 보면 국어기본법의 제정, 시행은 그동안 국어 관련 법규의 미비로 인한 국어 발전 정책 수립 및 시행의 한계를 해소할 수 있는 계기로서 의미가 크다. 뿐만 아니라 여러 부처로 분산되어 있던 국어 관련 정책을 한 곳에 모아 놓았다는 점에서 정부 부서 간의 협의 조정을 가능하게 하는 법적 근거가 된다는 점에서 긍정적인 평가가 가능하다.[10]

2.3 국어기본법과 동법 시행령의 주요 내용과 의미

국어기본법은 총 5장 27조와 부칙 6조로 구성되어 있으며 동법 시행령은 총 19조와 부칙 4조 및 별표2와 관련서식으로 구성되어 있다. 이들 법령의 주요 내용과 의미를 살펴보면 다음과 같다.[11]

첫째, 국어기본법에서는 국어의 명칭을 명확히 하기 위해 대한민국의 공용어를 '한국어'로 규정하였다[12]. 이는 우리의 국어를 대외적으로 다른 언어와 구분하여 지칭

---

8   성광수(1996), 조항록(2005b)에서는 한국어 교육의 관점에서 이들 법규를 살펴보고 있다.

9   한편 국어기본법 제정 이후이긴 하지만 한국어 교육과 관련하여 의미 있게 살펴볼 법규 하나는 재외국민의 교육 지원에 관한 법률이다. 이는 2007년 1월 3일에 제정 공포되고 2007년 7월 4일에 동법 시행령이 제정 시행된 것으로 재외국민의 평생교육 차원과 민족교육을 체계적으로 지원하기 위한 다양한 방안을 담고 있다. 그러나 이 법규 역시 특정 대상자 집단으로 한정한 점과 민족교육이라는 특정 목적의 교육을 지향하고 있다는 점에서 과거 재외국민의 교육에 관한 규정을 진일보한 것으로 평가할 수 있다.

10 이와 관련하여 김세중(2005)에서는 아래와 같이 언급하고 있다.
    "국어 발전 계획은 종전의 문화예술진흥법에도 있었던 내용이지만 종전에는 선언적인 조항에 그쳤던 반면 국어기본법에서는 5년마다 정기적으로 계획을 세워야 하고 2년마다 시행 결과를 국회에 보고하도록 함으로써 실효성을 훨씬 높였다."

11 국립국어원에서는 국어기본법 시행령 공포에 즈음하여 2005년 7월 28일에 국어기본법과 동법 시행령의 조문 대비표, 주요 내용을 홈페이지를 통해 공식적으로 발표하였다. 여기에서는 이 내용을 참고하지만 연구자의 관점에서 재해석하여 기술하고 있음을 밝힌다.

12 동법 제3조 (정의)의 제1항에서 "국어"라 함은 대한민국의 공용어로서 한국어를 말한다고 규정하고 있다.

하는 데 있어서 명칭 사용의 법률적 근거를 마련한 것이다. 국어사용 환경의 변화, 특히 국내외에서 국어사용 영역이 넓어지고 국어사용 인구가 늘고 있다는 현실 인식을 바탕으로 한 것이라고 볼 수 있다.

둘째, 국가가 국어의 발전과 보전을 위하여 국어발전기본계획을 5년마다 수립하고 계획의 추진에 관하여는 2년마다 국회에 보고하도록 하고 있다.[13] 여기에 덧붙여 내실 있는 계획과 시행을 위하여 국어발전기본계획에 포함할 내용을 명시하고 있으며 국어사용 실태 조사와 국어책임관 제도[14]를 실시할 것을 담고 있다. 이러한 내용들은 국어 정책의 투명성과 신뢰성을 제고함과 동시에 여러 부처에서 산발적으로 이루어지고 있는 국어 관련 정책(해외 보급 포함)의 문제점을 극복하고 포괄적으로 정책적 방향을 제시하고 시행할 수 있는 근거로서의 의미가 크다.

셋째, 국어발전기본계획을 심의하고 어문규범을 제정, 개정하는 기능을 하는 국어심의회의 운영을 명시하였다.[15] 국어심의회는 이미 존재하여 활동해 오는 기구이기는 하나 국어기본법의 규정에 의하여 국어발전기본계획을 심의하는 등 기능이 확대되었다. 이는 국어정책의 전문성을 확대할 수 있는 계기가 된다는 의미를 갖는다.

넷째, 국민의 국어능력 향상과 창조적인 언어생활의 정착을 위하여 국민의 국어능력을 검정할 수 있도록 하였다.[16] 즉 그동안 사설기관이나 공영방송에서 개별적으로 실시해왔던 내국인을 위한 한국어능력 검정을 정부 차원에서 실시하도록 하였다. 이는 효율적으로 진행된다면 국민의 국어 능력 향상에 기여할 수 있다는 점에서 의미를 가질 수 있다.

다섯째, 한국어의 국외 보급을 위한 정부의 노력을 명시하고 있다. 좀 더 구체적

---

13 동법 제6조 (국어발전기본계획의 수립) ①문화관광부장관은 국어의 발전과 보전을 위하여 5년마다 국어발전기
   본계획(이하 "기본계획"이라 한다)을 수립·시행하여야 한다.

14 국어기본법 제10조에 있는 내용으로 국가기관과 지방자치단체에 국어의 보전과 발전 업무를 총괄하는 국어책
   임관을 둘 수 있음을 명시하고 있다.

15 제13조 (국어심의회) ①국어의 발전과 보전을 위한 중요사항을 심의하기 위하여 문화관광부에 국어심의회(이
   하 "국어심의회"라 한다)를 둔다.

16 제23조 (국어능력의 검정) ①문화관광부장관은 국민의 국어능력의 향상과 창조적인 언어생활의 정착을 위하여
   국어능력을 검정할 수 있다.

으로 국어기본법 제19조는 외국인과 재외동포를 위한 교육 과정과 교재 개발 및 전문가 양성 사업을 시행해야 하고, 재외동포나 외국인을 대상으로 한국어를 가르치고자 하는 자에게 정부가 자격을 부여할 수 있도록 하고 있다.[17] 이는 한국어의 국외 보급이 국어 정책의 하나로 공식적으로 자리매김 된다는 의미를 가짐은 물론 그 세부 내용의 추진은 한국어의 효율적인 국외 보급에 기여할 수 있을 것이라는 점에서 의미가 크다.[18]

이 밖에도 국어기본법과 동법 시행령은 국민의 국어능력을 높이고 국어와 관련한 상담을 할 수 있도록 전문 인력과 시설을 갖춘 전문기관, 단체를 국어 상담소로 지정하도록 하고 있으며 전문용어의 표준화와 체계화를 위하여 정부가 노력할 것을 제시함으로써 국민의 국어 생활 향상과 관련한 정부의 책임을 강조하고 있다.

3. 한국어 교육의 관점에서 본 국어기본법 제정, 시행에 대한 평가 1 – 한국어 교육에의 의의

국어기본법의 제정과 시행이 한국어 교육과 관련하여 갖는 의의는 크게 총체적 의의와 세부 사안 별 의의로 나누어 살펴볼 수 있다.

우선 총체적 의의를 볼 때, 국어기본법의 제정과 시행은 한국어의 국외 보급에 관한 법적 뒷받침을 마련하였다는 점으로 요약할 수 있다. 국어기본법의 제정 배경에서 세계화, 정보화, 문화의 시대라는 시대 인식과 함께 국어의 국외 보급을 국어기본법 제정 제안의 4대 배경[19] 중의 하나로 명시함으로써 한국어의 국외 보급에 대한 정

---

17 제19조 (국어의 보급 등) ②문화관광부장관은 재외동포나 외국인을 대상으로 국어를 가르치고자 하는 자에게 자격을 부여할 수 있다.

18 이에 대하여는 뒤에서 자세히 논의하고자 한다.

19 국어기본법 제정 제안에서는 ① 국어 정책의 수립, 시행, ② 국민의 국어능력 향상, ③ 국어의 국외 보급, ④ 국어 정보화를 통하여 국어의 보전과 발전의 기틀을 마련함으로써 국민의 창조적인 사고력을 증진하고 민족문화 창달에 기여하고자 한다고 명시함

부의 적극적 인식을 분명히 하고 있다. 이후 실제로 국어기본법에 한국어의 국외 보급 조항이 포함되고 동법 시행령에 이를 위한 구체적 시행 방안이 제시됨으로써 법제화의 실현과 함께 정책 개발 및 시행의 근거를 강화하게 되었다. 이는 앞에서도 언급하였지만 한국어의 국외 보급과 관련한 법규들이 한국어의 국외 보급을 총체적으로 규정하기에 미흡하였거나 특정 영역에 종속되어 다루어져 온 한계를 벗어나 독자적이면서도 강력하게 한국어의 국외 보급을 추진할 수 있는 계기가 된다.

다음으로 세부적인 의의의 측면에서 볼 때, 국어기본법과 동법 시행령 안에 담겨 있는 한국어 교육 관련 조항과 관련 부수적인 조항의 내용을 살펴보면 제한된 영역이기는 하지만 한국어 교육 및 한국어의 국외 보급을 촉진할 수 있음을 알 수 있다. 우선 국어기본법 및 동법 시행령 안의 한국어 교육 관련 조항의 내용을 요약하여 제시하면 다음과 같다.

〈국어기본법 및 동법 시행령 안의 한국어 교육 관련 조항〉
(1) 국어기본법 제3장(국어사용의 촉진 및 보급)의 제19조(국어의 보급 등)
　 - 국가는 외국인과 재외동포를 위한 교육 과정 개발, 교재 개발, 전문가 육성에 필요한 사업을 시행해야 함을 명시
　 - 문화관광부장관이 한국어 교원의 자격을 부여할 수 있음을 명시
　 - 한국어 교원 자격 제도 시행과 관련하여 필요한 사항은 대통령으로 정할 것임을 명시
(2) 국어기본법 시행령 제13조(한국어 교원의 자격 부여 등)
　 - 한국어 교원의 자격 지정과 요건을 제시하고 이의 시행을 위한 한국어교원 자격심사위원회 구성을 명시
(3) 국어기본법 시행령 부칙 제2조
　 - 한국어 교원 자격 부여에 관한 경과조치를 제시
(4) 국어기본법 시행령의 별표 1
　 - 한국어 교원 자격 취득에 필요한 영역 별 필수 이수학점, 이수시간 제시
(5) 국어기본법 시행령 별표 2
　 - 한국어교육능력검정시험 영역 및 검정방법 제시

이 가운데 실제 시행이 이루어질 수 있도록 시행령 안에 제시된 한국어 교원의 자격 지정과 요건, 한국어 교원 자격 취득에 필요한 필수 이수학점 및 이수 시간의 개요를 제시하면 다음과 같다.

〈국어기본법 시행령이 정하고 있는 한국어 교원의 자격 지정과 요건〉
(1) 한국어 교원 1급
  - 2급인 자가 5년 이상의 경력을 쌓았을 때
(2) 한국어 교원 2급(아래 요건 중 하나를 충족하였을 경우)
  - 외국어로서의 한국어 교육을 전공 또는 복수전공으로 하여 학위를 받은 경우
  - 3급인 자가 3년 이상 또는 5년 이상의 교육 경력을 쌓은 경우(3급 자격 취득 요건에 따라 차별적 적용)
(3) 한국어 교원 3급(아래 요건 중 하나를 충족하였을 경우)
  - 외국어로서의 한국어 교육을 부전공으로 하여 학위를 취득한 경우
  - 별도로 정하는 요건을 갖춘 한국어교원양성과정을 이수하고 한국어교육능력검정시험에 통과한 경우
  - 경과조치로서 위의 별도로 정한 요건을 갖추지 않았다(않았다) 해도 국어기본법 시행 이전에 한국어교원양성과정을 수료하고 한국어교육능력시험에 통과한 자
  - 경과조치로서 국어기본법 시행 이전 이전에 이미 일정 기간(총 800시간)의 한국어 교육 경력을 가진 경우

국어기본법과 동법 시행령이 담고 있는 이러한 내용은 한국어 교육과 관련하여 다음과 같은 의미를 가질 수 있다.

첫째, 지금까지 한국어 교육과 관련하여 국가 차원의 표준 교육 과정 논의를 촉진하고 결과적으로 이의 제정을 추진할 수 있다. 한국어 교육은 그 발달 과정을 볼 때 교육 수요가 교육 공급을 이끌어냈다는 특징과 함께 오랜 기간 동안 민간 주도로 발전하여 왔다. 국가가 관심을 갖고 적극 참여한 1990년대 후반에는 이미 한국어 교육

은 폭넓게 실시되고 있었고 교육 과정, 교재, 평가 등은 교육 기관 별, 교육 단위 별로 개별화, 차별화가 폭넓게 확산되어 있는 양상이었다. 국가가 국가 표준을 제시하기에는 민간 차원의 개별 교육 현장의 특수성을 고려하지 않을 수가 없는 상황으로 이의 추진에는 해결해야 할 과제가 많았다.[20] 다만 1995년부터 2년 간 연구 과정을 거쳐 1997년에 한국어능력시험이 실시된 점은 국가 차원의 표준화 평가 제도의 시행이라는 점에서 평가 영역에 한하여 국가 표준이 제정 시행된 유일한 예로 기록되고 있다. 외국인과 재외동포를 대상으로 하는 한국어 교육의 교육 과정의 개발을 국가가 행해야 하는 사업으로 규정한 것은 한국어 표준 교육 과정 개발 논의의 근거 및 촉진제로 작용할 것으로 예상된다.

다음으로 국어기본법에서 국가가 한국어 교재 개발 사업을 시행할 것을 명시한 것은 한국어 교육 현장 지원의 차원에서 시사하는 바가 크다. 비록 교재의 개발이 교육 과정의 개발과 연관되어 진행되어야 하나 교재 개발은 교육 과정 개발 이전에라도 현장 교육을 뒷받침할 수 있는 주요 관건이 된다. 1998년에 시작하여 2005년까지 계속된 한국어세계화추진위원회의 한국어 세계화 추진 사업에서는 국내외에서 고루 쓰일 수 있는 교재 개발 사업을 주요 사업으로 채택하여 실시하였고 이후 한국어세계화재단 주관의 한국어 교재 현지화 사업이 결과물을 드러낼 시점이다. 그러나 아직도 국외의 한국어 교육 현장에서 효율적으로 쓰일 수 있는 교재 개발이 미진하다는 것이 한국어 교육계의 중론이다. 이미 정부 유관기관 또는 산하기관인 한국교육 과정평가원에서 재외동포용 한국어 교재 시리즈를 개발하여 보급하고 한국국제교류재단이 영어권 대학에서 활용할 한국어 교재 체계 구축 사업을 지원하는가 하면 국외 현지의 개별 교재 개발 사업을 지원하는 등 특정 영역에서의 교재 개발 지원이 의미 있게 이루어져 왔다. 그럼에도 불구하고 정부 주도 또는 정부 지원의 한국어 교재 개발 사업은 현장 요구를 충족하기에 미흡하다. 한국어 교재 개발이 역량 있는 전

---

20 국가 주도의 표준 교육 과정 개발과 관련하여 진행된 학술적 논의의 예도 찾기가 쉽지 않다. 국제한국어교육학회의 제13차 국제학술대회는 한국어 교육 과정과 교수요목을 주제로 하였는데 주제발표 중의 하나로 표준 교육 과정에 대한 논의가 있었으나 국가 주도에 대한 논의보다는 내용에 초점이 맞추어져 있었으며 이에 대한 토론에서 필요성은 공감하는 방향성에 대한 논의에서는 의견의 일치를 도출하지 못하였다. 이후 국립국어원에서는 교육 과정 개발을 위한 기초조사를 한 예가 있다.

문가의 참여와 적지 않은 예산이 소요된다는 점에서 국가의 주관 또는 지원이 요구된다는 측면에서 국가가 이를 시행할 책임을 국어기본법에서 규정하였다는 점은 의미가 있다.

　마지막으로 한국어 교원의 자격 요건을 정하고 국가가 이를 인증하는 한국어 교원 자격 제도의 내용과 절차를 구체적으로 규정한 것은 한국어 교육의 발전에 기여하는 바가 크다. 언어 교육 관점에서의 교사의 기본적인 역할은 물론이고 현행 한국어 교육의 특성을 고려할 때 교사의 역할과 책임은 무엇보다도 중요하다. 국내외의 한국어 교육이 빠르게 도약한 시점이 1980년대 중반이고 또 한 차례의 도약이 최근에 이루어지고 있다고 볼 때 한국어 교육의 폭넓은 확산은 그리 오래 된 일이 아니다. 한국어 교육의 확산이 수요가 급증하면서 나타났다는 특성을 고려한다면 한국어 교육 현장의 당면 과제들이 적지 않을 것이고 이러한 과제의 일차적인 해결의 책임이 교사들에게 있다는 점을 전제한다면 한국어 교사의 자질과 역할의 중요성은 더욱 커진다. 그럼에도 불구하고 그동안 한국어 교사는 다른 분야의 교사와는 다르게 양성, 인증, 임용에 있어 국가 차원의 어떠한 요건도 존재하지 않았다.[21] 1990년대 초반 이후 한국어 교사 양성 과정이 실시되고 1990년대 중반 이후 교육대학원에 외국어로서의 한국어 교육 전공이 개설됨으로써 한국어 교사 양성이 체계화되기 시작하였으나[22] 그 교육 과정에 대한 논의와 양성 이후의 인증, 임용과 관련하여서는 어떠한 제도적 장치도 마련되지 않았다. 이러한 상황에서 국가가 한국어 교원의 자격을 정하고 이를 인증하는 동시에 교원 자격을 받기 위한 양성의 절차와 내용을 구체적으로 제시한 점은 한국어 교육 발전에 기여하는 바가 클 것이다.

21　한국어 교사 양성 시스템의 미비가 갖는 문제점과 관련하여 최은규(2006)에서는 아래와 같이 지적하고 있다. "한국어 교육은 학문 영역으로서보다 국가 경쟁력 확대에 따른 국제 사회의 관심에서 시작되고 팽창되어 온 분야이다. 따라서 전문성을 갖춘 교사 자격 제도를 마련할 여유도 없이 교육 수요자의 급증에 따라 여러 분야의 전공자들이 교육을 담당해 왔다. 교사 자격에 대한 제도의 미비는 필연적으로 교사의 전문성 부족을 초래하여 한국어 교육의 장기적 발전을 도모하는 데 약점으로 작용하고 있다."

22　한국어 교사 양성 과정의 최초 시작은 1993년 서강대학교에서 있었으며 교육대학원에서 외국어로서의 한국어 교육 전공을 최초 개설한 것은 1983년 연세대이었다. 그러나 연세대의 외국어로서의 한국어 교육 전공은 개설 이후 곧 신입생 모집을 중단하였고 1990년대 중반에 다시 신입생을 모집하였다. 이후 연세대 이외에 여러 대학이 교육대학원에 외국어로서의 한국어 교육 전공을 개설하였다.

결론적으로 국어기본법의 제정, 시행은 국가적 차원에서 한국어 교육 과정, 교재의 개발에 대한 정책의 개발 및 추진을 촉진하고 한국어 교원 자격 제도의 실시를 통하여 교원의 전문성 확보 및 이를 통한 한국어 교육 발전에 기여하는 바가 클 것으로 기대된다.

4. 한국어 교육의 관점에서 본 국어기본법 제정, 시행에 대한 평가 2 – 한계와 문제점

앞에서 살펴본 바와 같이 국어기본법의 제정과 시행이 한국어 교육과 관련하여 갖는 의의가 크지만 자세히 살펴볼 때 미진한 부분도 적지 않다. 이를 정리하면 다음과 같다.

첫째, 국어기본법이 우리말의 국외 보급을 주요 내용 중 하나로 설정하였음에도 불구하고 기본법이 가져야 하는 고차원적인 목적 및 방향성의 제시가 결여되었다. 즉 한국어의 국외 보급의 이념이 무엇인지, 국외 보급을 통하여 추구하는 바가 무엇인지, 구체적으로 국외 보급의 목표가 무엇인지에 대한 규정이 전무하다. 이는 특히 지금까지의 한국어 교육이 국가적 차원에서 심도 있게 논의되지 못한 채 수요의 증가에 따라 공급이 뒤따르는 양상으로 발전되어 오면서 미처 국가는 물론 한국어 교육계조차도 한국어 교육의 목표 설정을 논하지 못하였다는 점에서 아쉬움이 큰 대목이다.

둘째, 국어기본법이 한국어의 국외 보급과 관련한 총체적인 내용을 규정하고자 하였으면서도 정부 내 한국어 국외 보급 유관 부처, 기관과의 관계 설정에 지침이 될 만한 어떠한 내용도 담고 있지 못하다. 이미 문화관광부, 외교통상부, 교육인적자원부를 비롯하여 여러 부처가 크고 작게 한국어 교육에 참여하고 있는 상황에서 새롭게 제정하는 법이 현실을 모두 반영하기는 어려운 일이지만 정부 내 이러한 현실을 고려한 상태에서 전향적인 또는 선언적인 의미에서라도 이와 관련한 논의가 반영되었어야 한다. 물론 국어기본법의 관련 부처인 문화관광부 안으로 통합될 것을 의미하는 것은 아니지만 기존의 한국어 국외보급 관련 주요 부처와의 상보성 구축 노력을 위한 법적 근거를 두었다면 정부 내 여러 부처의 한국어 국외 보급 노력을 조정하고 협조하는 체계의 구축이 용이했을 것이다.

셋째, 한국어 국외 보급과 관련한 국가의 역할과 책임을 정하고 있는 제19조에 교육 과정, 교재, 교사 영역만을 명시적으로 제시한 것에 대한 이론적·현실적 측면에서의 타당성과 구체적인 시행 방안이 미흡하다. 교육 방법론, 평가 등 한국어 교육계의 핵심 쟁점 영역이 두루 포함되고 기존에 포함한 영역에 대하여서라도 교사자격제도와 같이 구체적인 시행 방안을 제시하였다면 더욱 현실성 있는 법규로 인식되고 기능하게 될 것이다.

넷째, 부칙에서 한글 전용에 관한 벌률, 문화예술진흥법 등 문화관광부 관련 법령에 대한 개폐 내용을 규정하고 있으나 재외국민의 교육에 관한 규정 등 한국어 교육 관련 타 법령과 관련한 개폐 내용을 규정하고 있지 못하다. 국어와 관련한 기본법으로서 한국어의 국외 보급과 관련성을 갖는 타 부처 관련 법령에 대한 개폐 내용을 규정하지 못한 점은 향후 한국어 국외 보급과 관련한 정부 내 정책 조율 과정에서 문제의 소지를 안을 것으로 보인다.

마지막으로 한국어 교원 자격 소지자에 대한 사회적 진출, 즉 임용과 관련한 어떠한 내용도 담고 있지 못하다. 교원에 관한 국가적 차원의 논의가 일반적으로 양성-인증-임용-처우가 연계선상에서 논의될 때 실효성을 확보할 수 있으나 국어기본법에서는 양성과 인증에 관한 사항만을 규정하고 있을 뿐 임용과 처우에 관하여는 어떠한 내용도 담고 있지 못하다. 이는 한국어 교원 자격 제도의 실질적 효과를 가져오는 데 한계를 가져오는 요인이 될 것으로 보인다. 특히 교원이라는 직업 또는 지위가 교육, 교육 현장과 관련이 있고 실제로 국내외의 주요 한국어 교육 현장이 대학 내 학과 또는 부설 교육 기관인 점을 고려할 때 교원 자격 취득 이후의 임용과 관련한 뒷받침을 규정하지 못한 것은 이 제도 시행의 실효성을 제약하게 될 것이다.

5. 국어기본법 시행 이후의 한국어 교육계의 변화

국어기본법이 시행된 지 2년 가까이 지나는 동안 국어기본법은 한국어 교육계에 적지 않은 영향을 미쳤다. 국어기본법의 내용이 한국어 교육 전반을 직접적으로 그리고 즉각적으로 제약할 수 있는 요건을 충분히 갖추지 못하였음은 앞에서 언급한 바와 같지만 일부 영역에서 심대한 영향을 끼치고 있음을 부인할 수 없다. 이의 대표적인 사례가 한국어 교원자격제도의 시행에 따른 한국어교사 영역이다. 이는 구체적으로 한국어 교원 양성 시스템의 체계화와 한국어 교원 임용 관행의 변화로 나누어 살펴볼 수 있다.

우선 한국어 교원 양성 시스템의 체계화를 살펴볼 때 비학위 과정인 한국어 교사 양성과정과 학위 과정인 학부 한국어 교육학과의 교육 과정 변화가 두드러진다. 국어기본법 시행일인 2005년 7월 28일 이후 2005년 말 사이에 주요 인터넷 검색 사이트에서 발견할 수 있는 한국어 교사 양성 과정 모집 공고문을 분석할 때 총 26개 대학이 운영하는 한국어 교사양성과정 중 24개 대학의 양성과정이 국어기본법 시행령이 정하고 있는 한국어 교원 양성 과정의 교육 과정 요건을 충족하고 있는 것으로 판단되었다. 즉 이들 24개 대학의 한국어 교사 양성과정은 그 전의 50시간~120시간으로 구성된 교육 과정을 시간 수에서 최소 120시간을 충족하고 교육 과정의 하위 영역 역시 한국어학, 일반언어학과 응용언어학, 외국어로서의 한국어 교육론, 한국 문화, 한국어 교육실습 등 5개 영역의 최소 이수 시간 수를 충족하도록 구성되었다.[23] 한국어 교원 양성 과정의 교육 과정이 국어기본법 시행령이 정하고 있는 바에 따름은 이후 개설된 한국어 교운 양성과정 모두에서도 확인할 수 있다. 오히려 시간이 지나면서 영역 별 최소 이수 시간 수보다 약간 많은 시간으로 운영하는 양상이 나타나[24] 한국어 교원 양성과정의 체계화가 급속하게 진행됨을 알 수 있다. 이와 함께 학위 과

---

23 인터넷 포털 사이트에 나와 있는 것을 바탕으로 하였음.

24 이의 예로 경희대학교 교육대학원이 운영하는 한국어 교사 특별과정과 상명대학교 한국언어문화센터의 한국어교사양성과정을 들 수 있는데 전자의 경우 128시간을 후자의 경우는 121시간을 교육 과정으로 제시하고 있다.

정의 교육 과정도 국어기본법의 시행령의 내용에 빠르게 맞추어 가고 있는데 심지어 교과목 명칭을 국어기본법 시행령에서 제시하고 있는 예시 과목 명칭과 동일하게 부여하는 사례가 늘고 있다.[25]

다음으로 한국어 교육 기관이 교사 임용 과정에서 한국어 교원 자격 취득자만을 임용 대상으로 제시하거나 한국어 교원 자격 취득자를 우대함으로써 국어기본법은 한국어 교사 임용 관행에 영향을 끼치고 있음을 알 수 있다. 구체적인 예로 2005년 7월 28일 이후 최근까지 국제한국어교육학회의 웹사이트에 올라온 한국어 교사 채용 공고문을 볼 때 아래에서 보는 바와 같이 시간이 지나면서 한국어교원 자격증 취득자가 우대받거나 유일한 자격요건 해당자로 대우받는 비율이 크게 높아지고 있다.

[표 1] 국제한국어교육학회 홈페이지에 있는 한국어 강사 채용 공고문 중 한국어교원자격증 소지 요구 비율

기간	총 건수	필수 요구 건수	우대 또는 선택 요건 건수	한국어교원 자격증 필수 또는 우대 비율
2005. 8 ~ 2005.12	8	0	0	0%
2006. 1 ~ 2006. 12	62	5	15	32.2%
2007. 1 ~ 2007. 12	31	2	12	45.1%
계	101	7	27	33.6%

한편 한국어 교원 양성 시스템의 체계화 및 한국어 교원 우대 분위기와 함께 한국어 교원 자격증을 취득하고자 하는 이들이 늘고 있다. 아래의 표에서 보는 바와 같이 국어기본법 시행 이후 실시한 한국어 교원 자격 심사는 총 3회로서 첫 해에는 경과조치에 따라 시행 이전에 이미 한국어 교육 기관에 종사하거나 민간 주관의 한국어 교육 능력인증시험 합격자들이 자격 인증을 신청하여 신청자 수가 1,533명이었고

---

25 사실 이와 관련하여 공식적으로 조사 발표된 것은 없다. 여기에서 말하는 것의 근거는 국립국어원 내부 자료와 한국어교원자격심사위원회의 회의 자료에서 많은 대학이 개설 교과목의 자격 요건 해당 여부를 묻는 문의사항의 내용을 바탕으로 제시한 것이다.

이 중 48.72%인 747명이 합격하였다. 이후 제2회 자격심사에는 국어기본법 시행령의 요건 충족자가 신청자의 대부분을 차지하면서 시행 기간이 얼마 되지 않아 신청자 수가 격감하여 218명만이 신청하였고 55.96%의 합격률을 나타냈다. 그러나 국어기본법 시행 후 시간이 경과하면서 요건 충족자가 늘어나며 제3회 자격심사에는 제2회에 비하여 2.5배 늘어난 548명이 신청하였고 이 중에서 81.38%가 합격하였다. 이와 같이 국어기본법 시행 이후 시간이 경과하면서 한국어 교원 자격 인증 신청자가 급증하고 합격률 또한 급격하게 높아짐으로써 한국어교원 자격증 시대에 본격 진입하고 있음을 보여주고 있다.

마지막으로 국어기본법 제정, 시행 이후 국립국어원의 직제가 개편되고 한국어 국외 보급 역할이 강화되었으며 국어기본법은 국립국어원의 한국어 국외 보급 정책의 추진 기반 및 법적 근거로 작용하고 있다. 국립국어원은 한국어의 국외 보급을 효율적으로 추진하기 위하여 한국어보급팀을 2006년에 신설하였으며[26] 국어발전기본계획 수립 시 3대 중점 추진 과제 중 하나로 동북아지역 거점 기반 한국어 문화권역 확대 전략 추진을 포함하였다. 뿐만 아니라 국어정책의 기본 방향과 추진 목표의 설정에 있어서도 한국어의 세계화를 통한 언어 문화 권역 확대를 3대 목표 중 하나인 '소통'의 주요 내용으로 제시하고 있다. 한국어의 국외 보급을 위한 국립국어원의 이러한 노력은[27] 구체적인 정책 대안의 개발로 나타나는데 흔히 세종학당 설립 추진 계획안으로 불린다. 동북아지역 거점 기반 한국어 문화권역 확대 전략 추진이라는 이

---

26 한국어보급팀은 다시 2007년에 한국어진흥팀으로 명칭이 바뀌게 된다.

27 최근 국립국어원은 한국어 국외 보급이라는 용어의 사용보다는 국외 한국어 진흥 또는 다른 표현을 사용하고 있다. 이는 최근 국립국어원의 한국어 국외 보급 노력의 기본 원칙 중의 하나로 문화상호주의 원칙에 입각한 쌍방향의 문화 교류와 이해 촉진을 강조하기 때문으로 보인다. 그러나 이러한 개념이 국외 보급을 대치할 수 있을 정도로 의미 또는 개념이 일치하는 것으로 보기 어렵고 용어로서 정착이 되지 않았기 때문에 이 글에서는 한국어 교육계에서 보편적으로 쓰고 있는 용어인 한국어 국외 보급이라는 용어를 적용하여 국립국어원의 활동을 기술하고자 한다.

름으로 명명된 이 과제는 개방형 한국어문화학교(세종학당) 설립 운영[28], 현지 특화형 교육 프로그램 및 교재 개발 지원, 한국어 교육의 질적 향상을 위한 현지 교육전문가 육성 및 파견, 온라인 한국어 한국 문화 교육체계 구축을 주 내용으로 제시하고 있다. 비록 아직은 초기 단계이고 구체적인 정책 대안이 개발된 상황이 아니며 또한 정책 대안에 대한 충분한 검토 및 논의가 이루어진 상태는 아니지만 정부가 한국어의 국외 보급을 중요한 정책적 사안으로 간주하고 있고 이들 정책 개발 및 추진의 근거 법규로 국어기본법을 명시하고 있다는 점에서[29] 국어기본법 및 동법 시행령은 한국어의 국외 보급 정책을 강력하게 추진할 수 있는 법적 근거로서 이미 작용하고 있다고 평가할 수 있다.

6. 국어기본법 시행 이후의 한국어 교육의 발전 방향

앞에서 살펴본 바와 같이 국어기본법의 제정과 시행이 한국어 교육과 관련하여 갖는 의의가 크고 시행 이후 한국어 교육계에 끼친 영향도 작지 않다. 그러나 법을 제정한 정부 측과 관련하여 볼 때 국어기본법의 제정 및 시행이 갖는 한국어 교육 관련 의미를 충분히 살리기 위하여 법규 보완, 제도 보완, 정책 대안의 개발 등에 있어 개선하여야 할 점이 적지 않다. 또한 한국어 교육계의 입장에서도 국어기본법의 제

---

28 국립국어원의 세종학당 추진 계획은 아직은 초기 단계로서 평가를 하기에 이르다. 여기에서는 세종학당 추진 전략에 담겨 있는 주요 내용을 간략히 소개하고자 한다. 세종학당 기본계획에 따르면 설립의 목적을 재외 한국 문화원을 거점으로 전 세계 한국어 교육 진흥과 한국 문화교류 협력 증진, 문화상호주의 원칙에 입각한 쌍방향의 문화 교류와 이해 촉진, 지식인 중심의 엘리트 교육에서 탈피, 대중적 한국어 교육의 확대 등 세 가지를 들고 있다. 그리고 실용 회화 중심의 한국어 구사 능력 습득과 한국 문화의 이해를 주 교육 목표로 하고 있다. 교육대상은 성별, 학력, 직업 제한 없이 일반 대중으로 하고 있으며 특수계층으로 현지 공무원·취업자·이주 예정 여성 및 근로자 등으로 하고 있다. 세종학당의 개요 및 추진 전략에 대하여는 국립국어원 내부 자료 〈한국어 문화권역 확대 전략 추진을 위한 세종학당 설립 및 운영 계획〉과 최용기(2007) 참조.

29 국립국어원의 내부문서인 〈한국어 문화권역 확대 전략 추진을 위한 세종학당 설립 및 운영 계획〉의 6쪽에서는 세종학당의 개념과 설립목적에 국어기본법 제19조 ①항을 전재하면서 세종학당 추진의 법적 근거 및 추진 방향이 됨을 분명히 밝히고 있다.

정, 시행이 한국어 교육 발전에 도움이 되도록 하기 위하여 관심을 갖고 노력할 부분이 있다. 이를 제시하면 다음과 같다.

첫째, 한국어 교육의 주요 축인 정부나 한국어 교육계 모두에서 한국어 교육의 이념, 목적, 목표 등 한국어 교육의 근본적인 방향성의 문제에 대하여 논의하여야 한다. 앞에서 언급한 것처럼 한국어 교육이 개인 차원이나 단일 교육 기관 차원이 아닌 국가 사회적 관심사이고 활동 영역임에도 불구하고 한국어 교육의 이념 및 목적, 목표 등에 대하여 진지하게 논의한 예가 없다. 한국어 교육은 학습자의 한국어 의사소통 능력을 키운다는 도구적 기능도 있을 것이고 재외동포들에게는 민족교육적 기능도 가질 것이고 국제화 시대라는 시대 배경을 고려한다면 세계 시민교육적 기능도 수행해야 할 것이고 민족문화의 국제적 보급을 통한 국가 이익의 증대라는 측면도 고려되어야 할 것이다. 여기에 최근 한국 내에서 다문화 사회가 빠르게 진전되고 있는 현실을 고려한다면 사회 통합의 기능도 가질 것이다. 국어기본법에서 한국어 국외 보급을 국가적 책임으로 규정한 만큼 정부 측과 한국어 교육계가 함께 머리를 맞대고 한국어 교육의 방향성 논의를 진행해야 할 것이다.

둘째, 국어기본법이 한국어 교육 관련한 기본적이고 핵심적인 내용을 규정하고 있는 만큼 관련 법령의 개폐에 대한 내용을 부칙에 담고 있다. 그러나 앞에서도 제시하였듯이 재외국민의 교육에 관한 규정, 재외국민의 교육 지원에 관한 법률 등 한국어 교육과 관련을 갖는 타 법령과의 관계에 대하여는 개폐 논의를 진행하지 못하였다. 이들 법령과의 상보적 관계의 위상 정립 노력이 뒤따라야 할 것이다.

셋째, 국어기본법에 따른 정부 측의 정책 개발 및 시행에 있어 정부 내 여러 부서와의 정책 공조 내지는 협의가 요구된다. 현행 한국어 교육의 성격은 여러 측면에서 살펴볼 수 있으나 대체로 우리의 말과 문화를 외국에 보급한다는 '보급으로서의 한국어 교육', 대외 관계에서 국가 간 문화 교류 차원에서 진행되는 '교류로서의 한국어 교육', 국제교육 협력 및 재외동포에 대한 민족교육이라는 측면에서의 '교육으로서의 한국어 교육', 국내 이주민을 대상으로 하는 문화 적응을 통한 사회 구성원의 요건 구축이라는 '제한된 의미의 사회 통합으로서의 교육' 등 다양한 관점에서 접근할 수 있을 것이다. 이러한 다양성은 결국 주무 부처 내지는 관련 부처의 다원화를 자연스럽게 가져올 것이고 실제로 현행 한국어 교육 관련 정부 부처는 문화관광부, 외교통상부, 교육인적자원부, 여성가족부, 노동부, 농림부와 그 산하기관들로서 매우 다양하다. 국어기본법에서 정하고 있는 한국어의 국외 보급을 효율적으로 추진하기 위해서는 이들 관련 부처 및 산하기관들이 상호 정보를 공유하고 업무를 협조하는 유기적인 관계를 가져야 할 것이다. 이러한 공조체계가 구축이 될 때 국가예산의 효율적 투입이 가능할 것이고 그 성과도 크게 날 것이다.

넷째, 국어기본법에서 규정하고 있는 교육 과정, 교재, 교사 영역은 물론이고 그 밖의 한국어 교육 핵심 영역에 대한 국가 차원의 참여와 한국어 교육계의 협력이 이루어져야 할 것이다. 특히 지금까지의 한국어 교육 역사의 대부분의 기간 동안 민간 중심으로 발전해 왔다는 점과 민간의 전문성을 고려한다면 국가가 주도하는 한국어 국외 보급 정책에도 민간의 역할이 적절하게 포함되어야 할 것이다.

다섯째, 한국어교원자격제도의 실시와 관련하여 내실 있는 추진과 제도 개선을 통한 사회적 효용성의 증대를 도모하여야 한다. 즉 지금까지가 제도의 확립을 위한 노력의 단계였다면 이제 제도의 효율적 운용에 초점을 맞추어야 할 것이다. 이를테면 교육 경력을 인정하기 위한 기관 요건 제시 및 적용, 한국어 교원 양성 기관의 운영에 대한 평가 등을 통해 제도의 효율적 운영을 도모하고 한국어 교육계의 내적 변화도 추구하여야 할 것이다. 뿐만 아니라 한국어 교원 자격 인증이 양성−인증−임용−권익이라는 연계선상에서 실시될 때 실질적인 효과를 가져올 것이라는 점에서 임용과 권익에 대한 정부와 한국어 교육계의 진지한 고민이 요구된다.

지금까지 살펴본 바와 같이 국어기본법과 동법 시행령에서 한국어 교육을 비중 있게 다룬 점은 한국어 교육계의 입장에서는 의미 있게 받아들일 수 있다. 그리고 시행 초기에 몇몇 문제점을 발견할 수 있지만 대체적으로 한국어 교육에 긍정적인 영향을 끼치고 있는 것으로 평가된다. 이제 이를 계기로 한국어 교육이 좀 더 체계화되고 국가 사회적으로 전문 분야로서 위상을 확보하며 이를 통하여 한국어 교육의 학문적 발전이 도모됨과 동시에 국가 사회에 기여하는 바가 더욱 커지기를 기대한다.

참고문헌

김세중(2005). 국어기본법 시행의 의의. 새국어생활 15권 3호. 국립국어원.

김중섭(1999). 한국어 교육의 새로운 방법. 외국어로서의 한국어 교육 방법. 서울대학교 국어교육연구소 주최 제1회 한국어교육 국제학술회의 발표논문집.

문화관광부(2004). 국어기본법. 문화관광부 보도자료.

문화관광부(2005). 국어기본법안 입법예고. 문화관광부 공고 제 2003-47.

민현식(2004). 한국어 표준교육 과정 기술방안. 한국어교육 제15권 1호. 국제한국어교육학회. 51-91쪽.

민현식 외(2001). 한국어 교원자격 인증제도 시행 방안 최종 보고서. 문화관광부·한국어세계화재단.

백봉자(2001). 교재와 교수법을 통해 본 한국어 교육의 역사와 과제. 외국어로서의 한국어 교육 25·26. 연세대학교 언어연구교육원 한국어학당.

성광수(1996). 한국어의 세계적 보급을 위한 언어정책 검토. 한국어 세계화의 제문제. 이중언어학 제13호. 이중언어학회.

신현숙(2004). 한국어 교육의 어제와 오늘. 한국어 연구 논문 55집. KBS 한국어연구회.

이장협(2007). 국어발전기본계획에 대하여. 국어발전기본계획 및 세종학당에 관한 국회 토론회 발표문.

조항록(2001). 한국어 교육 현황과 교육 정책. 외국어로서의 한국어 교육 제25·26집. 서울: 연세대학교 언어연구교육원 한국어학당.

조항록(2004a). 재외동포를 대상으로 하는 한국어 교육정책의 실제와 과제. 한국어교육 제15권 2호. 국제한국어교육학회.

조항록(2004b). 중국 내 한국어 교육의 과제와 전망. 중국에서의 한국어·한국 문화. 국제한국어교육학회·중국중앙민족대학 공동 국제학술대회(10월 9일, 중국 북경). 발표 논문집, 중국 북경.

조항록(2005a). 한국어 교육 발달사. 민현식 외 편. 한국어 교육론 1. 한국 문화사.

조항록(2005b). 한국어 교육 정책. 민현식 외 편. 한국어 교육론 1. 한국 문화사.

조항록(2006). 한국국제교류재단과 한국어 해외보급. 한국국제교류재단 창립 15주년 기념회의 자료집. 한국국제교류재단.

조항록 외(2002). 한국어 교사 교육 연수를 위한 표준 교육 과정 개발. 한국어세계화 2002년도 최종보고서. 문화관광부/한국어세계화재단.

조항록 외(2006). 한국어 해외보급과 국제교류의 증진. 한국국제교류재단 한국어 사업 마스터 플랜 최종연구 보고서.

최용기(2007). 세종학당 운영 방향. 국어발전기본계획 및 세종학당에 관한 국회 토론회 발표문.

최은규(2006). 한국어 교육과 교사 제도가 앞으로 나아가야 할 방향. 새국어생활. 제 16권 제2 호. 국립국어원.

Ⅳ. 다문화 사회 관련 법령과 한국어 교육

1. 들어가기

국내 체류 외국인은 2007년 100만 명을 넘어선 후 불과 10년이 되기도 전인 2016년에 200만 명을 넘어섰다. 코로나 상황 직전인 2019년에는 250만 명을 넘어서면서 300만 명에 다다를 수있다는 전망도 제기되었다. 실제로 법무부는 2025년에는 290만 명, 2030년에는 320만 명의 외국인 한국에 체류할 것으로 전망하기도 하였다. 코로나 상황으로 2021년에 200만 명 아래로 내려오기도 하였지만 다시 빠르게 증가하여 2023년 5월 기준으로 2,364,894명이 체류하고 있어 4%를 넘고 있다. 이와 같이 급증한 체류 외국인은 아래와 같은 몇 가지 측면에서 국가 정책 중요한 의미를 가지며 기존 국민에 대한 함의도 크다.

첫째, 체류 외국인의 수가 우리 사회 거주자의 4% 남짓이라고 하지만 이들의 대다수가 불과 20여 년 사이에 우리 사회 구성원이 되었다. 국가의 정책에 의해서 계획적으로 늘어난 규모도 아니며 국민의 합의에 의하여 적절하게 수용된 경우도 아니다. 현시대 국가 간에 인구의 이동이 자연스러운 현상이라고는 하지만 우리 사회의 외국인의 증가는 어느 순간에 크게 늘어나 이제는 국민 정체성, 문화 정체성의 변화를 시도하는 수준에 도달해 있다.

둘째, 체류 외국인의 변인별 특성을 볼 때 정주 외국인의 수가 점점 늘고 있다. 그 중에서도 20만이 넘는 결혼이주여성은 우리 사회의 가장 기초적인 단위인 가족 구성원이 되고 이들 중 상당수가 우리 국적을 취득하였거나 앞으로 취득하게 될 것이다. 또한 이들로 구성된 가정에서 자녀가 출생함으로써 또다른 유형의 다문화성이 점증할 것이라는 점은 단순한 수치 이상의 정책적 고려 대상이 된다. 여기에 그치지 않고 외국인고용허가제의 실시에 따라 합법적으로 최장 5년을 한국에서 일하게 되고 그 과정에서 한국인과의 결혼 등을 통하여 한국에 영구 정착하게 되는 외국인도 늘고 있다. 이와 함께 체류 기간의 합법적/불법적 연장을 통하여 장기 체류하는 외국인이 늘고 있다는 점 역시 의미있게 살펴봐야 하는 요인이다.

마지막으로 체류 외국인이 국내에 영구 정착을 하든 하지 않든 그들에 대하여 국가가 베풀어야 하는 책무가 있다. 이는 한국이 경제적 · 사회적 및 문화적 권리에 관한 국제규약(1990년 비준), 시민적 · 정치적 권리에 관한 국제규약(1984년 비준), 모든 형태의 인종차별 철폐에 관한 협약(1984년 비준), 아동권리협약(1991), 난민의 지위에 관한 협약(1992)과 같이 국제 사회에서 보편적으로 적용되는 협약에 가입함으로써 인류 보편적 가치, 특히 인권의 차원에서 체류 외국인에 대한 인도적 차원의 지원 의지가 있음을 확인하도록 한다.[1]

이렇게 볼 때 한국 사회의 외국인의 증가는 다층적인 의미를 갖는 것이며 국가로 하여금 해결해야 할 커다란 과제를 제기한다. 바로 그 과정에서 다문화 담론의 중요성이 제기될 것이다. 지금까지 한국 정부는 체류 외국인에 대한 정책을 주로 출입국 관리, 체류 관리/지원, 사회통합정책의 차원에서 실시해 왔다. 그러나 정주 외국인의 수가 늘고 유형이 다양화되면서 이제 이민 정책의 중요성이 크게 대두되고 있다. 특히 한국 내 저출산 상황이 심화되면서 산업 현장을 비롯하여 한국 사회의 다양한 영역에서 이민자 존재의 중요성이 대두되기도 한다. 이에 따라 정부도 이민청 설립

---

1 그러나 한국 정부는 2003년 7월에 발효된 이주노동자와 그 가족의 권리보호에 관한 국제규약에는 가입하지 않았다. 이는 국내에 외국인 노동자가 많은 상태에서 국가의 부담으로 작용한 것으로 짐작된다.(박성혁 외, 2007:15)

을 추진하고 있다.[2]

이 글에서 논하는 '다문화'는 바로 이민자에 대한 기본 정책과 이민 정책의 기본 방향 설정 및 주요 내용을 구성하는 핵심이다.[3] 다문화의 기본 개념 및 본질이 (좁은 범위에서 볼 때) 동일한 공동체 내에서 다양한 문화적 자질을 갖춘 구성원이 서로 다른 문화를 존중하면서 공존하여 각자 문화적 자질을 발휘함으로써 사회 발전을 도모하는 것을 의미하기 때문이다. 즉 문화 다양성의 존중 및 상호 조화를 전제로 하는 다문화의 가치를 인정한다면 당연히 그 사회는 다문화 정책을 채택하여 주류가 아닌 소수자가 동등한 지위와 역량을 지니도록 국가가 지원하고 더 나아가 소수자 문화의 유지 발전을 위하여 다양한 지원도 펼 것이다. 그리고 그 반대의 경우라면 사회의 동등한 구성원으로 인정하지 않는 차별 배제 정책을 취하거나 정주를 원하는 사람에게는 기존 사회에 동화되도록 강요하는 동화주의 정책을 취하게 될 것이다. 그리고 그 수용 정도에 따라 유연한 동화나 선별적 다원화와 같이 스펙트럼상 중간 위치에 존재하는 정책적 입장을 취할 수도 있을 것이다.

한국 정부의 다문화 정책의 골간은 법과 제도의 구축으로 구현된다. 법은 그 사회 구성원 모두가 지켜야 하고 누려야 하는 가치 규범과 행위 규범을 가장 상위에서 규정한다. 법과 제도는 국가가 추구하는 가치를 공유하도록 계도하고 이를 실현하기 위한 정책 방향을 제시하는 기능을 한다. 실제로 한국 사회의 이민자와 관련한 법과 제도의 변화를 보면 이러한 국가의 정책 방향의 변화를 실감하게 한다. 체류 외국인이 많지 않았던 시기에 이들을 대상으로 적용하던 법은 이들의 출입국 관리와 귀화 등이 중점 적용 사안이었기에 출입국관리법과 국적법이 관련 법규의 전부였다. 그러나 전술한 바와 같이 한국 사회에 체류, 정주 외국인이 늘면서 외국인근로자의 고

---

2 2023년 6월 26일자 언론 보도에 따르면 한국의 대통령은 이민청 설립 이전에라도 외국 인력과 관련한 태스크 포스팀을 구성하여 현시점 산업 현장의 인력 부족 문제를 해결하라는 지시를 한 것으로 나타난다. 이는 한국 사회에서 이민자의 존재 가치가 부각되는 상징성을 갖는 것으로 볼 수 있다.

3 필자는 '다문화'라는 용어의 사용은 신중해야 함을 인식한다. 최근 '다문화'를 대치하는 '상호문화'에 대한 논의가 제기되고 있음도 주지의 사실이다. 그러나 여기에서 사용하는 '다문화'는 종래의 '차별 배제'나 '동화'에 대응하여 이민자와 함께 하는 현실을 의미하는 용어로 사용하며 기능적으로는 기존 구성원과의 통합(사회통합), 다문화 구성원 사이의 상호 이해 및 협동(상호문화) 등을 모두 포함하는 포괄적 의미로 사용함을 밝히고자 한다.

용 등에 관한 법률, 재한외국인처우기본법, 결혼중개업의 관리에 관한 법률, 다문화
가족지원법 등이 제정되고 중앙 부서와 지자체에서는 이러한 법령의 구체적인 적용
을 위한 훈령과 조례를 제정하기에 이르렀다. 뿐만 아니라 이러한 법령의 제정은 국
무총리실과 중앙부서를 중심으로 하여 구체적인 제도와 정책으로 구체하되어 법령
이 정한 내용을 실행하게 되는데 외국인정책위원회, 다문화가족정책위원회, 외국인
력정책위원회, 사회통합프로그램 등이 대표적인 사례가 된다. 그러나 정상우(2009)
에서도 지적하듯이 이러한 법령의 제정과 제도의 수립이 국가의 정책 방향을 제시하
고 계도한다기보다는 사회 변화에 따른 정치적·정책적 대응의 의미를 갖는 것으로
법 제정의 적실성 여부는 논의거리가 된다.

한편 이민자에게 있어서 한국어 능력과 한국 문화에 대한 이해 능력은 또다른 중
요성을 갖는다. 한국 사회 구성원으로서 개인적 삶을 영위하고 한국 사회에도 기여
하려면 기본적으로 소통 능력과 문화 적응 능력을 갖춰야 한다. 이는 더 나아가 개인
의 경제적 이익의 실현, 삶의 질 향상의 바탕이 되고 궁극적으로 한국 사회에서 소수
자 내지는 약자로 남지 않고 평균적인 삶을 살아갈 수 있도록 하는 요체가 되기 때문
이다.

이러한 맥락에서 이 글에서는 한국 사회가 이민자와 관련한 어떠한 법령 체계를
갖추었는지를 살펴보고 이러한 법령이 한국어 교육과 어떤 관련성이 있는지를 살펴
본다.

2. '다문화' 관련 법령과 제도의 현황

2.1 법령 제정과 제도 수립 과정상의 특징

'다문화' 관련 법령의 제정이나 제도의 수립은 기본적으로 한국 사회에 체류하는
외국인에 대한 국가 정책적 방향과 밀접한 관련을 갖는다. 국제 사회에서 보편적 가
치와 개념으로 인정 받고 인류 사회에 공통적으로 구현되어야 하는 인권(자유, 존엄,

평등 등)이나 문화 다양성과 관련하여 국제적인 규약이 있고 우리 정부도 이에 가입함으로써 이러한 규약이 국내에도 적용될 수 있으나 그 구속력은 제한적일 수밖에 없다. 따라서 국내 체류 외국인이 사회적 소수자, 약자의 위치에 있다 하여도 국제적 규약에 의한 인권의 보호 등은 국제 관련성보다는 국내법 제정을 통해 실현될 수밖에 없다.

국내 체류 외국인에 대한 국가의 정책 방향에 영향을 주는 것으로 무엇이 있을까? 기본적으로 체류 외국인의 증감과 그들의 배경 변인, 사회적 기능 등이 1차적인 요인이 될 것이다. 이와 함께 규모와는 별개로 체류 외국인 집단이 갖는 특수한 속성(이를테면 한국적 상황에서는 재외동포가 이에 속할 것이다.)이 국가 정책 결정에 영향을 끼칠 것이고 전쟁이나 인접 국가의 환란 등과 같은 대규모의 국제 환경 변화가 영향을 줄 것이다. 우리나라의 경우 이러한 요인들이 복합적으로 작용을 하며 오늘에 이르는 것으로 볼 수 있다. 다만 그러한 현상이 대한민국 정부 수립 이후부터 지금까지 지속적으로 전개되었다기보다는 근래 20여 년 사이에 집중되고 있음에 주목할 필요가 있다.

주지하듯이 국내의 체류 외국인은 근래 십수 년 사이에 급속하게 증가하였다. 증가의 배경은 크게 셋으로 나눌 수 있는 바 첫째는 국가 간 노동 인력의 이동에 따른 유입이고 둘째는 국제결혼를 통한 유입이며 셋째는 국가 간 유학생 이동에 따른 증가이다. 그리고 주목할 만한 것으로 재외동포의 모국 귀환이다. 재외동포를 제외한다면 이러한 유입 유형은 한국에만 고유한 것이 아니고 국제적으로 보편화된 현상이다.[4] 그러나 자세히 살펴보면 한국만의 특수 상황이 존재하고 있음도 알 수 있다. 대표적인 예로 외국 인력의 유입은 서구 제국이 60년대와 70년대에 활발했던 것에 비해 한국에서는 90년대에 활발해짐으로써 시기적으로 뒤늦은 지역에 속한다. 그러면서도 한국 사회의 단일성 특징 등에 따라 외국 인력에 대하여는 철저한 차별배제 정책을 펼쳤는데 유럽 여러 나라의 예와는 다른 점이다. 또한 2000년대의 방문취업제도와 같은 외국 인력+민족정책이 복합적으로 작용한 예를 찾을 수 있고 재외동포는

---

4   사실 탈북자는 한민족의 특수한 상황에 기인하는 것이지만 국제적 난민으로서의 성격을 갖는다는 점에서 국제 사회에서 유사한 예를 흔히 볼 수 있다.

물론이고 각국에서 여성이 들어와 가족을 이루고 있는 점을 들 수 있다.[5]

한국이 국제 사회에 노출이 되며 국제 교류가 활발해지기 시작하면서 제일 먼저 대두된 것은 외국인의 출입국 관리에 관한 것이다. 이에 따라 1963년에 출입국관리법이 제정되었고 외국인력의 유입이 요구되는 시점에서는 산업연수생제도를 시행하게 되었다. 1993년에 시행된 이 제도는 별도의 법체계를 갖춘 것이 아니며 출입국관리법의 일부 조항에 근거하여 중소기업청 고시에 따라 시행하게 된 행정규칙으로서 국가 법령 체계상 하위에 속하는 지위에 있다. 그러나 현실에 있어 연간 2만5천 명에서 3만 명 정도의 외국 인력의 유입을 규정하는 제도가 단지 하나의 행정규칙에 의하여 시행되었다는 것은 역으로 말하면 이 제도에 대한 국가의 관심이 매우 소극적 또는 제한적이라는 것을 의미한다. 이후 1990년대 후반부터 조선족 동포와의 결혼을 시작으로 국제결혼을 통한 결혼이민자의 증가와 장기 체류 외국인이 늘면서 2002년에 영주자격제도(영주권제도)가 도입되었지만 역시 별도의 법안을 제정하기보다는 국적법과 출입국관리법의 개정을 통한 조치로 진행되었다.

결국 1960년대에 시작된 국내 체류 외국인 관련 법령은 출입국 관리라는 통제, 관리의 차원에서 접근하였고 체류 외국인의 수가 크게 증가한 2000년대 초까지 이러한 기조가 지속되었다. 그러나 2000년대 초에 한국 정부의 체류 외국인 정책의 기조를 바꾸도록 하는 큰 변화들이 나타나는데 결혼이민자의 급속한 증가와 외국인 노동 인력에 대한 정책 변화의 필요성이었다. 우선 국가 법령과 정부 제도에 변화가 나타나는데 첫 번째 변화는 종래 중소기업청 고시, 즉 행정규칙에 기반하던 산업연수생제도가 정식 법률인 외국인 근로자의 고용 등에 관한 법률에 의하여 외국인고용허가제가 실시된 점이다. 두 번째는 국제결혼의 증가에 따라 발생하는 다양한 유형의 국적 취득 희망자를 위하여 혈통주의를 완화하고 간이귀화의 요건을 완화하는 내용을 골자로 한 국적법의 개정(1997년, 2004년)이다.

---

5 필자는 이와 관련하여 한국적 다문화주의의 특성에 대한 고찰이 좀 더 요구됨을 주장하고 싶다. 최근까지 한국 다문화사회의 특징에 대한 논의는 그 수도 많지 않지만 한국 사회의 기본적인 속성(가족주의와 같은 가치 규범)에 초점이 맞춰져 있다. 외국인의 증가 배경 변인과 증가 이후 나타나는 현상에 대한 면밀한 검토를 통해 한국적 다문화 사회의 특성을 도출할 필요가 있다.

국내 체류 외국인과 관련된 법령의 제정과 제도의 수립에서 획기적인 배경 요인으로 작용하는 결혼이민자의 급속한 증가가 이루어진 2005년 이후 국내 체류 외국인 관련 법령의 제정과 제도 역시 큰 변화를 가져온다. 바로 특정 집단을 대상으로 하여 별도의 법령을 제정함으로써 대상자에 대한 적극적인 지원 정책이 대두되었다는 점이다. 국내 체류 외국인에 대한 지원 성격의 법령은 앞에 제시한 바와 같이 국적법이나 출입국관리법의 개정 등을 통해 매우 제한적으로 이루어졌으나 과거와는 다른 특성을 갖는 결혼이민자나 장기 체류 외국 인력의 증가는 국가의 지원 필요성을 제기하게 되었고 관련 법령의 개정 등을 통해 부분적으로 실현되었다. 국민연금법, 국민건강보험법, 고용보험법, 국민기초생활보장법, 한부모가족지원법, 가정폭력방지 및 피해자 보호 등에 관한 법률, 건강가정기본법(2004년) 등에 외국인 관련 조항이 포함되었다.

그러나 뭐니뭐니해도 국내 체류 외국인에 대한 지원을 본격화하기 위한 법안으로는 재한외국인처우기본법(2007년), 결혼중개업의 관리에 관한 법률(2007년), 다문화가족지원법(2008년)[6]의 제정을 들 수 있다. 이와 함께 외국인정책위원회의 설치 및 정례 운영, 사회통합이수제도의 실시 등이 중요한 정책으로 대두되었다.

재한외국인처우기본법은 기본적으로 한국 내에 체류하는 외국인이 대한민국 사회에 적응하여 개인의 능력을 충분히 발휘할 수 있도록 하고 대한민국 국민과 체류 외국인이 상호이해하고 존중하도록 할 것을 기본 목적으로 삼는다. 이는 곧 지금까지의 차별배제정책에서 최소한 동화 내지는 다문화 정책으로의 전환을 의미하는 것이었다. 이에 머무르지 않고 곧이어 결혼중개업의 관리에 관한 법률과 다문화가족지원법을 제정함으로써 국제결혼으로 인한 인권 침해의 소지를 사전에 예방하고 특별한 지위(한국인과의 결혼)를 갖는 외국인이 안정적인 가족생활을 영위할 수 있도록 하고 있다. 이는 곧 이들의 삶의 질 향상을 지원하는 것이기도 하지만 체류 외국인이

---

6 참여정부 시절 다문화가족 문제는 입법을 통한 정부 지원 정책의 대상으로 폭넓게 인식된 듯하다. 지난 17대 국회에서 혼혈인가족 지원에 관한 법률안(2006년), 이주민가족의 보호 및 지원 등에 관한 법률안(2007년), 다문화가족지원법안(2007년)이 제안되었는데 최종적으로는 일부 제안 법안과 여성가족위원회의 협의로 최종적으로는 다문화가족지원법이 제정되었다(정상우; 2009: 493 참조함).

많아지는 상황에서 한국 내에서의 사회통합을 추진하는 정부의 의지의 실현이기도 하다.

다문화가족지원법의 제정을 통하여 국내 체류 외국인의 증가에 따른 입법 요구가 실현되는 분위기에서 문화체육부는 한국법제연구원에 의뢰하여 다문화 사회 문화적 지원을 위한 법률안(2008년)을 마련하였고 모 국회의원은 다문화와 인종차별금지법 입법을 위한 공청회(2009년)를 개최하기도 하였다. 그러나 이들 법안은 최종적으로 입법 과정으로 연결되지 않았지만 체류 외국인에 대한 국내의 관점이 전에 비하여 적극적이고 긍정적인 것으로 변화되고 있음을 반증하는 것으로 볼 수 있다.

이상의 법령의 제정과 함께 국무총리실을 비롯한 중앙 행정부서와 지방자치단체에서는 훈령이나 조례 등을 통하여 다문화가족을 위한 지원 사업 등을 펼치는데 2006년에 대통령이 직접 주재하는 국정과제로 승격된 이후에는 여러 부서가 경쟁적으로 정책을 개발하여 시행하는 양상을 보이기도 한다. 대표적인 예로 국무총리실은 외국인정책위원회를 구성하여 외국인정책 기본 방향 및 추진체계를 마련하였고 다문화가족정책위원회를 두어 다문화가족 지원 사업을 조정하고 있다. 법무부는 재한외국인처우기본법의 제정 이후에 출입국·외국인정책본부를 설치하였고 출입국관리법에 근거한 사회통합이수제도를 실시하고 있다. 또한 여성가족부는 다문화가족지원센터를 지자체와 협력하여 설치하고 이를 뒷받침하기 위한 전국다문화가족지원사업단을 설치하여 운영하였으며 교육부는 2006년 이후 매년 다문화가정 자녀 교육지원 대책을 마련하여 다양한 지원 사업을 펼치고 있는 상황이다. 뿐만 아니라 행정안전부는 거주외국인 지원 표준조례안을 수립 각급 지자체에 보내 지자체별 지원 방안을 수립하는 데 활용하도록 하고 있다. 이 밖에도 국가인권위원회, 농림축산식품부 등 더 많은 행정 단위 및 부서가 다문화가족 지원과 관련한 정책을 실시하고 있어 어찌보면 다문화가족 지원 사업 봇물 시대가 도래한 것이 아닌가 하는 착각이 들 정도이다.

한편 국내 체류 외국인의 지원과는 성격이 다른 것으로 최근 들어 우리 정부는 정부 정책의 주요 대상인 결혼이민자, 외국인 노동 인력뿐만 아니라 다른 유형의 외국인의 유입을 확대하는 정책을 펼치기도 한다. 대표적인 예로 교육인적자원부가 2004년 12월에 발표한 스터디 코리아 2005(이후 목표 조기 달성으로 2008년에 스터디 코리아 발전 방안으로 변경됨), 2013년에 발표한 스터디 코리아 2023과 외국인 우수 인재 유치 계획 등이 있다. 외국인 우수 인재 유치 계획에는 재외동포를 포함하여 사회 경제 문화 등 각 분야에서 탁월한 능력을 보유한 자에게는 이중국적을 허용하는 등 종래의 국가정책에 비추어 볼 때 파격적이라고 할 수 있을 정도의 적극성을 보이기도 한다.[7]

2.2 주요 법령과 제도의 실제

가. 외국인근로자의 고용 등에 관한 법률

외국인근로자의 고용 등에 관한 법률(제정 2003. 8. 16, 법률 제6967호)은 외국인근로자를 체계적으로 도입·관리함으로써 원활한 인력수급 및 국민경제의 균형 있는 발전을 도모함을 목적으로 제정되었다. 총 6장과 부칙으로 구성된 이 법령은 외국인 근로자의 정의로부터 시작하여 관련 정책을 결정할 외국인력정책위원회의 설치 근거와 활동 내용을 규정하고 있다. 다문화가족 논의라는 측면에서 의미있는 것은 외국인 근로자의 보호라는 제목의 제5장에 차별금지, 보험 가입, 외국인근로자 관련 단체에 대한 지원 근거 조항을 담고 있다는 점이다. 이에 따라 곳곳에 외국인력지원센터(현재 명칭은 외국인노동자지원센터)가 설치되었다.[8] 이 법은 체류 외국인에 대한 관리 및 지원의 성격이 함께 담겨 있는 법령으로 볼 수 있고 과거 산업연수생제도와는 다르게 외국인 노동 인력을 우리 사회의 구성원으로서 일정 부분 지위를 부여하고 처우를 정하고 있음을 보여주고 있다.

---

7 우수 외국인 유치 학대 및 지원은 국무총리 주재로 개최하는 외국인정책위원회에서 역점 추진 사항으로 채택된 것으로 세계화, 개방화 추세에 우리 정부가 국가 이익을 실현하기 위한 방안으로 제시되었다.(국무총리실 보도자료 2008년 12월 17일자를 참조함). 그러나 실제 추진 과정에서 목표에 이르지 못하여 이후 여러 차례의 외국인정책5개년 계획에서 정책 추진의 문제점으로 적시되기도 하였다.

8 외국인력지원센터(현재 명칭 외국인노동자지원센터)의 운영은 대부분 민간단체에 위탁하고 있는데 관련 행정 조직의 운영 여건 미비도 있겠지만 그보다는 그동안 외국인 노동자에 대한 지원 활동을 민간단체가 주도해 온 관행을 존중한 것으로 이해할 수 있다.

나. 재한외국인처우기본법

재한외국인처우기본법(제정 2007. 5. 17 법률 제8442호)은 한국에 체류하고 있는 외국인에 대한 처우에 관한 기본적인 사항을 정하고 있다. 법 제정 정신으로는 국내 체류 외국인의 기본적인 인권 등을 보장함과 동시에 각 구성원의 개인적 역량이 충분히 발휘될 수 있도록 하여, 다양한 인종적/문화적 구성원으로 변화되어 가는 우리 사회의 통합을 추구하기 위한 것으로 보인다. 특히 이 법률은 기본법인 만큼 재한외국인과 결혼이민자에 대한 정의 규정을 포함하고 있으며 외국인 기본계획의 수립과 외국인정책위원회의 설치에 관한 근거 규정을 두고 있다. 이에 따라 법 제정 이후 정부의 체류 외국인에 대한 정책 개발 및 시행의 근거 법령으로서의 기능을 수행하게 되었다. 특히 이 법에서는 인권옹호 노력, 사회적응 지원 등을 담고 있는데 체류 외국인의 유형별 분류에는 결혼이민자 및 그 자녀, 영주권자, 난민, 귀화자, 전문외국인력, 과거 대한민국국적을 보유하였던 자 등이 포함되어 있다.

그러나 이 법은 기본법인 만큼 관련 내용의 기본적인 사항만을 규정할 뿐 세부 내용 및 시행 방안에 대하여는 각급 행정부서 등에서 마련하여 시행할 것을 제시한다. 한 예로 결혼이민자 및 그 자녀의 처우의 경우 "국가 및 지방자치단체는 결혼이민자에 대한 국어 교육, 대한민국의 제도·문화에 대한 교육, 결혼이민자의 자녀에 대한 보육 및 교육 지원 등을 통하여 결혼이민자 및 그 자녀가 대한민국 사회에 빨리 적응하도록 지원할 수 있다."고 규정함으로써 한국어 및 한국문화 교육이 국가의 책무임을 규정하고 있다.

다. 결혼중개업의 관리에 관한 법률

결혼중개업의 관리에 관한 법률(제정 2007. 12. 14 법률 제8688호)은 결혼중개업을 건전하게 지도·육성하고 이용자를 보호함으로써 건전한 결혼문화 형성에 이바지함을 목적으로 제정한다고 하나 실제로는 갑자기 늘어난 국제결혼을 효율적으로 관리하기 위한 정책적 목적이 작용한 것으로 보인다. 특히 한국인 남성과 결혼한 외국인 여성의 인권 문제가 심각하게 대두되면서 관련 입법의 필요성이 제기된 것으로서 다문화 가정의 구성 및 초기 정착에서 불법적 요소를 제거하고 인권을 보호하는 데 도움을 주는 것으로 볼 수 있다.[9] 이 법은 국내결혼중개, 국제결혼중개를 모두 포함하고 있는데 결혼중개업자는 거짓·과장되거나 국가·인종·성별·연령·직업 등을 이유로 차별하거나 편견을 조장할 우려가 있는 내용의 표시·광고를 해서는 안 된다고 규정하고 있다.

라. 다문화가족지원법

다문화가족지원법(제정 2008. 3. 21 법률 제8937호)은 다문화가족 구성원이 안정적인 가족생활을 영위할 수 있도록 함으로써 이들의 삶의 질 향상과 사회통합에 이바지함을 목적으로 제정되었다. 다문화가족지원법은 현실 사회에서 목격하게 되는 주요 정책의 근거가 되는 조항을 다수 포함하고 있는데 이를 정리하면 다음과 같다.[10]

- 다문화이해교육과 홍보(다문화가족에 대한 사회적 차별 및 편견을 예방하고 문화다양성을 인정하고 존중하도록 함)
- 결혼이민자 등에게 필요한 기본적 정보 제공 및 사회적응훈련과 직업교육·훈련 지원
- 가족상담, 부모교육, 가족생활교육의 추진
- 다문화가정 내 가정폭력 방지 및 외국어 통역 서비스를 위한 가정폭력상담소 및 보호시설 설치
- 산전·산후 지원, 아동 보육·교육 지원
- 다문화가족지원센터 지정
- 민간단체 등에 대한 지원에 관한 조항

---

9   이 법의 제정에는 유사한 경험을 갖고 있는 외국의 사례(일본, 미국, 호주)를 참고하였다고 한다.(정상우, 2009: 497)

10   박성혁 외(2008)에서는 정부와 지자체가 추진한 다문화 정책의 빈도 분석 및 정책현황을 자세히 다루고 있는데 그 내용은 대부분 여기에서 정하고 있는 것들로 귀결되고 있음을 알 수 있는데 이를 볼 때 다문화가족지원법이 다문화 가족에 대한 지원 정책의 핵심적인 근거 법령임을 알 수 있도록 한다.

이와 같은 다문화가족지원법은 재한외국인처우기본법의 집행법으로서의 성격을 갖는 것이며 구체적인 정책수단을 법제화하였다는 특징을 갖고 있다.(정상우, 2009: 494)

다문화가족지원법의 제정에 따라 전국적으로 다문화가족지원센터가 설치되었고 이 센터를 중심으로 하여 다양한 지원 사업이 전개되기에 이르렀다. 다문화가족지원센터의 활동은 한국어교육, 상담 및 사례 관리, 통·번역 지원, 결혼이민자 대상 사회 적응 교육 및 취원 교육 지원, 가족 교육, 결혼이민자 자녀 언어 발달 지원, 방문교육(자녀 생활), 다문화가족 이중언 환경 조성 등 법이 정하고 있는 내용이 사업화하여 다문화가족에게 다가가는 것으로 보인다.[11]

마. 외국인정책위원회 · 다문화가족정책위원회 · 외국인력정책위원회

외국인정책위원회는 재한외국인처우기본법 제5조에 근거하여 국무총리 훈령으로 2006년에 설치된 정부 내 통합 정책 조정 협의체로서 외국인 관련 중요 정책을 심의하고 조정한다. 위원장은 국무총리이고 법무부장관 등 관계 장관과 국무총리실장, 중소기업청장 등 14명이 정부위원이고 민간위원 7인을 위촉하고 있다. 외국인정책위원회의 주요 기능은 외국인 정책에 관한 기본 방향과 추진계획을 수립하고 외국인의 권익 증진 및 사회통합에 관한 사항을 심의하고 외국인 정책에 관한 부처 간 협의 또는 협조·조정이 필요한 사항 등을 심의한다. 매년 한 차례 개최하는 것을 원칙으로 하는 것으로 보이며 5년 단위의 기본계획을 심의 확정함과 동시에 연도별로 시행한 추진 실적을 평가하고 당해연도 시행할 정책을 심의 확정한다. 지금까지 매회 실시한 외국인력정책위원회의 논의 내용을 보면 정책 환경의 변화에 대한 대응의 성격이 강한 것으로 보인다. 외국인정책위원회의 역할과 기능 중 중요한 것은 한국 정부가 이민정책이라는 개념을 도입하여 정책 논의를 해오는 것을 들 수 있는데 이는 체류외국인에 대한 정책 방향의 설정에 있어 함의하는 바가 큰 것으로 보인다.

---

11 다문화가족지원센터는 기본적으로 각 기초자치단체마다 설치하는 것을 목표로 하였으나 초기에는 예산과 인력이 필요한 만큼 점차적으로 추진하여 2012년에 모두 200곳이 설치되었으며 2023년 6월 기준으로 거점 센터 17곳을 포함하여 모두 231곳의 다문화가족지원센터(가족센터 내 설치 211곳)가 있다.

다문화가족정책위원회는 다문화가족지원법에서 정하고 잇는 내용을 실행하기 위하여 국무총리훈령으로 다문화가족정책위원회 규정을 제정함으로써(국무총리 훈령 제552호, 2009년 9월 11일) 설치되었다. 외국인정책위원회와 같이 정부 내 통합 정책 조정 협의체로서 다문화가족지원 정책 기본계획 수립 등 간련 정책을 심의·평가·확정한다. 국무총리를 위원장으로 하고 기획재정부 장관 등 10명의 장관과 국무총리실장을 당연직 위원으로 하고 민간 전문가 8인을 위원으로 위촉한다. 주요 내용은 다문화가족지원정책 기본계획의 수립 이외에 다문화가족지원정책의 시행계획 수립, 다문화가족과 관련한 각종 조사·연구 및 정책 분석·평가를 수행하고 범부처 다문화가족지원사업의 조정·협력에 관한 사항을 다룬다. 다만 중요한 것은 다문화가족의 출입국·체류·귀화 및 그와 관련한 정책에 대한 사항은 제외하고 있다.[12]

외국인력정책위원회는 외국인근로자의 고용 등에 관한 법률 제4조에 근거하여 설치된 정부 내 통합 정책 조정 협의체로서 외국인근로자의 고용관리 및 보호에 관한 주요 사항을 심의·의결한다. 국무총리실장을 위원장으로 하고 관계 부처 차관 등 20명 내외의 위원으로 구성된다. 이 위원회의 주요 기능으로는 외국인근로자 관련 기본계획의 수립, 외국인근로자 도입 업종 및 규모, 송출 국가 지정 및 취소 등이다. 이 위원회의 활동이 체류 외국인에 대한 관리나 지원 등과 같은 직접적인 정책 내용과는 거리가 있으나 기본적으로 외국 인력의 국내 체류 규모, 재외동포 노동 인력의 규모 등을 정하는 만큼 국내 다문화가족의 형성 배경과의 관련성이 크다.

바. 사회통합프로그램

사회통합프로그램은 재한외국인처우기본법의 목적을 실현하기 위하여 2008년 3월 12일에 제정된 법무부 훈령 제612호인 이민자 사회통합프로그램 및 그 운영에 관한 규정에 따라 시행하고 있는 교육프로그램이다. 사회통합프로그램의 실시 대상은 위 규정 제2조에서 정하고 있듯이 재한외국인, 귀화자와 그 자녀 및 국민 등이라고 포괄적으로 정하고 있지만 실제 참여자의 70퍼센트 이상이 결혼이주여성인 것으로

---

12 이는 다문화가족뿐만 아니라 체류 외국인과 관련한 최초의 법안인 출입국관리법 등이 법무부 소관이고 다문화
    가족뿐만 아니라 체류 외국인 모두에게 적용되는 사안으로 법무부의 고유권한으로 간주한 것으로 이해된다.

보고되고 있다.

사회통합프로그램에서 교육의 대상으로 설정한 영역은 한국어 교육과 한국사회의 이해 등 두 영역이고 총 5단계 470시간~500시간으로 구성된다.[13] 이 중 한국어 교육이 4단계 400시간(각 단계별 100시간)이고 한국 사회의 이해는 한국어 학습을 마친 자에 한하여 영주권 취득 희망자에게는 70시간, 귀화 희망자에게는 100시간의 과정을 이수하도록 하고 있다. 법무부는 2009년부터 전국적으로 사회통합프로그램을 실시하고 있는데 실시를 앞두고 전국의 20개 대학을 중점추진대학의 성격을 갖는 ABT(Active Brain Tower) 대학으로 지정하여 교육 담당 인력(다문화 강사)을 양성하였으며 지금은 그 수가 많아져서 2023년 기준으로 40곳이 넘고 있다. 사회통합프로그램 운영 기관은 2023년 기준으로 중앙 거점 한 곳을 포함하여 모두 378곳이 있으며 이곳에서 진행되는 사회통합프로그램에 참여하는 이민자는 최근 들어서 매년 5만 명이 넘고 있다.

3. 다문화가족 관련 법령 제도의 한국어 교육 관련 의의

이상에서 살펴본 '다문화' 관련 법령 및 제도가 한국어 교육과 어떤 관련성을 갖는지를 정리하면 다음과 같다.

가. 외국인근로자의 고용 등에 관한 법률

외국인근로자의 고용 등에 관한 법률은 외국인이 한국에서의 외국인 노동자의 자격을 취득하기 위한 과정으로 한국어능력을 반드시 입증해야 한다. 이는 고용허가제 한국어능력시험(EPS-TOPIK)에 응시하여 합격해야 하고 나라에 따라서는 고득점을 획득함으로써 가능해진다. 이는 결국 고용허가제 실시 대상 국가에서의 한국어

---

13 전체 교육과정이 470시간(영주자용)~500시간(귀화자용)으로 구성되어 있으나 한글자모를 모르는 학습자를 위하여 1단계 이전에 15시간으로 구성된 0단계를 설정하고 있다.

교육을 크게 확산시키는 결가를 가져온다.

이와 함께 외국인근로자의 고용 등에 관한 법률 제5장 외국인 근로자의 보호에서는 차별금지, 보험 가입, 외국인 근로자 관련 단체에 대한 지원 근거 조항을 갖고 있음으로 해서 외국인노동자지원센터의 설치와 이곳에서의 한국어 교육 실시를 가능하도록 하였다. 즉 외국인근로자의 고용 등에 관한 법률은 국외 현지에서의 한국어 교육 확산, 국내 거주 외국인 노동자에 대한 한국어 교육 지원 등을 가능하게 하고 있다.

나. 재한외국인처우기본법

재한외국인처우기본법은 넓은 의미에서의 사회통합정책을 가능하도록 하고 있다. 이는 곧 국내 이민자에 대한 다양한 측면에서의 지원을 가능하도록 하는 것으로서 한국어 교육은 이 가운데에서도 큰 비중을 차지한다. 실제로 출입국관리법을 개정하여 사회통합프로그램을 실시할 수 있는 근거도 이 법에서 찾게 된다.

또한 재한외국인처우기본법은 집행법으로 다문화가족지원법 제정의 근거가 됨으로써 한국어 교육 실시의 바탕이 된다. 구체적으로 결혼이민자 및 그 자녀에 처우와 관련하여 "국가 및 지방자치단체는 결혼이민자에 대한 국어 교육, 대한민국의 제도·문화에 대한 교육, 결혼이민자의 자녀에 대한 보육 및 교육 지원 등을 통하여 결혼이민자 및 그 자녀가 대한민국 사회에 빨리 적응하도록 지원할 수 있다."고 규정함으로써 다무화 가족에 대한 한국어 한ㅁ국문화 교육이 국가의 책무임을 규정하고 있다. 다문화가족지원센터의 주요 활동으로 한국어 교육을 실시할 수 있는 근거랄 제공하는 것으로 볼 수 있다.

다. 결혼중개업의 관리에 관한 법률

이 법에서는 한국어 교육과 관련한 명시적인 문구 또는 간접적으로 바탕을 제공하는 문구를 찾을 수 없으나 큰 배경으로 결혼이민자의 국외 현지 한국어 교육과 관련한 기능을 확인할 수 있다. 결혼중개업의 관리에 관한 법률에서는 결혼이민자의 인권 옹호와 관련한 규정을 담고 있는데 인권 옹호를 위한 방안으로서 의사소통 능력의 확보는 중요성을 갖는다. 좀 더 구체적으로 한국 정부는 2014년부터 결혼이민자가 현지에서 국민배우자 비자를 취득하기 위해서 한국어 능력을 입증하도록 하였는데 이의 배경으로 인권을 들고 있다. 이 때 사증 취득을 위해서 요구되는 한국어 능력은 한국어능력시험(ROPIK) 1급 인증서 또는 세종학당 초급 1(1-A, 1-B) 이수 및 수료 시험 통과 인증서로서 결혼이민자는 한국 입국 전 반드시 한국어 능력을 갖춰야 한다. 이는 현지에서의 한국어 교육 활성화에 기여하는 결과를 가져왔으며 한국 내 이민자의 한국어 능력을 향상시키는 결과로 귀결된다.

라. 다문화가족지원법

다문화가족지원법은 가문화가족의 사회 적응 및 한국 사회 통합과 관련한 구체적인 내용을 담고 있다. 이는 결과적으로 다문화가족지원센터 설립의 근거 법령이 되었으며 다문화가족지원센터 네 한국어 교육 실시의 법적 근거가 된다. 한국 내 결혼이민자의 규모와 이들에 대한 한국어 교육 실시의 규모 등을 볼 때 한구겅 교육 관련성은 매우 크다.

마. 출입국관리법

출입국관리법은 기본적으로 사회통합프로그램 실시의 근거를 제공함으로써 한국어 교육 관련성이 매우 크다. 제5장의 명칭을 외국인등록 및 사회통합프로그램이며 제5장 제2절은 사회통합프로그램으로 하여 사회통합프로그램과 관련 주요 내용을 법조항으로 규정함으로써 사회통합프로그램 실시와 관련한 다양한 규정 및 시행세칙 등을 마련하도록 하였다. 이후에 다문화가족지원법에 근거하는 다문화가족지원센터 내 집합 교육도 사회통합프로그램으로 일원화함으로써 결혼이민자에 대한 한국어 교육의 대부분이 결국에는 출입국관리법에 근거하게 되었다. 또한 국적 취득, 영주권 취득, 체류 자격 취득 및 변경 등에 있어서 사회통합프로그램 이수가 필수 요건이 되는 경우가 많음으로 해서 사회통합프로그램의 위상과 역할이 커졌는데 이 프로그램의 본질은 한국어 교육과 한국 사회 이해 교육이라는 점에서 한국어 교육에 끼친 영향을 지대한 것으로 볼 수 있다.

바. 외국인정책위원회 · 다문화가족정책위원회 · 외국인력정책위원회

국내 체류 외국인에 대한 국가 정책적 차원, 실무적 차원의 종합 협의체로서 필연적으로 한국어교육 관련 정책의 협의 및 조정이 이루어지고 있다. 예를 들어 외국인정책위원회의 활동으로 산출된 제1차외국인정책5개년계획에서 중점을 둔 정책 방향 중의 하나로 질 높은 사회통합이었는데 이는 사회통합프로그램의 적극적 실시의 배경으로 작용한 점을 들 수 있다.

참고문헌

박성혁 외(2008), 우리나라 다문화교육정책 추진현황, 과제 및 성과분석 연구. 교육인적자원부 정책과제.

오경석 외(2007). 한국에서의 다문화주의. 한울아카데미.

정상우(2009), 다문화가족 지원에 관한 법체계 개선 방안 연구. 法學論叢 第26輯 第1號.

조항록(2010), 한국어교육정책론. 한국문화사.

조항록(2013), 다문화 사회에서의 한국어 교육 스리제와 개선 방안 – 주요 실시 체계를 중심으로, 한국어교육 제24권 1호, 국제한국어교육학회.

조항록(2015), 결혼이민자와 이주노동자의 입국 사증 취득을 위한 한국어능력 평가 체계 연구, 언어와 문화 11권 1호, 한국언어문화교육학회.

조항록(2016), 결혼이민자를 대상으로 하는 입국 전 기본 소양 평가 실시와 현지 교육기관의 대응: 베트남 사례를 중심으로, 다문화와 평화 10권 1호, 성결대학교 다문화평화연구소.

조항록(2017), 다문화 사회와 한국어 교육, 한글파크.

차용호(2008), 이민자 사회통합을 위한 정책방향. 한국이민학회 2008년 후기학술대회 발표 논문.

재한외국인처우기본법 외 관련 법령

국무총리실 보도자료(2007. 4. 20) 외 정부 내 보도 자료

Ⅴ. 한국어능력시험(TOPIK) 체제 개편의 주요 내용과 배경 [1)

1. 들어가기

2014년 7월에 시행된 제35회 한국어능력시험(TOPIK: Test of Proficiency in Korean)부터 소위 말하는 신토픽이 시행되고 있다.

KPT(Korean Proficiency Test)라는 이름으로 1997년에 최초로 시작된 국가 수준의 표준화된 한국어 숙달도 시험은 2005년부터 TOPIK으로 시험의 명칭이 바뀌었고 2014년에 전면 개편된 체제로 시행 되면서 대중적으로는 신토픽이라는 이름으로 불리고 있다

신토픽의 시행은 기본적으로 종전의 단일 시험에서 TOPIK Ⅰ과 TOPIK Ⅱ 등 2종의 시험으로 분리되고 평가 영역, 문제 유형, 등급 판정 방식이 크게 바뀌었다. 한국어능력시험(TOPIK)의 체제 개편은 환류 효과(wash-back effect)에 따라 한국어 교육 현장에 끼치는 영향이 매우 크다.

1997년에 최초 시행이 된 이후 2014년까지 크게 바뀌지 않았던 토픽이 체제를 개편한 배경은 무엇일까? 여기에는 크게 두 가지 요인이 존재하는데 하나는 최근의 한

---

1 이 글은 2014년 12월 10일 3rd Philippine Korean Studies Symposium (PKSS)에서 발표한 Reviewing the Implication of New TOPIK(Test of Proficiency in Korean) from the viewpoint of the Korean Laguage Education Policy의 내용을 바탕으로 하고 그 내용을 일부 수정한 것임을 밝힌다. 그리고 원안 역시 필자가 2013년에 진행된 한국어능력시험 개편 연구의 책임을 맡았던 경험을 바탕으로 하고 있으며 3장의 많은 부분은 이 연구 관련 공청회 등에서 발표하였던 내용을 활용하였음을 밝힌다.

국어 교육 환경의 변화이고 다른 하나는 종래의 토픽이 가지고 있는 이론·기술적 측면에서의 보완 필요성이다. 여기에서 한국어 교육 환경의 변화는 주로 한국어 교육 현장의 전지구화, 엘리트 교육에서 대중교육으로의 급속한 확장, 토픽의 국가·사회적 기능의 확대 등을 말한다. 그리고 이론·기술적 측면에서의 보완 필요성이란 그동안 평가 영역 설정, 평가 목표에 부합하는 문제 유형의 개발, 등급제가 갖는 한계 극복 방안 등과 관련한 것들이다.

본고에서는 한국어능력시험(TOPIK)이 최초 시행 당시부터 지금에 이르기까지 교육적 긴으뿐만 아니라 국가사회적 기능을 활발하게 수행해 왔다는 점에서 한국어능력시험의 개편을 교육정책적 측면에서 살펴보고자 한다. 특히 한국어 교육 환경의 변화가 한국어능력시험의 개편에 어떤 영향을 주었는지를 살펴보고 개편 이후 한국어능력시험의 국가 사회적 기능이 어떻게 변화할 것인지를 중심으로 살펴보고자 한다.

2. 한국어능력시험(TOPIK) 체제 개편의 개요

2.1 시험의 이원화

개편 한국어능력시험은 시험 시행 환경의 변화에 맞추어 한국어능력시험 I (TOPIK I)과 한국어능력시험 II (TOPIK II)로 이원화하였다. 한국어능력시험 I (TOPIK I)은 입문과 초급 단계 학습자를 대상으로 하는 것으로 최근 한국어 교육이 실시되기 시작한 지역과 한류 기반 학습자의 증가 등을 주로 고려한 것이다. 이는 자기 실력 확인을 주 목적으로 하는 것으로 실제로 그동안 한국어능력시험 응시자를 대상으로 하는 설문조사 결과에서도 이 유형에 속하는 응시자의 수가 대체로 40퍼센트를 넘으며 가장 큰 응시자 집단으로 자리 잡았다. 이에 비하여 한국어능력시험 II (TOPIK II)는 중급과 고급을 아우르는 것으로 지속적으로 한국어를 배워 온 학습자를 대상으로 한다. 이들이 한국어능력시험을 통하여 자신의 한국어 능력을 적절하게 평가 받고 그 결과를 진학 및 취업 등에 적절하게 활용할 수 있도록 고안된 것이다.

[표 1] 신토픽의 유형

시험의 명칭	기존 TOPIK과의 비교
한국어능력시험 I (TOPIK I)	TOPIK 초급(1~2급)에 해당
한국어능력시험 II (TOPIK II)	TOPIK 중급(3~4급), 고급(3~6) 통합

2.2 하위 평가 영역의 조정

한국어능력시험 I (TOPIK I)과 한국어능력시험 II (TOPIK II)는 응시자의 응시 목적에 분명한 차이가 있다는 것을 전제로 한 것이다. 즉 한국어능력시험 I (TOPIK I)은 초급 수준의 학습자가 자기 실력 확인의 일환으로 한국어능력시험을 보는 경우를 주로 고려한 것이다. 이에 비하여 한국어능력시험 II (TOPIK II)는 한국어 능력을 인증 받아 대학에 진학하거나 회사에 취업하는 등의 실용적 가치를 목적으로 하는 것을 전제로 한다. 이와 같이 두 개의 시험은 교육적 기능, 실용적 기능에서 차이가 나기 때문에 평가의 하위 영역도 달리 설정할 필요가 있다. 이는 기존의 한국어능력시험이 어휘 및 문법, 쓰기, 듣기, 읽기라는 동일한 하위 영역을 갖춘 것과는 크게 달라져야 함을 의미한다.

한국어능력시험 I (TOPIK I)에서 쓰기가 제외된 것은 초보 단계 학습자가 갖는 특성을 고려한 것으로 볼 수 있다. 지속 학습을 수행하는 과정에서도 당연히 초보 학습 단계를 거쳐야 하지만 최근의 한국어 학습자 집단 중에는 지속 학습을 계획하지 않고 한국어 학습에 진입하는 경우가 많다. 한류 기반의 학습자가 대표적인 예로 이들 중 적지 않은 수가 한류를 향유하는 과정에서 한국어 능력의 필요성을 느낀 경우로서 한국어를 사용한 사회적 활동을 목표로 하지는 않는다. 그러나 이들도 역시 자신의 한국어 실력을 객관적으로 평가 받고자 하는 경우가 많은데 이들에게 과중하게 시험 부담을 지우는 것은 바람직하지 않다. 그와는 반대로 응시 후 획득한 점수가 학습을 격려하거나 촉진하는 기능을 하여 지속 학습의 계기가 되는 것이 바람직하다. 특히 한류 기반 학습자 등 최근의 초보 단계 학습자의 특성을 고려한다면 쓰기시험은 응시자들에게 큰 부담으로 다가갈 것이며 시험의 결과 역시 낮게 나올 것이 예상되는 만큼 학습 촉진의 기능을 기대하기 어렵다. 한국어능력시험 I (TOPIK I)에서 쓰기가 제외된 것은 이러한 배경에서 나온 것으로 이해할 수 있다.

개편 한국어능력시험의 하위 평가 영역의 설정에 있어 또 하나 중요한 것은 어휘 및 문법 영역의 폐지이다. 어휘와 문법의 폐지는 많은 논의를 거쳐 결정된 것으로 알려져 있는데 폐지의 배경으로 한국어능력시험은 의사소통 능력을 평가하는 시험이라는 점이 작용한 것으로 보인다. 즉 언어 내적 지식인 어휘와 문법의 직접적인 평가는 한국어로의 의사소통 능력을 평가하기에 적절하지 않다는 것이다. 이와 함께 주요 외국어 능력시험에서도 어휘와 문법의 폐지가 보편화되고 있다는 점도 주요 이유이었던 것으로 알려져 있다. 그러나 실은 개편 한국어능력시험이 어휘와 문법을 완전히 배제하지는 않았다. 읽기 영역에서 일부 문항을 어휘와 문법을 핵심 평가 요소로 설정하여 제시하고 있다. 이는 한국어능력시험이 한국어 교육 현장에 끼치는 영향을 고려하여 현장 교육에서 중시하고 있는 어휘와 문법 교육이 지속되기를 기대했기 때문인 것으로 보인다. 이러한 과정을 거쳐서 최종적으로 확정되어 시행하는 개편 한국어능력시험의 평가 영역은 아래와 같다.

[표 2] 개편된 한국어능력시험의 평가 영역

시험의 명칭	평가 영역
한국어능력시험 I (TOPIK I)	읽기, 듣기
한국어능력시험 II (TOPIK II)	읽기, 듣기, 쓰기

2.3 문항 수와 시험 시간의 조정

개편 한국어능력시험에서 문항 수의 산정 및 시험 시간의 배정은 현행 한국어능력시험의 시행 과정상의 경험, 주요 외국어능력시험의 문항 수와 시험 시간, 모의시험 실시를 통한 실제적인 시험 시간의 산출 등을 통하여 아래의 표와 같이 정하여졌다.

[표 3] 개편된 한국어능력시험의 문항 수와 시험 시간

평가유형	영역	문항 수	시험 시간
한국어능력시험 I (TOPIK I)	읽기	40	60분
	듣기	30	40분
한국어능력시험 II (TOPIK II)	읽기	50	70분
	듣기	50	60분
	쓰기	4	50분

2.4 분할선의 조정

개편 한국어능력시험은 종래의 토픽과 다른 분할선 체계를 갖추었다. 개편 이전의 한국어능력시험은 초급, 중급, 고급 내에서 하위 등급을 인정받고 상·하위 등급 사이를 구분하는 분할선이 획일화되어 있었다. 100점 만점에 하위 등급 인정은 평균 40점, 상위 등급 인정은 평균 70점이었다. 그러나 개편 한국어능력시험, 특히 한국어능력시험 II는 하나의 시험으로 불합격, 3급, 4급, 5급, 6급 등 5개 단계를 인정해야 하는 만큼 분할선의 설정은 매우 중요한 쟁점이 되었다. 분할선 설정에 대하여는 앵고프 방식, 북마크 방식 등이 주로 활용되고 있으나 이러한 방식을 적용하기에는 몇몇 한계가 있음을 인식하고 실험 집단을 대상으로 하여 종래의 한국어능력시험 등급 인증 수준에 맞춘 동백분위 방식을 적용하였다. 즉 평가 기준이 바뀌지 않은 상태에서 종래의 등급 인증자가 개편 한국어능력시험에서 인증을 받을 수 있는 점수대를 분할선 설정의 기준으로 택하였다. 이는 수차례의 모의시험을 거쳐 안정되게 산출된 점수대를 분할선으로 제시하기에 이른 것으로 알려진다. 그리고 분할선은 종래의 백점 만점의 평균 점수대가 아닌 총점 기준으로 하여 획득 점수로 제시하기로 하였다.

이러한 과정을 거쳐 설정되는 분할선은 한국어능력시험 I의 경우 백점 만점의 평균 점수로 볼 때 종래와 다르지 않은 80점(200점 만점)과 140점(200점 만점)으로 도출되었다. 그러나 한국어능력시험Ⅱ의 경우에는 종래와는 크게 다른 점수대로 설정되었는데 이는 평가 영역의 조정, 문제 유형의 변화 등이 주된 요인으로 작용한 것으로 추측된다. 한국어능력시험Ⅱ의 분할선은 각각의 단계를 300점 만점에 80, 110, 150, 190, 230점으로 분할하고 있다. 이러한 내용을 간단하게 제시하면 다음과 같다.

[표 4] 등급별 분할 점수

구분	한국어능력시험 Ⅰ (200점 만점)		한국어능력시험 Ⅱ (300점 만점)			
	1급	2급	3급	4급	5급	6급
등급 결정	80점 이상	140점 이상	120점 이상	150점 이상	190점 이상	230점 이상

2.5 과락 제도의 폐지

종래의 한국어능력시험은 응시자의 득점이 각 등급의 합격 점수를 넘는다 해도 하위 네 개 영역의 어느 하나라도 최소 득점 점수에 미달하면 해당 등급에 합격하지 못하였다. 다만 2개 등급을 통합하여 평가하는 현행 시험에서 과락으로 상위 등급을 받지 못한다 해도 그 점수가 하위 등급의 과락 점수를 상회하면 하위 등급에는 합격하는 것으로 판정된다.

한국어능력시험에서 이렇게 과락 점수를 제시하여 적용하는 것은 의사소통 능력의 하위 능력을 고루 평가하고 고르게 발전한 사람만이 등급을 인증받도록 하기 위함이다. 그러나 개편 한국어능력시험에서는 영역별 최저 점수를 제시하지 않았다. 이는 외국어 능력 시험에서 영역 간 차이에 따른 등급 불인정 제도의 타당성이 충분히 확보되지 않은 상황에서 응시자에게 불이익을 주기보다는 응시자의 이익을 실현시켜주는 것이 더 나은 선택이라는 점이 작용한 것으로 알려져 있다. 이와 함께 영역별 최저 점수의 설정 역시 과학적 근거를 찾을 수 없다는 것도 중요한 이유로 작용한 것으로 알려져 있다.

3. 한국어 교육 정책의 측면에서 본 한국어능력시험 개편의 의미

한국어능력시험(TOPIK)은 한국어를 모어로 하지 않는 외국인 또는 재외동포의 한국어 능력을 객관적으로 평가하는 교육적 측면이 본질이라고 할 수 있지만 실제에 있어서는 정책적 성격도 강하다. 외국인과 재외동포를 대상으로 하는 국가 정책이나 사회 제도에서 그들의 한국어 능력이 중요한 변수로 작용하는데 한국어능력시험이 한국 정부가 시행하는 유일한 한국어 숙달도 시험이기 때문이다. 좀 더 구체적으로 국가나 사회 현장에서 외국인과 재외동포를 대상으로 하는 정책이나 활동에서 이들의 한국어 능력 수준이 중요한 요인이 되고 있다. 예를 들어 외국인과 재외동포의 진학, 취업, 비자 자격 변경 등을 결정함에 있어서 한국어 능력의 수준이 요구되는데 국가가 수준을 어떻게 제시하고 어떤 시험이 이를 객관적으로 평가해 주느냐의 문제는 중요하다. 한국어능력시험이 바로 이러한 기능을 수행하는 만큼 한국어능력시험은 국가 사회적으로 중요한 기능을 수행하는 것으로 볼 수 있다.

특히 현시점 한국어 교육은 규모가 더욱 방대해짐은 물론 국가 사회적 기능이 더욱 커지고 있다. 이는 한국을 넘어 전세계적으로 외국어 능력의 중요성이 커지는 인류사적 변화와도 관계가 있다. 국제화 시대, 정보화 시대, 문화의 시대라는 시대적 특징 속에서 외국어 능력은 더욱 중요해지고 있다. 이런 가운데 한국의 국력이 신장되고 국제 사회에서의 역할이 커지고 있기 때문에 한국어를 배우는 외국인과 재외동포가 지속적으로 늘고 있다. 조항록(2013)[2]에서는 한국어 학습자의 증가에 영향을 미치는 세부 요인을 아래와 같이 제시하고 있다.

① 2002 한 · 일월드컵 이후 국제 사회에서의 한국 이미지 제고
② 한류의 확산,
③ 한국 내 다문화사회의 진전
④ 고용허가제 한국어능력시험의 실시

---

2 조항록, 이미혜, 주성일(2013), 한국어 교육 현황 점검 및 교육 지원 전략 연구, 문화체육관광부 정책연구보고서.

⑤ 중국 등 저개발 국가의 경제성장과 한국 관련성의 증가
⑥ 한국 정부의 한국어 교육 지원 관련 정책의 적극적 실시
⑦ 국가 간 교육 협력의 확대
⑧ 재외동포에 대한 한국 정부의 적극적 정책 실시 등이 대표적이다.

이러한 요인에 힘입어 국내 외국인 유학생은 2004년 말 16,000여 명에서 2015년 초에는 9만 명을 넘었고, 이 중 한국어 연수생은 순수 어학 연수생 2만여 명을 포함하여 대략 4~5만 명으로 정도로 추정된다. 이들을 대상으로 한국어를 가르치는 대학 교육기관 역시 2000년대 초 20곳 안팎에서 2015년초 150곳 정도가 되며 대학 이외의 한국어 교육 현장 역시 비약적으로 늘어났다. 한국어 교육 현장의 확대는 국외의 경우 더욱 빠르게 확대되었는데 중국의 경우 200개소 이상의 대학에서 한국어를 전공으로 개설하고 있으며 베트남, 태국, 몽골 등 아시아 국가는 물론 북미, 유럽의 주요 국가에서 한국어 강좌를 개설한 대학도 크게 늘었다. 여기에 중동, 아프리카, 남미의 경우와 같이 전에는 한국어를 가르치는 대학이 전무하거나 극소수였으나 최근에 한국어를 개설하는 대학이 속속 느는 지역이 있다. 한국어 교육의 확대는 비단 대학 차원의 현상만이 아니다. 지역적으로 차이는 있지만 한국어를 가르치는 사설 교육기관이나 세종학당 등 대학 이외의 한국어 교육기관의 수강생 수도 지속적으로 늘고 있다.

이렇게 한국어 교육 현장이 지속적으로 확대되고 한국어 학습자가 증가하면서 한국어능력시험에 응시하는 외국인과 재외동포 역시 크게 늘고 있다. 아래의 표에서 보는 바와 같이 1997년 최초 실시 이후 한국어능력시험 응시자는 꾸준히 증가하고 있다. 1997년에 연간 응시자 수는 2000여 명이었으나 한국어능력시험이 개편된 2013년을 전후해서는 연간 응시자 수가 15만 명을 넘어선 것으로 알려져 있다. 이에 따라 2013년에 연간 누적 응시자 수가 100만 명을 돌파하였고 이러한 추세는 개편 이후에도 이어져 2014년에는 20만 명을 넘어서기도 하였다.

한국어능력시험 시행 환경과 관련하여 주목할 것은 이러한 규모의 확대에만 그치지 않는다. 바로 본고에서 논하는 바와 같이 한국어능력시험이 갖는 여러 기능 역시 지속적으로 확대되어 왔다. 먼저 교육적 측면에서 볼 때 1997년 한국어능력시험의

시행 공고와 함께 발표된 각 등급별 〈사회적 요구와 이에 상응하는 언어 능력 기준〉은 한국어 교육 기관의 교육과정 개편에 큰 영향을 주었다. 이후 2002년에 〈한국어 능력시험 평가기준〉이 개발되어 발표된 이후에는 이 평가 기준 역시 한국어 교육기관의 각 등급별 교육 목표 설정에 큰 영향을 주었다. 이를 확인할 수 있는 것으로 대부분의 교육기관의 교육과정 중 각 등급별 교육 목표는 한국어능력시험의 평가기준에 맞춰져 있음을 들 수 있다. 이렇게 볼 때 평가제도와 도구로서의 한국어능력시험이 한국어교육계에 끼친 환류 효과(washback effect)는 지대하다.

이러한 교육적 기능과 함께 한국어능력시험의 국가·사회적 기능 역시 시간이 지나면서 더욱 커지고 있다. 한국어능력시험의 국가 사회적 기능은 국립국제교육원이 홈 페이지를 통하여 공식적으로 제시하고 있는 한국어능력시험 사용 현장을 보면 쉽게 알 수 있다. 여기에는 한국어능력시험의 사용 현장으로 ① 정부 초청 외국인 유학생 선발 및 학사관리, ② 외국인 및 12년 외국 교육과정 이후 재외동포의 국내 대학 및 대학원 입학, ③ 한국 기업체 취업 희망자의 취업 비자 획득 및 선발 인사 기준, ④ 외국인 의사 자격자의 국내 면허인정, ⑤ 외국인의 한국어교원 자격 취득 필수 요건 등이 제시되어 있다. 이와 함께 최근에는 외국인의 한국 국적 취득을 위한 귀화 자격 심사 시 필기시험 대체, 외국인의 한국 내 일부 체류 자격 변경 자격 요건, 결혼 이민자의 국민배우자 비자(F6) 취득 자격 요건 등에 적용되고 있다.

이상에서 살펴본 바와 같이 한국어 교육 현장이 전세계로 확대되고 기능이 확대되면서 한국어능력시험에 대한 개선 요구도 적지 않게 일고 있음도 주지의 사실이다. 이는 한국어 학습자의 증가, 한국어 사용자가 크게 변화하였음에도 한국어능력시험이 최초 시행 이후 지금까지 이러한 변화를 수용하지 않은 데에 기인한다. 즉 1997년 한국어능력시험이 최초 실시될 당시에는 한국어 학습자의 수도 많지 않았고 한국어 능력의 사용 현장 역시 매우 제한적이었다. 당시 국내의 한국어 교육 현장은 대학 차원의 교육기관이 10곳도 되지 않았으며 대학 이외의 한국어 교육 현장 역시 매우 제한적이었다. 한국 내 체류 외국인의 수도 지금에 비할 바가 되지 못하였고 한국 국적을 취득하고자 하는 이는 연간 100명도 되지 않는 수준이었다. 당시 한국어 능력시험은 어찌 보면 재외동포 사회의 한국인 후손들의 계승어 유지 노력을 지원하는 성격이 강하였음을 알 수 있는데 이는 제1회 한국어능력시험 실시 국가가 한국,

일본, 카자흐스탄, 우즈베키스탄이었다는 점에서 알 수 있다. 그러나 2014년에는 한국과 국가 관계가 없는 쿠바를 포함하여 전세계 66개국에서 실시되고 있으며 2015년에는 국외에서 연 3회 실시로 응시 기회가 확대되었다. 특히 이들 66개국에는 재외동포 사회가 형성되지 않은 지역을 폭넓게 포괄하고 있다. 이는 한국어 교육이 전 세계로 확대되고 현지인 학습자의 급속한 증가와 맥을 같이 하는 것으로서 한국어능력시험이 최초 실시될 당시의 환경과 확연히 다름을 의미하는 것이다.

이와 같이 한국어 교육 현장이 변화하고 한국어능력시험의 시행 환경이 크게 바뀌면서 한국어 교육 현장, 한국어 사용자 활동 현장(이를테면 대학, 기업 등) 등에서 다양한 요구가 분출되고 있는데 정책적 측면에서 고려해야 하는 것들을 정리하면 다음과 같다.

첫째, 한국어 교육 현장 변화에 맞추어 한국어능력시험의 기본 체계가 좀 더 유연할 필요가 있다는 점이다. 현재 초급, 중급, 고급의 3종으로 시험이 실시되지만 평가 영역은 공히 어휘 및 문법, 쓰기, 듣기, 읽기인데 이러한 평가 영역의 설정은 한국어 교육 현장의 변화를 수용하지 못한다는 점이다. 한국어 교육 현장에서 최근에 목격할 수 있는 가장 큰 변화로 정규 교육과 비정규 교육의 양립, 대학생 중심의 엘리트 교육과 일반 사회인에 대한 사회 교육의 양립을 들 수 있다. 한류 기반의 학습자 등은 대부분이 입문 내지는 초급 수준의 학습 단계에 머무는 경우가 많은데 초급의 평가 목표가 과거 엘리트 중심 교육 시기와 크게 다르지 않을 뿐만 아니라 평가 영역이 고급과 동일하게 네 영역인 점은 이들의 한국어능력시험 응시를 주저하게 만드는 요인이 된다. 일각에서는 초급 수준 학습자의 경우 한국어 능력 인증의 사회적 활용이 제한적이므로 굳이 한국어능력시험을 응시할 필요가 있느냐는 주장을 펴는데 상황을 자세히 들여다보면 그러한 인식은 적절하지 않다. 오히려 초급 수준의 학습자일수록 자신의 한국어 능력을 조금이라도 인정받고자 하는 욕구가 더 클 수도 있다. 실제로 한국교육과정평가원이 2010년에 펴낸 〈한국어능력시험 15년사〉를 보면 2007년부터 2010년까지 실시한 한국어능력시험 응시자의 응시 목적을 유학, 취업, 관광, 학술 연구, 실력 확인, 한국문화 이해, 기타 등으로 나누어 분류한 결과 아래의 표와 같이 1위가 실력 확인, 2위가 유학, 3위가 취업으로 나타났다.

이 중에서 실력 확인 목적의 응시자 중 상당수는 중·고급보다는 초급 응시자로 추정된다. 즉 초급 단계 학습자들은 그들 나름대로 자기 실력 확인 등의 목적으로 한국어능력시험에 응시하는 것으로 볼 수 있는데 이를 입증하는 예로 2010년의 제18회 한국어능력시험을 들 수 있다. 이 시험 응시자들의 지역별 등급별 분포를 보면 유럽, 미주, 아프리카 지역 응시자 중 각각 47.4%, 48.1%, 57.2%가 초급 응시자이고 중앙아시아의 경우에도 33.1%가 초급 응시자였다. 이는 결국 최근에 확산되어가는 한국어 교육 현장의 경우 초급 응시자가 주를 이루고 있음을 반증하는데 한국어능력시험의 과거의 엘리트 중심 교육 시기의 체제를 그대로 유지해야 하느냐의 근본적인 문제를 제기하는 일이다. 즉 초급, 중급, 고급이 동일하게 어휘 및 문법, 쓰기, 듣기, 읽기의 네 영역의 평가로 이루어지고 문항 수(쓰기 예외)와 시험 시간도 동일하게 구성되어 있는 종래의 한국어능력시험으로는 이들의 요구를 적절히 수용할 수 없을 것이라는 추정을 가능하게 한다. 전세계적으로 한국어 교육이 확산되는 시기에 나타나는 초급 단계 학습자의 증가에 발맞추어, 이들이 자기 실력을 확인하기 위하여 부담 없이 시험에 응시할 수 있도록 하는 체제 변화(영역의 차별화 등)가 요구되었다.

둘째, 한국어능력시험의 국가사회적 기능이 확대되면서 한국어능력시험을 통한 한국어능력 인증자를 필요로 하는 사회 현장의 요구가 커져 왔다. 이러한 요구는 특히 외국인 유학생의 대학(원) 입학 자격에서 집중적으로 나타는데 현재의 3급 획득이라는 요건을 완화하거나 3급 요건을 유지할 경우 3급의 등급 기준이 완화되기를 원하고 있다. 이러한 논의는 관점에 따라서는 오히려 요건을 강화하자는 주장이 강하게 일 수도 있으나 외국인 유학생 유치 환경을 총체적으로 살펴볼 때 3급 이상으로 요건을 강화하는 것은 단기적으로는 한국 정부의 외국인 유학생 유치 정책이나 한국 대학의 외국인 학생 유치에 걸림돌이 될 것이 뻔한 일이다. 그렇다고 해서 3급 요건을 완화하는 일 역시 교육적 측면에서 볼 때 바람직하지 않다는 점에 모두가 동의한다. 하지만 분명한 것은 종래의 한국어능력시험 체제로 보아 3급은 취득하기도 어렵고, 취득한다 해도 실제 사회에서 요구되는 수준에 미치지 못하는 기이한 상황이다. 이는 분명히 한국어능력시험 체계의 개편을 진지하게 모색하게 만드는 일이었다. 이러한 모색의 일환으로 생각할 수 있는 것은 종래의 체제에서 영역을 일부 조정하고 말하기 시험을 조속히 개발함으로써 응시자의 한국어 능력이 실질적이고 총체적으로 평가 받도록 하는 일이다. 이 과정에서 3급의 획득과 고급의 획득에 필요한 평가 영역의 설정 문제나 문항 유형 등에 있어서 차별적으로 접근을 시도할 필요성이 제기되었는데 쓰기 문항 유형의 개선 요구 등이 대표적이다.

정책적 측면에서 마지막으로 들 수 것은 한국어능력시험 시행 관리의 효율성 제고 및 향후 확대 시행에 대비한 기반 구축 논의이다. 앞에서 기술한 바와 같이 한국어능력시험 시행 지역과 응시자 수는 지속적으로 확대되어 왔다. 특히 국내와는 달리 세계 전역에서 시행하는 상황에서 시험의 시행 및 관리는 간단한 일이 아니다. 이 중에서 쓰기 시험 답안에 대한 채점은 물리적으로 절대 인력이 필요하며 절대 시간이 요구된다. 현재와 같이 한국어능력시험 쓰기 채점 전문 인력을 양성한다 해도 어느 정도로 숙달되지 않으면 쓰기 시험의 채점 신뢰도를 확보하기가 어렵다. 이러한 현실적인 문제를 해결하기 위하여 최근에 국립국제교육원은 쓰기 답안에 대한 이미지 채점 방식을 도입하여 큰 성과를 거두었다. 그렇다 하더라도 국내외에서 시행되는 한국어능력시험의 쓰기 시험지를 모두 수합하여 이미지화하고 채점위원들의 채점 내용을 온라인 또는 유선상으로 조율하면서 채점을 관리하기가 쉽지 않다. 이렇게 시행 과정상의 어려움을 안고 있는 쓰기 시험을 각 등급별로 부과하는 일은 효율적이지 않다는 지적도 적지 않았다. 쓰기시험의 기능상 그 필요성이 큰 한국어능력시험 II(TOPIK II)에 국한하여 포함을 하고 효용성이 상대적으로 작은 한국어능력시험 I(TOPIK I)에서 제외하는 것은 의미가 있다. 특히 쓰기시험의 방식이 간접평가 중심에서 전체 문항 직접평가 방식으로 바뀌는 만큼 시행의 효용성도 중요한 쟁점으로 대두되었다.

이상의 내용을 바탕으로 정책적 측면에서의 한국어능력시험의 개편 방향을 아래와 같이 정리할 수 있는데 신토픽은 이 가운데에서 현시점에 반영이 가능한 범위에서 출현한 것으로 볼 수 있다.

[표 5] 정책적 측면에서의 한국어능력시험의 개편 방향

개편의 배경	개편 배경 및 개편 요구의 주요 내용	개편의 방향
한국어능력시험 시행 환경의 변화	세계 전지역으로의 급속한 확산 응시자 수의 증가와 응시자 변인의 다양화 전체 응시자 중 초급 응시자가 차지하는 높은 비율 지속 응시자의 응시 목적 중 실력 확인 목적 비율이 제일 높음	수요자 중심성 확보를 위해 초급–중급–고급 사이에 시험 유형의 차별화가 필요함 실력 확인을 목적으로 하는 응시자가 큰 부담 없이 시험에 응시하도록 시험의 유연성 확보(평가 영역의 재조정 등)
한국어능력시험의 국가사회적 기능의 확대와 현장 요구의 변화	한국어능력시험은 교육적 기능 이외에도 국가사회적으로 여러 기능을 수행하는 상황이 도래함 한국어능력시험에 따른 능력 인증자의 사용처의 요구가 다양하게 나옴	평가 영역의 재조정이 필요하고 말하기 시험의 부과 등을 통해 실용적 기능 강화함 한국어능력 인증자의 사회 활동 분야의 요구를 고려할 때 등급별 평가기준 등을 재검토해야 함
한국어능력시험 시행 및 관리의 효율성 제고 및 향후 변화 방향에 대한 능동적 대처	전세계로 확대되고 응시자가 지속적으로 느는 상황에서 쓰기시험 관리에 큰 어려움이 있음 향후 문제은행 도입, 컴퓨터 기반 시험, 인터넷 기반 시험 실시 대비의 필요성	초급–중급–고급의 하위 평가 영역 설정에서 쓰기 시험을 선별적으로 채택함 쓰기 시험의 유형과 채점 방식을 변경함

4. 결론

이상에서 한국어능력시험 개편의 주요 내용과 개편의 배경을 한국어교육정책의 측면에서 살펴보았다. 한국어능력시험이 처음 시행된 1997년에 비하여 개편이 본격적으로 추진된 2013년 사이에는 현격한 환경 변화가 있었음은 주지의 사실이다. 개편 이후 현장에서의 반응이 어떻게 나타나고 있는지에 대한 구체적인 자료는 없으나 개편 체제 시행 1년이 다가오는 시점에 큰 혼란은 목격되지 않았다. 한국어 교육 현장과 학습자들은 개편 한국어능력시험에 적응하기 위하여 다양한 노력을 기울이는

것으로 알려지고 있다. 근본적인 개편이었음에도 급속하게 안정화되어 가고 있음을 의미한다.

국가 수준의 숙달도 시험이 환경 변화와 국가의 정책적 방향에 맞춰 개편된 만큼 안정 속에서 시험의 다양한 기능이 적절하게 수행되어야 할 것이다. 환경 변화에 따라 국가 수준의 숙달도 시험이 대대적인 체제 개편을 이루어낸 것은 비단 한국어능력시험만이 아니다. TOEFL은 PBT에서 CBT로, 그리고 iBT로 시험의 근본 방식조차 바꾸면서 진화해왔다. 한국 인근의 일본 역시 신JLPT라는 이름으로 체제를 개편하였고 중국 역시 신HSK라는 이름으로 새로운 체제의 시험이 시행되고 있다. 복잡한 체계를 가진 것으로 알려진 프랑스어시험 역시 통합되어 단순한 체제를 갖게 되었다.

국제사회에서 한국의 국가적 위상이 높아지고 한국어 교육 현장에 전세계에 전방위적으로 확대되고 학습자 규모가 크게 증가한 상태에서 한국어능력시험의 국가·사회적 기능은 더욱 중요해질 수밖에 없다. 한국어능력시험의 개편은 이러한 환경 변화에 대한 대응으로 볼 수 있다는 점에서 긍정적으로 받아들일 수 있다.

제 **4** 장

한국 정부의
한국어 교육 정책2: 정책 사례

Ⅰ. 다문화 시대의 한국어 교육 정책

1. 들어가기

어느 사이에 한국인은 이민자와 함께 하는 삶을 살고 있다. 얼마 전까지 한국인은 하나의 언어를 쓰고 하나의 문화를 형성하고 하나의 국가를 이루어 온, 세계에서 유례를 찾기 힘든 단일민족이라는 말에 익숙해져 있었다. 이는 고난의 역사를 지탱하는 힘의 원천이기도 했고 타민족과의 관계에서 한민족의 우월성을 내세우는 자긍심의 원천이기도 하였다. 그러나 이제 이민자와 함께 하는 한국 사회를 단일민족 사회라고 보기 어려운 것은 엄연한 현실이 되었다.

국가 간의 장벽을 높게 쳐놓았던 이데올로기의 시대가 끝나고 하루가 다르게 교통과 통신 기술이 발전하면서 국경이라는 인위적 장벽은 그 의미가 쇠퇴해졌다. 이러한 시대적 변화 속에서 세계 곳곳에서는 기존의 질서와 경계를 넘어서 사람들을 넘나들게 하는 요인들은 더욱 다양해지고 그 힘도 커지고 있다. 오랜 기간 자의든 타의든 국경을 넘어 밖으로 사람을 내보내기만 하던 한국 사회에서도 언제부터인가 밖의 사람들을 끌어들이는 요인이 더 큰 힘을 발휘하고 있다. 한국 사회로 들어오라고 손짓을 하거나 그 손짓에 화답을 하여 한국 사회로 들어오는 이들에게 국경이라는 인위적 장벽은 그리 높게 느껴지지 않는 듯하다. 역사적으로 애환을 안고 조국을 떠나야 했던 많은 동포들의 후손이 이제는 잘 살게 된 조국을 찾아 돌아오고, 피부색이 다른 많은 이가 코리언 드림을 안고 한국에서 일을 하려고 찾아온다. 심지어는 결혼 상대자가 부족한 한국 사회의 현실에 화답하여 한국인과 일생을 함께 하고자 찾아와서 가장 기초적인 집단인 가정을 꾸리는 이들도 크게 늘었다. 이렇게 많은 이가 한국 사회로 들어오고 있다. 한국의 경제가 지속적으로 발전하고 저출산·고령화 사회가 심화된다면 이러한 현상은 더욱 심화될 것이다.

그런데 여기에서 한국인은 놓쳐서는 안 되는 중요한 가치를 발견한다. 한국 사회가 국경 밖에서 사람을 끌어오든 국경 밖의 사람이 한국 사회를 찾아서 들어오든 모두가 자신의 결정에 따른다는 것이다. 아무리 사회적으로 끌어당기거나 밀어 넣는 요인이 존재한다 해도 들어오도록 하는 사람이나 들어오기로 한 사람이 결정하지 않으면 그러한 드나듦은 존재할 수 없다. 그렇다면 그들은 왜 그런 선택을 하는 것일까? 바로 그것이 그들의 꿈을 실현하고 행복을 가져다준다고 믿기 때문이다. 그러므로 이러한 믿음은 이 땅에 함께 사는 사람 모두에게 똑같이 존재한다.

이렇게 한국 사회에 이민자가 늘면서 자연스럽게 대두된 다문화 사회는 함께 하는 모든 이에게 꿈과 행복을 실현해 주는 시대적 변화임에 틀림없다. 이민자와 함께 하는 한국 사회는 한국인과 이민자 모두가 함께 선택한 사회이고 만든 사회이다. 한국어 교육은 바로 이민자와 함께 하는 한국 사회에서 모두가 행복해질 수 있는 첫 번째 걸음인 상호간의 의사소통을 가능하게 해 주는 중요한 기능을 한다. 한국어를 배움으로써 이민자는 한국인과 소통할 수 있는 능력을 갖추게 된다. 아울러 한국어를 배우는 과정에서 문화를 함께 이해하게 되면서 한국인의 마음과 의식의 세계도 제대로 이해하게 된다. 최근 흔히 접하는 화두인 '다양성을 존중하고 조화의 가치를 높이 사는' 그러한 사회를 실현할 수 있을 것이다.

이렇게 다문화사회가 진전되는 과정에서 이민자를 대상으로 하는 한국어 교육의 중요성은 시간이 지날수록 더욱 커지고 있다. 그러나 모두가 주지하듯이 이민자 대상의 한국어 교육이 그리 썩 만족스럽지만은 않다. 이 글에서는 이민자 대상의 한국어 교육의 실시를 총체적으로 살펴보고 그동안 진전되어 온 한국어 교육 실시 체계가 갖는 의미를 살펴보고 문제점을 짚음으로써 앞으로의 개선을 위한 몇몇 쟁점을 제기하고자 한다. 그러나 중요한 것은 이민자 대상 한국어 교육이 실질적으로 국가 정책으로 추진되고 한국 사회 구성원 모두가 동참하며 이민자 본인들 역시 능동적으로 참여하는 일이 소망스러운 만큼 현시점 한국 사회의 변화에 대한 기본적인 이해를 위한 논의를 한국어 교육 실시 논의 이전에 간단하게 다루어 보고자 한다.

2. 한국 다문화 사회의 이해

2.1 한국에서의 다문화 사회의 형성

최근 국내에 체류하는 외국인이 급속히 늘면서 한국이 다문화 사회에 진입하였다는 주장이 공공연히 제기되고 있다. 그리고 이를 뒷받침하듯이 다문화가정, 다문화가족, 다문화교육이라는 용어가 빈번히 사용되고 있다. 실제로 주변에서 외국에서 들어와 한국 사회의 구성원이 된 이민자를 보는 일이 흔한 일이 되었다. 법무부 출입국·외국인정책본부의 통계에 따르면 2023년 1월 현재 한국에 체류하고 있는 외국인의 수는 2,146,579명에 이른다. 이 수치는 코로나 직전인 2019년의 2,524,656명보다는 줄어든 수치이나 전체 인구의 4%가 넘는 수치로서 한국 사회 구성 인자의 본질적인 변화를 나타내기에는 충분한 수치이다. 즉 한국 사회는 불과 20여 년 전까지만 해도 한민족(韓民族)만이 살고 있는 단일민족 사회라는 데에 이의를 제기할 사람은 없었다.

[표 1] 체류 외국인의 연도별 증가 추이

년도	1985	1990	1995	2000	2005	2010	2015	2019	2020	2021	2022	2023. 1
명	40,920	49,507	110,028	210,249	747,467	1,261,415	1,899,519	2,524,656	2,036,075	1,956,781	2,245,912	2,146,579

[도표 1] 체류 외국인의 증가 추이

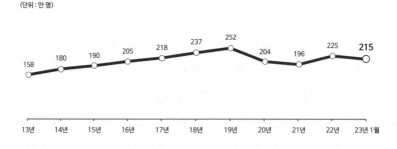

(단위 : 만 명)

13년	14년	15년	16년	17년	18년	19년	20년	21년	22년	23년 1월
158	180	190	205	218	237	252	204	196	225	215

한국 사회 내 체류 외국인의 증가와 관련하여 더욱 주목할 것은 아래의 도표에서 보는 것과 같이 법무부의 예상대로라면 2030년에는 전체 국민의 6%를 넘을 것이라는 점이다.

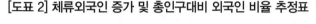
[도표 2] 체류외국인 증가 및 총인구대비 외국인 비율 추정표

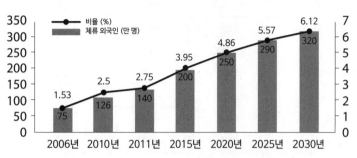

이는 실제로 현실화할 가능성이 커지고 있는데 최근 들어 더욱 심각성이 드러나고 있는 한국 내 저출산 고령화 사회 현상에 기인한다. 최근 우리 사회에서는 기존의 외국인 노동자 이외에 계절근로자의 유입이 급속히 늘고 있고 가사도우미의 도입까지도 쟁점화하고 있다. 저출산의 여파로 나타나는 당연한 귀결로서 한국 사회에서 인력 부족이 나타나고 있는 현장을 외국인으로 채울 가능성이 점점 커지고 있다. 더욱이 통계청 발표에 따르면 2022년의 한국 여성의 합계 출산율이 0.78명으로서 OECD 국가 중 제일 낮다는 점은 이를 뒷받침한다. 여기에다가 한국 사회가 아직은 출산율 증가의 모멘텀을 확보하지 못하는 상황에서 시간이 지나면서 외국인의 유입은 자연스럽게 증가할 수밖에 없는 현실이 이어질 것으로 보인다.

한국 사회에 살고 있는 외국인은 출신 국가도 다양하지만 한국 내 유입의 유형도 다양하다. 체류 외국인이 소지하고 있는 사증 유형을 법무부 출입국 · 외국인정책본부의 자료를 바탕으로 정리해 보면 아래와 같다.

[표 2] 자격별 · 연도별 체류외국인 현황

구분	'23년 1월	전월 대비	'22년 1월	전년 대비
총계	2,146,579	−4.4%	1,947,659	10.2%
사증면제(B-1)	197,000	−12.4%	163,699	20.3%
관광통과(B-2)	52,868	−47.5%	41,313	28.0%
단기방문(C-3)	117,809	−14.4%	95,642	23.2%
단기취업(C-4)	1,889	−4.8%	1,779	6.2%
유학(D-2)	132,965	−0.8%	108,871	22.1%
기술연수(D-3)	1,701	−1.0%	1,633	4.2%
일반연수(D-4)	63,638	−2.4%	53,339	19.3%
종교(D-6)	1,465	−0.4%	1,387	5.6%
상사주재(D-7)	1,140	−0.7%	1,020	11.8%
기업투자(D-8)	6,840	0.3%	5,997	14.1%
무역경영(D-9)	2,110	−1.8%	2,067	2.1%
교수(E-1)	1,982	−1.5%	2,001	−0.9%
회화지도(E-2)	14,053	−1.4%	13,344	5.3%
연구(E-3)	3,846	−4.1%	3,567	7.8%
기술지도(E-4)	212	−0.9%	174	21.8%
예술흥행(E-6)	3,883	−2.7%	3,360	15.6%
특정활동(E-7)	24,473	1.0%	20,807	17.3%
계절근로(E-8)	4,270	−10.4%	376	1035.6%
비전문취업(E-9)	266,633	−0.7%	218,223	22.2%
선원취업(E-10)	20,131	1.3%	18,328	9.8%
방문동거(F-1)	104,700	−0.6%	94,598	10.7%
거주(F-2)	44,956	0.9%	42,789	5.1%
동반(F-3)	24,986	0.3%	21,310	17.3%
재외동포(F-4)	501,629	−0.2%	479,042	4.7%
영주(F-5)	177,651	0.9%	169,088	5.1%
결혼이민(F-6)	136,922	0.5%	134,486	1.8%
방문취업(H-2)	102,861	−2.6%	122,205	−15.8%
기타	133,966	2.0%	127,154	5.4%

위의 사증 유형에서도 볼 수 있듯이 국내에 체류하는 외국인의 유형은 크게 아래와 같은 집단으로 분류할 수 있다.

첫째, 재외동포의 모국 거주 집단이다. 재외동포 비자(F-4)와 방문취업 비자(H-2)가 이에 해당하는 것으로 전체 체류 외국인 중 제일 규모가 크다.

둘째, 외국인 노동자 집단이다. 비전문취업(E-9)과 특정활동(E-7)이 대표적으로 재외동포 집단 다음으로 큰 규모이다. 여기에 회화지도 및 전문직 종사자까지 합할 경우 그 수는 크게 늘어난다.

셋째, 결혼이민자 집단이다. 아직 국적을 취득하지 않은 상태에서 결혼이민자로 거주하는 외국인인 결혼이민비자 소지자를 비롯하여 영주 비자 소지자와 기존 국적 취득자를 합하고 여기에 그들로 이루어진 가정에서 태어난 자녀까지 까지 합할 경우 규모가 매우 커진다.

넷째, 외국인 유학생 집단이다. 위의 사증 유형에서 유학(D-2) 사증 소지자 전체와 일반 연수(D-4) 사증 소지자 중 한국어 연수생이 여기에 속하는 것으로 역시 규모가 크며 지속적으로 늘고 있다.

그렇다면 한국 내 외국인의 유입은 언제부터 본격화된 것일까? 한국에 외국인이 유입되기 시작한 시점은 대체로 1980년대로 볼 수 있다. 특정 종교에서 대규모의 국제결혼을 진행하고 그러한 국제결혼 가정이 한국에 거주하면서 다문화적 속성을 갖게 되었으나 그 수가 많지 않고 특정 지역에 집단 거주하는 방식이어서 한국 사회에 끼치는 영향을 그리 크지 않았다. 이후 1990대 초반에 한국 기업 중 외국에 현지 법인을 설립한 후 현지 직원을 국내에 초청하여 연수를 실시한 후 보내는 일이 늘면서 외국인 노동 인력의 유입이 시작되었다. 그러나 그 규모 역시 그리 크지 않고 일부 회사에 국한하였기 때문에 사회적 영향이 크지 않았다.

한국 사회에 외국인이 본격 유입된 계기는 1994년부터 시행된 산업연수생제도이다. 당시 급속한 경제 발전 이후 이른바 3D라고 불리는 근무 조건이 열악한 산업 현장에서 노동력을 확보하지 못하는 상태에서 외국 인력을 도입하여 부족한 노동력을 해결하기 시작하였다. 비록 정식 노동자의 지위로 들어오는 것은 아니었으나 실제 활동은 노동 활동으로서 한국 사회에 외국인 노동 인력의 본격 도입이 나타났다. 산업연수생제도는 이후 여러 문제점이 노출되어 2004년부터는 외국인고용허가제로 전환이 된다.

한편 산업연수생제도의 도입 시기와 비슷한 시점에 구 공산권 사회에 거주하는 재외동포 중 독립유공자 후손 등 일부 동포의 귀환이 시작되어 재외동포가 한국 사회 구성원의 일원으로 자리 잡기 시작하였다. 이렇게 한국 사회에 재외동포가 유입되기 시작한 이후 중국 연변의 조선족 동포와 한국 남성 사이의 결혼, 재외동포 방문 취업제도의 실시 등을 거치면서 비록 같은 한민족이라 할지라도 출생과 성장 문화가 다른 재외동포들이 대규모로 국내에 거주하게 됨으로써 한국 사회의 다문화적 속성이 더욱 커지게 되었다.

재외동포의 국내 거주에서도 국제결혼의 유형이 대표적인 유입 유형이 되었으나 이러한 국제결혼은 2000년대 들어 중국 한족 여성과 국내 남성의 결혼을 거쳐 동남아시아와 중앙아시아로 급속히 확대되어 국내에 다문화가정을 양산하게 되었다. 그리고 국제결혼 가정의 급속한 증가와 함께 이들 가정에서 태어난 자녀들까지 다문화변인을 갖게 됨으로써 한국 사회에 다문화에 대한 본격적인 논쟁이 제기되기도 하였다. 즉 종전까지의 외국인 유입 유형과는 다르게 한국 사회의 가장 기초적인 집단인 가정에서 아내, 어머니, 며느리, 자식이 다문화 변인을 갖는 경우가 많아짐으로써 한국 사회에 다문화 속성의 심각성이 수면으로 떠오르기 시작하였다. 여기에 국제결혼의 새로운 유형으로 재혼 사례가 늘어나고 부양 자녀의 국내 입양을 통한 또 다른 유형의 다문화가정 자녀 집단을 형성시킴으로써 다문화가정은 한국 사회 다문화 논쟁의 중심을 확고하게 차지하게 되었다.

이상에서 살펴본 한국 사회의 다문화 사회 형성 과정을 요약하여 정리하면 아래와 같다.

[표 3] 한국 사회의 다문화 사회 형성 과정

이렇게 형성된 한국의 다문화 사회는 최근 몇몇 특징을 보여주고 있다. 이를 정리하면 아래와 같다.

첫째, 한국의 다문화 사회 진전 과정에서 나타나는 구성 변인이 다양하다. 이 중에서도 재외동포, 노동자, 유학생, 결혼이민자, 다문화 가정 자녀 등은 주요 집단으로 자리매김되었다.

둘째, 최근 정주 외국인의 수가 급속히 늘고 있다. 결혼이민자를 비롯하여 재외동포의 국내 거주, 외국인 노동자의 장기 거주, 중도입국자녀의 증가 등은 국내 체류 외국인을 한국 사회의 영속적인 구성원으로 간주하도록 한다.

셋째, 한국의 다문화 사회 형성에서는 다른 나라의 사례에서 찾기 힘든 민족 정책적 속성이 크게 작용한다. 재외동포 비자(F4) 제도를 통한 재외동포의 국내 거주를

용이하게 하고 방문취업 제도 등을 통해 재외동포가 다른 외국인과는 차별적으로 국내에서 활동할 수 있는 기반을 제공해 준다.

넷째, 외국인의 국내 유입의 시간이 길어짐에도 불구하고 우수 인재의 유입 등은 그리 크게 늘지 않는다.

다섯째, 외국인의 국내 유입과 관련한 국민적 합의의 과정이나 절차가 그리 눈에 띄지 않는다. 외국인의 국내 유입과 관련하여 기존 국민이 어떻게 인식하고 어떻게 수용하고 있는지 등은 큰 쟁점으로 자리 잡지 않았다.

2.2 다문화 사회의 진전과 우리의 대응

외국인의 국내 유입이 급속히 늘고 변인이 다양해짐에도 불구하고 한국 정부의 체계적인 대응은 뒤늦게 나타났다. 외국인 유입의 추이와 성격을 분석하여 한국 사회의 나아갈 방향을 제시하는 국가 정책 차원의 대응은 2006년 이후에야 본격화한 것으로 볼 수 있다. 국내에 결혼이민자가 급속히 늘고 이들로 구성된 가정에서 자녀의 출생이 본격화하면서 정부는 2006년 4월 26일에 결혼이민자 가족의 사회통합 지원 대책과 혼혈인 및 이주자 지원 방안을 발표하는데 이를 계기로 하여 국내 체류 외국인과 관련한 법 제정이 본격화하고 중장기 외국인 정책의 수립이 태동하였다. 물론 이전에 국내 체류 외국인에 대한 정부 차원의 법, 제도적 대응이나 정책적 대응이 없었던 것은 아니나 이는 외국인 정책이라기보다는 특정 체류 집단에 대한, 특정 정책 차원의 대응으로 볼 수 있다.

한편 냉전의 종식 이후 구 공산권 국가로부터 재외동포가 급속히 유입됨에 따라 재외동포의 출입국 및 법적 지위에 관한 법률이 제정되고 재외동포재단이 설립되었다. 이러한 법, 제도적 지원은 어디까지나 재외동포라는 특정 집단을 대상으로 한다. 이와 유사하게 2003년에는 외국인 근로자의 고용 등에 관한 법률이 제정되고 이듬해부터 본격적으로 외국인고용허가제가 실시되었으나 이 또한 외국인 노동자라는 특정 집단을 대상으로 한다. 그리고 이들 법률은 외국인 정책의 성격보다는 재외동포 정책, 외국 인력 정책의 성격을 강하게 띠는 것이다.

그러나 한국 사회의 가장 기초적인 집단인 가정의 구성원이 되고 한국 사회의 후세를 키우는 결혼이민자가 급속히 늘면서 이제는 특정 집단 대상의 정책만으로는 국내 체류 외국인에 대한 법, 제도, 정책적 관리 및 지원이 불가능한 상태가 되었다. 이에 따라 2006년 4월의 범정부 차원의 대책 마련에 이어 2007년 재한외국인처우기본법과 결혼중개업의 관리에 관한 법률이 제정되고 2008년에는 재한외국인처우기본법의 집행법으로 다문화가족지원법이 제정되고 2009년에는 법무부 장관 훈령을 근거로 한 사회통합프로그램이 시범 운영되기에 이르렀다. 그리고 무엇보다 중요한 것은 2008년부터 2012년 사이를 포괄하는 제1차 외국인정책기본계획이 수립·시행되고 이어서 제2차 외국인정책기본계획이 수립되어 실시되었고 2018년부터는 제3차 외국인정책기본계획이 시행 중에 있다는 점이다. 이와 함께 국무총리실 산하에 외국인정책위원회와 다문화가족정책위원회와 같이 유관기관 사이의 정책을 조율하는 컨트롤 타워를 두고 있는 점도 주목할 만하다.

한국 정부의 이러한 법, 제도, 정책적 대응은 비록 뒤늦은 감이 있지만 다행스러운 일이다. 외국인 증가에 대비한 국가적 대응은 한국 사회 전반에 걸쳐 광범위하고 다층적으로 전개되고 있는 만큼 특정 부서만의 대응으로는 효율적이지 못하다. 게다가 법적 안정성을 확보하지 않으면 혼란을 가중시킬 수밖에 없다. 이런 상황에서 법적 근거를 갖추고, 중장기 계획을 수립하고, 여러 부서에서 다양한 정책으로 대응하는 일은 외국인 유입에 따른 국익을 실현하면서 혼란을 예방할 수 있는 길이다. 실제로 한국 사회는 외국인 유입에 따라 기대하는 이익이 크다. 재외동포의 유입이 갖는 다양한 성격과 그들의 유입에 따른 실제적인 이익의 실현, 외국인 노동자의 유입에 따른 실제적인 이익의 실현, 결혼이민자의 유입에 따른 실제적인 이익의 실현 등은 현시점 한국 정부와 국민으로 하여금 이들의 유입을 정당화시키는 요인이 된다. 그러나 중요한 것은 아무리 유입 요인이 크다 해도 외국인의 유입으로 인한 혼란이 발생한다면 이러한 유입의 정당성은 퇴색될 수밖에 없다는 점이다. 따라서 한국 정부는 외국인 유입과 관련하여 예상되는 사회적 혼란에 대한 대응 체계를 분명히 갖춰야 할 것이다. 이렇게 볼 때 비록 뒤늦기는 하였으나 법, 제도, 정책적으로 대응 체계를 강화해 온 것은 다행스러운 일이다.

한국 사회의 외국인 유입 증가와 관련하여 대응 체계를 갖추는 일은 정부만의 일이 아니다. 국가의 주인이며 사회의 구성원인 국민들의 인식과 대응 또한 정부 차원의 대응 못지않게 중요하다. 외국인 유입으로 인한 국가정체성, 국민정체성의 변화가 이루어지고 가속화할 것이 예상되는 상황에서 국민의 인식은 매우 중요하다. 그리고 유입된 외국인과 함께 살아가는 국민의 대응은 매우 중요하다. 외국인의 본격 유입 이후 이미 20여 년이 지나는 동안 한국 사회에서 외국인 유입으로 인한 사회적 혼란은 그리 크지 않은 것으로 보인다. 특히 소위 단일민족, 단일문화 등을 내세우는 특성에 비추어 볼 때 의외의 상황으로 볼 수도 있다.[1] 그러나 되돌아보면 한국 사회에서 외국인의 유입에 따른 사회의 변화와 관련하여 담론의 형성이 매우 적었던 것으로 보인다. 한때 외국인 노동자나 다문화 가정 자녀에 대하여 차별적인 시선을 보낸다거나 제노포비아(외국인 혐오증) 현상이 나타나기도 하였으나 비교적 연착륙의 사회변화라고 볼 수 있을 것이다. 오히려 외국인의 유입과 관련하여 그들이 한국 사회에서 우월적 지위에 놓이기보다는 약자의 지위에 놓이는 경우가 많으면서 온정적 시선이 주를 이루기도 하였다.

그러나 중요한 것은 좀 더 냉정하게 외국인의 유입의 배경이 무엇이고 이로 인한 사회의 변화는 무엇을 의미하는 것이고 향후 외국인 유입의 추이는 어떻게 될 것인가에 대한 사회적 인식이 부족하다는 것이다. 외국인의 유입은 분명히 한국 사회가 필요로 하기 때문이고 그들로부터 한국 사회가 얻는 이익이 크다는 점을 부인할 사람은 드물 것이다. 그러나 한편으로 한국 사회에서 외국인의 어떤 변화, 특히 예전에 없던 부정적인 변화가 무엇이고, 국민이 낸 세금 중 얼마나 많은 돈이 외국인을 위해 쓰이고, 향후에는 이러한 현상이 어떻게 변화할 것인지에 대한 논의는 접하기 어려웠다. 또한 한국 사회에서 외국인의 사회적 지위가 어떤 상황이고 향후에는 어떻게 변화할 것인지, 그리고 그들을 위한 사회적 비용이 증가할 것인지, 감소할 것인지에 대한 논의를 접할 기회가 적었던 것도 사실이다. 즉 외국인 유입이 국가 사회에 기여

---

[1] 여기에서 단일민족, 단일문화라고 말하지만 사실 우리 민족이 단일민족이고 단일문화를 이루어왔다고 볼 수 있느냐는 논의는 중요하다. 이러한 논의는 결국 우리 민족이 애써 단일성, 순혈성을 강조하게 된 배경을 논하게 될 것이고 실제로 우리 민족은 역사가 진행되는 동안 주변으로부터 다양한 이민자가 유입되어 오늘에 이르고 있음을 확인하게 될 것이다. 그리고 이러한 논의는 현시점 우리 사회가 외국인을 수용하면서 큰 사회적 혼란을 가져오지 않는 역사적 근거, 경험적 근거를 제시하리라고 본다.

하는 측면은 무엇이고 외국인 유입에 따라 한국 정부와 한국 국민이 부담해야 할 것들은 무엇인지에 대한 국민적 합의의 과정이 부족했다는 점이다.

앞에서 살펴보았듯이 2023년 1월 기준으로 국내 체류 외국인의 수는 국민 대비 4%를 넘고 있다. 그리고 법무부는 2030년까지 7%에 도달할 것으로 예상한다. 이 두 가지의 수치가 이제는 한국인에게 그리 충격으로 느껴지지 않지만 곰곰이 생각해 보면 큰 의미를 갖는다. 지금까지의 진전만으로도 이제 한국 사회는 다문화 사회의 속성을 어느 정도 갖춘 셈이 된다. 여기에 지속적으로 외국인의 유입이 늘고 다문화가정 자녀의 수가 급속하게 는다고 할 때 한국 사회의 다문화성은 급속히 증가할 것이다. 이러한 변화를 한국 국민은 진정 원하고 있는 것일까? 이런 변화는 한국 사회를 지금보다 더 건실하고 행복하게 만들 것인가? 한국 국민은 이런 물음에 대하여 진지하게 논하는 담론을 생산하고 접할 필요가 있다. 다문화 사회 담론, 이는 한국 정부의 법, 제도, 정책적 대응 못지않게 중요한 일이다.

2.3 다문화 사회를 바라보는 시각

최근에 진행되고 있는 한국 사회의 다문화 사회화는 기본적으로 한국 사회의 본질을 변화시키고 있음은 분명하다. 앞에서 언급한 바와 같이 순혈성을 민족의 자긍심의 원천으로 생각해 온 한민족에게 다른 민족과의 공존을 요구한다. 아니 공존을 넘어서 다양한 층위에서의 융합을 요구한다. 한국 정부는 이에 대하여 통합이라는 개념으로 현재의 다문화 사회화에 대응하는 것으로 보인다. 그리고 한국 국민은 자기도 모르는 사이에 다른 민족과 함께 사는 데에 익숙해져가고 있다. 어찌 보면 매우 다행스러운 일이 아닐 수 없다. 어차피 한국 사회 안에서 다른 민족과 함께 살아야 하는 상황임을 피할 수 없다면 한국 국민은 그들을 동일한 사회 구성원으로 인식하고 그들과 함께 해야 할 것이다. 이러한 맥락에서 다문화 사회를 바라보는 바람직한 시각 몇 가지를 제언해 본다. 우선 현재의 이민자 증가를 긍정적으로 볼 수 있는 몇몇 시각이다.

첫째, 국내에 증가하는 이민자는 기존의 한국 국민만으로는 해결하지 못하는 사회적 영역을 채워주는 의미 있는 기능을 수행하는 집단이다. 한국 사회에서 필수적으로 요구되고 현실적으로 존재하지만 한국 국민이 기피하는 생산 현장의 노동력 공백을 메꾸어 준다. 외국인 노동자가 그들이다. 그들에게는 코리안 드림을 통해 경제력을 높여가는 과정이고 한국 국민에게는 생산 현장을 돌릴 수 있는 원동력이다. 결혼이민자의 존재는 더욱 중요하다. 결혼 적령기를 넘긴 많은 남성들의 결혼 문제를 해결해 주는 이들이 외국인 결혼이민자이다. 그들이 있음으로써 한 가정이 이루어지고 그 가정에서 태어난 아이는 미래 한국 사회의 구성원으로 자리 잡아 사회의 유지 발전에 기여한다. 외국인 유학생의 존재도 같은 맥락에서 볼 수 있으며 그 밖의 다양한 이민자 집단도 그러하다. 이렇게 볼 때 이민자의 존재는 이민자 본인의 이익의 실현뿐만 아니라 한국, 한국 국민의의 이익을 함께 실현하여 준다. 그리고 이는 한국적 현상만이 아닌 전 세계의 이민 수용 국가의 보편적 현상이기도 하다.

둘째, 한국 사회에 존재하는 재외동포는 위의 의미 이외에 민족적 차원에서의 각별한 의미를 갖는다. 한국 사회에 함께 거주하는 재외동포는 그 연원을 볼 때 전통적 이민에 바탕을 둔다. 전통적 이민은 1962년 제정된 해외이주법에 따라 각각의 목적과 목표에 따라 전 세계로 퍼져나간 우리 민족과는 다른 배경을 갖는다. 조선 시대 말기 또는 일제시대에 애환을 갖고 조국을 떠나 타국에서 조국을 그리며 삶을 영위한 한민족의 후손이다, 이제 조국이 잘 살게 되었으니 다시 조국을 찾아 그들의 꿈을 펼치는 일은 매우 자연스러운 일이다. 그들이 조국에 들어와 조국이 필요로 하는 일을 맡아주니 그 의미는 더욱 귀하다.

셋째, 지금 전세계는 국제화의 거센 물결 속에 휩싸여 있으며 한국도 예외가 아니다. 이제 지구상에서 하나의 나라, 하나의 민족이 지속적으로 발전하려면 전 세계적 네트워크와 협력을 중시해야 한다. 전 세계에 산재해 있는 750만 명의 재외동포의 존재는 기본적으로 한국의 소중한 자산이다. 여기에 더하여 한국 사회에 함께 거주하는 이민자의 존재 역시 한국의 전 세계적 네트워크의 중요한 요소가 된다. 국가적 차원에서 이민자의 출신 국가와의 관계는 긴밀해질 수 있고 개인적으로도 이민자 가족과의 유대를 기대하도록 한다.

이와 함께 한국 국민이 현재의 이민자 증가에 따른 사회 변화에 대하여 냉정하게 바라보고 선제적으로 대응할 필요도 있다. 몇 가지를 정리하면 아래와 같다.

첫째, 이민자의 존재가 국가와 사회의 발전에 기여할 수 있는 제반 여건을 만들어 가야 할 것이다. 이민자는 개인에 따라 차이는 있겠지만 기본적으로 한국 사회 구성원으로서 존재하기에 부족한 부분을 안고 있다. 언어적으로 소통 능력을 충분히 갖추지 못하고 있으며 문화적으로 적응 능력에 한계가 있으며 사회적으로 활동할 수 있는 기술과 역량의 측면에서 한계가 있을 수 있다. 그들이 현재 처한 영역에서 최소한의 활동이 가능할 수 있겠지만 그들에게도 좀 더 큰 꿈에 도전할 수 있는 권리가 있고 욕구도 있을 것이다. 이를 실현할 수 있는 가능성을 부여하는 것은 그들이 한국 사회에 존재함으로써 한국 사회가 좀 더 튼실해질 수 있는 계기가 될 것이다. 그렇지 않을 경우 이민자 중 상당수는 사회적 약자로 남게 되고 시간이 지나면서 한국의 사회적 비용은 걷잡을 수 없이 늘게 될 것이다. 이민자가 최소한 한국 사회에서 평균적인 삶이 가능하도록 하는 능력을 초기에 키워줄 필요가 있다. 법무부가 실시하고 있는 사회통합프로그램이나 여가부가 실시하고 있는 다문화가족지원사업 등의 성과가 극대화되도록 해야 할 것이다.

둘째, 결혼이민자와 그들의 가정에서 태어난 자녀에 대한 각별한 관심과 지원이 요구된다. 가정은 한국 사회의 가장 기초적인 집단이자 사회 유지의 중핵이다. 한국 사회가 갖고 있는 가정과 가족에 대한 각별한 관념과 정체성은 사회 유지와 발전의 원천이 되었다. 특히 자녀에 대한 인식과 자녀 교육에 대한 각별한 애착은 이 사회가 요구하는 우수한 인재의 육성을 가능하도록 만들었다. 현재 적지 않은 비율을 점하고 있는 국제결혼 가정과 각급 학교에서의 이민자 가정 자녀가 기존 가정의 자녀에 못지 않은 교육의 기회를 갖고 품성과 자질을 구축하도록 하는 데에 각별한 관심을 가져야 할 것이다. 이미 한국 정부는 다문화가정을 지원하고 자녀의 교육을 위한 국가적 차원의 지원 대책을 수립하여 시행하고 있지만 현실은 녹녹치 않은 실정이다. 좀 더 근원적이고 효율적인 대안이 무엇인지를 모색하고 한국 사회 구성원 모두는 이 문제의 해결에 적극 동참해야 할 것이다.

셋째, 법과 제도의 측면에서 지금까지 구축된 것에 만족하지 않고 중장기적 관점으로 법과 제도의 확충이 필요하다. 2007년 이후 제정된 몇몇 법과 제도는 지금까지 본래의 기능을 수행하였다고는 하나 이민자를 수용하는 우리 사회의 중장기적 비전을 충분히 담아낸다고 보기는 어렵다. 이민자의 수용에 따른 사회 변화와 사회 구성원의 인식의 변화 등을 이끌어내고 자원을 투입할 수 있는 법과 제도의 확충이 필요하다. 정부가 외국인정책위원회 등을 통하여 중장기적 정책 논의를 진행하고는 있으나 좀 더 실효성이 큰 이민청의 설립 등도 진지하게 고려할 필요가 있다. 최근 정부가 이민청 수립을 공론화하고 있는 늦은 감이 있지만 매우 다행스러운 일이다.

마지막으로 기존 국민은 이민자와 함께 좀 더 나은 미래를 가꾸어 갈 수 있다는 인식을 해야 할 것이다. 한민족에게 단일민족 개념은 무엇이었던가? 한민족에게 순혈성의 의미는 무엇인가? 등도 새롭게 조명할 필요가 있다. 현시점 이민자와 함께 만들어가는 이 사회와 이 문화의 의미가 무엇인가와 관련하여 새로운 의미를 찾을 필요가 있다.

3. 다문화 사회에서의 한국어 교육 실시 체계와 개선 방안

3.1 문제의 제기

다문화 사회의 진전 과정에서 핵심 쟁점으로 떠오른 것 중의 하나가 한국어 교육이다. 한국어 교육은 다문화 사회와 관련하여 수행된 주요 정책 연구에서 쟁점으로 논의되고 있으며 정부의 이민자 정책에 있어서도 주요 쟁점으로 다루어진다. 이는 이민자에 대한 한국어 교육이 국가의 책무이기 때문이다. 이민자가 한국 사회를 삶의 터전으로 선택했다 해도 한국 정부의 이주 허용 없이는 이 사회의 구성원이 될 수 없다. 이 과정에서 최근 주요 국가는 두 가지의 공통된 국가 정책 방향이 나타나고 있다. 하나는 예로부터 논의되어 온 것으로 보편적 인권의 보장이고 다른 하나는 최근 주요 이민 국가에서 적극 추진하는 사회통합이다.

보편적 인권의 보장이란 인류 사회에서 인간이 어디에서 살든 기본적으로 보장받아야 할 최소한의 권리, 즉 인권을 갖게 되는데 국가가 이 인권을 보장할 책무를 지님을 의미한다. 사회통합이란 기존의 사회 구성원과 이민자가 이질적 구성원으로서의 유리 상태나 차별적 대우의 상태가 아닌 상호 존중과 조화를 바탕으로 하여 동등한 구성원으로서 생활하는 상태를 의미한다. 한국어 교육은 바로 보편적 인권의 보장과 사회통합에 있어 불가결한 요소이다. 즉 이민자가 이 사회에서 떳떳하게 살 수 있는 능력을 갖추도록 국가가 기회를 부여해야 하는데 언어 소통 능력을 위한 학습 기회가 여기에 포함된다. 또한 사회 구성원 상호간에 적절하게 소통이 되었을 때 이민자를 포용한 진정한 의미를 발현할 수 있는데 언어 능력이 바로 이러한 소통을 가능하게 하기 때문이다.

그런데 이민자에 대한 한국어 교육은 국가적 책무 영역에서 논의할 사안만이 아니다. 한국 사회 구성원인 이민자의 입장에서 볼 때 한국어 능력은 더욱 절실한 당면 과제가 된다. 이민자는 한국 사회 정착 과정에서 언어 소통의 문제와 문화 적응의 문제를 필연적으로 겪게 되는데 이를 해결하지 못할 경우 생존 자체가 불가능하기 때문이다. 여기에서 더 나아가 언어가 사회 구성원 간 사고방식과 행위 양식을 공유하도록 한다는 점을 생각할 때 언어 능력은 사회 구성원으로서의 요건과 정체성을 갖추는 데에 필수불가결한 요소이다.

결국 이민자에 대한 한국어 교육은 다차원적인 의미를 갖는다. 1차적으로는 이민자에게 있어 다문화 사회의 구성원으로서 정착을 가능하도록 하고 이를 바탕으로 개인의 발전과 사회의 발전을 위하여 도전을 하도록 한다. 이는 곧 국가ㆍ사회적 차원에서의 의미를 갖는데 이민자가 사회적 약자가 아닌 국민과 대등한 능력을 갖춘 구성원으로서 활동할 수 있는 능력을 갖추도록 함으로써 한국 사회가 설정한 다문화 사회의 비전을 실현시킬 수 있기 때문이다.

그렇다면 이렇게 중요한 한국어 교육이 잘 실시되고 있는가? 결론부터 말하면 만족스럽지 않다. 이민자를 대상으로 하는 한국어 교육에 대한 국가의 참여는 매우 더디었고 이 역시 아직은 특정 집단에 치우친 듯한 느낌이다. 뿐만 아니라 국가 역량의 결집 및 동원에 있어서도 효율성과 합리성에 대한 의문이 제기된다.

이민자에 대한 한국어 교육은 국가의 교육 철학과 교육 목표의 설정 문제, 국가의 한국어 교육 정책 추진의 방식, 한국어 교육 인프라 구축의 문제, 한국어 교육 실시 이후 나타나는 교육 성과의 공유 및 활용 문제 등 여러 측면에서 논의할 수 있다. 그러나 지금까지 나타난 정책 실제 및 한국어 교육 실시 현황만을 놓고 볼 때에는 위의 어느 측면도 만족스럽지 않다. 한국어 교육을 독립적인 정책 영역으로 설정하여 교육 철학과 교육 목표를 진지하게 논의하고 제시한 예를 찾기 어려우며, 국가의 교육 정책 추진 방식은 오랜 기간 국가적 역량의 결집보다는 분산의 느낌이 크며 교육 인프라는 이제 초기 단계 구축을 완료한 느낌이다.

이민자 대상 한국어 교육 체계는 이민자 전체를 대상으로 사회통합 정책의 차원에서 한국어 교육을 실시하는 사회통합프로그램, 결혼이민자를 대상으로 하는 다문화가족지원센터의 한국어 교육, 노동자를 대상으로 하는 외국인노동자지원센터의 한국어 교육으로 나눌 수 있다. 최근에 다문화가족지원센터의 집합교육이 사회통합 프로그램으로 통합이 되어 방문 한국어 교육만을 다문화가족지원센터의 고유한 사업으로 볼 수 있으나 다문화가족지원센터를 통한 한국어 교육 지원은 여전히 존재하는 것으로 볼 수 있다.

3.2 한국 내 다문화 사회의 진전과 이민자 대상 한국어 교육 체계의 정립

앞에서 살펴보았듯이 한국에서 이민자에 대한 적극적인 관심과 국가 차원의 지원이 이루어지기 시작한 것은 2000년대 들어선 이후이다. 구체적으로 결혼이민자가 급속히 늘고 그들로 구성되는 가정에서 태어나는 자녀가 늘면서 2006년에 범정부 차원의 대책이 수립되면서부터이다. 이후 한국 정부의 국내 체류 외국인에 대한 정책은 법 제정, 제도의 개편, 정책의 실시 등 다양한 측면에서 전개되는데 이 과정에서 국내 체류 외국인에 대한 한국어 교육은 이러한 정책 변화의 핵심 사안으로 자리를 잡게 되었다.[2] 한국 정부가 이민자에 대한 한국어 교육을 정부의 정책 범주 안에 포함하기 전에 이들에 대한 한국어 교육은 인권단체, 시민단체, 종교단체 등의 몫이었다는 점에 대부분의 견해가 일치한다.

이러한 배경을 거쳐 시작된 국내 체류 외국인에 대한 한국 정부의 한국어 교육 지원은 당연히 법, 제도에 기반을 두고 추진되는데 여기에서 두 가지 특징이 나타난다.

---

2 이민자 관련 법령에 대하여는 정상우(2009)를, 이민자 관련 법령의 한국어 교육 관련성에 대하여는 조항록 (2011a)을 참조.

첫째는 이민자에 대한 한국어 교육의 중요성이 부각되고 있지만 독립적인 한국어 교육기관을 직접 설립하여 교육을 실시하기보다는 기존의 교육기관에 위탁하거나 종합지원기관 안에서 하위 사업으로 설정하여 교육을 실시한다는 점이다. 이민자에 대한 한국어 교육에 참여한 대표적인 부서는 여성가족부, 법무부, 고용노동부이다. 이 중에서 여성가족부와 고용노동부는 이민자에 대한 종합지원기관을 설립하고[3] 그 안에서 한국어 교육을 주요 사업의 하나로 설정하여 실시하지만 법무부는 기존의 한국어교육기관 또는 이민자 지원 기관/단체에 위탁하여 한국어 교육을 실시하는 것으로 나타난다.[4] 두 번째는 이민자에 대한 한국어 교육은 초기에는 교육 전문성을 갖추지 못한 상태에서 출발한 것으로 볼 수 있으며 시간이 지나면서 급속하게 전문성을 확보해 가는 양상을 보여준다는 점이다. 한국 사회에서 한국어 교육 전문성은 주로 대학 내 전문 한국어 교육기관이 갖추고 있는 것으로 보이는데 이들 교육기관이 이민자 대상 한국어 교육에 적극 참여한 사례를 찾기 어려울 뿐만 아니라[5] 한국어 교육계 또는 기성 한국어 교육 연구자의 참여도 뒤늦게 나타나기 시작하였다.

이와 같이 한국어 교육 관련 전문성이 갖추어지지 않은 상태에서 정부의 참여로 시작된 이민자 대상 한국어 교육은 초기에는 교육 전문성을 확보하기가 쉽지 않았을 것이라는 것은 쉽게 유추할 수 있다. 그러나 시간이 지나면서 이들 부서/기관이 정부 내 한국어 교육 전문성을 갖춘 기관과 협력하고 한국어 교육계와 직접 협력하면서 한국어 교육 전문성은 급속하게 확보해 나가는 양상을 보여주고 있다.

이러한 과정을 거쳐 이민자에 대한 한국어 교육은 교육 기관 확보등과 같은 기반의 구축으로부터 교육 내적 영역에서의 전문성 확보에 이르기까지 전반적인 발전 양상을 보여주고 있다. 교육기관 또는 프로그램으로서는 여성가족부 산하의 다문화가족지원센터에서 이루어지는 한국어 교육, 법무부 출입국 · 외국인정책본부 주관의

---

3 여기에서 말하는 종합지원기관이란 다문화가족지원센터와 외국인노동자지원센터를 의미한다.

4 여기에서 말하는 한국어 교육은 사회통합프로그램을 의미한다.

5 실제로 한국에서 이민자가 증가하기 시작하던 초기에는 대학 내 한국어 교육 전문 교육기관의 참여의 예는 찾아보기 어렵다. 1990년대 후반 서울의 K대학교가 이민자를 대상으로 한국어 교육을 실시하기도 하였으나 이민자 대상으로 직접 교육을 실시한 예는 거의 없다.

사회통합프로그램의 한국어 교육, 고용노동부 산하의 외국인노동자지원센터의 한국어교육이 대표적인 사례이다. 이 중에서 다문화가족지원센터는 결혼이민자를 주 교육 대상으로 설정하고 있으며 외국인노동자지원센터는 외국인 노동자를 대상으로 하고 있는 것에 비하여 사회통합프로그램은 여성결혼이민자와 외국인 노동자를 포함한 모든 외국인을 대상으로 하고 있다. 전자의 두 기관은 기관 설립 자체가 특정 집단을 대상으로 설정한 만큼 특정 대상에 국한하여 한국어 교육을 실시하는 것은 당연한 일이며 사회통합프로그램은 특정 대상을 전제로 하지 않았지만 프로그램의 성격상 결혼이민자 등이 주 대상이 되고 있음도 엄연한 현실로 봐야 할 것이다.[6] 이들 세 기관이 대상으로 하는 외국인 집단은 국내 체류 외국인 집단의 대부분을 포괄하는 것으로 여기에 포함되지 않는 집단은 외국인 유학생 집단이 대표적이다. 그러나 외국인 유학생 집단은 그 자체가 한국어 교육 관련성을 가지고 있기 때문에 앞의 세 집단과는 근본적으로 성격이 다르다.

이상에서 살펴본 바와 같이 최근 들어 이민자에 대한 한국어 교육지원 체계를 구축한 것은 늦은 감이 있지만 다행스러운 일이다. 이는 한국 사회의 다문화 사회화의 진전 과정상에서 나타나는 특징을 보면 더욱 그러하다.

한국 사회는 1990년대 이후 이민자가 지속적으로 증가하였으며 그들의 변인도 다양해져 왔다. 그들 중 결혼이민자는 이주 목적 자체가 한국 내 영주이고 그들로 구성된 가정에서 태어나거나 편입되는 자녀들 역시 영주를 전제로 한다. 이와 함께 주목할 만한 것으로 외국인 노동 인력도 외국인고용허가제에 따라 특별한 사유가 발생하지 않는 한 한국에서 4년 10개월을 거주하게 되고 경우에 따라서는 체류 자격을 바꿔 그 이상을 거주할 수 있는 길이 열려 있다. 즉 한국 내 이민자의 정주화 현상이 가속화되는 상황에서 이들이 한국 국민과 조화롭게 살아가야 하는 것은 국가적 당면 과제가 되고 있다. 이는 실제로 한국 정부의 외국인 정책에도 그대로 반영되어 사회통합이라는 이름으로 정책화되는데 사회통합은 외국인 정책의 중심을 이루고 있다.

국무총리실 산하의 외국인정책위원회가 5년 단위로 수립하는 외국인정책에서 사

---

6 다만 최근에 사회통합프로그램 이수 경험이 국내 체류 자격 변경의 주요 요건으로 작용하는 경우가 많아지면서 유학생 등 일반 체류 외국인의 참여가 최근에 급속히 늘고 있다.

회통합은 정책 과제의 수, 투입 예산의 규모에서 다른 정책 영역보다도 비중이 크다. 대표적인 예로 2008년부터 2012년 사이에 실시한 제1차 외국인정책 기본계획 실시에서 사회통합은 전체 예산의 54%를 차지하고, 연간 평균 증가율도 40%에 이름으로써 정량적인 측면만으로 볼 때 외국인정책 내 비중이 제일 크다. 사회통합과 관련한 중앙부처도 교육과학기술부 등 8개 부처가 되고 지방자치단체, 시도 교육청 등이 지속적으로 사회통합 관련 활동을 확대해 오고 있다.

마찬가지로 이후 추진된 제2차 외국인정책 기본계획에서도 사회통합은 개방, 인권, 안전, 협력과 함께 5대 중점 추진 영역이 되고 사회통합을 통한 국민과 이민자 사이의 조화로운 삶을 바탕으로 한 공동가치가 존중되도록 함을 주요 목표로 내세웠다. 이의 세부 추진 방향으로 건전한 국가 구성원 육성을 위한 사회통합 기반 강화, 체계적이고 균형 잡힌 이민자 정착 지원으로 제시하고 있다. 추진과제 중 대과제는 모두 다섯으로 자립 가능한 사회구성원 확보, 체계적인 이민자 사회통합프로그램 운영, 결혼이민자의 안정적 정착 지원, 이민배경 자녀의 건강한 성장환경 조성, 이민자 사회통합을 위한 인프라 구축 등이다. 대과제 아래의 세부 과제는 모두 12개로서 이는 전체 과제의 33%로 다른 정책 목표에 비하여 많다.[7]

사회통합을 위한 과제 추진 방향 및 세부과제의 주요 내용을 볼 때 사회통합은 다분히 이민자가 우리 사회의 구성원으로서 생존을 넘어 평균적인 삶을 영위하도록 하는 데에 정책의 궁극적인 목표를 둔 것으로 보인다. 이를 위하여 한국어 능력 획득, 한국사회 이해 능력 획득, 경제적 자립 능력 확보, 이민자 자녀 양육 및 학업, 사회 진출 지원 등을 국가적 차원에서 지원하는 것으로 정한 듯하다.

이러한 정책 추진 방향 및 세부 추진 과제는 이민자가 한국 사회에서 사회적 약자 내지는 소수자로 존재하지 않고 기존 구성원과 대등한 입장에서 삶을 영위하도록 함으로써 말 그대로 통합의 사회를 구현하고자 하는 정책 의지로 이해한다. 제1기 외국인정책 기본계획이 질 높은 사회통합을 목표로 하고 실제 추진 내용을 중심으로 볼 때 당시 쟁점으로 대두된 정책적 과제, 특히 문제 해결을 중심으로 설정하고 추진했

---

7   제2기 외국인정책 기본계획에 대하여는 법무부(2012), 제2차 외국인정책 기본계획 수립을 위한 공청회(2012년 11월 9일) 자료집을 참조함.

다. 이에 비하여 제2기의 사회통합 정책은 이민자의 역량 강화의 구체적 목표와 수준을 제시하고, 제1기에서 추진했던 내용 중 제2기에서도 채택된 정책 과제에 대하여 좀 더 강화된 추진 방안을 마련함으로써 큰 의미가 있다. 이의 연장선상으로 제3기 외국인정책 기본계획에서는 국민공감, 이민자 자립, 인권과 다양성 등을 키워드로 하여 통합의 수준을 더욱 강화하고 함께 하는 사회의 미래 비전을 제시하는 의미가 강화되었던 것으로 보인다.

한국 정부의 이러한 외국인 정책의 변화는 바로 한국어 교육의 중요성을 부각시키기에 충분하다. 이미 조항록(2012)에서도 논하였지만 한국 사회의 구성원으로 편입되는 이민자가 한국어 능력을 갖춰야만 한국인을 이해하고 한국 문화를 이해하여 한국인과 어울릴 수 있을 것이다. 그리고 여기에서 더 나아가 한국 사회에서 소외된 자로 남지 않고 자신의 역량을 발휘할 수 있는 기반을 구축하게 될 것이다. 그렇지 않을 경우 이민자는 한국 사회에 편입이 된다 해도 한국인과의 소통이 불가능함으로 인해 자신의 권리와 의무를 다하지 못한 채 주변의 도움에 의존하거나 자신들만의 공간에서 격리된 삶을 영위할 것이다. 한국 정부 역시 이민자를 포용하여 다문화 사회를 인정하는 상황에서 이민자가 사회적 약자로 남는 경우 사회적 비용은 계속 증가하게 되는 만큼 이들의 한국 사회 적응 능력을 속히 갖추어줄 필요성이 있는 것이다. 뿐만 아니라 한국 정부는 이미 이민자의 인권 보호 등에 관한 국제 협약에도 가입되어 있는 만큼 이민자 지원을 국가의 책무로 설정해 놓은 상태에서 이들의 자활 능력 향상 등을 위한 노력을 해야 하는 상황이다.

그러나 문제는 이민자가 한국어를 효과적으로 배울 수 있는 교육 기반이 갖추어져 있지 않고 이민자의 생활 여건 특성상 스스로 학습 기회를 찾아 한국어 학습에 참여하기가 어렵다는 점이다. 기존의 한국 내 한국어 교육 전문 기관은 대학에 설치되어 있거나 일부 상업적 목적의 사설 학원이 있을 뿐 이민자 지원 기관의 한국어 교육은 대부분 자원봉사자에 의하여 운영되는 비정규 프로그램이 주를 이룸으로써 전문성이 상대적으로 뒤떨어진다. 결국 이민자에 대한 한국어 교육의 당위성이 논의되는 상황에서 이들에 대한 효율적인 교육을 위해서는 국가가 나서서 기본 교육 체계를 구축하고 전문성을 이입하여 교육 효과가 기대되는 프로그램을 개발하여 실시하는 일이 중요해졌다. 이러한 상황에서 여성가족부, 법무부, 고용노동부 등이 이민자 지원기관에서 한국어 교육을 실시하거나 전문교육기관과 협력하여 한국어 교육을 실시하는 것은 의미가 크다.

종국적으로 질 높은 사회통합을 위해서 이민자의 한국 사회 적응 능력의 제고와 한국민의 이민자에 대한 인식의 전환과 함께 양자 사이의 조화로운 관계의 설정이 중요하다고 하지만 무엇보다도 이민자의 한국어 능력 향상이 선결 과제라는 것에 이론의 여지는 없을 것이다. 이렇게 볼 때 이민자에 대한 한국어 능력 제고와 관련하여 한국 정부가 기존의 한국어 교육 실시 기반이 미흡함을 인식하고 새로운 교육 실시 체계를 구축한 것은 의미가 크다.

3.3 이민자 대상 한국어 교육 실시 체계의 성과와 개선 방안

결혼이민자와 다문화가정 자녀를 주 대상으로 하는 다문화가족지원센터, 이민자 전체를 대상으로 하는 사회통합프로그램, 외국인 노동자를 대상으로 하는 외국인노동자지원센터의 한국어 교육은 여러 면에서 의미가 크다. 무엇보다도 최근 참가자 수가 늘고 참가자 변인이 다양해지는 사회통합프로그램은 최근에 교육과정 개편과 교재 개발을 통하여 교육의 질을 높여가고 있는 것으로 보인다. 다문화가족지원센터는 비록 집합 교육을 사회통합프로그램으로 일원화하였다고는 하지만 실제로 다문화가족지원센터 내에서 사회통합프로그램이 운영되는 경우가 많고 여전히 방문 한국어 교육을 실시함으로써 이민자 대상 한국어 교육의 한 축을 형성하고 있다. 외국인노동자지원센터의 한국어 교육은 대상 집단의 특수성으로 주당 시수가 2~4시간으로 매우 제한적이기는 하지만 꾸준히 참가자를 늘려가고 있으며 TOPIK 강좌 등 노동자 요구에 맞춘 프로그램을 개설하는 경우도 늘고 있다. 이와 같이 이민자 대상의 한국어 교육 프로그램은 시간이 지나면서 역할과 기능을 적절히 수행해 오는 것으로 평가할 수 있지만 냉정하게 보자면 개선해야 할 여지도 적지 않게 있다. 이러한 맥락에서 앞에서 살펴본 이민자 대상 한국어 교육 실시 기관의 한국어 교육 실시 체계에 대한 평가를 해 보면 다음과 같다.

우선 긍정적인 평가로서 이민자 대상 한국어 교육기관이 설립 이후 지속적으로 한국어 교육 공급 확대 노력을 기울여 온 점을 들 수 있다. 사회통합프로그램으로 통합되기 이전까지 다문화가족지원센터의 참여자 수는 시간이 지나면서 크게 늘었던 점이 그러하며 외국인노동자지원센터 역시 내부 자료에 근거할 때 증가의 폭이 그리 크지는 않으나 지속적으로 참가자 규모를 확대해 오는 것으로 나타난다.[8]

이와 함께 이민자 대상 한국어 교육 실시 체계는 지속적으로 제도화의 과정을 거쳐 왔다. 교사 자격에 있어서도 결과적으로 국어기본법에서 정하고 있는 한국어 교원 자격증 소지를 기본 요건으로 내세우는 경우가 대체적인 경향이며 이들 한국어 강사에 대한 보상의 수준(강사료)도 전에 비하여 향상된 것으로 알려진다. 이와 함께 참가자들이 이들 교육기관에서 한국어를 성공적으로 공부한 경우에 얻게 되는 보상의 내용도 지속적으로 확충해 가는데 대표적인 예로 국적 취득이나 체류자격 변경 시의 혜택이 확대된 점이다.

이와 함께 긍정적인 평가로서 들 수 있는 것은 이들 교육기관이 정부 내 한국어 교육과 관련하여 전문적인 활동을 하는 부서인 국립국어원과 협력하거나 한국어 교육계 전문가와 협력하면서 지속적으로 한국어 교육 실시 기반을 구축하고 구체적인 교수 학습 수준을 높여왔다는 점이다. 국립국어원과의 협력의 주된 내용은 교재의 개발과 강사 연수로 교육 현장의 핵심적인 쟁점이다. 또한 한국어 교육계와의 협력 역시 활발해졌는데 교재의 개발이나 평가체계의 구축 등이 중심이다. 그리고 한국어 교육계와의 협력의 방식 역시 개별 교육기관, 교육기관의 협의체, 개별 전문가 등 다양한 방식으로 추진해 온 점도 긍정적으로 평가할 수 있다.

긍정적인 평가로서 마지막으로 들 수 있는 것은 정부의 정책 영역에서 이민자 대상 한국어 교육 관련 정책 실시의 수준이 높아지고 있다는 점이다. 여기에서 논하는 현장 교육기관의 역할과는 좀 거리가 있으나 현장 교육기관의 역할을 뒷받침할 수 있는 제도가 지속적으로 확충되고 관련 예산도 지속적으로 늘었다는 점은 의미가 크다. 앞의 세 유형의 교육기관의 태동은 각각 해당하는 여러 법령에 근거하고 있지만

---

8 사실 외국인노동자지원센터의 한국어 교육 참여자와 관련한 통계는 접하기가 쉽지 않다. 그럼에도 여기에서 이러한 논리를 전개하는 것은 필자가 수년 동안 외국인노동자지원센터와 관련한 활동을 하면서 접하게 된 자료와 관련자 면담 중 공개가 가능한 것들을 바탕으로 논하는 것임을 밝히고자 한다.

외국인정책위원회, 외국인력정책위원회, 다문화가족정책위원회 등 관련 협의체도 운영하고 법무부와 여성가족부 등은 한국어 교육과 관련하여 부분적인 통합을 이루기도 하였다.

이러한 긍정적인 평가와 함께 개선해야 할 점도 많이 나타나는데 이를 정리해 보면 다음과 같다.

우선 들 수 있는 것은 이민자 대상의 한국어 교육을 효율적으로 실시하기 위한 정부 내 역량 결집이 제도화되지 않았다는 점이다. 이민자 대상의 다양한 협의 조정 기구가 있고 외국인정책위원회에서 5년 단위의 중장기 외국인정책도 수립하고 있으며 이민자의 한국어 능력 향상이 중요한 안건으로 설정되는 경우가 많지만 이를 실현하기 위한 실무 협의체는 찾아보기 어렵다. 이민자라는 동일 집단을 대상으로 하고 정부 예산으로 한국어 교육이라는 동일 사업을 실시하는 과정에서 중앙에 종합조정기구나 협의체(일종의 컨트롤 타워)가 존재하지 않는 것은 정책의 효율성을 떨어뜨린다. 제3차외국인종합계획 내 주요 추진과제로 거버넌스 구축이 들어 있었던 만큼 실제적인 효과를 기대해 본다.

다음으로 들 수 있는 것은 프로그램의 다양화이다. 다문화가족지원센터의 집합교육 프로그램이 사회통합프로그램으로 통합되거나 폐지가 된 것은 이민자 대상 정부 지원 프로그램의 다양화를 약화시키는 결과를 낳는다. 다문화가족지원센터를 통한 한국어 학습 수요자의 대부분이 국적 취득 등 실질적인 이익 실현을 목표로 하고 이는 법무부 소관 사항으로 법무부 관장 하의 프로그램으로 변환되는 것은 일면 의미가 있다. 그러나 국적 취득 등의 목표가 아닌 일상적인 한국어 학습을 위하는 수요자에 대한 교육 프로그램의 개발 및 실시는 또 다른 의미를 가질 수 있다. 지금의 방문 한국어 교육 이외에 다양한 집합교육의 실시도 고려할 필요가 있다. 외국인노동자지원센터가 최근에 TOPIK 대비반이 증가하면서 일반 과정과 함께 프로그램의 다양화를 이루어 가는 점을 참고할 필요가 있다.

프로그램의 다양화 측면에서 법무부의 사회통합프로그램도 많은 고민이 요구된다. 기본적으로 법무부가 이민자의 체류 자격 변경이나 국적 취득 등과 관련하여 한국어 능력을 부과하는 것은 세계 주요 국가의 예를 볼 때에도 자연스럽고 반드시 필요한 일이다. 그렇지만 사회통합프로그램이 자칫 결혼이민자를 포함한 이민자의 국적 취득 프로그램으로 동일시되는 것이 옳은지에 대한 검토가 필요하다. 이민자 집단 전체를 대상으로 하여 사회통합을 추구하는 만큼 이민자 변인을 고려하고 이민자의 요구를 반영한 다양한 프로그램의 개발을 고려할 필요가 있다.

프로그램의 다양화는 외국인노동자지원센터의 경우도 마찬가지로 1주 1일 참여자 1인당 2시간의 교육 기회는 매우 제한적이다. 외국인 노동자의 특성상 월요일부터 토요일까지 직장을 떠나 외국인노동자지원센터에 나오는 일이 힘들기 때문이라고 하지만 실상은 그렇지 않을 수도 있다. 외국인노동자지원센터의 다른 업무는 평일에도 활발하게 진행된다. 외국인노동자지원센터 내 공간과 시설을 적절히 활용하고 인근 대학의 인적 자원 등을 효율적으로 활용한다면 한국어 교육 프로그램을 상설화할 수도 있을 것이다. 이것이 집합교육프로그램의 형식이 될 수도 있고 개인 지도의 형식이 될 수도 있으며, 온라인 프로그램이 될 수도 있을 것이다. 특히 코로나 시기를 지나면서 비대면 화상 교육의 가능성도 어느 정도 입증이 된 만큼 프로그램의 다양화의 가능성은 크다. 연중 운영 체제를 갖춘다면 수요를 유발하여 교육 실시 효과를 더욱 키울 것이다. 여기에 덧붙여서 찾아가는 한국어 교실 등 수요자의 편의를 고려한 한국어 교육 프로그램의 개발도 고려할 필요가 있다. 이 경우 사업장별로 고용주의 도움을 끌어낸다면 찾아가는 한국어 교실은 의외로 큰 성과를 가져올 수도 있을 것이다.

이상에서 이민자를 대상으로 하는 한국어 교육 실시 체계를 사회통합프로그램, 다문화가족지원센터, 외국인노동자지원센터를 중심으로 살펴보았다. 한국 내 정주 외국인이 증가하고 이들의 한국어 학습 기회가 제한적인 상황에서 국가가 예산을 투입하여 한국어 교육 체계를 구축한 일은 매우 의미 있는 일이다. 오랜 기간 국내에서의 한국어 교육이 대학 내 한국어 교육 등 정규교육 프로그램 성격으로 발전해 오고 이민자의 증가에 맞춘 효율적인 교육 기반이 구축되지 않은 채 민간단체 내지는 자원봉사자의 참여로 진행되어 왔으나 이제 이민자 대상 한국어 교육은 이제 국가의 적극적인 참여로 어느 정도 기반을 구축한 것으로 보인다. 특히 이민자 대상 한국어 교육 체계의 구축은 지금까지의 한국어 교육이 수요가 공급을 유발하는 양상이었던 것에 비하여 공급이 수요를 이끌어내는 유형으로서 향후 한국어 교육의 발전 모델 수립에도 시사하는 바가 크다. 시간이 지나면서 좀 더 체계적이고 효율적인 프로그램으로 정립되기를 기대해 본다.

참고문헌

김선정(2011), 이중언어학회 창립 30주년 기념 기획 논문 : 다문화 사회와 한국어 교육, 이중언어학 제47호, 이중언어학회.

김이선 외(2007), 다민족 다문화 사회로의 이행을 위한 정책 패러다임 구축(I) : 한국사회의 수용 현실과 정책과제. 한국여성정책연구원.

법무부(2012), 제2차 외국인정책 기본계획 수립을 위한 공청회(2012년 11월 9일) 자료집.

법무부(2018), 제3차외국인정책 기본 계획.

법무부(2023), 제4차외국인정책기본계획 공청회 자료집.

정상우(2009), 다문화가족지원에 관한 법체계 개선방안연구, 법학논총 제26집 제1호, 한양대학교 법학연구소.

조항록(2008), 이주 노동자 대상 한국어 교육의 실제와 과제 – 한국어 교육 정책의 관점에서, 사회언어학 제16권, 한국사회언어학회.

조항록(2011a), 다문화가족 관련 법령·제도의 검토와 개선방안, 나라사랑 제120호. 외솔회.

조항록(2011b), 이민자 사회통합 정책의 실제와 과제. 다문화와 평화 제5집 2호, 성결대학교 다문화평화연구소.

조항록(2012), 사회통합프로그램 한국어 교육의 확대 실시 방안 연구, 이중언어학 제50호, 이중언어학회.

조항록(2017), 다문화 사회와 한국어 교육, 서울: 한글파크.

조항록 외(2011), 사회통합프로그램 발전방안 연구, 법무부 출입국·외국인정책본부 연구 보고서.

최용기(2010), 다문화 사회의 한국어 교육정책 현황과 과제, 다문화와 평화 제5집 1호, 성결대학교 다문화평화연구소.

차용호(2008), 이민자 사회통합을 위한 정책 방향, 한국이민학회 2008년 후기학술대회 발표 논문.

Ⅱ. 세종학당 추진의 의의와 과제 [1]

1. 세종학당의 추진 과정

국립국어원이 주관하고 있는 세종학당의 추진은 2006년 7월 10일 한국어 국외 보급 사업의 확대 개편과 관련한 국립국어원장의 정책 방향 제시와 업무 추진 지시에 연원을 두고 있다. 이후 기본 계획의 수립과 전략의 개발 과정을 거치고 탄생하였으며 여기에는 정책의 비전 제시와 국외 한국어 교육 현황에 대한 분석이 배경으로 작용하고 있다. 이를 정리해 보면 다음과 같다.

1.1 계획의 수립 단계

세종학당의 추진은 최초에는 동북아 지역 한국어 문화권역 확대 방안으로부터 시작되었으며 이는 동북아문화공동체 구축을 위한 기본 전략안으로 발전하여 국어발전기본계획안에 정식으로 포함됨으로써 태동하였다. 이와 관련한 주요 일지를 정리하면 다음과 같다.

---

1 이 글은 국립국어원이 주관한 세종학당 평가 사업 전문가 간담회(2008년 11월 24일, 국립국어원)에서 필자가 맡아 발표한 부분을 이 책의 취지에 맞춰 수정한 것임을 밝힌다. 다만 현시점에서 볼 때 세종학당 추진 사업의 전반을 다루지 못한 한계를 갖는 것으로 세종학당 추진 초기 상황에 대한 이해를 목표로 하고 있음을 추가로 밝히고자 한다.

(1) 국립국어원장의 동북아 지역 한국어 문화권역 확대를 위한 기본계획 수립 지시 (2006. 7. 10)

　O 국외 한국어 교육 사업을 국가적인 아젠다로 확대

　O 국가 성장 동력 확보를 위한 발전 전략 수립

　O 몽골과의 국가적 협력을 위한 문화상호주의적 방식 채택

　O 재외 한국문화원을 활용하는 방안을 포함한 중장기 기본 계획 수립

(2) 동북아문화공동체 구축을 위한 기본 전략안 작성 (2006. 9. 7)

　한국문화원 활용 방안(이를테면 한국어문화학교의 개설 등), 동북아 지역 한국어 문화권역 확대 방안, 국외 한국어 보급 사업의 국가 성장 동력화 방안 등에 대한 논의와 연구를 거쳐 기본 전략안을 작성함. 기본 전략안에는 아래와 같은 내용이 포함됨

　O 추진 목표와 배경

　O 동북아론의 배경과 가치

　O 현황과 문제점 분석

　O 문화공동체 구현을 위한 4대 전략

　O 추진 과제와 소요예산

(3) 동북아문화공동체 구축 전략 수립 및 국어발전기본계획안에의 포함 (2006. 10)

　국어발전기본계획은 국어기본법 제 2장 국어발전기본계획의 수립 등에 근거하는 것으로 정부가 5년마다 국어의 발전과 보전을 위하여 기본계획을 수립하고 시행하며 보고할 것임을 명시하고 있어 여기에 동북아문화공동체 구축 전략이 포함된 것은 이 전략이 향후 정부 차원에서 지속적으로 추진될 수 있는 기반을 갖추게 된 것을 의미한다.

1.2 세종학당 명칭의 탄생과 추진을 위한 동력 확보 단계

　동북아문화공동체 구축 전략안이라는 이름으로 동북아 지역의 한민족 문화 공동체 내지는 문화 연대를 추진할 계획이던 문화관광부와 국립국어원은 2007년 1월 11일에 문화관광부 장관이 기자 간담회를 통해 문화관광부 주요 업무 계획을 발표하면서 한글 보급을 위해 세종학당을 운영하겠다고 발표함으로써 동북아문화공동체 구축 전략안의 세부 실천 방안의 하나로 세종학당이 탄생하게 되었다. 이를 좀 더 자세히 살펴보면 당시 문화관광부 장관은 2007년도의 5대 추진 과제를 발표하였고 그중에 한민족 문화대축전이라는 세부 과제가 들어 있었으며 이의 실천 방안 중 하나로 해외 주요 지역의 한국문화원 및 현지 대학과 연계하여 한글을 보급하기 위한 세종학당의 설립을 발표하였다. 문화관광부 장관이 발표한 세종학당의 설립은 기자 간담회 당일의 서울경제신문, 다음 날의 조선일보, 한국일보, 세계일보, 한겨레신문, 부산일보, 매일신문 등이 세종학당을 제목으로 하는 기사, 칼럼 등을 게재하며 언론의 큰 반향을 사게 되었다. 마침 기자 간담회 전날인 1월 10일에 조선일보에서 "중·일 자존심 건 '언어 전쟁'"을 제목으로 하여 공자학원, 일본어학습거점이 보도됨에 따라 문화관광부 장관의 기자 간담회 내용 중 세종학당 추진은 언론의 큰 관심을 사게 되었다.

　이렇게 문화관광부와 국립국어원의 국외 한국어 보급 정책 모델이 세종학당이라는 구체적 실천 모델로 등장하고 언론의 큰 반응이 일자 국립국어원은 세종학당 추진 자문위원회의 구성 등 추진을 위한 시스템을 갖추는 과정과 정책 토론회, 관련 학술회의 등을 통하여 추진 계획에 대한 전문가, 여론의지지 등 추진 동력을 확보하기 위한 노력을 기울이기 시작하였다. 이의 주요 내용은 다음과 같다.

　(1) 정책토론회의 개최와 학술회의의 활용
　한국어세계화 전략 수립을 위한 국회토론회(2006. 12. 15), 국어발전 기본계획 및 세종학당에 관한 국회 토론회(2007. 4. 4)를 개최하여 정책 결정자 층을 대상으로 하여 공론화함
　이중언어학회 전국학술회의 등에서 국립국어원장 이하 관계자들이 세종학당의 추

진을 소개하고 전문가 집단의 이해와 지지를 구하는 활동을 적극적으로 전개함

(2) 세종학당 추진 자문위원회의 구성 및 활동

관계 전문가, 언론계 인사, 유관부서 관계자 등으로 세종학당추진자문위원회를 구성함

제1차 세종학당추진자문위원회(2007. 4. 3), 제2차 세종학당추진자문위원회 (2007. 6. 2), 제3차 세종학당추진자문위원회(2007. 7. 27) 등 자문위원회를 개최하여 세종학당 추진의 배경, 목표, 전략, 주요 방침 등에 대한 전문가 자문을 받음

(3) 언론 홍보를 통한 지지 확보 노력

2007년 1월 11일 문화관광부 장관의 기자간담회(부서 주요 업무계획 발표)

5대 추진과제 중 한민족문화대축전 개최의 세부 정책 중의 하나로 세종학당 설립을 소개함

2007년 2월 국립국어원장의 취임 1주년 기자 회견(동아일보 2월 20일자 〈초대석〉) 등을 통하여 국립국어원의 주요 활동 중의 하나로 세종학당 추진 노력을 널리 알림

이후에도 국어발전기본계획과 관련한 국립국어원장의 기자회견(2007. 3. 15, 한겨레신문) 등을 통해 세종학당의 추진에 대한 여론의 지지를 확보하고자 노력함. 이와 함께 다수의 언론 역시 세종학당의 추진에 대하여 지속적인 관심을 갖고 보도함

(4) 국립국어원 내규로 세종학당 운영 규정을 제정하고 운영세부지침을 작성함.

세종학당 운영 규정은 전문, 제1장 총칙, 제2장 자문위원회, 제3장 교육 과정, 제4장 교재, 제5장 강의, 제6장 교원, 제7장 운영 관리, 제8장 보칙, 제9장 부착으로 구성됨. 세부운영지침에서는 일반사항(설립 목적, 교육 목표, 교육 대상, 세종학당의 유형), 교육 환경(시설, 장비, 교재), 교육인력(운영책임자, 교원, 운영요원), 교육 과정(정규과정, 특화과정, 특별과정), 학사관리(학생 모집, 등록, 분반, 개강, 수업, 평가, 수료, 수료 후 관리) 등을 규정하고 관련 서식을 공지함

1.3 설립 및 운영 단계

세종학당의 추진이 동북아 한국어 문화권 확대로부터 비롯되었고 동북아문화공동체 수립 기본 전략을 통해 구체화되었듯이 세종학당의 구체적인 설립 모델 역시 최초에는 한국어문화학교의 이름으로 진행되었다. 그러나 실제로 개원할 당시에는 세종학당의 명칭이 공식적으로 쓰이던 시기였기에 세종학당이라는 이름으로 개원하게 되었다.

(1) 세종학당 설립과 관련한 최초의 협정 체결

2006년 12월 8일에 몽골 울란바타르대학과 한국어문화학교 운영에 관한 포괄적인 업무 협약 체결. 이 시기는 세종학당이라는 명칭의 등장 이전으로 한국어문화학교의 설치를 대상으로 함. 중국 지역을 대상으로 해서는 2007년 2월 10일 연변대, 연변과기대와 세종학당 개설에 관한 업무협정을 체결함

(2) 세종학당의 최초 개원

2007년 3월 19일에 울란바타르대학, 몽골국립사범대학의 세종학당이 개원함. 그러나 이들 대학은 3월 5일부터 수업을 실시해 오고 있는 상태이므로 세종학당 최초의 수업은 3월 5일임

(3) 세종학당 설립의 확대

몽골에서 최초로 개원한 세종학당은 이후 몽골, 중국, 카자흐공화국, 키르키즈공화국, 미국, 일본(업무협정 체결) 등 점차 지역을 확대하여 나감. 이러한 확대는 아래와 같이 설립 주체, 설립 형식, 운영 방식의 확대라는 의미를 가짐

국립국어원과 현지 대학 사이의 협력에 의한 설립으로부터 현지 한국문화원 내 또는 현지 한국문화원과 현지 대학 내지는 사설 교육 기관과의 협력으로의 설립 주체의 확대

국립국어원과 현지 대학 사이의 양자 간 협력에서 국내 대학을 포함하는 3자 협력으로의 설립 형식의 확대

현지 집합 교육 목적의 세종학당으로부터 온라인 디지털 세종학당으로의 교육 공간의 확대[2]

2. 세종학당의 설립 목적과 교육 목표, 교육 대상

세종학당의 설립은 위에서 살펴본 바와 같이 국립국어원이 한국어 국외 보급의 기본 방향을 정하는 과정에서 동북아 한국어문화권 구축이라는 특정한 목적에 착안하여 발아하였고 시간이 지나면서 정제되고 체계화되어 왔다. 이러한 세종학당의 추진 과정에서 나타난 특징 중의 하나는 세종학당 설립의 목적과 교육 목표를 분명히 제시하고 이를 실현하기 위한 구체적인 정책 대안을 모색하였다는 점이다. 비록 추진 과정에서 이의 실현의 수준이 목표에 미치지 못한다 해도 한국어 국외 보급을 위한 하나의 정책적 산물이라는 점에서 여기에서 그대로 소개하고자 한다. 그 내용은 다음과 같다.

2.1 설립 목적

세종학당의 설립의 모태가 동북아 한국어 문화권역 확대에 있지만 세종학당이라는 구체적인 정책 대안으로 정립된 후 제시된 목적은 아래와 같이 세 가지로 요약할 수 있다.

(1) 언어 침탈이 아닌 상호주의 문화 교류를 통한 국가 간의 협력 확대

상대국의 문화에 대한 깊이 있는 이해는 양국 문화의 폭을 넓히고 삶의 질을 제고

2　이는 아직까지 진행되지 않은 것이나 최근 국립국어원이 U세종학당이라는 명칭과 함께 한국어, 한국문화, 한국학 관련 정보망 구축과 교육 시스템 구축을 추진함으로써 머지않아 실현이 될 가능성이 있다.

할 수 있음

상대국의 언어와 문화를 이해하는 바탕에서 문화 교류가 증대되고 문화 산업의 발달 효과를 낳음

(2) 외국 현지인을 대상으로 하는 실용 한국어 교육의 확산

한국의 국가적 위상 강화와 경제력 신장으로 외국과의 문화 교류 증대 및 인적 교류 확대

특히 아시아 지역은 '한류' 열풍으로 한국인, 한국어 및 한국문화에 대한 관심이 고조되고 있음

국제결혼, 국외 진출 한국 기업의 증가 등으로 실용 한국어 교육 수요 급증

(3) 한국 문화 교류 확대를 통한 문화 다양성의 실현

한국 문화의 일방적 전파가 아닌 雙방향의 문화 공유와 문화 교차의 접점으로 세종학당이 이바지하게 됨

결국 세종학당의 추진은 한국과 관련 국가 사이의 문화 다양성을 실현하게 됨

2.2 교육 목표

국립국어원의 관련 자료를 바탕으로 세종학당의 교육 목표를 정리하면 다음과 같다.

(1) 표현 이해 중심의 한국어 능력 향상

문법 위주가 아닌 언어 사용 위주의 교육 지향

시청각 교재를 적극 활용, 생생하고 실용적인 교육에 주력

유학 등 제도권 내의 교육, 학문 중심 교육과 차별됨

평생교육, 사회교육 차원의 공익성을 띤 교육 지향

(2) 현지 일반 대중을 위한 한국어 교육의 확대

한국어를 배우려는 열망은 강하되 경제적 형편이 어려운 대중을 중심으로 초급 한국어부터 교육 전개

외국인 지식인층이나 재외동포 중심의 교육을 실시하는 교육인적자원부나 외교통상부의 한국어 교육과 차별성 유지

(3) 양국 문화가 충실히 반영된 교재를 활용한 문화 교류 증진

한국 문화와 현지 문화를 함께 활용하는 한국어 교육

(4) 한국어, 한국문화 통합 교육으로 전 세계에 한국 홍보 효과 증대

말하기, 듣기, 읽기, 쓰기 등 언어 사용 활동에 관광명소, 민속, 역사 등의 문화 요소를 통합하여 교육함으로써 학습 효과 배가 및 한국 홍보 효과 기대

2.3 교육 대상

세종학당의 학습자 대상으로는 현지의 일반 대중이 설정되어 있다. 재외동포 집단이 국외 현지의 학습자 집단으로 중요성을 띠고 있으나 세종학당은 최근 변화하는 한국어 교육 환경에 맞추어 재외동포보다는 현지 외국인에 대한 교육이 중요하다고 보고 우선 순위상 현지 일반인을 주 대상으로 설정하고 있다.

(1) 일반 대중

교육인적자원부나 외교통상부와 달리 현지인 또는 한국어를 모르는 재외동포를 대상으로 함

성별, 학력, 직업 제한 없음(한류 선호 청소년, 근로자 등)

(2) 기타

현지 한국 기업 취업 희망자

한국 취업 희망 근로자

현지 공무원을 비롯한 공공기관 종사자

한국인과 국제결혼한 현지인과 그 자녀

한국 유학 희망자

전문 통·번역사 지망자

3. 국립국어원의 세종학당 추진에 대한 평가

3.1 추진 과정에 대한 평가

이상에서 살펴본 세종학당의 추진 과정은 지금까지 전개된 한국 정부의 한국어 국외 보급 정책과 관련하여 몇 가지 차별적인 특징을 갖고 있다.

우선 들 수 있는 것은 국가 차원의 목표 설정과 이를 구현하기 위한 구체적 정책 대안으로서 한국어 국외 보급 정책이 입안되었다는 점이다. 다시 말해 현장의 한국어 학습자 수요의 증가라든가 이들의 요구에 맞추는 즉각적인 대응으로서의 보급 전략이라기보다는 국가 차원에서 중장기적 목표가 설정되고 이를 구현하기 위한 세부 대안의 모색 차원에서 한국어 국외 보급이 갖는 의미와 기능이 정립되었고 이는 결국 한국어 국외 보급의 국가 사회적 의미를 심화시켰다는 평가를 할 수 있다. 특히 한국어 국외 보급의 이념적 배경을 설정한 점은 이전의 한국어 국외 보급 정책에서는 찾아보기 힘든 예이다. 비록 초기에 동북아 지역으로 국한한 정책이었다는 한계는 있었으나 동북아 한국어 문화권역 구축이라는 이념적 배경을 바탕에 깔고 태동한 점은 향후 한국어 국외 보급 정책 논의에서 하나의 중요한 사례가 될 것이다.

다음으로 들 수 있는 것은 기본 계획의 수립으로부터 기본 전략의 개발, 추진 시스템 구축 및 추진 동력의 확보 등이 단계적으로 추진하고자 한 점이다. 이는 국가 정책 결정 과정에서의 합리성과 체계성을 확보하는 과정으로 볼 수 있고 실제 추진 역량을 구축하는 의미를 갖는다. 특히 한국어 국외 보급 정책 개발에 있어서 아직은 국가 역량이 한계가 있는 상황에서 민간 전문가 집단과 협력한 점, 언론의 지지를 끌어내고자 한 점 등은 이전의 정책과 차별성을 갖는다.

이와 함께 세종학당의 추진에서 드러나는 점은 세종학당 추진의 중장기적 비전에 따라 지역 거점으로 활용할 수 있는 역내 대표적인 대학과 협력하여 세종학당을 개설하였다는 점이다. 세종학당의 추진 유형으로 현지 대학과의 협력 추진, 현지 한국문화원과의 협력 추진, 국립국어원의 현지 직접 설립 등을 들고 있으나 초기에 예산 확보가 쉽지 않고 현지 교육 여건의 확보가 쉽지 않은 상황에서 기존의 대표적인 교육 시설을 활용하고자 하였다. 이는 국립국어원이 세종학당을 추진하는 과정에서 저비용 고효율이라는 추진의 원칙에 따른 것으로 예산 확보가 쉽지 않은 상황에서의 선택으로 볼 수 있다.

그러나 추진 과정에서 문제점으로 지적할 수 있는 것도 적지 않다. 대표적인 예로 세종학당의 추진 과정에서 현실적으로 예상되는 장애 요인에 대한 극복 전략이 부족하였다는 점이다. 한국어 국외 보급이 정부 내 여러 부서에 중첩되는 사안이고 예산의 확보가 현실적인 추진력의 요체가 되는 상황에서, 정부 내 유관 부서와의 협력 노력이 부족했고 추진 예산의 확보 노력에 한계가 있었다는 점은 이후 세종학당 추진에 있어 지속적으로 걸림돌이 되었다.

이와 함께 현지 개별 세종학당의 설립에 있어 중장기적 로드 맵이 구체적으로 설정되지 않은 점 또한 추진 과정에서 나타난 문제점이다. 이전에 존재하지 않았던 전인미답의 길을 개척하는 과정에서 성과도 중요하지만 매 단계 정책 추진의 우선순위와 합리성을 확보하는 것이 필요하다. 다시 말하면 세종학당의 미래의 청사진에 대한 합의를 끌어내고 각 단계 별 추진 전략이 구체화될 필요가 있었다. 여기에는 지역별 분포, 개별 세종학당의 유형, 투입 예산의 규모와 학보 방안 등이 좀 더 세부적으로 논의되어야 할 것이다.

세종학당의 추진 과정에서 나타나는 또 하나의 문제점은 목표가 거창한 만큼 이를 맡아 주관할 전담 부서의 설치가 없었다는 점이다. 세종학당의 추진이 기존 한국어 국외 보급 정책과는 규모와 내용 면에서 큰 차이를 갖는 만큼 이를 전담할 부서가 필요하였다. 그러나 기존의 부서에 업무를 맡김으로써 세종학당 추진 업무 담당자의 과부하는 불 보듯 뻔한 일이 되었다. 비록 예산과 직제 개편상의 한계가 있었겠지만 태스크포스팀을 설치하는 일이 초기 단계의 추진 시스템의 구축이라는 점에서 절실히 요구되었다.

3.2 설립 목적, 교육 목표, 교육 대상에 대한 평가

국립국어원의 세종학당 설립의 목적과 교육 목표 설정의 평가는 다음의 두 가지 측면에서 살펴볼 수 있을 것이다. 하나는 설립의 배경 및 이념의 측면에서 이를 얼마나 잘 반영하고 있는가 하는 점이며 다른 하나는 현실적으로 실현이 가능한가 하는 점이다.

우선 설립의 배경 및 이념의 측면에서 볼 때 국립국어원이 현 시점의 시대사적 흐름을 직시하고 이를 반영하고자 한 것을 엿볼 수 있다. 다시 말해 냉전, 이데올로기의 시대가 지나면서 전 세계가 지구화, 세계화의 큰 흐름 속에서 자국의 위상 및 역할 강화를 시도하되 이는 과거 침탈과 지배 방식보다는 상호협력과 공존의 가치를 중시한다는 점, 민족의 가치를 중시한다는 점, 문화 등 소프트 파워를 중시한다는 점 등을 고려할 때 한민족이 고르게 분포되어 있고 역사적으로 어느 정도의 동질감을 형성하고 있는 동북아 지역을 대상으로 한민족 문화권 형성을 목표로 한 점은 긍정적인 평가를 받을 수 있다. 그리고 그 과정에서 문화상호주의를 표방한 점은 이러한 시대사적 변화 속에서의 가치 기준을 존중한 것으로 볼 수 있다.

이와 함께 세종학당은 실용 한국어의 보급을 주요 추진 내용으로 설정하였다. 과거 국외 주요 대학에서 소수의 전공자에 대한 전공 한국어 또는 일반 대학생의 교양 과목으로 한국어가 다루어지던 상황에서 한류, 고용허가제 등으로 현지 일반인의 한국어 학습 목적이 실용성을 갖게 되는 상황에서 이를 반영하고자 한 것으로 볼 수 있다.

그러나 이러한 설립 목적, 교육 목표, 교육 대상의 설정이 의미를 갖는다 해도 실제 추진 과정에서 어느 정도 실현하였는지에 대한 평가는 보는 이에 따라 다르다. 국립국어원의 정책 추진 의지가 강하다고는 하지만 실제로 현지 한국어 교육 환경 및 한국어 교육계 역량을 볼 때 이러한 목표를 구현하기 위해서는 적지 않은 예산과 노력이 요구된다. 지금까지의 국외 한국어 교육의 발전이 주요 대학을 중심으로 하고 대학 내 교육을 주목적과 목표로 하여 발전해 온 만큼 새로운 목표와 대상의 설정은 그 만큼의 실천적 대안을 요구하는 것이다. 뿐만 아니라 재외동포보다는 현지 일반인을 주 대상으로 설정하였다고는 하나 일부 지역의 경우 현지인과 재외동포 사이의 구분이 불명확하기도 하고 재외동포 학습자의 학습 의지에 대한 통제라는 것이 현실적으로 가능할까 하는 점은 여전히 의문이다. 다시 말해 세종학당이 추진되는 현지에서 재외동포가 수강을 희망한다 할 때 현실적으로 제한을 두기가 쉽지 않을 것이기 때문이다. 국가 자원의 효율적 배분이라는 점에서 제한된 예산의 사용에 우선순위를 두어 세종학당이 추진된 일부 지역의 경우 현지인에게 우선 학습 기회를 준다 해도 실행하는 데 어려움이 있을 것이다.

4. 한국어 국외 보급 역사의 측면에서 본 세종학당 추진의 의의

세종학당의 추진은 한국어 국외 확산과 이를 통한 국익의 실현을 위한 우리 정부의 새로운 접근 방식으로서의 의의를 갖는다.

그동안 한국어의 국외 확산과 관련하여 한국 정부의 노력은 국제 교육 협력의 증진과 재외동포 민족 교육(교육인적자원부), 한국의 민족 문화 유산인 한국어의 국외 보급(문화관광부), 한국어와 한국 문화 이해를 통한 국제 교류의 증진(외교통상부)이라는 3원 체제를 유지해 왔다. 여기에 최근에 국제 노동력의 유입과 결혼 이주여성의 증가 등에 따른 다문화 사회의 진전으로 관련 부서의 한국어 교육 참여가 늘고 있다. 즉, 지금까지의 한국어 교육에 참여한 정부 관련 행위자는 크게 교육부 → 문화부 + 교육부 → 문화부 + 교육부 + 외교통상부에서 최근에 노동부, 산업자원부, 여성가족부, 농림부 등으로 크게 확대되었다.

한국어 국외 확산과 관련한 이러한 전반적인 흐름에 비추어 볼 때 세종학당 운영 계획이 갖는 의의는 다음과 같다.

첫째, 한국어 국외 확산의 핵심부서(기관)인 문화관광부(국립국어원)가 현 시대적 흐름에 배경을 두고 구체적인 사업 추진 목표를 설정하였다는 점이다. 이는 문화관광부(국립국어원)가 지금까지 한국어의 국외 확산을 추구하면서도 비전이나 목표 제시가 분명하지 않았던 점에 비추어 괄목할만한 상황 진전으로 볼 수 있다. 특히 국가 성장 동력의 확보, 아시아적 문화 공동체의 실현, 다인종 다민족 국가의 준비, 소통 나눔의 한국어 교육이라는 목표는 현 시대 흐름을 적절히 반영하고 있다. 세종학당 추진의 실무 책임자가 최근에 밝힌 세종학당 추진의 3대 목표,[3] 즉 1) 지식인 중심에서 대중 중심으로, 한국학 연구자 중심에서 현지 일반 국민을 대상으로, 2) 문화상호주의에 입각한 한류의 확산과 문화의 교류, 한국어 교육 진흥, 3) 아시아적 문화 연대와 현지인 노동 인력의 고용 창출을 통한 한국 문화의 교류와 한국어 교육의 진흥은 최근 한국어 교육 환경의 변화에 대한 적절한 현실 인식으로 보이며 세종학당 추진의 정당성을 강화할 수 있는 것으로 평가된다.

둘째, 사업 추진 전략과 계획의 측면에서 중장기적 관점을 취하고 있다는 점이다. 지금까지의 외국어로서의 한국어 교육은 수요의 증가에 따른 공급의 확충이라는 점에서 극히 대중적이고 지엽적인 확대 전략이었다는 한계를 갖고 있다. 이러다 보니 발전 목표의 설정이나 성과의 분석이 1년을 넘지 못하는 경우가 대부분이고 투입 예산이나 추진의 내용은 총체적이라기보다는 세부적인 쟁점의 해결 수준을 넘는 일이 그리 많지 않았다. 이런 맥락에서 볼 때 1995년부터 1997년까지 3년의 연구기간을 거쳐 시행에 들어간 한국어능력시험의 개발이나 2000년부터 2005년까지 문화관광부와 한국어세계화추진위원회가 중기적 차원에서의 진행한 한국어 국외보급 사업은 의미를 갖는 일이다. 세종학당과 같은 10년 단위의 장기적 목표의 설정과 추진의 예는 찾을 수 없으며 투입 예산의 규모 역시 지금까지의 한국어 국외 보급 사업과는 비교가 되지 않는 것으로 성공적으로 진행이 될 경우 한국어 교육계에 끼치는 매우 클 것으로 기대된다.

셋째, 구체적인 사업 내용에 있어 현지인 중심의 대중적 쌍방향의 한국어 문화 교육 추진은 현 시대적 흐름을 반영하는 것으로 의미가 있다. 특히 지금까지의 한국어

---

3 이는 국립국어원의 국어교육진흥부장이 2007년 11월 3일 이중언어학회 전국학술대회에서 발표한 것이다.

교육이 국내외 공히 대학 교육 중심 또는 재외동포 교육 기관 중심이었다는 특징을 갖고 있었다는 점에서 '낮은 곳으로의 확산'을 추구하는 점은 의미가 있다. 앞에서 살펴본 바와 같이 최근 국외에서의 한국어 교육 수요의 증가가 한류 기반이나 외국인 고용허가제 한국어능력시험의 실시에서 비롯되는 경우가 많아 정규 교육 기관 밖에 존재하고 있는 만큼 일반 대중으로의 확산은 시의성을 갖는다. 이를 통하여 일반 대중을 대상으로 하는 한국어 교육이 확대될 경우 21세기 시대적 특징으로 거론된 국제화, 세계화, 정보화, 문화의 시대에 걸맞는 한국어 교육의 실시로서의 의미가 배가될 것이다.

5. 세종학당 추진의 과제

앞에서 살펴본 바와 같이 세종학당의 추진은 시대사적 의미를 갖고 있고 추진 과정 및 전략에 있어 종래의 한국어 국외 확산 노력과는 다른 새로운 도전이다. 성공적으로 추진될 경우 기대되는 효과 역시 한국어 국외 확산의 새로운 장을 여는 의미를 가질 것이다. 이와 같이 전례가 없는 한국어 국외 확산 노력인 만큼 해결해야 할 과제도 적지 않다. 이 이를 정리하면 다음과 같다.

첫째, 세종학당의 대두 배경, 실제 추진의 방향, 향후 추진의 방향 등에 대한 진지한 논의가 필요하다. 세종학당의 추진이 문화관광부가 2007년도 신년 업무 보고와 관련하여 가진 기자 간담회에서 공식화되기 시작하였다고 하나 거슬러 올라가면 최초의 발단은 동북아시대추진위원회이다. 세종학당 추진의 이념적 배경에는 이 최초의 배경이 크게 작용하고 있고 실제 추진에 있어서도 이를 엿볼 수 있다. 이 역시 국가 차원의 아젠다가 되나 겉으로 드러나 논의되는 것은 한국어의 국외 확산이라는 보편적 성격의 정책이다. 세종학당이 본격적으로 추진되는 상황에서 이념적 배경, 추진 방향에 대한 진지한 검토와 함께 관련 역량을 총동원할 수 있는 지혜가 필요하다. 이는 특히 최근의 변화하는 한국어 교육 환경에 우리 정부의 정책적 지향점을 정하는 데 중요한 기준이 될 것이다.

둘째, 세종학당의 추진이 적절한 의사결정과정과 유관부서와의 협조 체계를 유지하면서 추진되고 있는가 하는 점이다. 한국어의 국외 보급과 관련하여 여러 부서가 관련 활동을 전개해 오고 있으나 그 대상 지역은 동일하다. 다만 교육의 목표와 피교육자군의 차별화가 가능한 바 이는 너무나 광범위하여 우리 정부의 어느 특정 부서만의 역량으로는 해결할 수 없다. 이런 상황에서 세종학당의 추진이 자칫 우리 정부의 한국어 국외 보급 노력의 혼선으로 비쳐져서는 안 될 것이고 상호 협력을 통한 역할 분담과 상호협력을 통한 상승효과를 가져오는 방향으로 전개되어야 할 것이다. 이런 측면에서 볼 때 거대한 규모를 예정하고 있는 세종학당의 추진이 기존의 다양한 한국어 국외 보급 노력과 조화를 이루는 방향으로 나아가야 할 것이다.

셋째, 추진의 효율성 검증의 문제이다. 지금까지의 추진이 목표를 정한 이후 이를 달성하기 위한 성과 위주의 추진이 아니었는지를 점검할 필요가 있다. 세종학당 추진의 초기 이념과 목적, 목표가 적절하게 구현되고 있는지, 전략의 개발은 적절한지, 업무의 추진은 효율적인지, 다양한 유관 인사 내지는 유관 단체와의 협력은 잘 이루어지고 있는지 등 추진과 관련한 총체적인 점검이 요구된다. 이렇게 볼 때 세종학당 운영본부 구성 및 효율적인 운영이 요구된다. 이미 국외에서의 세종학당 추진은 상당히 진전되어 왔다. 이를 추진하고 뒷받침할 수 있는 제도의 구축이 필요한 시점이다. 이를 통하여 의사결정 체계, 의사견정 과정에 대한 합리성, 체계성을 확보하여야 할 것이다. 관련 전문가로 구성된 자문위원회가 수차례 열리고 중요 현안을 논의하였지만 실질적인 추진은 세종학당 운영본부가 맡아야 할 것이다.

넷째, 민간 전문가와의 협력을 더욱 도모하여야 한다. 지금까지 우리 정부의 한국어 국외 보급 노력은 역사나 규모 등에서 미약한 것으로 평가되고 있다. 이와 함께 정부 내에 이러한 업무를 효율적으로 추진할 전문 관료의 존재도 그리 많지 않다. 앞에서 여러 번 언급한 바와 같이 국내의 한국어 교육은 정부가 관여하기 전에 민간이 주도하여 왔다. 즉 정부의 참여도 늦었지만 정부 내 관련 전문가의 충원도 더딘 상태이다. 그러면서도 현 시점에서 볼 때 아직도 민간 전문가와 협력이 효율적으로 이루어지고 있는가 하는 점에 대한 의견은 다양하게 나오고 있다. 세종학당이 장대한 목표를 가지고 나아간다면 교육 내적인 측면, 교육 정책의 측면에서 민간 전문가의 지원을 받아야 한다. 다행히 지금까지 세종학당 추진에 있어 보여준 바는 비교적 원만하게 민간 전문가와 협력을 도모하였다는 점이다. 앞으로 세종학당의 성공적 추진을 위하여 민간 전문가의 역량을 더욱 적극적으로 동원할 필요가 있다.

다섯째, 언론 등 여론의 지지를 끌어내야 한다. 국가 차원의 아젠다로서 확고하게 자리 잡고, 아직은 미답의 모험의 길을 걷는다면 우호 세력의 확보가 필요하다. 기자 간담회 등을 적극적으로 추진할 필요가 있다. 이와 함께 여타 중앙부서, 산하기관과의 협력도 더욱 강화할 필요가 있다. 한국어 교육은 아직도 파일이 커지고 있는 상태인 만큼 어느 단일 부서 내지는 기관만의 역량으로는 현안을 해결할 수가 없다. 세종학당의 추진 주체는 유관부서, 기관과의 협조를 통해 국외 한국어 교육 현장의 다양한 요구와 과제를 해결하는 중심 행위자의 기능도 함께 수행해야 할 것이다.

여섯째, 현지와의 유기적인 협조체계 및 관리 감독 체계의 구축이 필요하다. 중앙 통제의 경우에는 원격 관리에 어려움이 있고, 자율 분산 운영의 경우에는 현장 관리에 어려움이 있는데 이를 극복할 수 있는 대안이 요구된다. 즉 중앙에서의 적절한 통제와 현장에서의 적절한 관리가 이루어져야 하며 중앙과 현장간의 유기적인 업무 협조 체제의 구축이 요구된다. 특히 세종학당이 추진되고 있는 지역은 우리나라보다 정치, 경제, 문화, 교육 등 사회 전반적인 측면에서 인프라 구축이 뒤떨어지고 한국어 교육과 관련해서도 파행성이 노출되고 있다. 우리 정부의 지원이 소기의 목적을 달성하기 위해서는 현지에서의 정책 추진 상에 문제가 없도록 하는 데에도 각별한 관심을 기울여야 한다.

마지막으로 초기 단계의 성과 분석이 필요하다. 장대한 목표를 가지고 추진되는 정책인 만큼 초기 단계의 정책 추진에 대한 냉철한 검토가 필요하다. 한국 정부의 국외 한국어 발전을 위한 노력이 국가적 차원에서 총체적으로 전개된 예가 그리 많지 않기 때문에 세종학당의 추진이 참고할만한 정책적 사례도 많지 않다. 더욱이 세종학당의 추진은 최근의 변화하는 국외 한국어 교육 환경의 특성을 배경으로 하는 만큼 기존의 정책 사례에서 얻을 실증적 데이터가 넉넉하지 않다. 새롭게 추진하는 정책인 만큼 초기 추진 내용에 대한 평가를 통해 안정적이고 지속적인 추진을 위한 방안을 모색해야 할 것이다.

Ⅲ. 한류 기반 학습자를 대상으로 하는 한국어 교육 지원 정책 [1]

1. 들어가기

본 연구의 목적은 한류 기반 한국어 학습자를 대상으로 하는 한국어 교육 지원 정책의 실제를 세종학당 추진 정책을 중심으로 살펴보고 개선 방안을 제시하는 데에 있다.

최근 국외 한국어 교육 현장에서 나타나는 가장 큰 특징 중의 하나는 한류 애호가의 한국어 학습 참여이다. 그리고 세종학당 추진 정책은 국가 차원에서 추진하는 국외 한국어 교육 지원 정책의 대표적인 사례이다. 이에 따라 현시점 세종학당 추진 정책이 한류 애호가의 한국어 학습을 얼마나 효율적으로 지원하고 있는지를 살펴보고 좀 더 효율적인 지원을 위한 몇몇 방안을 제시하고자 한다.

2007년에 최초 설립된 세종학당은 시간이 지나면서 개설 국가와 개소 수가 지속적으로 늘어 2023년 3월 기준으로 84개국에 244개소가 설치되어 있다. 이와 함께 최초 개설 이후 16년이 지나는 동안 교육과정, 교육자료, 교원 역량, 평가 체계, 문화 교육 등 한국어와 한국문화 교육 관련 기반을 구축하고 콘텐츠, 프로그램의 개발이 고도화되어 왔으며 지금도 그러한 노력은 가열차게 진행되고 있다. 이는 세종학

---

1 이 글의 원문은 조항록(주저자), 김소희(공동 저자)의 '한류 기반 학습자를 대상으로 하는 한국어 교육지원 정책 – 세종학당 추진 정책을 중심으로 –'(우리말 연구 제73집)(2023년 4월)로서 공동 저자의 동의를 받아 이 책에 수록하였음을 밝힌다.

당의 교육 성과를 키우고 대외적인 신인도를 높여 본연의 기능과 역할을 성공적으로 수행하도록 하는 기반이 된다.

한국 정부의 세종학당 추진 정책에서 한류는 정책 추진의 목표가 되기도 했고 한류 애호가의 증가는 세종학당 학습자의 기반이 되고 있으며 한류는 교육 콘텐츠를 제공하기도 한다. 이렇게 볼 때 세종학당 추진 정책과 한류는 불가분의 관계로서 세종학당 추진에 있어서 한류 관련성을 고려하고 한류 애호가를 대상으로 하고 한류의 확산에도 기여하는 전략의 채택은 정당성을 갖는다. 실제로 세종학당재단은 신규 세종학당 선정 시의 평가 요인 중 하나로 현지의 한국 문화 전파 수준을 제시한다. 그리고 세종학당 추진의 목표로 '세종학당 운영 내실화 및 문화 교류 활성화로 세계 속한류 확산 정책 기여 강화'를 내세운 점은 이를 확인해 주는 예이다(조항록 2019).

그렇다면 그동안의 세종학당 추진에 있어서 한류는 어떤 의미가 있고 한류 기반 학습자를 위한 정책적 지원은 어떠한가? 유감스럽게도 이와 관련한 실증적인 자료와 연구 성과물은 그리 많지 않다. 예를 들어 세종학당 수강생 중 한류 애호가의 비중이 어느 정도이고 이들의 학습 전략은 어떠한지, 한류 애호가의 한국어 학습은 어느 정도의 지속성을 갖는지, 한국 정부는 한류 애호가의 한국어 학습을 위하여 어떤 정책적인 지원을 해오고 있는지에 대한 실증적인 논의의 예는 그리 많지 않다. 이러한 배경에서 본 연구는 한류와 한국어 학습의 상관 관계를 우선 살펴보고 정책적인 측면에서 한류 기반 한국어 학습자[2]에 대한 한국어 교육 지원 방안을 논하고자 한다.

---

2   본 연구에서 한류 기반 학습자라는 용어를 사용하는데 이의 개념은 조항록(2008)에서 논의한 바에 바탕을 둔다. 조항록(2008)에서는 당시 한국어 교육 환경을 논하면서 한국어 학습자 증가의 주된 요인 중 하나로 한류 확산을 들었으며, 한류를 먼저 접한 후에 한류 향유 등을 목적으로 한국어 학습에 진입하는 학습자에 대하여 한류 기반 학습자로 칭하였다.

2. 선행 연구

2000년대 초반 이후 한류가 지속적으로 확산되고 한류 확산 지역에서 한국어 학습 수요가 크게 일면서 한류와 한국어 교육과의 관련성을 논한 연구를 흔하게 볼 수 있다. 한류와 한국어 교육 관련성에 관한 연구는 여러 측면에서 산출되고 있는데 대체로 초기에는 한류 현황과 한국어 교육 관련성 연구가 주를 이루었고 시간이 지나면서 한류 기반 학습자를 대상으로 하는 효과적인 교육 방안이 주를 이루는데 교육과정, 교육 자료, 문화 교육 등이 주된 내용이었다. 이후 최근 들어 나타나고 있는 가장 큰 특징은 한류 콘텐츠를 활용한 한국어 교육 방안으로서 이는 교육과정, 교재, 의사소통 기능 교육 등과 연관을 지어 논의가 되고 있다.

이러한 전반적인 연구 동향과 함께 본 연구와 관련이 있는 교육 지원 정책과 관련한 연구도 간간이 산출되고 있는데 변지영·정헌주(2018), 성혜진(2019), 김선정(2019), 김명광(2020), 장향실(2021) 등이 대표적이다. 변지영·정헌주(2018)는 일정 기간 동안 신규 선정되는 세종학당 개소 수를 지역별로 살펴보고 선정 근거가 타당한지를 논하면서 사회 문화적 요인이 중심이 되고 있음은 의미가 크나 산업적 수요 및 정치적 관계 등도 고려하고 지역적 불균형성에 대한 비판에도 귀를 기울여야 함을 제기하였다. 성혜진(2019)은 정책분석 관점에서 세종학당 추진 정책을 살펴보면서 정책 집행의 효율성을 위한 다양한 방안을 제시하고 있으며, 김선정(2019)에서는 해외 정규교육기관을 통한 한국어 교육 활성화 방안을 논하면서 하나의 방안으로 K-pop, K-drama와 같은 한국문화 사업과 한국어 국외 보급 사업의 연계가 중요함을 제시하였다.

김명광(2020)은 미국으로 한정하였지만 본 연구와 성격이 가장 유사한 연구로서 Google Trend, Noxinfluencer, Social Blade와 같은 공개된 프로그램에서 BTS 검색어의 계량적 추이와 세종학당 학습자 수 등 한국어 교육 변화 사이의 상관 관계를 분석하여 양자 사이에 정적 영향 관계가 성립함을 확인하였다. 이는 한류와 한국어 교육 발전 논의를 뒷받침하는 실증적 자료 제시라는 점에서 의미를 갖는 것으로 볼 수 있다. 한편 장향실(2021)에서는 신북방 지역 한국어 교육의 현황 및 발전 방안을 논하면서 이들 지역의 세종학당과 한국어 강좌가 개설된 대학에서 한류 충성 팬들의 한국어 학습을 유도할 수 있는 방안이 필요함을 제시하였다. 이의 구체적인 방안으로 한국어 학습의 문턱을 낮추는 일과 IT 기반의 콘텐츠 활용이 중요함을 제시하였다.

이상에서 살펴본 바와 같이 한류의 확산은 국외에서의 한국어 교육 확대와 밀접한 관련이 있고 세종학당이 이러한 논의에서 주된 교육 현장이 되고 있음은 분명해 보인다. 이에 따라 한류를 활용하여 한국어 학습자를 늘리기 위하여 세종학당의 개소 수를 늘리고 운영을 효율화함과 동시에 다양한 교육적 개선이 요구되고 있음도 알 수 있다. 본 연구는 한류와 세종학당 교육 관련성에 대한 그동안의 다양한 연구를 바탕으로 하면서 한류의 확산으로 유발되는 한국어 학습자를 세종학당이 효율적으로 수용하고 이들이 지속적으로 학습할 수 있도록 하기 위한 정책적 지원 방안을 논하고자 한다.

3. 한류-한국어학습 관계 구조

일반적으로 문화의 확산이 언어의 확산을 앞선다는 것은 보편적 인식이다. 그리고 문화의 향유를 위하여 언어 학습의 요구가 발생하는 것 역시 보편적으로 받아들일 수 있으며 한국어 학습과 관련하여 한류가 한국어 학습을 유발하고 있다는 실제적인 사례가 많다.

한류 확산의 초기에 한류가 한국어 학습에 영향을 준 실제적인 사례를 일본에서 찾을 수 있다. 2002년에 한국 드라마 겨울연가가 일본의 지상파를 통해 방영된 후 일본 내에서 한류 열풍이 거세게 불었음은 주지의 사실이다. 이 시기 한류 열풍은 한국어 학습 붐을 일으켜 2003년부터 2005년까지 대학 내 한국어 강좌 수강생 수가 매년 크게 증가했으며, 일반 대중을 대상으로 하는 NHK 방송의 한국어 강좌인 〈한글 강좌-안녕하십니까〉의 2004년 4월호 교재 판매 부수가 20만 부를 넘으면서 중국어를 추월하여 영어 다음으로 인기있는 강좌가 되기도 하였다. 이후 수년 동안 이 방송 교재는 매월 18만 부~20만 부가 팔림으로써 한국어 학습 열기가 대단하였음을

보여주었다.[3]

이와 같이 한류가 한국어 학습을 유발한다는 사실은 한류가 확산되는 동안 세계 곳곳에서 유사하게 나타나고 있다. 앞에서 제시한 일본의 사례는 한류 확산 초기의 사례이다. 2011년 기준 호주에서 한국어를 선택해 배우고 있는 학생은 모두 5758명으로 이는 2009년에 비해 90%나 급증한 것이고 남아시아 곳곳의 세종학당에 수강생이 폭증한 사례[4]는 한류 확산 중간 시기의 사례로 볼 수 있다. 이후 최근의 예로서 프랑스를 들 수 있는데 2015년 이후 최근에 이르기까지 프랑스 대학 내 한국(어)학과가 크게 늘고 고등학교에도 한국어 과목이 채택되고 대학입학시험에도 한국어 과목이 채택되고 한국(어)학과 입학 경쟁률이 수년 동안 10 대 1을 크게 웃도는 상황의 배경에 한류가 작용하고 있다.[5]

이와 함께 한류와 한국어 학습 사이의 관련성을 논하는 사례로는 이서구 외(2016) 등 여러 연구가 있는데 이들 연구에서는 한류 콘텐츠와 한류 선호도가 높을수록 한국어 학습 경향이 높고, 한국어 학습자 집단이 비학습자 집단에 비해 한류 충성도가 높은 것으로 나타난다.[6]

한편 한류가 한국어 학습을 유발하고 있음을 단적으로 제시하고 있는 최근의 사례로 대한민국 문화체육관광부 해외홍보문화원의 2023년 3월 9일자 정책 브리핑을 들 수 있다. 여기에서는 해외 한국어 학습 열기의 배경으로 한류 부상, 정부의 노력, 한국의 국제적 역할 증대 등을 들고 있다. 이 가운데 한류를 한국의 국제적 역할 증대와 함께 학습자 측면에서 한국어 학습 유발의 주요 요인이 되는 것으로 분석하고 있다.

---

3   이 시기 일본 내에서의 한국어 학습 열기에 대해서는 몇몇 언론 보도 내용과 학술적 논의에서 확인할 수 있다. 이와 관련한 것으로 머니투데이(2004. 6. 28), 경향신문(2006. 6. 12), 노마 히데키 · 나카지마 히토시(2005) 등이 있다.

4   세계 곳곳의 한글 배우기 열풍을 보도한 연합뉴스(2011. 10. 7)의 내용이다.

5   프랑스 대입시험 '바칼로레아'에 한국어를 공식 포함한다는 발표 이후 프랑스의 한국어 학습 열기에 관한 기사가 조선일보(2020. 7.19), 헤럴드경제(2017.01.15) 등에 보도되고 있다.

6   국외의 한국어 교육 현장에서 한류가 한국어 학습자를 유발한다는 논의는 쉽게 찾을 수 있는데 몇몇 예로 이서구 외(2016), 콕셀 튀르쾨쥬(2007), 정환승(2008), 남상영(2009), Tran Thi Thu Luong(2014), 왕혜숙(2016) 등을 들 수 있다.

이는 결국 언어와 문화의 불가분성에서 문화의 확산이 언어 학습 욕구를 가져오는 것으로서 문화와 언어 학습의 긍정적 관계가 있음을 의미한다. 즉 한류 확산으로 한국에 대한 긍정적 인식과 함께 한류 향유의 욕구가 증가함에 따라 한국어 학습 동기가 발생한다. 이러한 학습 동기로 한국어 학습에 참여하게 되고 이를 통해 한국어 사용자가 늘게 되고 이는 다시 한류 향유 수준을 높이게 되며 지속적으로 한국어 사용자를 양산하게 되는 선순환 구조가 가능할 것이다. 이를 도표로 제시하면 아래와 같다.

[도표 1] 한류-한국어 학습 선순환 구조

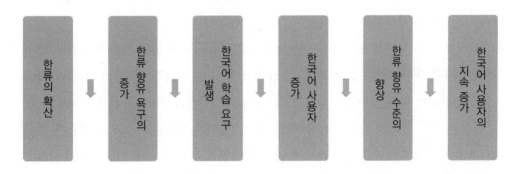

그러나 문화 기반의 언어 학습 요구가 바로 진정한 언어 학습으로 이어진다는 당위론이 성립하는지는 불분명하며 한국어 학습의 경우도 예외가 될 수 없다. 문화 향유는 다분히 감성적 행위이고 큰 비용이나 노력을 요하지 않는다. 이에 비하여 언어 학습은 인지적 행위이고 지속성을 요하며 경제적 비용과 상당 수준의 학습 에너지를 요하기 때문이다.

특히 한국어는 아직도 국제 사회에서 낯선 언어군에 속하며, 심지어 특정 모어권 학습자에게는 가장 배우기 어려운 언어군에 속하여[7] 언어 학습의 문지방[8]이 높을 수

---

7 미국 정부의 외국어 교육 기관인 FSI(Foreign Services Institute)가 규정한 학습 난이도에 따른 외국어 그룹은 모두 5개 그룹으로 가장 어려운 그룹인 V그룹에 한국어가 중국어, 일본어, 아랍어와 함께 포함되어 있다. 이 그룹에 속한 외국어는 일정 수준의 숙달도에 도달하는 데에 필요한 학습 시간이 그룹 IV의 2배, 그룹 I의 4배 정도가 된다(John Sweller and Paul Chandler, 2018).

8 언어 학습의 문지방은 Cummins(1976)에서 최초로 제시한 것으로 언어 학습에서 필연적으로 두 개의 문지방을 만나게 되는데 이 문지방을 넘을 때 언어 능력이 제대로 향상될 수 있음을 주된 내용으로 한다.

밖에 없다는 점 때문에 한류 기반의 한국어 학습자가 한국어 학습을 지속할 것이라고 단언하기가 어렵다.

실제로 한류 확산이 한국어 학습자를 양산하지만 지속적인 학습으로 이어지지 않고 있음을 단적으로 알 수 있는 예를 일본에서 찾을 수 있다. 앞에서 제시한 바와 같이 일본 내에서 2003년 이후 수년 간 대학 내와 일반 사회에서 한국어 학습자가 폭증하였지만 2006년부터 감소하는 것으로 나타난다. 이와 관련하여 일본 오사카대학의 한 교수는 "학습자는 늘었지만 양질의 교사가 부족하다. 무자격 의사의 민간요법이 허용된 것과 마찬가지"라고 하면서 한류 확산만으로는 한국어 학습 열기를 지속시킬 수 없음을 지적하고 있다.[9]

실제로 한류가 한국어 학습자를 지속적으로 증가시키지 못한다는 여러 연구가 이러한 논의를 뒷받침한다. 오문경(2013)에서 한류 기반 학습자에 대하여 잠재적 학습자로 규정함이 옳다는 주장이 있으며 왕혜숙(2016)에서는 미국 내 한국어 교육을 논하면서 한류가 한국어 학습을 시작하는 중요한 동기로 작용하고 있으나 한류의 영향이 과대 평가되고 있음을 지적하고 학습의 지속성에 관심을 가져야 한다고 주장하였다. 뿐만 아니라 세계 곳곳의 한국어 교육 현장에서 입문 내지는 초급 단계의 학습자 집단은 크지만 바로 상위 단계로 진급하는 학습자가 급감하여 심지어 학급 개설 자체가 쉽지 않은 사례를 빈번하게 된다.

이를 다시 정리하면 한류의 확산으로 한류 애호가의 한국어 학습 진입은 크게 늘지만 학습 초기에 높은 장벽을 만나 학습을 포기함으로 실제적으로는 한국어 지속 학습자를 증가시키는 데에 한계가 있다는 것으로 한류-한국어 학습 제한 관계 구조가 가능하다. 이를 도표로 제시하면 다음과 같다.

---

9 경향신문(2006. 6. 12) 기사 내용 참조

[도표 2] 한류–한국어 학습 제한 관계 구조

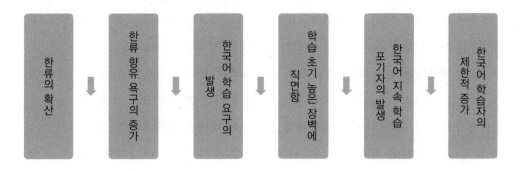

이렇게 볼 때 한류 확산으로부터 비롯되는 한류 기반 한국어 학습자와 관련해서는 지속 학습이 이루어지는 집단과 초기에 학습을 포기하는 집단으로 나누어 볼 수 있다. 따라서 조항록(2008)에서 논하듯이 한류의 확산으로부터 비롯되는 한국어 학습자 집단과 관련해서는 어떻게 하면 학습 초기의 장벽을 넘어 한국어 학습을 지속하는 실재적인 학습자 집단이 되도록 할 것인가에 대한 과제가 제기된다.

4. 한류 확산과 세종학당 추진 정책의 실제

4.1 기본 운영 방향과 교육 지원의 사례

앞에서도 언급한 바와 같이 한류는 세종학당 추진의 목표가 되기도 한다. 또한 한류 애호가의 증가는 세종학당 학습자의 기반이 되고 있으며 한류는 교육 콘텐츠 제공의 기능을 하기도 한다.

세종학당 정책을 추진하는 세종학당재단이 최근까지 세종학당 정책 추진 목표로 세종학당 운영 내실화 및 문화 교류 활성화로 세계 속 한류 확산 정책 기여 강화를 내세우기도 했다.[10] 이는 곧 한류와 세종학당 정책 사이에 밀접한 관련성이 밑바탕에 깔려 있음을 보여준다. 여기에다가 비록 한국 문화라는 용어를 사용하지만 한국 문화는 한국어와 함께 세종학당이 추진하는 정책의 두 수레 바퀴와 같다.[11]

특히 세종학당 정책 추진 초기에는 한류 관련성을 직접적으로 언급하지 않고 오히려 한민족문화권의 세계적 확대라는 이데올로기적 관점이 크게 작용했고 초기 추진 정책의 대상 지역이나 실제 세종학당 개설이 이러한 정책적 방향성에 따라 이루어졌던 것에 비하여 시간이 지나면서 이러한 초기 방향성은 어디에서도 찾을 수 없고 한국 문화를 한국어와 함께 명시적으로 내세우고 있음은 한류 확산을 바탕으로 하기 때문으로 보인다.

세종학당 추진 정책의 정당성이나 목표 설정이 한류-세종학당 추진 관련성을 고차원에서 논하는 것이라면 실제 세종학당 추진 과정에서 세종학당재단이 이루어낸 많은 성과가 한류와 어떤 관련성이 있는지를 살펴보는 것은 실제적인 논의가 될 것이다.

세종학당재단은 세종학당을 통한 한국어 교육을 효율적으로 실시하기 위하여 기본 운영 시스템의 구축, 교육과정 개발, 교육 자료 개발, 전문 교사의 육성, 학습자와 교사 지원 방안의 수립, 한국어 능력 평가 체계의 구축 등을 의욕적으로 진행해왔다. 이의 구체적인 예는 너무 방대하여 일일이 열거하기가 쉽지 않다. 분명한 것은 이러한 노력이 세종학당 추진 정책이 최초로 시작된 2007년 이후 불과 15년 남짓 지나는 동안 84개국 244개소의 세종학당 운영이라는 괄목할 만한 성장을 뒷받침해 왔다는 점이다.

이제 논점을 한류와의 관련성으로 좁힌다 할 때 세종학당재단이 세종학당 운영을

---

10 이는 최근 세종학당재단 홈페이지에 제시된 내용이다. 그리고 최근 홈페이지 개편 이후에 미션과 비전이 제시되어 있고 목표는 제시되어 있지 않다. 한편 세종학당 추진 정책과 한류 관련성을 단적으로 확인할 수 있는 하나의 예로 세종학당재단이 우상호 국회의원실과 공동으로 2019년 6월 5일에 국회에서 '한류 확산을 위한 세종학당의 역할과 전망 토론회'를 개최한 것을 들 수 있다.

11 국립국어원의 〈2007 세종학당백서〉를 보면 세종학당 정책 추진의 초기에는 중국의 연변, 몽골, 중앙아시아와 같이 한민족문화권을 대상으로 한 한국어와 한국문화의 보급을 정책 추진의 목표로 하였다. 그러나 시간이 지나면서 이러한 정책 추진 목표는 한류로 대표되는 한국문화 관련성으로 대체되어 온 것으로 보인다.

체계화하고 고도화함과 동시에 전문성을 키우기 위하여 역점적으로 추진한 연구 성과물에서 한류가 어느 정도 비중을 차지하였는지를 살펴볼 필요가 있다. 세종학당재단 홈페이지에는 2012년 재단 출범 이후 2022년까지 정책적으로 진행한 총 49건의 연구 개발 보고서를 〈교육콘텐츠 개발 연구〉, 〈교육과정 개발 연구 및 평가〉, 〈기타 연구〉로 나누어 공개하고 있는데 이들 보고서 중 제목에 한류 또는 한국문화가 포함된 보고서는 〈표1〉과 같이 13건에 달한다.

[표 1] 세종학당재단의 한국문화 교육 관련 연구 개발 보고서

순번	연도	보고서명	한류와의 관련성
1	2013	세종학당 문화교육 시범운영 및 실행모델 개발 연구	수요 조사를 하여 대중문화를 넘어선 내용 선정
2	2013	세종학당 한국문화교육 자료집	고전문화 '판소리'를 동일한 내용의 대중문화와 함께 제시
3	2014	세종학당 문화교육과정(2014) 개발 연구 최종 보고서	한류 관련 주제로 일부 항목 내용 구성
4	2014	세종학당 문화프로그램 실행 매뉴얼 개발 및 시범사업 연구	국외 한국문화 수요 증대에 의한 학습자층 변화를 반영
5	2015	세종한국문화(초급1) 교재 개발 최종 보고서	국외 한국문화 수요 증대에 의한 교재 개발 요구를 반영
6	2016	세종학당 문화교육과정(2016) 개발 연구 최종 보고서	한류에서 기인한 문화에 대한 욕구 반영하여 별도의 교육과정으로 개발
7	2016	세종학당 문화과정 모형 및 지침 개발	드라마, k-pop, 한식 등 반영하여 주제 선정
8	2016	세종한국문화(초급1) 시범운영 결과 연구 사업 최종보고서	온라인 세종학당과 연동된 동영상 콘텐츠 제공
9	2017	세종한국문화2 교재 개발 최종보고서	한류에서 기인한 문화에 대한 관심을 반영하여 단원 구성
10	2020	문화로 배우는 한국어 교육자료 개발 결과 보고서	음식 한류와 관련된 자료 개발
11	2020	한류콘텐츠를 활용한 온라인한국어 학습콘텐츠 개발사업 결과보고서	학습 도입에서 한류 드라마 활용한 영상으로 제시

12	2021	한류콘텐츠 활용 한국어 한국문화 학습 콘텐츠 개발 사업	드라마를 활용한 클립 영상 개발
13	2021	한국어 한국문화 콘텐츠 개발 사업 완료 보고서	한국어 표현 관련 클립 영상 개발

이를 볼 때 세종학당재단이 매년 1건 이상 한국 문화 내지는 한류와 관련한 세종학당 운영 연구를 정책적으로 추진해 온 것으로 볼 수 있다. 여기에다가 비록 제목에는 포함되지 않았지만 대부분의 연구에서 한류가 반영된 만큼 한류가 한국문화 교육에서 차지하는 비중이 크다는 점을 알 수 있다. 그러나 본 연구와 관련하여 의미있게 살펴볼 수 있는 것은 한류 기반 학습자와 관련된 독립적인 연구가 보이지 않는다는 점이다. 즉 한류 기반 학습자의 요구 조사, 한류 기반 학습자를 대상으로 하는 교수 방안 등이 여러 영역에서 다루어졌을 수도 있지만 학습자 집단에 대한 총체적이고 심층적인 연구가 확인되지 않는 점은 아쉬움으로 남는다.

4.2 세종학당 학습 단계별 학습자 분포

한류 확산과 세종학당 추진 정책의 관련성을 논할 때 한류 기반의 한국어 학습자가 세종학당을 통하여 얼마나 한국어 학습을 지속하는지는 중요한 의미를 갖는다. 앞에서 살펴본 바와 같이 한류와 한국어 학습 사이의 관계 구조는 한류의 확산으로 한국어 사용자가 증가하기도 하지만 반드시 그렇지 않을 수 있음도 쉽게 짐작할 수 있다. 이러한 서로 다른 결과를 가져오는 요인은 바로 한류 기반 한국어 학습자의 학습 지속성이다. 세종학당의 정규 과정[12]수강생 중 한류 기반 학습자가 다수를 이룬다는 점은 이미 널리 알려진 사실이다. 이들이 한국어 학습을 얼마나 지속하는지를 알 수 있는 지표 중 하나가 학습 단계별 학습자 분포이다. 즉 세종학당 수강생 중 한류 기반 학습자가 주를 이룬다고 할 때 초기 학습 시작 이후 얼마나 오래 학습을 지속하

---

12 여기에서 정규 과정으로 한정하는 것은 일부 세종학당의 경우 한류 기반 학습자로 볼 수 없는 결혼이민자 과정, 통번역 과정을 특별 과정으로 개설하고 있음을 고려한 것이다.

느지는 학습 단계별 학습자 분포를 통해서 알 수 있다.

세종학당의 일반 교육과정은 1A~4B의 8단계로 구성된다. 1A, 1B, 2A, 2B는 초급이며 3A, 3B, 4A, 4B는 중급이다. 각 단계는 표준형이 60시간, 축약형이 45시간, 확장형이 90시간으로 운영된다. 한류 애호가가 한국어 학습에 진입한다 할 때 한류가 학습 유발 요인이 되기 때문에 문화 향유 경험은 있지만 한국어를 선행 학습한 경우가 많지 않을 것이므로 일반적으로 1A로 진입하는 것으로 볼 수 있다. 이들의 최소한의 학습 지속성을 엿볼 수 있는 것은 이들의 진급률이다. 대체로 세종학당이 학습자 통계를 산출할 때 신입생 중 몇 명이 진급했는지보다는 매 학기 학습 단계별 수강생 수가 몇 명인지를 산출한다. 그러나 교원 수급 등 교육 공급 능력 때문에 매 학기 신입생 수는 대체로 큰 차이가 없기 때문에 학습 단계별 학생 수를 보면 학습 지속성을 어느 정도는 파악할 수 있다. 이를 알아보기 위하여 몇몇 세종학당 정규 과정의 사례를 제시하면 다음과 같다.

[표 2] 세종학당 1A, 1B 학습 단계 학습자 비교(2022년도 기준)[13]

학당명	소재 국가	초급 1A	초급 1B	초급1B/초급1A비율	비고
A 세종학당	태국	56	20	35.7%	
B 세종학당	몽골	488	191	39.1%	
C 세종학당	중국	48	8	16.7%	2023년기준
D 세종학당	베트남	271	115	42.4%	
E 세종학당	카자흐스탄	87	39	44.8%	
누계		950	373	39.3%	

위의 〈표2〉에서 볼 수 있듯이 1A 수강생 수 대비 1B 수강생 수 비율은 낮게는 16.7%에서 높게는 44.8%로 나타난다. 그리고 전체 평균은 39.3%로서 세 명 중 두

---

13 세종학당별 학습자 수가 공개되지 않아 전체적으로 1A와 1B 단계 학습자 비율을 산출하는 것은 불가능하다. 본 연구에서는 이러한 비율을 가늠할 수 있는 몇몇 세종학당의 사례를 현지 학당 종사자 등을 통하여 가능한 범위에서 조사하여 제시하였음을 밝힌다.

명은 학습을 지속하지 않는 것으로 나타난다. 비교적 한국과 지리적으로 인접하고 인적 교류가 활발한 아시아 지역의 세종학당의 사례가 이 정도라면 지리적 멀고 한국과의 인적 교류 수준이 상대적으로 낮은 유럽이나 남미 등의 세종학당에서는 그 비율이 더 낮을 수도 있으리라고 본다. 이렇게 볼 때 세종학당에서 지속적으로 학습을 이어나가는 학습자 비율이 높지 않음을 알 수 있으며 한류로부터 유발된 한국어 학습자의 학습 지속성은 중요한 논점이 될 수 있다고 본다.

4.3 한류 확산 수준과 세종학당 개설 관계

한류 애호가에게 한국어 학습 기회를 제공하는 가장 중심적인 정책이 세종학당 추진 정책이라고 할 때 한류 확산의 수준과 세종학당 설치 개소 수를 대비하는 것은 일정 수준 의미가 있다. 앞에서 살펴보았듯이 세종학당 추진 정책의 목표가 세종학당 운영 내실화 및 문화 교류 활성화로 세계 속 한류 확산 정책 기여 강화이고 한류와 한국어 학습 사이의 관련성이 크다는 점을 고려할 때 한류의 확산 수준은 세종학당 개설의 주요 근거로 작용해야 하며 실제로 그리 되고 있으리라고 본다.[14]

한류 확산 수준에 대해서는 다양한 자원에서 논의될 수 있으나 일반적으로 활용되는 두 개의 지표로 외교부 산하 한국국제교류재단이 연례적으로 발간하는 한류백서 내 한류동호회원 수와 문화체육관광부 산하의 한국국제문화교류재단이 발간하는 한류파급효과연구 내 한류심리지수(성장도)와 한류현황지수(인기도)에 따른 그룹 분류를 들 수 있다. 전자의 경우 한류동호회 회원 수를 연도별로 정리하여 증가 추이를 보여주고 있는데 아래 〈도표 3〉에서 보는 바와 같이 통계를 내기 시작한 2012년 이후 한 해를 제외하고는 매년 증가해서 2022년에 최고치를 나타내고 있다.

---

14 이는 세종학당재단 홈페이지의 세종학당 지정 심사 절차 및 방법에서 입지 여건(한국어·한국문화 수요 및 지역 파급효과)이 수행 능력, 교육 역량과 함께 3대 심사 영역 중 하나로 제시되어 있음을 볼 때 알 수 있다. 다만 세종학당 개설 원칙이 명시적으로 제시되지 않았고 실제로 세종학당 개설을 정하는 과정에서 현지의 한류 확산 수준이 얼마나 영향을 끼치는지는 공개된 예가 없기 때문에 이러한 논의가 절대적으로 타당성을 갖는 것은 아니다.

[도표 3] 연도별 한류동호회 회원 수

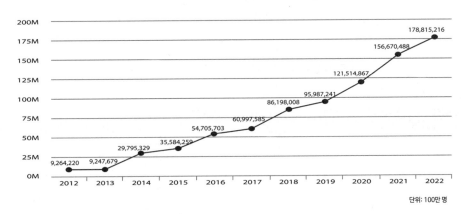

단위: 100만 명

이에 비하여 후자는 대상 연도의 한류 확산 수준을 도표로 제시하는데 아래의 〈도표 4〉와 같이 이의 최근 현황을 제시하면 2021년을 기준으로 할 때 한류쇠퇴그룹-소수 관심 그룹에 속하는 대표적인 나라는 보이지 않으며 모두가 중간 그룹 이상에 위치하고 있다.

[도표 4] 한류 확산 수준

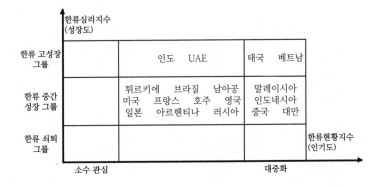

이러한 한류 확산 수준에 비추어서 세종학당 개설 수를 살펴보면 아래의 〈표 3〉과 같다. 우선 한류동회 회원 수 대비 세종학당 개설 수를 비교하면 일부 국가에서 비대칭을 발견할 수 있다, 물론 앞에서 언급한 바와 같이 한류 동호회 회원 수 등 한

류 지표가 세종학당 개설의 절대적인 원칙은 되지 않을 것이다. 그러나 중요 기준 중
의 하나가 될 것이라는 전제에서 본다면 현재 비대칭으로 나타나는 지역에 대한 좀
더 큰 관심을 가질 필요가 있을 것이다.

[표 3] 한류동호회 회원 수와 세종학당 개소 수[15]

2002년 기준

순위	국가명	인구수	회원 수 (단위: 명)	세종학당 수 (단위: 개)
1	중국	1,448,471,400	85,325,651	19
2	태국	70,078,203	16,841,110	5
3	미국	334,805,269	16,245,977	13
4	베트남	98,953,541	13,315,772	23
5	러시아	145,805,947	7,921,362	11
6	아르헨티나	46,010,234	5,082,947	1
7	케나다	38,388,419	5,000,180	3
8	방글라데시	167,885,689	3,268,514	2
9	호주	26,068,792	2,363,381	3
10	튀르키에	85,561,976	2,363,381	5
11	말레이시아	33,181,072	1,973,959	3
12	필리핀	112,508,994	1,881,050	7
10	대만	23,888,595	1,639,113	2
14	인도	1,406,631,776	1,517,976	6
15	요르단	11,337,052	1,463,818	1
16	칠레	19,629,590	1,106,727	1
17	페루	34,382,084	1,094,781	
18	멕시코	131,562,772	972,678	2
19	브라질	215,353,593	883,558	5
20	이탈리아	60,262,770	865,481	1

---

15 한류 동호회 회원 수는 한국국제교류재단이 발간하는 지구촌 한류현황, 인구 수는 Google 검색, 세종학당 개
  소 수는 세종학당재단 홈페이지를 참조하여 작성한 것임.

위의 표에서 볼 때 대표적으로 눈에 띄는 지역으로 한류동호회원의 수가 4위인 베트남에 23개소의 세종학당이 설치되어 있는 반면에 한류동호회 회원 수는 2위이지만 5개소가 설치되어 있는 태국을 들 수 있다. 그리고 한류동호회원 수 17위이지만 세종학당이 개설되어 있지 않은 페루, 한류동호회원 수 순위는 6위이지만 1곳이 개설되어 있는 아르헨티나의 경우도 눈에 띈다. 이 밖에도 여러 지역에서 한류동호회원의 규모와 세종학당 개소 수에 불균형이 나타나는 지역을 찾을 수 있다. 한편 한류 확산 수준과 세종학당 개소를 대비한 최근의 사례로 〈도표5〉를 참고할 수 있다.

[도표 5] 한류 확산과 세종학당 개설 현황(2021년)

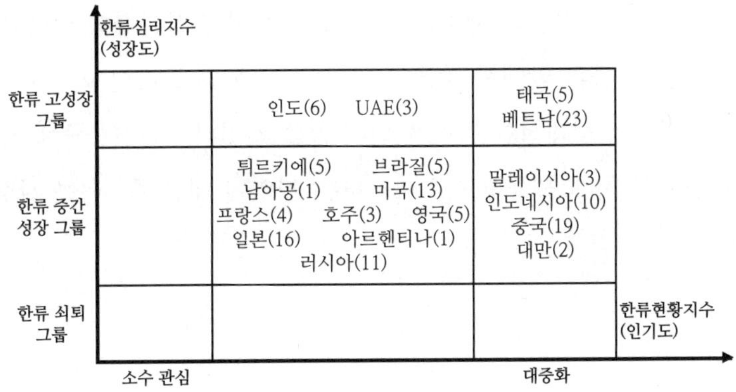

- ( )는 세종학당 현황
- 한류 확산 수준은 한국국제문화교류재단(2021), 세종학당 개소 수는 세종학당재단 홈페이지 참조

여기에서도 태국, 남아공, 대만, 인도 등 몇몇 지역에서 한류 확산 수준과 세종학당 개소 수 사이의 불균형을 찾을 수 있다. 다만 2019년도 조사 사례인 〈도표 6〉과 대비해 볼 때 남아공에 신규로 세종학당이 개설되고 인도, 인도네시아 등 한류 확산 수준이 높은 지역에서 최근에 세종학당 개소 수가 크게 늘어난 것은 의미있게 받아들일 수 있다.

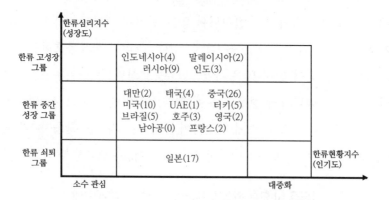

[도표 6] 한류 확산과 세종학당 개설 현황(2019년)[16]

한류심리지수
(성장도)

한류 고성장 그룹	인도네시아(4) 말레이시아(2) 러시아(9) 인도(3)	
한류 중간 성장 그룹	대만(2) 태국(4) 중국(26) 미국(10) UAE(1) 터키(5) 브라질(5) 호주(3) 영국(2) 남아공(0) 프랑스(2)	
한류 쇠퇴 그룹	일본(17)	한류현황지수 (인기도)

소수 관심   대중화

이렇게 볼 때 한류의 확산과 세종학당 개소 수 사이에 불균형이 나타나고 있는 점은 쉽게 알 수 있다. 물론 앞에서 언급한 바와 같이 한류 동호회 회원 수 등 한류 지표가 세종학당 개설의 절대적인 원칙은 되지 않을 것이다. 그러나 중요 기준 중의 하나가 된다는 점에서 현재 불균형으로 나타나는 지역에 대한 좀 더 큰 관심이 요구된다.

5. 한류 기반 학습자를 대상으로 하는 세종학당 추진 정책의 방향

이상에서 살펴본 한류-한국어 학습 관계 구조와 세종학당 추진 정책의 실제를 바탕으로 하여 세종학당 추진 정책에서 고려해야 할 몇 가지 대안을 제시하면 다음과 같다.

---

16 조항록(2019)에서 제시한 도표임.

5.1 학습자 중심 교육을 위한 정책적 지원

외국어 교육 현장에서 학습자 중심 교육이 중요함은 널리 알려진 사실이다. 기본적으로 학습자 중심 교육은 학습자가 어떤 배경과 동기에서 외국어를 학습하고 그들의 배경 변인은 어떠하며 학습 과정에서 사용하는 전략은 어떠한지 등을 파악하여 교수 학습에 적용하는 것을 전제로 한다. 이는 곧 학습 초기에 학습자 요구조사 등을 선행할 때 효과적이지만 일정 기간 학습 진행 후에도 파악할 필요가 있다. Sohn, Ho-min(1995)에서는 한국어 교재 개발 논의를 진행하는 과정에서 당시 외국어 교육의 주요 원리를 한국어 교육에 적용하면서 16가지의 원리를 제시하는데 그 중에서 학습자 중심성을 제1의 원리로 제시하였다. 여기에서 논하는 학습자 중심 교육은 학습자가 목표 언어를 사용해야 하는 상황에서 대응할 수 있는 능력을 키우는 방향으로 교수 학습이 이루어져야 함을 주된 내용으로 하며 이를 해결하기 위하여 소그룹 활동이나 짝 활동을 중심 활동으로 적용할 것을 제안한다. 그리고 이러한 활동은 특히 학습 초기 단계에 적용할 때 효과가 제일 크다고 강조한다.

학습자 중심 교육과 관련한 이러한 논의를 한류 기반 학습자를 대상으로 하는 교육 지원 정책과 연관할 때 다음의 세 가지를 제안할 수 있다.

하나는 세종학당 학습자에 대한 요구조사가 정례적으로 진행되어 교수 학습에 반영되어야 할 것이다. 이는 교육과정, 교육 자료, 교수 방식 등 교육 전반에 적용할 가치가 있다. 그러나 학습자 요구조사의 교육 반영은 개별 세종학당의 역량만으로는 한계가 있다. 조사 도구의 개발로부터 조사 결과 분석 및 반영 등을 세종학당재단이 총괄적으로 진행할 때 교육과정 개선 등 교육 전반에의 반영 수준이 높을 것이다. 널리 공개되지는 않았지만 세종학당재단과 개별 세종학당이 학습자 요구조사를 실시하여 반영하고 있으리라고 본다. 그러나 앞서 살펴본 바와 같이 정책적으로 추진해 온 연구 개발 보고서를 볼 때 총괄적이고 체계적인 학습자 요구조사의 사례는 찾기가 쉽지 않다.

다음으로 한류 콘텐츠의 적극 활용이다. 이미 세종학당재단이 수행한 여러 정책 연구에서 한류 콘텐츠의 활용 노력이 적극적으로 이루어지고 있음을 확인할 수 있다. 그러나 교육과정의 개발로부터 교육의 실행 전반에 있어서 한류 콘텐츠가 좀 더 폭넓고 적극적으로 활용되도록 정책적 차원에서 추진할 필요가 있다. 이미 오문경 (2013), 박한별(2019) 등 많은 연구에서 한류 콘텐츠의 활용이 한류 기반 학습자의 학습 동기를 강화하고 학습 효과를 높인다는 것을 논의하고 있다. 그러나 한류 콘텐츠의 적극적인 활용을 위해서는 각 학습 단계에 맞는 한류 콘텐츠의 선정부터 활용 방안까지 전문적인 연구가 필요하며 한류 콘텐츠의 저작권 등 행정적으로 해결해야 하는 일이 있다. 이러한 일은 개별 세종학당이 아닌 세종학당재단이 정책적으로 추진할 때 효율적일 것이다.

5.2 학습 지속성의 확보 방안 추진

앞에서 살펴본 바와 같이 세종학당 수강생의 학습 지속성은 높지 않은 것으로 보인다. 이의 원인은 여러 가지가 있겠지만 초기 단계 학습자가 한국어 학습의 문턱을 넘지 못하고 포기하는 것도 주된 원인 중 하나가 될 것이다. 한류-한국어 학습 관계 구조에서 논하였듯이 한류 기반 학습자는 다분히 한류를 접촉하면서 한국어 학습 욕구가 생긴 경우로서 한류와 한국어 학습 사이의 본질적인 차이를 극복하는 일은 쉽지 않을 것이다 학습자 측면에서도 동기 강화 능 학습 지속에 긍정적으로 작용하는 여러 요인이 요구되지만 교육을 담당하는 세종학당의 측면에서 어떻게 하면 한류 기반 학습자의 학습 지속을 이끌어내느냐는 중요한 과제가 된다.

세종학당재단이 학습자의 수료율 제고를 위하여 다각적으로 노력하고 있는 것으로 알려진다. 최근의 노력 중 하나로 2022년에는 세종학당 수료율 제고를 위한 의견 조사를 폭넓게 실시한 것으로 알려진다. 그러나 이 조사의 내용은 다분히 행□재정적 지원을 중심으로 하는 것으로 실제 교육 내적인 영역에서의 수료율 제고 방안과는 거리가 있다. 한류 기반의 학습자가 학습 과정에서 필연적으로 겪게 되는 학습 문지방을 어떻게 넘길 것인가와 같은 실제 교육 현장의 교수 학습 효과성 제고 방안 등이 정책적으로 모색되어야 할 것이다. 예를 들어 한국어와 현지어의 대조언어학적 접근이라든지, 한류 기반 학습자를 위한 한국어 문법 체계의 구축이라든지, 배우기 쉬운 한국어 문법 교수 방안의 모색과 같이 실제 교육 현장에서 학습자의 학습 과정에서 어려움을 덜 수 있는 방안이 정책적으로 추진될 필요가 있다. 여기에 학습 접근 성을 높이기 위하여 온라인 세종학당과의 연계도 적극 추진할 필요가 있다

최근 들어 세종학당에서의 한국어 과정 이수가 학습자에게 단지 한류 향유와 같 은 취미 목적의 학습 효과 이외에도 한국 입국 사증 취득 과정에서 혜택을 받는 등 사회적 이익 실현까지도 가능하게 되었다. 이러한 시점에 학습자에게 학습 과정상의 수월성을 제고해 준다면 학습 지속성이 좀 더 강화될 것이다. 앞의 한류-한국어 학 습 관계 구조에서 논한 바와 같이 한류 기반의 학습자가 갖는 특성상 학습 문지방을 넘을 수 있는 의지와 동기가 크지 않은 만큼 교육 공급자의 입장에서 학습 수월성을 제고하는 일은 매우 중요하다. 한류 기반 학습자에게 '어려운 한국어'가 아닌 '쉽고 재미있는 한국어'로 다가가도록 하는 노력이 필요하다. 그리고 이러한 학습 수월성 제고를 위한 다양한 노력은 개별 세종학당보다는 세종학당재단이 정책 연구 등을 통 하여 기반을 구축하고 개별 세종학당과 협력하는 정책적 추진이 효과가 클 것이다.

5.3 세종학당 지정 방식의 이원화

앞에서 살펴본 바와 같이 한류 기반 학습자가 참여하는 세종학당의 설치 현황이 한류 확산과 불균형을 이루는 지역이 있다. 즉 한류가 확산되어 한국어 학습 수요가 높을 것으로 예상되지만 세종학당이 설치되어 있지 않거나 설치 개소 수가 적어 한 국어 학습 기회를 적절히 제공하지 못하고 있다. 이의 근본적인 원인 중 하나는 세종 학당 지정 방식과도 관련이 있다. 그동안 세종학당재단이 여러 요소를 고려하고 공 정하고 적절하게 세종학당을 설치해 온 것을 부인할 수는 없다. 다만 한 가지 세종학 당 지정 방식에서 일부 보완이 이루어진다면 한류 확산과의 불균형을 일부나마 해소 할 수 있으리라고 본다.

이미 변지영·정헌주(2018)에서 기존의 세종학당 지정 방식이 최선인지에 대한 검토가 필요함을 제기하였다. 즉 지금은 기존의 교육기관 중에서 세종학당 운영을 원하는 경우 단독 또는 연계하여 신청하도록 하고 있다. 그리고 세종학당재단은 신 청 기관을 대상으로 하여 심사를 통하여 신규 세종학당으로 지정을 하고 운영을 지

원한다. 이는 여러 면에서 매우 효율적이다. 심사 과정을 통해 의지, 역량, 현지 여건 등 심사 기준과 관련한 제반 내용을 철저히 검증할 수 있으므로 성공적인 운영을 기대하도록 하고 지정 이후의 문제도 사전에 예방할 수 있다.

그러나 이러한 방식이 갖는 한계도 있다. 이는 세종학당의 설치가 결국 신청 기관만을 대상으로 한다는 점이다. 특히 선정의 공정성 확보라는 측면에서 신청 과정에서 신청 기관 규모를 통제할 수 없고 특정 기관과의 사전 협의도 매우 제한될 수밖에 없기 때문에 세종학당의 지역별 분포는 상당 부분 신청기관 현황에 종속된다. 이는 곧 앞에서 살펴본 바와 같이 한류 확산 규모, 수준과 세종학당 설치 사이의 불균형을 가져오는 요인이 된다. 따라서 특정 지역에 대해서는 전략적으로 세종학당을 설치하는 노력이 요구되는데 이러한 지역의 선정에서 한류 확산 수준과 기존의 세종학당 개소 수의 비교는 하나의 중요한 기준이 될 수 있다.

세종학당과 어느 면에서 유사한 기능을 하는 한국문화원의 경우 현지 사정을 고려하고 현지 요구를 반영하겠지만 설치 방식은 기관 공모 방식이 아니라 한국 정부 내에서 결정하는 방식을 택하고 있다. 세종학당의 경우에도 비록 수는 많지 않아도 일부 지역에 대해서는 정부가 전략 지역을 선정하여 세종학당 설치의 모든 과정에 적극 개입하는 방식을 병행할 필요가 있다.

6. 결론

지금까지 한류 기반 한국어 학습자를 위한 교육 지원 정책을 세종학당 추진 정책을 중심으로 살펴보았다. 한국 정부의 세종학당 추진 정책이 지난 20여 년 동안 진행되어 온 한류 확산으로부터 유발되는 한국어 학습자에게 효율적인 한국어 학습 기회를 제공해 온 것은 자타가 공인하는 사실이다. 시간이 지나면서 세종학당의 설치 개소 수가 크게 증가함에 따라 학습 기회를 제공하고 교육과정, 교육 자료, 교원, 평가 등 교육 운영의 제반 영역에서 날로 체계화되고 효율화되어 교육 성과가 지속적으로 커져왔음도 널리 알려진 사실이다.

여러 자료를 종합할 때 세종학당에서는 한류 기반 학습자가 중심을 이룬다. 한류 기반 학습자는 앞서 살펴본 바와 같이 한국어 학습의 지속이라는 측면에서 볼 때 선순환적 구조보다는 제한적 연계성을 갖는 것으로 볼 수 있다. 본 연구에서는 이러한 특성을 갖는 한류 기반 학습자에게 좀 더 효율적인 한국어 교육을 실시함으로써 세종학당 추진 사업의 성과를 극대화할 수 있는 몇몇 정책적 추진 방안을 논의하였다. 학습자 중심성을 좀 더 확보하고, 학습 지속성을 제고하며, 한류 확산과의 불균형성을 해소하는 일이 그것이다.

이러한 노력은 개별 세종학당 차원에서 진행되기보다는 세종학당재단 차원에서 정책적으로 추진할 때 실질적으로 실현이 가능하고 효과가 기대되는 일들이다. 그동안 세종학당 추진 정책의 성과에 대한 긍정적인 평가와 함께 본 연구에서 제기한 몇몇 대안에 대한 논의가 향후에 좀 더 진전되어 실제적으로 정책 추진에 반영이 된다면 한류의 확산으로부터 발생하는 한국어 학습자에게 좀 더 효율적인 한국어 학습 기회가 제공되리라 기대한다.

참고문헌

김명광(2020), 「BTS의 온라인 한국어 교육 영향도에 대한 일고 −미국 지역을 중심으로−」, 『국제어문』 85, 국제어문학회.

김선정(2019), 「해외 정규교육기관을 통한 한국어교육 활성화 방안: 한국교육원장 대상 설문조사를 바탕으로」, 『교육문화연구』 25−6, 인하대학교 교육연구소.

괵셀 튀르쾨쥬(2007), 「터키에서의 한류와 한국어 교육 현황」, 『한국언어문화학』 4−1, 국제한국언어문화학회.

남상영(2009), 「일본에서의 한류와 한국어 교육」, 『이중언어학』 39, 이중언어학회.

노마 히데키 · 나카지마 히토시(2005), 「일본의 한국어 교육」, 『한국어교육론 :한국어교육의 역사와 전망 3』, 국제한국어교육학회.

박한별(2019), 「한류 콘텐츠와 스마트폰을 활용한 취미 목적 한국어 수업 효과 연구 -싱가포르의 한국어 학습자를 대상으로-」, 『언어와 문화』 15-2, 한국언어문화교육학회.

변지영·정헌주(2018), 「한국의 공공외교와 세종학당: 2007-2015년 국가별 지정 요인에 관한 실증분석」, 『한국정치학회보』 52-2, 한국정치학회.

성혜진(2019), 「한국어 국외보급 활성화를 위한 세종학당 정책집행의 효율화 방안 연구 - 집행기관의 특성 분석을 중심으로 -」, 『한국언어문화학』 16-1, 국제한국언어문화학회.

국립국어원(2007), 『2007 세종학당백서』, 국립국어원.

한국국제교류재단(2022), 『2022 지구촌 한류 현황 분석 보고서』, 한국국제교류재단.

한국국제문화교류진흥원(2018), 『2018 한류파급효과 최종보고서』, 한국국제문화교류진흥원.

한국국제문화교류진흥원(2023), 『2023 해외 한류 실태조사 결과보고서』, 한국국제문화교류진흥원.

왕혜숙(2016), 「한국어 학습에 미치는 '한류'의 영향- 학습자들의 인식을 중심으로.『국제한국어교육학회 학술대회논문집』, 국제한국어교육학회.

오문경(2013), 「한류 콘텐츠를 활용한 한국어 국외 보급 정책 연구」, 한국외국어대학교 박사학위논문.

장향실(2021), 「신북방 지역 한국어 교육의 현황 및 발전을 위한 제언」, 『현대사회와 다문화』 11-4, 대구대학교 다문화사회정책연구소.

정환승(2008), 「태국에서의 한류와 한국어교육」, 『東南亞研究』 17-1, 한국외국어대학교 동남아연구소.

조항록(2008), 「한국어교육 환경의 변화와 발전을 위한 과제」, 『한국어 교육』 19, 국제한국어교육학회.

조항록(2019), '한류확산을 위한 세종학당의 역할과 전망' 주제 발표문」, 국회토론회(2019. 6. 5)

Tran Thi Thu Luong(2014), 「베트남에서의 한류와 한국어 교육 -호찌민시 소재 한국어학당의 사례를 중심으로-」, 『건지인문학』 11, 전북대학교 인문학연구소.

Cummins, J(1976), The influence of bilingualism on cognitive growth: A synthesis of research findings and explanatory hypotheses, Working Papers on Bilingualism 9.

John Sweller and Paul Chandler(2018), 『The Effectiveness of Language Learning Instruction in FSI Language Courses: A Quantitative Synthesis』, Defense Language Institute Foreign Language Center (DLIFLC) Press.

Lee, D. Y(2001), A comparative analysis of the Defense Language Institute and the Foreign Service Institute language courses, The Journal of Military History 65-3.

Sohn, Ho-min(1995), 『Perfomtance-based Principles and Proficiency Criteria for KFL Textbook Development』, Korean Education

〈웹 사이트 및 언론 보도 자료〉

세종학당재단 https://www.ksif.or.kr/

대한민국 정책브리핑, 해외홍보문화원 https://www.korea.kr/ (2023. 3. 9)

프랑스 대입시험 '바칼로레아'에 한국어 공식 포함, 헤럴드경제 (2017.01.15.)

'한류'타고 세계 곳곳 '한글 배우기' 열풍, 연합뉴스 (2011. 10. 7)

"너도 배우니?" 美·유럽, 한글에 빠져들다, 조선일보 (2020. 7.19)

日 한류붐 식었다?...한국어 수강자 급감, 경향신문 (2006. 6. 12)

'한국어'가 중국어를 앞질렀다, 머니투데이 (2004. 6. 28)

Ⅳ. 중도입국자녀를 대상으로 하는 한국어 교육 지원 정책 [1]

1. 들어가기

1.1 연구의 필요성 및 목적

본 연구는 그동안 교육부가 이주 배경 학생[2]을 대상으로 실시한 교육 지원 정책을 살펴보고 성과와 한계를 논한 후 대안을 제시함을 목적으로 한다. 주지하듯이 한국 내 이민자가 증가하고 이민의 유형도 다양해지면서 이주 배경 학생도 지속적으로 증가해 왔다. 그러나 이주 배경 학생이 갖는 독특하고 다양한 특성으로 이들이 공교육 내 진입에 어려움을 겪고, 진입한다 해도 적응에 어려움이 크다는 점은 익히 잘 알려진 사실이다. 이에 따라 교육부는 이주 배경 학생에 대한 교육 지원을 중요한 정책 이슈로 인식하여 다양한 정책을 실시해 오고 있다.

이주 배경 학생에 대한 교육부의 정책은 2006년의 '다문화 가정 자녀 교육 지원

---

1 이 글의 원문은 조항록(주저자), 정서윤(공동 저자)의 '중도입국자녀를 대상으로 하는 교육 지원 정책'(인문사회 21 13권 2호)(2022년 4월)으로서 공동 저자의 동의를 받아 이 책에 수록하였으며 일부 내용을 수정하였음을 밝힌다.

2 이 글에서 사용하는 이주 배경 학생은 다문화 학생, 다문화 가정 학생 등 다양한 용어로 사용된다. 교육부에서는 다문화 학생을 주로 사용하나 본 연구에서는 최근 학계에서 주로 사용하는 가치 중립적인 용어인 이주 배경 학생이라는 용어를 사용한다. 다만 교육부의 정책 자료의 내용을 그대로 옮겨 사용할 경우에는 다문화 학생 등의 용어가 사용된다.

대책'이라는 이름의 정책 자료집을 시발점으로 한다. 이 자료는 추진 배경 및 목적, 정책 대상, 다문화 가정 자녀 현황, 정책 과제 및 대응 방안, 향후 추진 체계로 구성되는데 특히 정책 과제 및 대응 방안은 구체적인 추진 과제와 세부 사업을 담고 있다. 2007년 이후에도 교육부의 정책은 이와 유사한 제목의 정책 자료집을 통해 집약이 되는데 정책 환경, 이전 연도의 정책 추진 성과 등이 포함되기도 한다. 비록 그동안 발표한 정책 자료집의 구성이 모두 동일한 것은 아니지만 정책 추진의 목표, 정책 과제, 이를 실천하기 위한 세부 사업은 모든 자료집에 예외 없이 포함되어 있는 만큼 교육부 정책의 전반적인 흐름을 파악하기에 충분하다.

저출산고령화가 심화되면서 향후에도 한국 내 이민자가 지속적으로 증가하고 이 과정에서 이주 배경 학생의 증가도 지속될 것으로 보이는 상황에서 이주 배경 학생에 대한 교육 지원 정책의 중요성은 더욱 커지리라고 본다. 이러한 맥락에서 본 연구는 교육부의 정책 자료집을 분석함으로써 이주 배경 학생에 대한 교육 지원 정책이 시기적으로 어떤 변화가 나타나는지, 정책의 특징은 무엇이며 정책의 한계는 어떻게 나타나는지를 도출한 후 발전을 위한 대안을 제시하고자 한다.

1.2 연구 방법과 연구 문제

본 연구에서는 교육부가 2006년 이후 매년 발표하는 이주 배경 학생을 대상으로 하는 교육 지원 정책 자료의 내용을 분석하여 정책 목표, 정책 내용, 정책 추진 성과와 한계 등을 도출하는 내용 분석 방법을 적용하고자 한다. 이는 실재하는 자료에 대한 분석을 통하여 특성을 도출하고 일반화를 시도하는 귀납적 연구 방식으로서, 이주 배경 학생에 대한 교육 지원 정책이 나라마다 고유하고 독특한 정책 환경에서 산출되는 것으로 보편타당한 분석틀이 정립되었다고 보기 어렵기 때문이다. 좀 더 구체적으로 이주 배경 학생이 존재하는 교육 현장과 관련한 대표적인 논의인 Banks(2004), Sleeter & Grant(2008)의 논의는 미국 다문화 교육 현장을 중심으로 하는 것으로 한국 사회에 그대로 적용하기에는 엄연한 한계가 있다. 이에 따라 본 연구에서는 교육부가 2006년부터 2021년까지 수립하여 발표한 정책 자료 총 16종을 대상으로 하여 그 안에 포함된 총 67개의 추진 과제와 202개의 세부 사업의 내용을 사업 추진의 지속성, 사업 실시 대상 및 목표, 사업 추진 방식을 준거로 하여 살펴보고자 한다.

이러한 연구 방법으로 진행되는 본 연구가 규명하고자 하는 연구 문제는 아래의 두 가지이다.

첫째, 교육부의 이주 배경 학생에 대한 교육 지원 정책이 시기적으로 어떻게 변화해 왔는가? 그리고 각 시기별 정책의 주요 내용이 담고 있는 특징은 무엇인가?

둘째, 교육부의 이주 배경 학생에 대한 교육 지원 정책을 어떻게 평가할 수 있는가? 그리고 향후 발전을 위한 대안은 무엇인가?

2. 선행 연구

이주 배경 학생을 대상으로 하는 교육 지원 정책에 대한 연구는 2006년 이후 급속하게 증가하고 연구 내용도 다양하게 나타난다. 2006년이 전환점이 된 것은 이 시기에 결혼이민자와 그들로 이루어진 가정의 자녀에 대한 문제가 국정과제로 채택이 되어 여러 부서가 정책을 입안하고 추진하면서 자연스럽게 학계의 관심도 커졌기 때문이다. 이 시기 학계의 관심은 크게 교육 지원 체계 연구, 이중언어 교육 등이 주를 이루었다. 교육 지원 체계에 대한 연구는 오은순(2008), 황범주(2008), 이철호(2008), 서혁(2009), 오은순(2009), 조항록(2010) 등이 대표적으로 이들 연구에서는 이주 배경 학생에 대한 교육이 인권보호, 사회통합, 교육소외 방지, 인적자원 개발 등 다양한 층위에서 의미가 큼을 논하면서 교육 지원의 방향성, 추진 체계, 정책 내용 등을 논의하였다. 이중언어 교육과 관련해서는 성기철(2008), 원진숙(2009), 서혁(2009) 등이 대표적으로 한국어 교육 지원 방안과 함께 이주 배경 학생이 가진 모어를 함께 교육하는 양방향 언어 교육, 즉 이중언어 교육의 필요성과 실시 방안이 논의되었다. 이 중에서 원진숙(2009)은 방과 후 이중언어 프로그램 운영 방안을 구체적으로 제시하고 서혁(2009)은 교과 간 학제적 접근에 기반한 수업과 방과 후 활동, 웹을 활용한 문식성 교육 등의 방안을 제시하였다.

이주 배경 학생에 대한 교육 지원 연구는 2010년대에 들어서면서 양적으로 크게 늘고 내용 역시 다양해지는데 이는 이 시기 이민자에 대한 법령 제정 및 개정, 제도 실시 등 이민자에 대한 국가 정책이 적극적이고 체계화되면서 나타난 이민자 관련 연구의 증가와 흐름을 같이 한다. 이는 앞에서 언급한 다문화 가정 문제가 국정과제로 채택되면서 후속적으로 나타난 것으로 2007년에 재한외국인처우기본법이 제정되고 그 집행법인 다문화가족지원법의 제정(2008년)과 함께 출입국관리법 개정(2009년), 초중등교육법 및 동법 시행령 개정(2010년, 2013년) 등 법령 개정이 이루어짐과 동시에 다양한 지원 정책이 실시된 것에 바탕을 두고 있다. 즉 정부의 법령이 정비되고 적극적이고 다양한 정책이 실시되면서 이에 대한 평가, 방향성 제시, 세부 내용 논의가 크게 증가하였는데 대체로 아래와 같이 네 갈래로 나눌 수 있다.

첫째는 이주 배경 학생에 대한 한국어 교육 연구이다. 이의 대표적인 연구로 원진숙 외(2011), 전은주(2012), 원진숙(2013), 김윤주(2015), 홍종명(2015) 등을 들 수 있는데 이는 이주 배경 학생의 한국어 능력이 한국 생활과 학교 생활에 필수적이라는 기본 전제를 바탕으로 한다. 그리고 궁극적으로는 한국어 능력이 한국 정부가 추구하는 사회 통합의 실현을 가능하게 한다는 논리와도 맥을 같이 한다. 이들 연구는 이주 배경 학생의 한국어는 제2언어로서의 한국어(KSL: Korean as a Second Language)로 규정하고 이를 위해서 교육과정의 개발, 교육 프로그램의 개발, 교육 자료의 개발, 교사의 육성 등을 어떻게 추진할지를 논하고 있다. 그리고 몇몇 연구에서는 이러한 과정을 통하여 형성된 학생의 한국어 능력을 평가할 수 있는 도구의 개발을 제언하고 있다.

둘째는 이주 배경 학생에게 한국어와 함께 모어(mother tongue) 능력을 함께 갖추도록 한다면 그들에게 도움이 되고 더 나아가 한국에도 도움이 되는 특별한 자질 형성이 될 것이라는 전제에서 이중언어 교육을 주장하고 있다. 이창덕(2010), 황진영(2012), 김옥선(2012), 모경환·황혜원(2013), 이승숙(2015), 정해수(2015) 등의 연구에서는 이민자가 급속히 증가하는 상황에서 이중언어 교육이 갖는 의미를 논하고 이중언어 교육 실시의 방향과 방법 등을 제시하고 있다. 이후에도 이주 배경 학생을 대상으로 하는 이중언어 교육 논의는 꾸준히 이어져 왔는데 기존 연구에 더하여 새로운 쟁점으로 이중언어 교사 육성 등 세부 추진 방안을 논하기도 하였다. 그러나 이주 배경 학생을 대상으로 하는 이중언어 교육 논의는 대부분이 선언적 의미를 갖는 데에 그치거나 이중언어 교사 육성이라는 정부의 정책 사례와 관련한 당위론적 논의에 그치는 한계를 보여주고 있다. 특히 교육부가 이중언어 교육을 주요 정책 내용으로 제시하였음에도 불구하고 이중언어 교육의 원리 및 방안을 제시하거나 교육 현장 사례를 분석한 논의는 찾아보기 어렵다.

셋째, 이주 배경 학생에 대한 글로벌 역량 제고 방안에 대한 연구이다. 이는 교육부가 이주 배경 학생에 대한 정책 추진 과정에서 글로벌 브릿지라는 세부적인 정책을 추진하였고 그 내용이 이주 배경 학생이 갖는 장점을 살린 인재 양성을 목표로 한 만큼 연구의 필요성이 제기되었다. 그리고 정책 추진이 지속되면서 정책 추진 성과에 대한 평가 차원의 논의가 필요했기 때문으로 보인다. 그러나 이에 대한 연구는 그리 활발하지 않았고 글로벌 브릿지 정책이 2018년을 끝으로 중단됨으로써 최근에는 이와 관련한 연구도 찾아보기가 쉽지 않다.

마지막으로 본 연구의 성격과 유사한 것으로 교육부의 다문화 교육 정책을 다룬 연구를 들 수 있다. 이들 연구는 교육부의 정책 자료를 분석 대상으로 하였다는 점에서 본 연구와 유사하나 연구의 목표가 이주 배경 학생과 기존 국민 자녀 모두를 대상으로 하는 다문화 교육 논의라는 점에서 차이가 있다. 이에 속하는 연구로 양계민 외(2017), 김기영(2017), 최영준(2018), 김한길·소경희(2018), 우라미 외(2018), 장한업(2021)을 들 수 있는데 특히 양계민 외(2017)는 교육부의 정책 자료를 분석한 최초의 연구로서 시기를 구분하여 정책 추진 과정, 정책의 주요 내용, 성과와 한계 등을 논하였다.[3] 이후 최영준(2018)은 양계민 외(2017)의 시기 구분을 그대로 따르면서 다문화 교육 정책의 관점과 기조를 중심으로 논하며 법, 제도 개선과 국민의 의식수준 제고를 대안으로 제시하였다. 한편 김한길·소경희(2018), 우라미 외(2018)에서

---

3 양계민 외(2017)는 교육부의 정책 연구과제로 수행된 연구로서 다문화 교육을 대상으로 하였고 시기 구분을 태동기(2006-2007), 도입기(2008-2011), 보완 및 지속 확대기(2012-2015)로 나누어 논하고 있다. 본 연구와 대비할 때 2012년을 변곡점으로 설정한 점은 동일하나 본 연구에서는 그 이전의 시기를 통합하였고 2015년 이후를 별도의 시기로 설정하였음을 밝힌다. 이의 세부 내용은 뒤에서 다룬다.

는 역대 정부별로 교육부 정책 자료를 분석하였는데 김한길·소경희(2018)에서는 다문화 교육의 대상, 목표, 내용을 주된 분석 준거로 하여 살펴보았고 우라미 외(2018)에서는 다문화 교육 정책의 이념적 정향을 중심으로 논하였다. 이에 비하여 김기영(2017)과 장한업(2021)에서는 시기를 구분하지 않은 채 그동안 진행되어 온 교육부의 다문화 교육 정책을 살펴보는데 전자에서는 2006년에서 2016년 사이 다문화 교육 정책에 투입된 예산을 분석하였고 후자에서는 교육철학, 교육이론, 교육실천이라는 관점에서 기존에 실시된 다문화 교육 정책의 문제점을 지적하고 있다.[4]

이상에서 살펴본 바와 같이 이주 배경 학생에 대한 기존의 연구는 우리 사회에서 정책 쟁점으로 급부상한 2006년 이후에 나타나기 시작하였고 정부 정책이 다양하게 추진되기 시작한 2010년대에 들어서 급격히 증가하는 양상을 보인다. 그러나 이주 배경 학생에 대한 교육 지원 정책에 대한 논의는 한국어 교육 또는 이중언어 교육을 효율적으로 실시하기 위한 교육 전문성과 인프라 구축 논의, 기존 한국 국민을 포함한 상태에서의 다문화 교육 논의가 대부분으로서 이주 배경 학생만을 위한 교육 지원 정책 논의는 그리 많지 않다.

이러한 맥락에서 본 연구에서는 교육부의 정책을 2006년 이후 현재에 이르기까지 전 기간을 대상으로 하고 교육부의 관련 정책 자료 내 이주 배경 학생을 대상으로 하는 교육 지원 정책을 살펴봄으로써 기존 연구와의 차별성을 갖도록 한다.

---

4 장한업(2021)은 교육철학에서는 다문화교육과 상호문화교육의 대비를, 교육이론에서는 다문화교육-국제이해교육-세계시민교육의 대비를, 교육 실천에서는 교육 실시와 관련한 용어 사용의 혼란을 중심으로 논하고 있다. 그러나 실제적인 정책 내용 분석보다는 교육부 다문화 교육 정책 관련 문건에 등장하는 용어의 사용 빈도를 바탕으로 정책의 지향점을 논의하였다는 점에서 본 연구와 차이가 있다.

3. 이주 배경 학생을 위한 교육 지원 정책의 주요 내용

이주 배경 학생에 대한 교육부의 정책은 2006년에 '다문화 학생 교육 지원 대책'이라는 정책 자료집에 집약이 되어 발표되었고 2021년까지 16년 동안 이어져 오고 있다. 비록 정책 자료집의 이름이 약간씩 바뀌기도 하지만 문건의 내용은 대체로 배경 및 목적, 전년도 추진 성과 및 정책 환경 분석, 당해 연도 정책 방향 및 추진 과제, 세부 추진 계획을 담고 있다. 이 중에서 정책 추진의 내용을 알 수 있는 것은 당해 연도 정책 방향 및 추진 과제로서 지난 16년 동안 총 추진 과제는 67개이며 이를 실행하기 위한 세부 사업은 202개로 나타난다.[5] 이들 추진 과제는 2006년 이후 2021년까지 16년 동안 지속된 과제가 있는가 하면 1년 과제로 그친 사례도 있다. 교육부가 이주 배경 학생을 대상으로 추진한 정책은 정책의 지속성과 변화라는 측면에서 볼 때 교육 지원 정책의 대두와 기반 구축(2006년-2011년), 교육 지원 정책의 체계화(2012년-2014년), 다문화 이해 교육의 강화와 추진 사업의 고도화(2015년-2021년)로 구분할 수 있다. 여기에서 시기 구분의 첫 번째 변곡점인 2012년은 교육부가 다문화 가정 자녀 교육 선진화 방안을 수립하여 시행한 해로서 그동안 정책 연구 등을 통하여 이주 배경 학생에 대한 지원 방안을 체계화한 의미를 갖는다. 그리고 두 번째 변곡점인 2015년은 교육부 내에 다문화교육지원팀이 신설되고 이주 배경 학생에 대한 교육 지원 정책 못지않게 학교 구성원 전체를 대상으로 하는 다문화 이해 교육의 비중이 높아진 해이다. 이러한 시기 구분에 따라 각각의 시기에 나타난 특징은 아래와 같이 정리할 수 있다.

---

5   이를 연도별로 보면 추진 과제가 가장 적었던 해는 2개, 가장 많았던 해는 7개이며 세부 사업이 가장 적었던 해는 7개, 가장 많았던 해는 24개로 나타난다. 다만 이러한 추진 과제 및 세부 사업의 내용은 지면 관계로 싣지 않기로 한다.

3.1 교육 지원 정책의 대두와 기반 구축(2006년-2011년)

이 시기는 2005년의 범정부 차원의 대책 수립 지시 이후 교육부가 담당해야 하는 공교육 내 이주 배경 학생 교육 지원 정책을 펼치기 위한 시기로서 기본적으로 유관 기관과의 협조를 바탕으로 하고 교육부의 정책 추진 방향성을 정립해 나가는 시기로 볼 수 있다.

유관 기관 협조라는 것은 2005년 대통령의 지시 이후 2006년 여성결혼이민자 가족의 사회통합 지원대책 회의 이후 재한외국인처우기본법, 다문화가족지원법이 제정되고 외국인정책위원회, 다문화가족정책위원회가 구성되어 활동하고 교육부가 이에 참여한 만큼 유관 부서와의 협의, 조정이 교육부 정책의 방향성과 내용 결정에 영향을 주었음을 의미한다.

이 시기 교육부의 정책은 중앙다문화교육센터를 지정 운영하고 민관협력으로 다문화교육지원협의체를 구성함과 동시에 유학생, 자원 봉사자를 멘토로 활용하는 등 초기 단계 정책 추진의 파트너십도 구축하였다. 정책의 주요 내용은 초기 2년 동안에는 다문화 학생의 한국어 능력을 키워 학교 생활과 지역 사회 적응을 위한 것이 주된 목표가 되었으나 2008년부터는 한국인 학생도 정책의 대상이 되어 다문화 이해 교육을 도입하였고 2009년부터는 다문화 학생에 대한 교육 목표를 한국 적응이라는 일방향성을 넘어서 글로벌 인재 양성이라는 새로운 방향성을 제시하였고 이는 2011년에 글로벌 브릿지 사업으로 구체화되었다.

3.2 교육 지원 대책의 체계화(2012년-2014년)

교육부의 다문화 학생 지원 정책은 2012년 다문화 가정 자녀 교육 선진화 방안 발표를 계기로 하여 전환점을 맞는다. 2006년부터 2011년 사이에 정책 추진 기반과 체계 구축이 이루어지고 세부 정책을 추진한 경험과 함께 전문가에게 의뢰한 정책 연구 결과 등이 바탕이 되어 다문화 가정 자녀 교육 선진화 방안이 마련되고 정책 과제별 추진 체계 등이 정립되었다. 특히 이 시기에는 중도입국자녀의 증가가 이슈가 되었는데 이를 대상으로 하는 정책도 다수 엿보인다.

이 시기 교육부의 다문화 학생 지원 정책의 목표로 한국어 교육 지원, 이중언어 교육 지원, 글로벌 인재 육성 지원, 한국인 학생을 포함한 학교 내 다문화 이해 교육 등을 들 수 있고 이를 추진할 수 있는 체제 구축이 함께 추진되었다. 이를 알 수 있는 대표적인 추진 사업으로는 다문화 학생에 대한 한국어를 제2언어로서의 한국어 (KSL)로 개념화하고 교육 실행에 있어 기본이 되는 교육과정을 개발하여 공표하기에 이르렀다. 이와 함께 다문화 학생의 공교육 진입을 위한 단계별 지원 체제로 대표되는 맞춤형 교육 지원 대책의 개념이 도입되었다. 또한 교육부는 다문화 학생의 배경 자질을 살려서 글로벌 인재로 육성하기 위한 방향성을 제시하는데 이는 이중언어 교육 지원, 직업교육 지원, 대학진학 지원, 글로벌 인재 육성 지원이다. 이 시기 교육부의 이러한 정책 추진 내용을 볼 때 초기 단계 기반 구축과 방향성 정립 모색으로부터 이제는 본격적으로 정책을 추진하기 위한 정책 목표의 설정과 추진 시스템 구축이 이루어진 시기로 볼 수 있다.

3.3 다문화 이해 교육의 강화와 추진 사업의 고도화(2015년-2021년)

2015년은 다문화 교육 지원 정책 추진에서 또 하나의 전환점으로 보인다. 교육부 내에 다문화교육지원팀이 신설되고 이곳에서 다문화 교육 지원 정책을 맡게 되면서 추진 과제에 다문화 이해 교육 확대가 채택되고 세부 사업도 5개나 되어 다문화 학생에 대한 맞춤형 교육 지원과 동일한 수준이 되었다. 다문화 이해 교육은 이후에도 명칭은 조금 달랐으나 추진 사업으로 채택되어[6] 교육부의 이주 배경 학생에 대한 교육 지원에서 학교 구성원 모두에게 동시에 적용되는 다문화 이해 교육이 강화되었음

---

6 다문화 이해 교육 사업은 2021년까지 추진 과제로 설정되었는데 명칭은 다문화 이해 교육 확대(2016년), 학교 구성원의 다문화 이해 제고(2017년), 학교 구성원의 다문화 이해 교육 참여 확대(2018년), 학교 구성원의 다문화 수용성 확대(2019년), 다양성이 공존하는 학교 환경 조성(2020년, 2021년)으로 추진 연도에 따라 약간 다르게 나타나고 있다.

을 알 수 있도록 한다.

한편 이 시기에 나타나는 또 하나의 특징은 다문화 학생의 이주 배경에 초점을 둔 정책이 적극 추진되었다는 점이다. 하나는 이주 배경의 장점을 살릴 수 있는 방안으로서 이중언어 능력을 갖추도록 하는 것은 물론이고 이주 배경 롤 모델을 통한 미래 계획 설계 지원이 이에 속한다. 반면에 이주 배경이 갖는 한계를 극복하도록 하기 위한 지원으로 정서 지원 체계를 강화하는데 그동안 추진해 온 대학생 멘토링을 강화하고 2017년부터는 다문화 학생 정서 상담을 추진 과제에 포함해 오고 있다. 이와 함께 공교육 진입 체계를 고도화하는데 2018년부터 이주 배경 학생의 맞춤형 입학 준비 교육프로그램인 징검다리 학교를 운영하여 순차적으로 초등학교, 중학교, 고등학교 입학 과정에서의 난관을 극복하도록 지원하고 있다. 다만 이 시기 아쉬움으로 남는 것은 2011년부터 추진되어 온 글로벌 브릿지 사업이 2018년을 끝으로 중단되었다는 점이다. 바로 직전 연도까지 글로벌 브릿지 사업의 확대 운영을 추진 과제로 설정하기도 하였으나 곧이어 중단되었다. 이를 대신하여 진로와 직업 교육을 좀 더 강화하는 정책들이 엿보이나 이러한 정책 전환에 대한 뚜렷한 배경은 공표되지 않았다.

4. 이주 배경 학생을 위한 교육 지원 정책의 평가

앞 장에서 살펴본 교육부의 다문화 학생 교육 지원 정책에서 나타나는 특징을 정리하면 아래와 같다.

첫째, 교육부의 다문화 학생 지원 정책은 국정과제로 추진되는 결혼이주여성과 다문화 가정 자녀에 대한 지원 정책의 일환이었던 만큼 유관 부서와의 협조 속에서 추진되었다. 즉 교육부의 이니셔티브에 의한 독자적인 추진이라기보다는 유관 부서와의 협력 방식으로 추진되었고 이는 곧 관련 법령과 제도를 통해서 구현되었다. 대표적인 예로 KSL이 대통령 직속 사회통합위원회로부터 정책 개발이 시작되어 한국교육개발원이 정책 연구를 주관하고 실제 KSL 교재 개발이나 한국어 교원 연수 등을 문화체육관광부 국립국어원과 협력한 것을 들 수 있다.

둘째, 정부의 외국인 정책과의 관련성에서 정책 추진 목표 등이 변화되었다. 한국 정부는 2007년의 재한외국인처우기본법의 제정을 시작으로 하여 다문화가족지원법의 제정, 출입국관리법 내 사회통합프로그램 관련 장의 신설 과정을 거치면서 사회 통합 정책을 적극 추진해 왔다. 이는 곧 국민과 이민자가 유리되지 않고 하나가 되어 다양성이 존중되고 조화로운 가치를 추구하는 것으로 요약할 수 있는데 교육부의 이주 배경 학생에 대한 교육 지원 정책도 시간이 지나면서 한국 학생을 포함한 학교 구성원 모두가 대상이 되는 정책으로 바뀌어 왔다. 다문화 이해 교육으로 통칭되는 정책으로서 정부의 외국인 정책 변화에 맞추어 이주 배경 학생에 대한 교육 지원 정책이 패러다임의 변화를 가져온 것으로 볼 수 있다.

셋째는 대상 집단이 확대되어 온 점이다. 최초에는 공교육 학령대의 다문화 가정 학생과 새터민 자녀를 대상으로 하였으나 시간이 지나면서 유아 교육으로 확대되고(2010년) 중도입국자녀가 대상에 추가되며(2010년) 난민 자녀로까지 대상이 확대되었다(2014년). 이는 한국 내 이민 환경의 변화에 기인하는 것이기는 하지만 정책 대상 집단의 다양화로 정책 추진 과제 역시 다양해질 수밖에 없음을 의미하는 것이며 실제로 정책에 반영되고 있음을 확인할 수 있다.

넷째는 이주 배경 학생에 대한 교육 지원 정책의 목표와 성격이 바뀌어 왔다는 점이다. 최초에는 학교 생활 적응 능력 제고 정책(한국어 교육 등)으로 시작되었으나 시간이 지나면서 국제지도자 육성(2009년), 글로벌 인재 육성(2011년), 진로 지도 교육(2012년) 등 교육 지원의 목표를 다원화한 점은 의미가 있다.

다섯째, 교육부의 이주 배경 학생 지원 정책의 추진 과정에 외부 협력 파트너의 확장이 지속적으로 이루어져 왔다. 2006년에는 멘토(대학생, 유학생)로 시작되었으나 곧 학부모로 확대되고(2008년) 기업과 NGO로 크게 확대되었으며(2013년), 이후에는 이주 배경 학생 중 사회적으로 성공을 한 이민자로까지 확대되었다(2017년). 이는 교육부가 정책 추진 과정에서 목표 달성을 위한 적극적인 노력을 엿볼 수 있는 사례이다.

마지막으로 정책 추진 과정에서 추진 사업의 세분화가 적절하게 이루어져 온 점을 들 수 있다. 다문화 학생의 한국어 능력을 키우기 위해서 초기에는 방과후 교실로 시작하였으나 다문화 예비학교, 다문화 중점학교, 징검다리 학교 등 현장의 다양한 변인과 요구에 맞춰 대응하는 교육부의 노력으로 받아들일 수 있다.

그러나 이러한 긍정적인 측면과 함께 한계도 나타나는데 이는 아래와 같다.

첫째, 정책의 중장기적 목표 설정이 명확하게 드러나지 않는다는 점이다. 지난 16년 동안 정책이 추진되는 과정에서 비전이 수시로 바뀌거나 중점 추진 정책의 내용이 바뀐 경우가 많다. 이를 긍정적으로 본다면 정책 환경의 변화에 따른 정책 목표와 중점 추진 과제의 변화로 볼 수 있으나 중장기적 정책 추진 목표와 계획이 부재함을 의미하는 것이기도 하다. 뿐만 아니라 유사한 성격을 가지면서 어느 측면에서는 상위 정책으로 볼 수 있는 외국인 정책도 5년 단위로 비전, 가치, 목표가 설정되고 있다는 점을 볼 때 중장기 정책의 개발은 시급한 과제로 볼 수 있다.

둘째, 성과 분석의 미흡이다. 교육부가 매년 발표한 정책 자료에는 직전 연도의 성과 분석이 앞 부분에 포함되는 경우도 있지만 성과 분석이 포함되지 않은 경우도 있다. 정책 추진에 있어서 추진 산물에 대한 피드백이 무엇보다 큰 중요성을 갖는다는 점을 고려한다면 교육부가 매년 정책을 발표하면서 이전 연도의 정책 추진 성과를 충분히 담아내지 않은 것은 개선해야 할 점으로 보인다.

마지막으로 정책의 지속성 차원에서 추진 가치가 있고 추진 성과가 있는 사업의 지속 추진이 필요하다. 비록 추진 과정에서 한계에 직면하는 경우가 있겠지만 교육부가 역량을 동원하여 지속적으로 추진할 필요가 있다. 이의 대표적인 예가 글로벌 브릿지 사업이다. 설령 정책이 지속되지 못하는 경우가 있을 경우에는 그 배경에 대한 설명이 필요하며 이를 대체할 수 있는 사업에 대한 설명이 뒤따른다면 정책 수혜자, 일반 국민들은 교육부 정책에 대한 신뢰와 지원이 강화될 것이다.

5. 결론

이상에서 이주 배경 학생에 대한 교육부의 정책을 교육부가 매년 발표하는 정책 자료집을 분석하여 살펴보았다. 그 결과 이주 배경 학생에 대한 교육부의 정책은 교육 지원 정책의 대두와 기반 구축, 교육 지원 정책의 체계화, 다문화 이해와 추진 사업의 고도화의 세 시기로 나눌 수 있으며 시간이 지나면서 정책의 체계화, 효율화 등이 나타나는 것으로 볼 수 있다.

이주 배경 학생에 대한 교육부의 정책은 여러 면에서 긍정적인 평가를 할 수 있으나 중장기 정책의 부재, 성과 분석의 미흡, 일부 사업의 지속성 미확보라는 한계도 나타나고 있다. 특히 교육 정책이 갖는 특성 및 정부가 외국인 정책을 5년 단위로 추진한다는 점을 고려한다면 중장기 정책의 수립은 시급한 과제이다. 이 과정에서 그동안 추진한 사업의 성과분석도 자연스럽게 이루어지고 사업의 지속성과 변화라는 측면에서 지속되지 않은 사업에 대한 배경 분석도 병행되어야 한다.

비록 최근 외적 요인으로 주춤하고 있지만 이민자가 지속적으로 늘고 그들로 구성되는 가정에서 태어나는 자녀가 지속적으로 늘고 있는 상황에서 이들 자녀에 대한 교육적 지원의 중요성은 더욱 커지고 있다. 이주 배경 학생을 위한 교육 지원 정책이 체계적이고 효율적으로 수립되어 실시된다면 학교 생활에서 겪는 어려움을 최소화하는 것은 물론 더 나아가 그들이 가지고 있는 배경 자질을 살려 한국 사회의 미래 인재로 성장할 수 있을 것이다.

이러한 맥락에서 본 연구에서 논의한 내용이 이주 배경 학생에 대한 교육 지원 정책 개선에 보탬이 되기를 바라며 학계에서도 교육부의 정책에 대한 연구가 좀 더 활발하기를 기대한다.

참고문헌

교육과학기술부(2008), 『2008년 다문화가정 학생 교육 지원계획』, 서울: 교육과학기술부.

교육과학기술부(2009), 『다문화가정 학생 교육을 위한 시·도교육청 맞춤형 사업 지원계획』, 서울: 교육과학기술부.

교육과학기술부(2010), 『'10년 다문화가정 학생 교육 지원계획』, 서울: 교육과학기술부.

교육과학기술부(2011), 『'11년 다문화가정 학생 교육 지원계획』, 서울: 교육과학기술부.

교육과학기술부(2012), 『다문화학생 교육 선진화 방안』, 서울: 교육과학기술부.

교육과학기술부(2013), 『'13년 다문화학생 교육지원계획』, 서울: 교육과학기술부.

교육부(2014), 『2014년 다문화교육 활성화 계획』, 세종: 교육부.

교육부(2015), 『2015년 다문화학생 교육지원 계획』, 세종: 교육부.

교육부(2016), 『2016년 다문화교육 지원계획』, 세종: 교육부.

교육부(2017), 『2017년 다문화교육 지원계획』, 세종: 교육부.

교육부(2018), 『2018년 다문화교육 지원계획』, 세종: 교육부.

교육부(2019), 『2019년 다문화교육 지원계획』, 세종: 교육부.

교육부(2020), 『2020년 다문화교육 지원계획』, 세종: 교육부.

교육부(2021), 『2021년 다문화교육 지원계획』, 세종: 교육부.

교육인적자원부(2006), 『다문화가정 자녀 교육지원 대책』, 서울: 교육인적자원부.

교육인적자원부(2007), 『2007년도 다문화가정 자녀 교육지원 대책』, 서울: 교육인적자원부.

김기영(2017), "한국 다문화 교육 정책의 변화과정에 관한 연구", 『입법과 정책』, 9(1).

김옥선(2012), "다문화사회와 이중언어교육", 『인문학연구』, 43.

김윤주(2015), "미국 ESL 교육과정 WIDA 고찰을 통한 KSL 한국어 교육과정 개선 방향 탐색", 『國語敎育學硏究』, 50(2).

김한길·소경희(2018), "한국의 다문화교육정책 문서에 나타난 다문화교육 성격의 변화 양상 분석", 『다문화교육연구』, 11(2).

대통령 자문 빈부격차·차별시정위원회(2006), 『여성결혼이민자 가족의 사회통합 지원대책』, 서울: 대통령 자문 빈부격차·차별시정위원회.

모경환·황혜원(2013), "미국의 이중 언어교육정책 현황과 시사점", 『새국어생활』, 23(4).

서혁(2009), "다문화가정 학생을 위한 한국어교육 방향 및 원리", 『다문화 가정 학생을 위한 한국어교육 지원 방안 탐색 세미나 자료집』, 서울: 한국교육과정평가원.

성기철(2008), " 다문화 사회에서의 언어 교육의 과제", 『한국언어문화학』, 29.

양계민·김성식·김재우·김주영(2017), 『다문화교육 종합발전방안연구』, 세종: 교육부.

오은순(2008), "다문화 사회에서의 학교 교육", 『젠더리뷰』, 13.

오은순(2009), "다문화 교육을 위한 교수·학습 지원 방안 연구(Ⅲ)", 『다문화 가정 자녀를 위한 한국어 교육 지원 방안 탐색 세미나 자료집』, 서울: 한국교육과정평가원.

우라미·황지현·서경혜(2018), "한국의 다문화교육정책에 대한 비판적 고찰", 『교육과학연구』, 49(2).

원진숙(2009), "다문화 가정 자녀를 위한 한국어(KSL) 교육프로그램", 『다문화 가정 자녀를 위한 한국어 교육 지원 방안 탐색 세미나 자료집』, 서울: 한국교육과정평가원.

원진숙(2013), "다문화 배경 학습자를 위한 KSL교육의 정체성", 『언어사실과 관점』, 31.

원진숙·이재분·서혁·권순희·최보련·이현이·정혜덕(2011), 『다문화가정 학생을 위한 한국어(KSL) 교육과정 개발 연구』, 서울: 한국교육개발원.

이승숙(2015), "이중언어 교육지원 과정에 참여한 중국 결혼이민자가정 어머니와 자녀의 어려움 및 변화 과정", 성신여자대학교 대학원 박사학위논문.

이창덕(2010), "다문화 한국 사회를 위한 이중 언어 교육", 『다문화교육』, 1(1).

이철호(2000), "다문화 가정 자녀를 위한 언어교육", 『새국어생활』, 18(1).

장한업(2021), "교육부의 다문화교육(2006~2021)에 대한 비판적 고찰 및 제언", 『문화교류와 다문화교육』, 10(6).

전은주(2012), "다문화 배경 학습자를 위한 한국어 교육과정의 내용 체계", 『國語教育學研究』, 45.

정해수(2015), "한국 다문화교육의 이중언어정책에 관한 비교사례 연구-프랑스 일본 사례 중심으로", 『미래교육연구』, 5(3).

조항록(2010), "다문화가정 자녀를 위한 한국어 교육프로그램 운영 지원 방안", 『이중언어학』, 42.

최영준(2018), "다문화교육 정책의 변화와 개선방안", 『평생교육』, 14(2).

홍종명(2015), "운영 사례 분석을 통한 한국어(KSL) 교육과정의 비판적 고찰", 『국제어문』, 64.

황범주(2008), "다문화가정 자녀를 위한 교육정책 분석", 안양대학교 대학원 박사학위논문.

황진영(2012), "한국 다문화 사회의 이중언어 교육 연구", 전남대학교 대학원 박사학위논문.

Banks, J. A.(2004), "Multicultural education— history development, dimensions, and practice", In J. A. Banks & C. A. Banks (Eds.), 『Handbook of research on multicultural education』 (2nd ed.), San Francisco: Jossey—Bass.

Sleeter, C. & Grant, C.(2008), 『Turning on learning: Five approaches for multicultural teaching plans for race, class, gender, and disability』, San Francisco: Wiley & Sons, Inc.

신新 한국어 교육 정책론

초판 인쇄	2023년 8월 18일
초판 발행	2023년 8월 25일
저자	조항록
편집	권이준, 양승주, 김아영
펴낸이	엄태상
디자인	권진희
조판	이서영
콘텐츠 제작	김선웅, 장형진, 조현준
마케팅	이승욱, 왕성석, 노원준, 조성민, 이선민
경영기획	조성근, 최성훈, 구희정, 김다미, 최수진, 오희연
물류	정종철, 윤덕현, 신승진, 구윤주
펴낸곳	한글파크
주소	서울시 종로구 자하문로 300 시사빌딩
주문 및 교재 문의	1588-1582
팩스	0502-989-9592
홈페이지	http://www.sisabooks.com
이메일	book_korean@sisadream.com
등록일자	2000년 8월 17일
등록번호	제300-2014-90호

ISBN   979-11-6734-042-9 (93710)

이 책은 상명대학교 교내연구비를 지원받아 발간되었음.